Léon Walras

Un siècle après (1910-2010)

P.I.E. Peter Lang

Bruxelles • Bern • Berlin • Frankfurt am Main • New York • Oxford • Wien

Arnaud Diemer et Jean-Pierre Potier (dir.)

Léon Walras

Un siècle après (1910-2010)

Collection « Business & Innovation »
n° 6

Éditions scientifiques internationales
Bruxelles, 2013
1 avenue Maurice, B-1050 Bruxelles, Belgique
www.peterlang.com ; info@peterlang.com

ISSN 2034-5402
ISBN 978-2-87574-045-8

D/2013/5678/26

Information bibliographique publiée par « Die Deutsche Nationalbibliothek »

« Die Deutsche Nationalbibliothek » répertorie cette publication dans la « Deutsche Nationalbibliografie » ; les données bibliographiques détaillées sont disponibles sur le site http://dnb.n-db.de.

Table des matières

Introduction

> Je n'écris pas pour la société qui s'effondre actuellement sous nos yeux. J'écris pour que dans 200, 300, 500 ans, on dise : « Vers la fin du XIXe siècle, quelques hommes conçurent l'idée de constituer la science morale et politique sur le modèle de la science physique et naturelle et d'après la connaissance pure de l'homme en société et de la richesse sociale, de poser l'individu et l'État dans leurs attributions et leurs rapports rationnels. L.W fut un d'eux... » (Léon Walras, 23 mai 1893, « Notes d'humeur »)[1]

Il est difficile de résumer une vie et une œuvre en quelques pages, qui plus est, lorsqu'il s'agit du triptyque : *Économie politique pure*, *Économie politique appliquée* et *Économie sociale* de Léon Walras. Depuis 1997, l'Association internationale Walras (A.I.W.) a initié, sous la forme de colloques et de séminaires de recherche, une série de travaux consacrés à l'histoire de la pensée économique walrassienne. La plupart de ces recherches ont été publiées dans les *Cahiers du CERAS* (revue universitaire de l'université Reims Champagne Ardennes) et dans deux ouvrages collectifs, *Études walrassiennes*, sous la direction de Roberto Baranzini, Arnaud Diemer et Claude Mouchot (2004), *Léon Walras et l'équilibre économique général*, sous la direction de Roberto Baranzini, André Legris et Ludovic Ragni (2011).

Plus d'un siècle après sa mort, la pensée de Walras continue d'alimenter les débats, qu'il s'agisse des rapports entre la concurrence et la justice sociale, des pratiques tarifaires, de la propriété intellectuelle, des crises monétaires, des mouvements associatifs... Les *Éléments d'économie politique pure* constituent bien son « grand œuvre » (et tout particulièrement la théorie de l'équilibre économique général). Cependant la richesse du corpus walrassien ne saurait se limiter à cet ouvrage. Ce serait d'une part, passer sous silence la dette intellectuelle de Léon envers son père Auguste Walras, et d'autre part, ignorer « l'autre Walras », celui de l'économie appliquée et de l'économie sociale. Pierre Dockès[2] montre que Walras ne cherche pas à construire une « économie imaginaire », mais part du réel en posant des hypothèses « réalistes au sens fort ». Mais ce réalisme est idéalisé. Cette interprétation permet

---

1 L. Walras, « Notes d'humeur », in *Œuvres diverses*, vol. XIII, Economica, 2000, p. 517.

2 P. Dockès, « Lire Walras et les autres, une note d'humeur », in Roberto Baranzini, André Legris, Ludovic Ragni (dir.), *Léon Walras et l'équilibre économique général*, Economica, 2011, p. 8.

aujourd'hui de donner du sens aux propos de Léon Walras et de les analyser sous un angle différent :

> Je suis un idéaliste. Je crois que les idées transforment le monde à leur image et que l'idéal entrevu par un homme, par une école s'impose à l'humanité. Je crois que le monde a mis dix huit siècles à tâcher de réaliser – sans y réussir – l'idéal de Jésus et des premiers apôtres. Je crois que le monde mettra dix-huit ou vingt autres siècles peut être à essayer, sans y mieux réussir, de réaliser l'idéal entrevu par les hommes de 89 – aperçu plus clairement par nous, éclairci par nos successeurs. Heureux de penser que moi-même j'aurais peut être répandu la moindre lumière sur ce tableau.[3]

Si Walras part bien du monde tangible, c'est pour l'épurer et le complexifier ensuite en y apportant de nouvelles déclinaisons.

L'ouvrage que nous proposons, s'inscrit dans la continuité des travaux de l'A.I.W. et doit permettre aux lecteurs de saisir toute la richesse de l'œuvre walrassienne. Il est le fruit de réflexions présentées lors du 7e colloque de cette association, organisé par l'équipe du CNRS Triangle, du 9 au 11 septembre 2010 à l'Université Lumière-Lyon 2. Cette manifestation scientifique a revêtu une importance toute particulière, car elle commémorait le centenaire de la mort de Léon Walras, survenue le 5 janvier 1910, à Clarens, près de Montreux. Ce colloque a permis de réexaminer différents aspects de l'œuvre de Léon Walras au prisme de l'actualité socio-économique (analyse du capitalisme, des crises monétaires, des monopoles naturels, la législation sociale, etc.), ainsi que ses réseaux intellectuels (tout particulièrement ses relations internationales avec ses collègues économistes).

Cet ouvrage est issu d'une sélection parmi les communications présentées lors du colloque de Lyon. Les textes ont été regroupés en trois axes thématiques : philosophie et programme scientifique, équilibre économique général et ses prolongements, économie appliquée et économie sociale. L'ouvrage commence par une préface de Raymond Courbis, qui revient sur la généalogie des Walravens et des Walras. Selon William Jaffé[4] (1984) et les biographes de Léon Walras (Allais[5], 1964 ; Walker[6], 1983, 1987 ; Jean-Michel Servet, Pierre Henri Goutte[7],

---

3 L. Walras, « Notes d'humeur », in *Œuvres diverses*, vol. XIII, Economica, 2000, p. 551.

4 William Jaffé, « The Antecedent and Early Life of Léon Walras », in Donald A. Walker (ed.), *History of Political Economy*, 1984, vol. 16, n° 1.

5 Allais Maurice, « Léon Walras, pionnier de l'économie mathématique et réformateur méconnu », in *Centenaire de l'Association amicale des anciens élèves de l'École nationale supérieure des mines de Paris, 1864-1964*, 1964.

6 Donald Walker, *William Jaffé's Essays on Walras*, Cambridge University Press, 1983 ; Donald Walker, « Walras Léon », in J. Eatwell, M. Milgate, P. Newman (eds.), *The New Palgrave Dictionary of Economics*, Basingstoke, Macmillan, 1987.

2001)[8], Léon Walras est né à Évreux le 16 décembre 1834. Son arrière grand-père, Andreas Walravens, était un Hollandais qui, comme apprenti tailleur d'habits, avait émigré en 1749 du comté de Limbourg (territoire de la Prusse, puis des Pays-Bas), à Montpellier, dans le Sud de la France. Il épousa en 1752, Anne Levat, la fille d'un maître tailleur. Léon Walras (1908, p. 170) décrit cette famille comme « de petits bourgeois, très honorables, très catholiques et très royalistes »[9]. Progressivement, le nom de « Walravens » est francisé en « Valras », puis en « Walras », orthographe qui sera définitivement adoptée par la famille à la fin du XVIIIe siècle. Andreas Walras et Anne Levat eurent un fils, Louis Auguste Walras, employé à la préfecture de Montpellier, qui épousa en 1797 à Montpellier, Marie Esprit Tricou. De cette union, naquit Antoine Auguste Walras, le père de Léon. Ce dernier se maria à Évreux, en 1834, avec Louise Aline de Sainte Beuve. Selon Raymond Courbis, les biographes de Walras ont toujours considéré que la famille Walras était d'un milieu social moins élevé que les Sainte Beuve[10]. Or la réalité serait beaucoup plus complexe : d'une part, les origines flamandes des Walras font de ceux-ci, une famille d'un milieu social élevé, d'autre part, la promotion sociale de la famille de Sainte Beuve ne daterait que du début du XIXe siècle.

La première partie de l'ouvrage, intitulée *Philosophie et programme scientifique*, revient sur les origines de la pensée walrassienne. Les idées philosophiques et économiques de Léon Walras ont été profondément marquées par l'œuvre de son père, Auguste Walras. Pierre Henri Goutte rappelle qu'Auguste Walras a suivi les cours de philosophie de Victor Cousin à l'École normale supérieure de Paris, puis a pris connaissance tout au long de sa vie des travaux de Théodore Jouffroy et d'Étienne Vacherot. Auguste Walras n'a pas livré de contribution significative en philosophie ; toutefois cette dernière occupe un statut important dans son œuvre économique, au point de constituer la « reine des sciences ». Quelques fragments de textes nous sont parvenus par l'intermédiaire de son fils Léon, de Modeste Leroy ou grâce à de rares publications

---

7 Jean Michel Servet, Pierre Henri Goutte, *L'Économie politique et la justice, Œuvres économiques complètes d'Auguste et de Léon Walras*, vol. V, Paris, Economica, 2001.

8 Voir aussi Jan Van Daal, Albert Jolink, *The Equilibrium Economics of Léon Walras*, Londres, Routledge, 1993 ; P. Dockès, Jean-Pierre Potier, *Léon Walras. Vie et œuvre économique*, Paris, Economica, 2001.

9 Léon Walras, « Un initiateur en économie politique : A.A. Walras », in *Revue du Mois*, 1908, vol. 32, p. 170-183 (rééd. in Auguste Walras, *Correspondance*, vol. V, Paris, Economica, 2005, p. 17-51).

10 Jean-Michel Servet et Pierre Henri Goutte (2001, p. XIII) rappellent que « la famille Sainte Beuve tenait une charge notariale la plus importante d'Évreux. La dot de Louise Aline est de 20 000 francs, soit alors une rente annuelle de 1000 francs ».

(brochure exposant une *Réfutation de la doctrine de Hobbes sur le droit naturel de l'Individu*, 1835). Cependant la plupart des réflexions philosophiques d'Auguste Walras n'ont jamais été publiées. Afin de remettre le principe de la pluridisciplinarité au cœur du projet scientifique d'Auguste Walras, Pierre-Henri Goutte milite en faveur d'une édition de ses œuvres philosophiques. Arnaud Diemer souligne de son côté que si Auguste Walras fait partie de ces longues lignées d'intellectuels, prêts à investir les champs de la littérature, de la philosophie et de l'économie politique, il marque également la fin d'une époque : le passage de l'économie politique à la science économique. La philosophie d'Auguste Walras pose les bases d'une véritable démarche scientifique pour l'économie politique. Cette démarche repose sur trois temps forts : l'exposition d'une théorie du fait général (méthode scientifique d'observation et d'induction), l'analyse des faits généraux (naturels, moraux, progressifs) et la classification des connaissances humaines (l'économie politique étant une science naturelle). Elle doit mettre en évidence le fait général, contenu dans chaque science : à savoir, la valeur d'échange dans l'économie politique ; la propriété dans le droit naturel. Léon Walras disposait ainsi d'un matériau exceptionnel[11] lorsqu'il s'est tourné vers les sciences économiques.

Michele Bee revient quant à lui sur l'architecture générale de la pensée de Léon Walras, en insistant sur ce qui constituerait sa clé de voûte, l'« homo cœnonicus » (notion introduite en 1898 dans l'« Esquisse d'une doctrine économique et sociale »). Pour l'auteur, il s'agit d'une part, de clarifier certaines ambiguïtés possibles autour de l'utilisation du qualificatif « naturel », et d'autre part, de questionner l'idée de « nature humaine », en s'appuyant sur la dichotomie entre les catégories de physiologie et de psychologie humaines. En établissant un rapport entre *homo ethicus* et *homo œconomicus*, Michele Bee estime qu'il est possible de rendre compte de la *nécessité* qu'implique le progrès industriel dans la théorie de l'histoire de Walras.

Enfin, Michel Herland s'interroge sur le qualificatif « socialiste libéral » qui caractérisait, selon Léon Walras, la plupart de ses travaux. Selon Michel Herland, en se proclamant « socialiste libéral », Walras a volontairement brouillé les cartes et, ce faisant, nous contraint à considérer de plus près sa doctrine. À la lumière des définitions les plus communément admises des deux doctrines dont Léon Walras prétend s'inspirer simultanément, l'auteur montre que même les propositions a priori les plus radicalement socialistes (comme la nationalisation des terres, par exemple) ne sont nullement contradictoires avec le libéra-

[11] Auguste Walras est notamment l'auteur de deux ouvrages, *De la Nature de la richesse et de l'origine de la valeur* (1831) et *Théorie de la richesse sociale ou Résumé des principes fondamentaux de l'économie politique* (1849).

lisme. Le « socialisme » de Walras n'est en réalité que du libéralisme poussé jusqu'à ses dernières extrémités. Michel Herland en déduit que Léon, mais également Auguste Walras, pourraient s'inscrire dans la lignée d'un certain socialisme français, associationniste.

La deuxième partie de l'ouvrage, intitulée *Équilibre général et ses prolongements*, aborde l'un des aspects théoriques les plus commentés de l'œuvre de Léon Walras. Andrea Imperia, Vincenzo Maffeo et Fabio Ravagnani examinent notamment les critiques de Wicksell à l'encontre la théorie du capital et de l'intérêt de Léon Walras. Une première critique concerne l'absence de biens capitaux circulants dans les premières éditions des *Éléments*. Selon Wicksell, l'exclusion du capital circulant aurait contraint Walras à supposer tacitement que les travailleurs s'entretiennent eux-mêmes avec leurs propres ressources au cours du processus de production. Une seconde critique tend à souligner que la théorie de Walras ne pouvait pas déterminer les prix des biens capitaux, et donc le taux d'intérêt, dans le cas des économies stationnaires. Les auteurs affirment que cette critique de Wicksell repose sur l'idée selon laquelle les biens capitaux durables dans les *Éléments d'économie politique pure* peuvent être assimilés aux « *rent goods* » discutés dans *Value, Capital and Rent* (1893). Les auteurs notent que l'introduction des biens capitaux circulants dans la quatrième édition des *Éléments*, a joué un rôle important dans l'abandon par Wicksell de sa seconde critique (Wicksell, 1919, p. 226). Les biens capitaux circulants doivent être reproduits même dans une économie stationnaire, et pour cela, leurs prix (à la différence de ceux des « *rent goods* »), peuvent être établis sur la base des coûts de production.

André Legris et Ludovic Ragni reviennent de leur côté sur les modifications et les améliorations apportées par Enrico Barone à la théorie de l'équilibre général walrassienne et aux formes de la concurrence qu'elle sous-tend. Dans un premier temps, les auteurs réexaminent la controverse relative au théorème des productivités marginales à partir du principe de maximisation des profits proposé par Barone et qui n'a pas retenu l'attention des historiens de la pensée économique. Dans un second temps, ils revisitent la méthode à laquelle Barone recourt afin de comprendre, au delà des développements mathématiques, dans quelle mesure il positionne son propre modèle par rapport aux diverses formes de concurrence qu'il décrit et qui ne recouvrent pas celles de Walras.

Alain Alcouffe traite la question de la diffusion des idées walrassiennes dans les universités de langue allemande. En effet, Léon Walras s'est préoccupé très tôt de voir reconnaître ses travaux Outre Rhin et ne ménagea pas sa peine pour les y diffuser. L'auteur considère qu'il faut attendre la première moitié des années 1880 pour que l'économie pure de Walras retienne l'attention d'économistes tels que Lexis et

Launhardt, grâce à la traduction allemande de la *Théorie mathématique de la richesse sociale*. Mais c'est à partir de 1890 que l'œuvre walrassienne, *sociale* fera réellement partie du bagage des meilleurs produits des universités (Bortkiewicz, par exemple), et ce malgré une hostilité farouche des économistes allemands pour les mathématiques. Par la suite, l'œuvre de Walras constituera pour de nombreux chercheurs une source de réflexion et d'inspiration (idées sur la réforme foncière ou sur les coopératives).

Enfin, Amanar Akhabbar s'est attaché à restituer le sens de l'emploi du *Tableau Économique* dans les travaux de Walras et dans ceux de Marschak, Frisch et Leontief. L'auteur note que Léon Walras a utilisé le *Tableau Économique* de Quesnay pour introduire une analyse dynamique (le « marché permanent ») dans ses *Éléments d'économie politique pure*. Il s'agissait de dépasser le cadre statique de la théorie de l'équilibre général et d'être en mesure de représenter une économie en mouvement. L'introduction d'éléments de dynamique économique relevait aussi d'un souci de réalisme, au sens où il s'agissait d'être en mesure d'expliquer des phénomènes tels que les fluctuations et les crises. En entremêlant son analyse du système économique avec le *Tableau Économique*, Walras en vient à identifier dans le changement technique l'une des principales sources du changement. Le *Tableau Économique* est alors une manière de représenter l'économie dans son ensemble comme processus de reproduction et en mouvement perpétuel. Bien que la théorie de l'équilibre général de Walras soit une norme analytique centrale dans les années 1930, les économètres et modélisateurs vont chercher à expérimenter de nouveaux cadres permettant d'articuler des dispositifs à la fois théoriques, mathématiques et statistiques. Marschak, Frisch et Leontief vont notamment utiliser le *Tableau Économique* et les modèles multisectoriels pour expliquer les phénomènes de cycles, de crises et de développement économique. Le *Tableau Économique* permet de retracer et de représenter les flux marchands échangés entre les agents alors que les modèles multisectoriels permettent d'expliquer la formation de ces flux.

La troisième partie de l'ouvrage, intitulée *Économie appliquée et économie sociale*, renvoie aux deux derniers éléments du triptyque walrassien. Jérôme Lallement revient sur la question du droit de propriété intellectuelle à partir d'une analyse de deux textes de Léon Walras, publiés l'un en 1859, l'autre en 1885. L'auteur note une évolution des analyses dans ces deux articles. Alors qu'en 1859 Walras approuve l'idée selon laquelle la propriété intellectuelle est un droit naturel des auteurs sur le produit de leur travail, en 1885, il soutient que la propriété intellectuelle ne peut être qu'un monopole temporaire artificiellement créé par la loi au bénéfice des auteurs. Comment expliquer un tel revirement ? Pour comprendre ce cheminement, Jérôme Lallement part d'un état des lieux des débats sur le droit d'auteur au milieu du XIXe siècle, en France, puis expose successivement les positions de Walras en 1859 et en 1880. Soulignant les incertitudes fournies par les argumentes textuels, l'auteur suggère que Walras n'a pas réellement changé d'avis dans la mesure où, dès 1859, il était hostile au droit de propriété intellectuel. Cependant, en 1880, il aurait trouvé les moyens de démontrer la position qui a toujours été la sienne, à savoir, la propriété intellectuelle ne peut être qu'un monopole artificiel temporaire créé par la loi au profit des auteurs. Ce qui lui permet de justifier *a posteriori* ce dont il était déjà convaincu dès 1859.

De son côté, Pelin Sekerler analyse les travaux de Walras et de Jevons au prisme de la révolution marginaliste. L'auteur souhaite ici souligner les différences, tant au niveau de leurs analyses relevant de l'économie pure, que de leurs propositions de réformes sociales. Pelin Sekerler s'efforce ainsi de faire ressortir les éléments qui ont conduit Walras et Jevons à formuler des positions divergentes dans le domaine social. Ce constat d'une différence entre la pensée de Walras et celle de son homologue anglais, s'inscrit ainsi dans la logique de la démarche de « dé-homogénéisation » entreprise par W. Jaffé (1976), lequel s'était efforcé de mettre en avant les divergences entre les auteurs « marginalistes » dans le domaine de l'économie pure. Afin de souligner les différences entre Jevons et Walras sur la question de l'intervention de l'État, l'auteur s'est intéressé à une activité particulière, les chemins de fer, sur laquelle les deux économistes sont en totale opposition.

Jean-Pierre Potier aborde quant à lui, la question sociale à partir de la polémique engagée entre Walras d'une part et Constant Leirens et Paul Voituron d'autre part, au sujet de la fonction et du rôle des associations coopératives. L'auteur revient notamment sur l'épisode du journal *Le travail*, créé par Walras en 1866 afin de diffuser ses idées et de consolider son action. Le projet ne sera finalement concrétisé qu'au printemps 1866, grâce à l'appui de deux coopérativistes belges. Cette association sera cependant de très courte durée. En effet, dès le premier numéro, des divergences, à la fois théoriques et politiques, sur le statut des coopératives, sur la solution de la question sociale apparaissent entre Walras et ses collaborateurs belges et elles vont rapidement empirer au point d'aboutir à une rupture définitive au bout de trois numéros. Jean Pierre Potier revient sur ces polémiques en s'appuyant sur des lettres et des documents découverts au Fond Walras de Lausanne et au Fonds Voituron de Gand.

Enfin, Roberto Baranzini et Sophie Swaton ont cherché à replacer les travaux de Léon Walras dans le cadre de l'économie sociale. Au-delà des clivages, statuts et conflits théoriques, les auteurs soulignent que les théoriciens contemporains s'accordent sur le fait que les organisations de l'économie sociale se réfèrent à des valeurs communes et s'inscrivent dans un projet et des pratiques spécifiques qui font sens dans une époque soucieuse de rechercher des alternatives à un marché dominé par une spéculation financière débridée. Il y aurait ainsi un consensus sur les valeurs fondatrices de l'économie sociale, telles que la responsabilité, l'égalité, la solidarité... Roberto Baranzini et Sophie Swaton reviennent sur les origines historiques et sur les premiers projets qui permettent d'appréhender l'économie sociale, moins comme un secteur nouveau que comme un mouvement de pensée qui, en son temps, s'oppose au courant économique dominant. Les *Études d'économie sociale* de Léon Walras font partie de cet héritage. Par économie sociale, Walras entend renvoyer ses lecteurs à la théorie de la répartition de la richesse sociale. L'État doit être propriétaire des terres et les individus de leurs capacités et donc du fruit de leur travail. Le critère approprié est celui de la justice, non de l'utile relatif à la production, car il résulte de la coordination des destinées humaines. Il est clair que le contenu de l'économie sociale telle que l'entend Walras n'a pas grand chose à voir avec celui que lui octroient de nos jours les contemporains. Ce qui caractérise aujourd'hui l'économie sociale et solidaire, c'est une volonté d'intégration sociale créative de richesse. Et pourtant, la connexion entre Walras et l'économie sociale mérite que l'on s'y attarde. Selon les auteurs, l'intérêt d'une telle entreprise réside dans le questionnement de l'économie sociale et solidaire actuelle du point de vue de Walras et sur la base de ce que les théoriciens contemporains retiennent de cet auteur.

Arnaud Diemer, Jean-Pierre Potier

Des Walravens à Walras,
la famille de Léon Walras et ses alliances

Raymond COURBIS

À tous égards, Léon Walras est l'une des gloires de l'École économique française mais, comme l'a déjà noté William Jaffé (1984), il aurait pu ne pas être français. Il est en effet l'arrière-petit-fils d'Andreas Walravens (ou Waelravens) qui, originaire d'Arcen dans le Limbourg (alors territoire de la Prusse et aujourd'hui des Pays-Bas), se fixe au milieu du XVIIIe siècle à Montpellier où il épouse, en 1752, Anne Levat, la fille d'un maître tailleur de cette ville où il fera souche[1]. Progressivement le nom de « Walravens » est francisé en « Valras », puis en « Walras », orthographe qui sera définitivement adoptée par la famille à la fin du XVIIIe siècle. Louis Auguste Walras, un fils d'Andreas Walravens (devenu en France André Valras) et d'Anne Levat, épouse, à Montpellier, en 1797 Marie Esprit Tricou. Il est le père d'Antoine Auguste Walras qui, de son mariage en 1834 à Évreux, avec Louise Aline de Sainte Beuve, aura, entre autres enfants, Léon Walras né à Évreux en décembre 1834.

Pour William Jaffé et les biographes de Léon Walras, les Walras à Montpellier sont de condition modeste, voire illettrés, et ce n'est qu'avec Auguste Walras que la famille Walras aurait accédé à un niveau social plus élevé[2]. En particulier suite au mariage avec une « de Sainte Beuve » qui serait d'un milieu social beaucoup plus élevé et appartien-

---

1 Voir en annexe une généalogie de la famille Walravens d'Arcen et de sa branche française Walras.

2 William Jaffé (*William Jaffé's Essays on Walras*, publié par Donald A. Walker, p. 273-274) écrit ainsi : « Petits bourgeois the Walrases certainly were, descended on the paternal side from tailors, shop-keeper, and humble clerical employeesof the city government... On Léon's mother side, the family was ne of Norman solicitors, higher up in the bourgeois social hierarchy than the walruses and though of noble descent – the name was de Sainte Beuve ... » et que « Auguste Walras was the first of the Walrases to rise out of virtual illiteracy... ». De même, dans son *Essai sur l'histoire de la pensée et des doctrines économiques*, Luc Bourcier de Carbon écrit (p. 389) que « descendants de Hollandais qui s'étaient fixés, en 1749, à Montpellier, petits tailleurs à cette époque, artisans, gens de condition modeste jusqu'à la réussite du père de Léon Walras, la famille Walras (initialement Walravens) avait mis trois générations avant d'accéder à une position sociale ... ».

drait à une vieille famille de la noblesse normande. Comme rappelé par William Jaffé (1984, p. 4), et à sa suite par Jan van Daal et Albert Jolink[3], les Walras de Montpellier ne seraient, selon Léon Walras (1908), que « des petits bourgeois, très honorables, très catholiques et très royalistes ». Léon Walras et ses biographes sont bien sévères pour sa famille paternelle. La vérité est plus complexe et, comme nous le verrons plus loin, après nous être rapidement penché sur les origines flamandes des Walras, les Walras sont au XVIIIe siècle d'un milieu social plutôt plus élevé que les Sainte-Beuve dont la promotion sociale date en fait du père de Louise Aline de Sainte Beuve, qui devient notaire à Évreux au début du XIXe siècle.

Évoquer une influence purement catholique n'est également pas exact car Anne Levat appartient à une famille protestante de Montpellier (même si officiellement « Nouvelle Convertie ») et plusieurs enfants d'André Walras s'allient à des familles d'origine protestante. Certains ancêtres de Marie Esprit Tricou sont également protestants.

Des Walravens aux Walras : les Walravens d'Arcen

Comme indiqué plus haut, les ancêtres paternels de Léon Walras descendent d'Andreas Walravens, né en 1724 à Arcen, dans le Limbourg, de son mariage, en 1713 à Arcen, avec Anna van Daelen. Dépendant aujourd'hui des Pays-Bas, Arcen appartient alors à la Prusse[4] – ce qui fait dire à Léon Walras que son bisaïeul était d'origine prussienne[5]. Walravens est un nom de famille assez répandu en Flandre. Correspondant au génitif de Walraven, il signifie « fils de Walraven ». Celui-ci est un prénom d'origine germanique (Germain, Herbillon, 2007, p. 1032) qui dérive de Walh-Raban et fait référence aux guerriers héroïques de la Walhallah. Dérivant d'un prénom, de nombreuses familles[6] portent le nom de Walraven, Walravens, Waelravens, sans avoir nécessairement une origine commune.

L'ascendance de Jacobus Walravens (voir l'annexe généalogique in fine) est bien connue grâce aux registres paroissiaux d'Arcen (et de sa région) et à la dispense de parenté, au 3e degré ecclésiastique, accordée

---

3 *The Equilibrium Economics of Léon Walras*, Londres, Routledge, p. 129.

4 Arcen a été sous domination prussienne de 1713 (suite au Traité d'Utrecht) jusqu'en 1795. Suite au Traité de Bâle, Arcen est alors rattaché à la France mais, à la chute de l'Empire, passe en 1815 aux Pays-Bas. Lors de la révolution de 1830 et de la création de la Belgique, Arcen est rattaché à ce pays mais en 1839, suite à une rectification de frontière, l'ensemble de la province du Limbourg (sauf la partie sud-ouest), et donc Arcen, est incorporée au royaume des Pays-Bas.

5 Ce qui pose des problèmes à Aline Walras, la fille de Léon Walras, qui veut occulter une telle origine ; cf. infra.

6 Dont certaines accéderont à un niveau élevé comme les Walravens d'Anvers.

en 1689 pour le mariage de Jacob Walravens avec Naelken Meusers, sa cousine issue de germain[7]. D'après celle-ci, il apparaît que *le nom des Walravens est originellement BOSCH* mais Jan Bosch, un fils de Quirinus Bosch, né vers 1595 à Lomm, adopte comme nom usuel le nom de Walravens suite à son mariage avec Trein (ou Trinneke) Aen den Kirchhof fille de Jacob Walravens Aen den Kirchhof (Walravens « près du cimetière »). Il est connu sous le nom de « Walravens alias Bos (or Bosch) » et ses descendants ne retiendront progressivement que le seul nom de « Walravens » (qui s'imposera comme leur seul nom à la 3e génération). Les noms de famille dans le Limbourg ne sont pas encore fixés au XVIIe siècle. À cette époque, un individu est désigné par deux noms : un nom de famille ou un patronyme dérivé du nom du père ou de la mère (« Walravens » = fils de Walraven) qui pourra être utilisé comme patronyme par sa descendance ; et un toponyme qui indique où il habite. « Aen den Kirchhof » indique qu'il habite « près du cimetière ». Progressivement donc, la descendance en ligne masculine de Jacob Walravens Bosch ne retiendra comme patronyme que le seul nom de Walravens mais il est piquant de noter que les choses auraient sans doute été très différentes si Léon Walras s'était appelé Léon Bosch !

Les Walras avant Auguste et Léon : les Walras de Montpellier

Andreas Walravens et la francisation du nom en valras/walras

Comme on l'a vu plus haut, Andreas Walravens – qui deviendra André Valras – migre vers 1749[8] d'Arcen à Montpellier où il épouse en 1752 Anne Levat. Le souvenir de cette origine flamande est gardé par la famille. Dans une lettre du 20 mars 1880 à son ami Lorédan Larchey, Léon Walras écrit que, comme lui a indiqué son père (Auguste Walras) son arrière-grand-père est un immigrant allemand originaire du « duché de Prusse » et que le nom de Walras correspond à la déformation languedocienne du nom initial de « *Walraweins* » (Jaffee, 1965, vol. 1, p. 472). On ignore toutefois les raisons pour lesquelles Andreas Walravens a quitté Arcen pur venir à Montpellier. Pour Léon Walras, ce serait parce que « catholique prussien », il aurait été victime de persécutions religieuses de la part des Protestants (Jaffee, 1984, p. 36-37). Cette explication ne tient pas car le Traité de Xanten en 1614 – que

7 Archives de Maastricht. RHCL : « Jacobus Walravens, zoon van Joannes Walravens, Joannes zoon van Joannes Walravens alias Bos, Joannes zoon van Quirinus Bos en Elizabetha zijn vrouw ».

8 D'après son contrat de mariage en 1752 avec Anne Levat.

respectait scrupuleusement la Prusse – garantissait la liberté de religion aux catholiques d'Arcen. Quoiqu'il en soit, Andreas Walravens est donc d'origine flamande et vient du Limbourg alors sous domination prussienne mais cette origine « prussienne » déplaisait à Aline Walras, la fille de Léon, qui, se refusait à une telle origine – et écrivait (pendant la guerre de 1914-1918) qu'elle n'appartenait pas à une famille de « boches »[9] . L'origine « prussienne » des Walras était, pour elle, une invention de son père et le nom de « Walras » était d'origine languedocienne. Elle notait d'ailleurs que près de Béziers, dans le département de l'Hérault, une plage s'appelait « Valras » – ce qui justifiait son opinion au sujet de l'origine de son nom. Persuadée donc de l'origine purement languedocienne de sa famille paternelle, Aline Walras en persuade L. M. Leroy, le biographe d'Auguste Walras, qui écrit que la famille Walras est « établie, dans le pays, depuis longtemps, depuis toujours » (Leroy, 1923, p. 1) !

Cette origine languedocienne aurait pu être fondée car on trouve effectivement dans le Sud de la France des Valras qui sont incontestablement d'origine languedocienne. On trouve ainsi des Valras à Béziers aux XVIIe et XVIIIe siècles (mais il s'agit sans doute de membres de la famille de Lort de Sérignan qui était seigneur de Valras), à Montagnac aux XVIIe et XVIIIe siècles[10] ; à Blavignac en 1783[11], comme aussi à Lyon et (aussi au XIXe siècle dans les Hautes Alpes (dans la commune de La Roche des Arnauds), etc.

Plus curieusement, on trouve en 1861 à Montpellier, selon le recensement effectué cette année, une Eugénie Valras. Elle est alors âgée de 61 ans et est donc née vers 1800 mais on ignore tout d'elle ; elle n'est apparemment pas née à Montpellier, ni décédée en cette ville, et ne figure pas dans les recensements précédents. Mais, selon toute vraisemblance, elle n'appartient pas à nos Valras/Walras. Quoiqu'en ait pensé Aline Walras, les Walras sont bien d'origine flamande et sont venus au milieu du XVIIIe siècle avec Andreas Walravens. Son acte de mariage et son contrat de mariage avec Anne Levat le démontrent clairement :

- dans son acte de mariage religieux célébré le 5 novembre 1752 en l'église Saint-Pierre à Montpellier[12], André Walravens est désigné dans l'acte comme « andré valras, tailleur d'habits du lieu d'Arssen dioceze

9 Cf. *Ibid.*

10 Comme Louise Valras, fille de Jean Valras et Louise Gelli, qui épouse à Montagnac en 1761 Pierre Antoine Lagarde, avocat au Parlement.

11 Jean Baptiste Valras est vicaire de Blavigna en 1783.

12 Archives municipales de Montpellier, registres BMS de la paroisse de St-Pierre, GG 125, F° 100.

de ruremonde dans la Gueldre fils leg[itime] et nat[urel] de feu jacob valras decedé ainsy quil conte par le consentement donne par la mere dud au dit mariage et de anne vandal ». Mais à l'acte, d'une belle écriture, celui-ci signe « *anderes warllavens* ».

- de même, dans son contrat de mariage du 13 août 1752 par devant Me Jean François Garimond, notaire à Montpellier[13] (et non du 3 août 1752 comme indiqué à tort par William Jaffé, 1984, p. 5[14]), Andreas Walravens (qui signe « Warlravens ») est dit « André Valras garconTailleur dhabits natif du lieu Darssin en prusse royaume Dallemagne [sic] demeurant en cette ville depuis Environ trois années fils legitime et naturel de defunt Jacob Valras et dame Vandal demeurante aud. Arssin », mariage auquel la mère d'André Valras (Walravens) a donné son consentement le 26 juillet 1752 par devant Mathias Albert Vandal secrétaire public d'Arcen (d'Arssin). Dans ces actes (comme dans ceux des enfants d'André Walras et Anne Levat), le nom de Walravens est ainsi francisé en « Valras » mais André Walras (Andreas Walravens) adopte la graphie de « Walras » (plus proche de son patronyme flamand) : c'est ainsi qu'il signe dans l'acte de mariage en mars 1776 de sa fille Anne avec Jean Bruyas ; et la même année, en juillet 1776, dans l'acte de mariage de son fils Jacques André (qui signe « Walras fils »). Si la graphie « Valras » est utilisée pendant un demi-siècle dans les actes officiels (peut-être par assimilation avec le nom de lieu de Valras et le fait qu'il existait des familles Valras dans la région), c'est la graphie « Walras »[15] utilisée par la famille qui l'emportera définitivement au XIXe siècle.

13 Archives départementales de l'Hérault, 2 E 56/552, F^os^ 283 V° à 284 V°.

14 Le contrat est date du « treisieme jour du mois daoust » mais Jaffé a cru lire « troisième ».

15 À noter que si, comme signalé plus haut, on trouve dans le sud de la France d'autres familles « Valras », on trouve également plusieurs personnes dont le patronyme est « Walras ». On trouve ainsi :

- le décès à Gardanne le 5 nivôse an IV de Jean Pierre Walras, âgé de 4 mois, fils de Jacques Walras et Thérèse Volaire, domiciliés à Marseille ;

- et le mariage le 4 février 1808 en Italie à Venise (acte transcrit en 1852 sur les registres d'État civil de Paris) de Marie Béatrix Antoinette (appelée Béatrice) Walras (née à Naples le 5 mars 1787 du mariage de Jacques André Walras, employé aux transports militaires – décédé à Venise le 9 septembre 1807 – et de Thérèse Voulaire, née vers 1764) avec Félix Raymond dit Legrand, né à Toulon le 17 mai 1783, secrétaire particulier du Commissaire des Guerres à Venise. Félix Raymond-Legrand cesse d'être actif en décembre 1851 et décède le 5 avril 1858 ; sa veuve Antoinette Walras, alors domiciliée à Compiègne, perçoit alors une pension de réversion en tant que veuve de militaire. On manque de précisions sur ces Walras mais on peut penser que les deux Jacques Walras précités constituent une même personne compte tenu de la très grande similitude des noms de leurs épouses. On peut aussi se demander si ce Jacques André Walras n'est pas le même que Jacques André Walras, le fils d'André

André (Andreas) Walras (Walravens) et l'alliance Levat

Comme on l'a vu Andreas Walravens (alias André Valras) se marie en 1752 avec Anne Levat fille de David Levat, maître tailleur à Montpellier, et de feue Marie Périer. Dans son contrat de mariage en date du 13 août 1752 (cf. supra), Anne Levat se constitue en dot, du consentement de son père, la somme de 1 000 livres : 600 livres « a quoy a été estimé le droit de maitrise que le d[t] Valras futeur epoux acquiert en prenant une fille de maitre tailleur » ; 200 livres pour ses « bagues et dorures », et 200 livres dont lui fait don sa tante paternelle Ester Levat. De son côté, André Valras consnt à sa future épouse la somme de 100 livres en augmentation de dot au cas où il viendrait à décéder avant son épouse. Pour André Valras, ce mariage lui permet d'accéder à la maîtrise et de s'élever ainsi dans la hiérarchie sociale de l'époque. Et de s'allier à une famille d'une certaine importance pour l'époque. Le père de la mariée, David Levat, s'est marié en 1717 en secondes noces à Marie Périer (mariage dont naît, en 1728, Anne Levat l'épouse d'André Valras), après un premier mariage en 1708 avec Marguerite Péridier, une sœur d'Antoine Péridier[16] qui est notaire royal à Montpellier de 1718 à 1756 et est l'ancêtre d'une dynastie de notaires de Montpellier qui se succéderont, pendant 130 ans, jusqu'en 1851 (et ont occupé au XVIIIe siècle la fonction de notaire de la Province du Languedoc et de notaire apostolique)[17]. Le père et le frère de Marie Périer sont Maîtres monnayeurs, c.-à-d. responsables de la fabrication de la monnaie à l'atelier monétaire de Montpellier.

---

et Anne Levat, né à Montpellier en 1753 qui, après son mariage en 1776 avec Magdelaine Marie Galzy, se serait donc remarié. D'après le site *Ancestry.com*, on trouve, au XIXe et au XXe siècle, de nombreux Walras aux États-Unis (d'après les recensements et les listes de passagers à New York et dans les ports atlantiques) mais on manque d'informations à leur sujet ; il ne semble toutefois qu'ils aient un quelconque lien avec les Walras de Montpellier.

16 Antoine et Marguerite Péridier sont les enfants de Pierre Péridier (1653-1724), marchand mangonnier de Montpellier, et d'Isabeau Serane (1664-1719). Les Péridier sont établis à Montpellier depuis, au moins, la fin du XVIe siècle ; leur filiation suivie remonte à Antoine Périidier, le grand-père de Pierre. Les Péridier sont d'origine catholique ; Antoine Périsier, le grand-père du notaire Antoine Péridier et de Marguerite Péridier (la 1re épouse de David Levat), est en effet baptisé en 1612 en l'église Notre Dame des Tables à Montpellier. Il y a toutefois à Montpellier dans les années 1600-1680 des Péridier protestants qui ont, vraisemblablement, une origine commune.

17 À Antoine Péridier (1688-1761) a succédé comme notaire à Montpellier, son fils Barthélemy (1722-1795), puis son petit-fils Eugène-Pascal (1759-), puis son arrière-petit-fils Barthélemy-Pascal (1780-1856). Jeanne Hyacinthe Péridier, une fille de Barthélemy Péridier, a épousé en 1784 François Denis Toussaint Rouch (1757-1799), docteur agrégé de la Faculté de droit de Montpellier, qui devint par la suite président de la cour criminelle de l'Hérault, puis membre du Conseil des Cinq Cents.

David Levat est loin d'être un illettré contrairement à ce que laisse à penser William Jaffé : il a au contraire une très belle écriture comme le montre sa signature. La qualité de « Maître » est au sommet de la hiérarchie des corporations et en 1763 on trouve d'ailleurs élu, comme 6e consul de Montpellier, Jacques Philippe Levat, maître tailleur[18] qui doit être un neveu de David Levat[19]. Les alliances Péridier et Périer attestent aussi du rang honorable de David Levat dans la société de son temps. David Levat, le beau-père d'André Valras, *est d'origine protestante* (comme – cf. infra – la plupart des membres de la famille Levat dont les branches les plus fortunées appartiendront à la haute bourgeoisie de Montpellier dès le XVIIIe siècle). Ceci explique que l'acte de vente du 11 novembre 1731 par David Levat, Me tailleur, passé[20] par devant son beau-frère Me Antoine Péridier, notaire royal à Montpellier, précise que cette vente est faite avec une autorisation de l'intendant du Languedoc ; ce qui s'explique par le fait que les Édits royaux interdisent aux familles de « Nouveaux Convertis » (c'est-à-dire des protestants convertis de force après la Révocation, en 1685, de l'Édit de Nantes) de vendre sans autorisation leurs biens (ceci pour éviter qu'ils réalisent leur fortune et partent à l'étranger).

Les prénoms de David – fréquent chez les Levat protestants – et de Jacob – inclinent à eux seuls à confirmer cette origine protestante mais on en a la certitude avec le mariage de ses parents. David Levat – le beau-père d'André Valras – est le fils de Jacques (alias Jacob) Levat, qui est aussi tailleur d'habits, et d'Isabeau Valarnouze (ou Valeronouse) qui se sont mariés à Montpellier le 26 avril 1677[21], mariage contracté *en la religion réformée* comme l'a été le mariage de son frère, le 29 juillet 1670, d'André Levat (qui est également tailleur d'habits)[22]. Ces deux actes de mariage prouvent que la famille d'Anne Levat est bien d'origine protestante. Ils indiquent en outre – comme également le contrat de mariage de Jacob Levat et Isabeau Valarnouze[23] – que Jacob Levat est originaire de Milhaud (diocèse de Nîmes) dans l'actuel département du Gard et qu'il est le fils de Jean Levat et d'Anne Laporte.

---

18 Archives municipales de Montpellier, Élections consulaires, BB 210. Voir aussi Charles d'Aigrefeuille (1882, p. 192).

19 Dans son acte de mariage en 1746 (en la paroisse Notre Dame des Tables) avec Anne Cessac, Jacques Levat, le fils de feu Jean Levat, maître tailleur, et de Jeanne Durand – et donc le neveu de David Levat (Jean est le frère de David comme l'indique son acte de mariage en 1719) et le cousin germain d'Anne Levat – est qualifié de maître tailleur.

20 Archives départementales de l'Hérault, 2E 58/108.

21 Archives municipales de Montpellier, BMS protestants, GG 347.

22 Archives municipales de Montpellier, BMS protestants, GG 340.

23 Ce contrat de mariage est passé le 26 mars 1677 par devant Me Demus notaire à Montpellier (Archives départementales de l'Hérault 2E 56/383, Fo 111)).

Originaire des Cévennes, Jacob Levat (le grand-père d'Anne) est sans doute parent de Pierre Levat (né vers 1685, fils de François Levat et Marthe Massip) qui, lors de la guerre des Camisards, est condamné aux galères pour port d'armes le 7 juin 1703 à Alès. Il est galérien pendant près de neuf années avant d'être libéré le 19 avril 1713 pour servir dans les troupes du roi (Tournier, 1943-1949). Par sa mère Anne Laporte, Jacob Levat est peut-être aussi apparenté au célèbre chef camisard Rolland, de son vrai nom Pierre Laporte, d'une famille de la région de Nîmes (comme les Levat) qui a donné, elle aussi, deux galériens pour cause de religion. Avec de tels cousinages, on comprend que les Levat de Montpellier seront des protestants « opiniâtres » (cf. infra).

Isabeau Valarnouze, la mère de David Levat et la grand-mère d'Anne Levat, *appartient également à une famille très anciennement protestante* car on trouve à Boucoiran, selon les anciens registres protestants de cette commune, le mariage en 1624 de François Valarnouze et Jane Jalaguier. La famille de Marie Périer – la mère d'Anne Levat (l'épouse d'André Valras) – *est, elle aussi, d'origine purement protestante*. Née en 1687 à Montpellier, Marie Périer est la fille de Pierre Périer (tisserand, puis Me Monnayeur) et de Jeanne Tiquet qui se sont mariés à Montpellier en la religion réformée le 2 mars 1677[24].

Les quatre grands parents d'Anne Levat Valras sont donc protestants

Comme l'écrira en 1753 (cf. infra) M. de Saint-Priest, l'intendant du Languedoc[25], les Levat sont une famille de *religionnaires obstinés* ; ce qu'ils montrèrent à de nombreuses occasions. C'est ainsi qu'en 1747-1750, on trouve élevés au Pensionnat des N. C. de Montpellier, Pierre et Jean Levat, qui – d'après « l'État des enfants protestants que l'on a élevés ... » dans ce Pensionnat (Corbière, 1861, p. 577) ont un « père mort protestant, leur mère est aussi protestante... » et ce document ajoute : « il y a dans la ville plusieurs branches de Levat, riches négociants et protestant*s* ». Et en 1765 on trouve une Marguerite Levat protestante qui est élevée dans la maison Saint-Charles (Saurel, 1886-1887)[26]. Une branche des Levat constituera au XVIIIe et au XIXe siècle une famille très importante de la haute bourgeoisie de Montpellier. C'est à Jean David Levat, un riche marchand de laine, que l'on doit la construction en 1763-1764, aux environs alors de Montpellier, du « *Château Levat* » (Leenhardt, 1931), une très belle construction de

---

24 Archives municipales de Montpellier, BMS protestants, GG 347.

25 Archives nationales, Série TT, carton 444, dossier 39 (Levat).

26 Mais qui abjurera le protestantisme.

style Louis XV, classée de nos jours comme monument historique de Montpellier. Au XIXe siècle, les descendants de ce Jean David Levat seront banquiers à Montpellier. Ils s'allieront aux XVIIIe et XIXe siècle aux Cabanes de Puymisson (qui donneront un général baron d'Empire), aux Parlier (à la tête d'une importante maison de commerce), aux Dunant (de Genève, de la famille d'Henry Dunant le fondateur de la Croix-Rouge). Cette branche a une origine commune avec celle d'Anne Levat, l'épouse d'André Valras. Elle descend en effet de Pierre Levat – marié à Catherine Favier – qui, témoin en 1670 au mariage d'André Levat – le grand-oncle d'Anne Levat – est indiqué dans cet acte être le cousin du marié. Les racines protestantes d'Anne Levat sont donc incontestables mais on peut se demander, à la lecture d'un document que j'ai trouvé récemment, si Anne Levat, l'épouse d'André Valras, ne s'est en fait pas convertie au catholicisme. On trouve en effet aux Archives nationales une lettre du 5 févier 1753 de l'intendant du Languedoc au comte de Saint-Florentin – le ministre chargé des Affaires religieuses – qui demande un secours pour une demoiselle Levat, d'une famille de religionnaires « *obstinés* » de Montpellier, « qui a reconnu ses erreurs et embrassé la religion catholique » et « s'est mariée avec un ancien catholique, qui a été reçu M^e^ tailleur d'habits ». Mais ses parents s'étant aperçus de ce « que son changement était sincère et qu'elle pratiquoit les devoirs de notre religion [de la religion catholique] », ceux-ci l'ont non seulement abandonnée mais aussi maltraitée. Son mari n'a trouvé aussi de ce fait que peu de travail si bien que sa famille est « tombée tout d'un coup dans une espèce d'indigence, qui seroit peut être capable d'ébranler sa constance et sa foy ». Suite à la demande de l'intendant, un secours de 150 livres est accordé à la demoiselle Levat.

La lettre de l'intendant ne précise toutefois pas le prénom de cette demoiselle Levat ni le nom de sa famille de son mari – mais le mariage d'Anne Levat avec André Walras est du 13 août 1752 et André Walras est devenu maître tailleur. Il est donc possible qu'il s'agisse d'Anne Levat mais ce peut être aussi sa sœur Marie qui s'est mariée, *elle aussi*, à un maître tailleur (et, qui, veuve, se remarie le 17 août 1760 avec Mathieu Deres[27]).

Le fait que David Levat soit présent lors du mariage (célébré en la religion catholique) de sa fille avec André Walras et qu'il dote sa fille lors de son contrat de mariage du 3 août 1752 conduirait plutôt à penser que c'est de son autre fille Marie qu'il s'agit.

---

[27] Archives départementales de l'Hérault, 3 E 177/33 (paroisse de Notre Dame des Tables). Dans cet acte de mariage, il est indiqué que le premier mari de Marie Levat était maître tailleur. Je n'ai malheureusement pas retrouvé l'acte relatif à ce premier mariage qui a dû être contracté ailleurs qu'à Montpellier.

On doit aussi noter que lors du baptême de nombre des enfants d'André Valras et d'Anne Levat, les parents ne sont pas présents lors du baptême (nécessairement catholique) et que le parrain et la marraine sont des pauvres de l'Hôpital général. C'est une pratique courante au XVIIIe siècle chez les familles d'origine protestante pour montrer le peu de cas qu'elles font d'un baptême célébré dans la religion catholique.

Ceci tendrait à montrer qu'Anne Levat est restée fidèle à ses convictions protestantes (et que son époux André Valras les partage) et que c'est donc sa sœur Marie qui est concernée dans la demande de secours de l'intendant de 1753.

Une incertitude demeure toutefois en ce qui concerne l'identité de la fille de David Levat visée par la demande de l'intendant mais quoiqu'il en soit, par son alliance Levat, André Walras s'est allié à une famille importante dont la branche de Jean David Levat (le constructeur de Château Levat) tiendra le haut du pavé à Montpellier à partir du milieu du XVIIIe siècle. Lors de son mariage avec Jeanne Françoise Cabanes de Puymisson, Antoine David Levat, le fils de Jean David, recevra de son père – lors de son contrat de mariage passé le 11 février 1771 par devant Me Icard notaire à Montpellier[28] – la somme – très considérable – de 200 000 livres en avance d'hérédité, ainsi qu'une pension de 1 500 livres par an et la promesse de la cession de ses intérêts dans le commerce de laine !

Louis Auguste et l'alliance Tricou

Louis Auguste Walras, un fils d'André et d'Anne Levat, épouse en 1797 Marie Esprit Tricou. Elle est la fille d'un négociant de Montpellier, Pierre Tricou et la petite-fille de Jean Baptiste Tricou, un financier de Montpellier.

Marie Esprit Tricou appartient à une famille fortunée. Lors de la donation-partage à laquelle, veuve, elle procédera en 1858, l'actif à partager est de 40 000 F. – ce qui constitue pour l'époque une fortune appréciable[29].

Une famille Tricou existe à Montpellier dès la fin du XVIe siècle (où elle a donné un consul de Montpellier – et Enseigne de bourgeoisie – et un procureur au sénéchal de Montpellier)[30] mais la branche de Marie Esprit Tricou vient de Puéchabon (dans l'actuel département de

28 Archives départementales de l'Hérault 2 E 57/441.

29 Donation en date du 19 juin 1858 par devant Me Anduze, notaire de Montpellier (Archives départementales de l'Hérault 2 E 56/436, acte No 695.

30 On trouve aussi au XVIIIe siècle Dominique Tricou (1691-1766) qui est inspecteur général des manufactures du Languedoc, comme le sera aussi à sa suite son fils Jean Gaspard Tricou.

l'Hérault) et se fixe à Montpellier suite au mariage en 1703 de Joseph Tricou avec Jeanne Bruguier (ou Bruguiere)[31]. Joseph Tricou et Jeanne Bruguier sont les arrière-grands-parents paternels de Marie-Esprit.

Joseph Tricou est né en 1673 à Puéchabon (où il est baptisé le août en l'église de St-Pierre-aux-Liens) du mariage (en 1645 à Puéchabon) de Guillame Tricou (décédé à Aniane en 1676) et Marguerite Granier (ou Garnier), née à Puéchabon en 1628 et décédée en ce lieu en 1712. La filiation de la famille est suivie depuis la fin du XVIe siècle avec Guilhem Tricou (de St-Jean de Buzèges) marié à Louise Lasutes, dont Antoine Tricou marié en 1616 – à Puéchabon – à Louise Balestier, dont Guillaume Tricou le père de notre Joseph Tricou. Joseph Tricou est maître boulanger mais la famille s'élève progressivement dans la hiérarchie sociale. Son fils Jean Baptiste, qui est d'abord boulanger comme son père, est par la suite financier. Son fils Pierre (1741-1823) est négociant à Montpellier et épouse en 1772 Elizabeth Albe (ca 1733-1813), la fille d'un marchand de Montpellier – ce qui consolide la fortune familiale. Pierre Tricou et Elizabeth Albe sont les parents de Marie-Esprit.

Il semble que Marie Esprit Tricou ait été une « bonne » catholique, ce qui expliquerait qu'une de ses filles – Adélaïde Joséphine Walras (1799-1879) – soit devenue religieuse (au couvent de la Visitation à Montpellier sous le nom de Sœur Louise Xavier), mais, comme nombre de familles montpelliéraines (et Louis Auguste Walras qui est le fils d'une Levat), elle comporte aussi des racines protestantes.

Si les Tricou ont toujours professé la religion catholique (comme le montrent les registres de BMS de la paroisse St-Pierre-aux-Liens à Puéchabon), Jeanne Bruguiere – l'épouse de Joseph Tricou et l'arrière-grand-mère paternelle de Marie Esprit Tricou – est, elle, une « Nouvelle Convertie » com-me on désigne les anciens protestants après la Révocation de l'Édit de Nantes. Suite à un placet de « Jeanne Bruguiere veuve du S. Tricou », transmis le 1er octobre 1753 par M. de Saint-Priest, l'intendant du Languedoc, au ministre, le comte de Saint-Florentin (le ministre de la Maison du roi chargé des affaires de religion), un subside de 200 livres est accordé par le ministre à la « veuve Tricou » pour s'être convertie et avoir élevé ses deux filles dans la religion catholique. Le placet et la lettre de l'intendant sont conservés aux Archives nationales (dans un dossier où une note indique également la décision du Ministre)[32] tandis que la réponse du ministre est conservée aux Archives départementales de l'Hérault[33].

---

31 Les noms de famille sont encore à l'époque féminisés pour les femmes.

32 Archives nationales, série TT, carton 444, dossier n° 11 (Veuve Tricou).

33 Archives départementales de l'Hérault, Série C, 395.

Si les Walravens sont catholiques, les ancêtres d'Auguste Walras – le père de Léon – sont donc, de par les ascendances Levat et Bruguiere, *à 31 % protestants*.

Les alliances Bruyas et Galzy

En 1776, Jacques André Valras, ou Walras, fils lui aussi d'André Walras et d'Anne Levat, épouse Magdelaine Marie Galzy qui a elle aussi des racines protestantes. Étienne Galzy, est condamné à vie en 1754, à l'âge de 65 ans, aux galères pour avoir participé à une Assemblée (Coquerel, 1866, p. 367). C'est en souvenir de ses ancêtres protestants Galzy que Jeanne Galzy 1883-1977), de son vrai nom Jeanne Baraduc, lauréate du Prix Fémina en 1923 et membre du Jury Fémina de 1940 à 1977, native de Montpellier, a pris son pseudonyme.

En 1776 également, Anne Levat, une des filles d'André Walras et Anne Levat, épouse Jean Bruyas, un fils d'Antoine Bruyas et d'Elisabeth Icart. Nous avons là aussi une alliance avec une famille qui fait partie au XIXe siècle de la haute bourgeoisie protestante de Montpellier. Jean Bruyas est le frère de Barthélemy Bruyas qui est le père de Jacques Bruyas, un banquier protestant de Montpellier, qui de son mariage avec Anne Bouisson, a entre autres enfants : Alfred Bruyas (1821-1877), un riche mécène de Montpellier qui donnera un très grand nombre de tableaux au Musée Fabre de cette ville[34] ; et Louise Antoinette Clarisse Bruyas (1814-1890) qui épouse en 1832 Jean Pierre François Eugène Alicot, substitut du procureur du roi auprès du tribunal de Lodève (qui deviendra par la suite conseiller à la cour d'appel de Montpellier). À noter aussi que la mère de Jean Bruyas est née Icard et appartient donc à une famille notariale de Montpellier – qui s'est d'ailleurs alliée aux Levat (de la branche d'Anne Levat-Valras).

Pierre Isidore Walras et l'alliance Bardon

Né en 1798 à Montpellier et décédé en 1851 dans cette ville, Pierre Isidore Walras est le fils aîné de Louis Auguste Walras et Marie Esprit Tricou ; et donc le frère d'Auguste et l'oncle de Léon Walras. Il est à la

[34] Voir à ce sujet : Jean de L'Hers, « Au Musée de Montpellier. Le donateur aux 17 portraits : Alfred Bruyas », in *Revue des Pyrénées*, janv.-fév. 1900, p. 152-174 ; « La galerie Alfred Bruyas à Montpellier », in Jules Troubat, *Plume et Pinceau. Études de Littérature et d'Art*, Paris, Éditions Isidore Liseux, 1878, p. 278-286 ; Léonce Benedite, *L'art de notre temps. Courbet*, Paris, Éditions Jean Gillequin, p. 57-59 (notice sur Alfred Bruyas) ; A. Bolme, « Les hommes d'affaires et les arts en France au XIXe siècle », in *Actes de la Recherche en Science sociale*, 1979, vol. 28 ; Michèle Haddad, *Courbet*, Éditions Paul Gisserot, 2002, p. 39.

fois marchand bijoutier et orfèvre[35] (son acte de décès le qualifie toutefois d'ancien négociant). D'après l'inventaire général du Patrimoine culturel, Pierre Isidore Walras est vraisemblablment l'auteur d'un calice en argent doré conservé en l'église paroissiale Saint-Médard à Canourgue (Hérault), qui a été exécuté pendant le premier quart du XIXe siècle et pour lequel le poinçon d'orfèvre est « IW ». Il épouse, à Montpellier, le 8 octobre 1823[36], Louise Magdeleine Eugénie Bardon, fille de Pierre Bardon, marchand orfèvre, et de Louise Catherine Bonfils. Comme on le constate, un Maître orfèvre se situe à un même niveau dans l'échelle sociale qu'un notaire et l'épouse de Pierre Isidore Walras appartient à un niveau tout à fait comparable à celui de la future épouse d'Auguste Walras, qui est la fille d'un notaire d'Évreux.

Louise Magdelaine Eugénie Bardon apporte une dot de 11 000 F.[37], ce qui est une somme importante pour l'époque[38]. La famille Bardon appartient ainsi à la moyenne bourgeoisie de Montpellier.

Du côté maternel, Louise Catherine Bonfils est la fille de Jean Louis Bonfils (1748-1831), notaire à Montpellier, et la nièce de Marie François Xavier Bonfils, notaire à Baillargues, puis à Montpellier. Avant la Révolution, Jean Louis Bonfils a, d'après Pierre Clerc (1948, p. 314), été secrétaire du juge-mage de Montpellier et président au présidial de cette ville, avant de devenir notaire en 1795 ; il est aussi l'arrière-arrière-grand-père maternel de Sacha Guitry[39] ; Pierre Isidore Walras est donc, par alliance, l'arrière-grand-oncle maternel de Sacha Guitry.

---

35 Pierre Isidore Walras, orfèvre à Montpellier ; voir Jean Thuile, *L'Orfèvrerie du Languedoc ; Généralités de Montpellier et de Toulouse. Répertoire des Orfèvres depuis le Moyen Âge jusqu'au début du XIXe siècle*, Théo & Florence Schmied, Montrouge, 1969, tome III, p. 413 ; et Pierre Clerc, *Dictionnaire de biographie Héraultaise des origines à nos jours*, Montpellier, Éditions Pierre Clerc et Les Nouvelles Presses du Languedoc, 2006, tome 2, p. 1948.

36 Le contrat de mariage est passé le même jour (Archives départementales de l'Hérault 2 E 56/692).

37 Cf. son contrat de mariage aux Archives départementales de l'Hérault, 2 E 56/692.

38 Le contrat de mariage est passé le 8 octobre 1823 par devant Me Tioch, notaire de Montpellier (Archives départementales de l'Hérault 2 E 56/692, Fos 156 Vo à 158 Vo).

39 De son deuxième mariage en 1799 avec Marguerite Vezian (ca 1764-1810), Jean Louis Bonfils (1749-1807) a deux enfants, dont : Joseph Bonfils (1800-1873) qui épouse en 1820 Marie Anne Maurin (1793-1873), le couple aura sept enfants dont : Marie Louise Bonfils (1829-1896) mariée en 1857 à Rémy Delmas (1829-1904), homme de lettres (sous le pseudonyme de René de St Jest), dont une fille Renée Delmas (1858-1902), actrice et sculptrice (sous le pseudonyme de Renée de St Jest) qui épouse en 1882 Lucien Guitry (1860-1925), acteur et homme de lettres, dont trois enfants parmi lesquels Alexandre, dit Sacha, Guitry (1885-1957), acteur, homme de lettres et cinéaste.

Notaire à Baillargues en 1823, Xavier Bonfils est par la suite notaire à Montpellier. Son fils Alphonse Bonfils (né en 1839) – le cousin germain de l'épouse de Pierre Isidore Walras – lui succède et a une brillante carrière[40] (Clerc, 1948, p. 313) : en 1864, il est nommé doyen des notaires de son arrondissement ; il est président de la Chambre de discipline des notaires, conseiller municipal de Montpellier, et membre de la commission du musée de cette ville.

Les Bonfils appartiennent donc à la Robe et au Notariat.

Du côté paternel de l'épouse de Pierre Isidore Walras, les Bardon appartiennent à une importante dynastie d'orfèvres qui a donné, au XVIIIe et au XIXe siècle, six maîtres orfèvres de Montpellier[41] et un consul de cette ville. Marie Pierete Bardon, la cousine germaine de Pierre Bardon (le beau-père de Pierre Isidore Walras) épouse en 1817 Barthélemy Magdelaine Mourgue (dont la mère est une Bruyas, de la famille du mari d'Anne Walras ; cf. supra) qui deviendra banquier à Montpellier. Les Bardon sont implantés à Montpellier dès le XVIIe siècle (ils sont alors protestants). L'ascension sociale de la famille date de la fin du XVIIe siècle avec Jacques Bardon (marié en 1679), cabaretier à Montpellier, qui s'enrichit significativement[42]. De lui descendent deux grandes branches : la 1re est issue de Jean Bardon (né vers 1682 du premier mariage de Jacques Bardon) qui connaîtra une ascension brillante au XVIIIe siècle ; et la 2e issue d'Antoine Bardon (né en 1699 d'un deuxième mariage de Jacques Bardon) à laquelle appartient l'épouse de Pierre-Isidore Walras.

La branche de Jean Bardon s'enrichit par le grand négoce et une politique judicieuse de beaux mariages. Son ascension trouve son apogée avec son petit-fils Jean II Bardon (1740-1815) – qui est le cousin issu de germain de Pierre Bardon (le beau-père de Pierre Isidore Walras). Il achète en 1786, pour la somme considérable de 45 000 livres (dont 25 000 comptant)[43], la charge anoblissante de Trésorier de France au bureau des finances de Montpellier. Le 4 octobre il s'acquitte des droits du Marc d'or pour la somme de 3 332 livres[44] et ses lettres de provision sont signées par Miromesnil, le garde des Sceaux, le 9 octobre 1786[45] ; il est reçu dans sa charge le 3 novembre 1786 et le voilà

---

40 Et *Dictionnaire biographique de l'Hérault*, Flammarion.

41 Cf. Jean Thuile, *op. cit.*, vol. I, p. 120-124 ; Pierre Clerc, *op. cit.*, tome 1, p. 155-156 ; et Laurent Deguara. Sur la famille Bardon et son ascension au XVIIIe siècle, voir : *Orfèvrerie civile de Montpellier et du Languedoc, Généralité de Montpellier, XVIIe & XVIIIe siècles*, p. 35.

42 Sur la famille Badon et son ascension au XVIIIe siècle, voir Camille Pascal (2005).

43 Archives départementales de l'Hérault 11 E 56/580, p. 154.

44 Archives départementales de l'Hérault C 6326.

45 Archives nationales VI 528.

désormais « président, trésorier grand voyer de France, général des finances, intendant des domaines de la généralité de Montpellier et des gabelles de la province de Languedoc, chevalier, conseiller du Roi »[46]. À noter aussi que sa mère est une Mourgue et que son beau-frère Guillaume Castan (marié à Marie Jeanne Bardon, la sœur de Jean II Bardon) achète lui aussi un office de Trésorier de France au Bureau des Finances de Montpellier[47]. Jean II Bardon accumulera une fortune considérable (ses biens immobiliers et fonciers s'élèveront à 150 000 livres) mais se ruinera pendant la Révolution[48]. L'alliance de Pierre Isidore Walras avec une Bardon constitue donc une alliance plutôt brillante et le rend apparenté à des familles notables de Montpellier comme les Bonfils, les Bardon, les Mourgue et les Castan.

Fanny Walras, une sœur de Pierre Isidore, épouse de son côté en 1841 Jean Roch Jeanton qui est commissaire-priseur à Montpellier (et le fils d'un ancien commissaire-priseur). Sa fille Marie Eugénie Jeanton, épouse en 1871 Gustave Gervais, d'une famille de négociants de Montpellier ; de ce mariage naîtra une fille qui épousera en 1912 Louis Bressot, sous-préfet de Saint-Claude, fils d'un avocat à la cour d'appel de Montpellier – et frère d'un avocat (Marcel Bressot) et d'un médecin militaire (Henri marié à Suzanne de Barrigue de Montvalon, d'une grande famille provençale).

Le milieu social de Jean Roch Jeanton est comparable à celui de la famille de l'épouse de Pierre Isidore Walras. Il appartient à la bonne bourgeoisie de Montpellier et correspond à un milieu supérieur à celui de simples « petits bourgeois » : le jugement de William Jaffé doit donc être relativisé.

Auguste Walras et l'alliance de sainte Beuve

En 1834, Auguste Walras (1801-1866), le deuxième fils de Louis Auguste Walras et Marie-Esprit Tricou – qui se rendra célèbre par son analyse de l'incidence de la « rareté » (c'est-à-dire de l'offre sur la « valeur » d'un bien) – épouse à Évreux Louise Aline de Sainte Beuve (1811-1893), la fille d'un notaire d'Évreux.

Pour William Jaffé et les biographes d'Auguste et Léon Walras, il s'agit là d'une alliance prestigieuse avec une famille appartenant « à la noblesse normande ». Pour certains auteurs, Louise Aline de Sainte Beuve serait aussi une cousine du célèbre critique littéraire Charles-

---

46 Archives départementales de l'Hérault C 5978.

47 Guillaume Castanest reçu en son office de Trésorier de France le 30 juin 1786 (Archives départementales de l'Hérault C 5975).

48 Voir à ce sujet l'article de C. Pascal, *op. cit.*

Augustin Sainte Beuve (1804-1869) mais pour d'autres aucune parenté n'existe. Deux questions se posent que nous considérerons successivement.

La famille de Sainte Beuve est-elle une famille noble ?

Pour William Jaffé (1984, p. 3), la famille de Sainte Beuve est une ancienne famille normande, d'un statut considérable et d'une fortune confortable (« ... an ancient Norman family of considerable distinction and confotable means ») ; et Jaffée ajoute que les Sainte Beuve sont d'ascendance noble (« ... of noble descent – the name was de Sainte Beuve », Walker, 1983, p. 274 ; 1984, p. 3). Auguste Walras est, lui-même, persuadé de la noblesse de la famille de son épouse quand, fait chevalier de la Légion d'Honneur, il écrit en 1860 à son fils Léon : « Je ne regrette pas autrement de m'être allié à une famille noble, et si la Normandie est une de ces provinces où le ventre anoblit, tu seras noble du chef de ta mère, et, de ton père aussi, puisque, grâce à Dieu et à l'Empereur je suis chevalier »[49].

Pour L.M. Leroy, le biographe d'Auguste Walras, « les de Sainte-Beuve [sont] bien, en effet, et authentiquement, de très ancienne noblesse normande. Documents historiques, archives privées et nombre d'ouvrages le prouvent » (Leroy, 1923, p. 6).

Aline de Sainte Beuve reçoit en dot la somme de 20 000 francs, plus une rente annuelle de 1 000 francs – ce qui correspond à un capital de 20 000 francs – soit au total une dot de 40 000 francs. Le père d'Aline dispose donc d'une fortune importante pour l'époque. Le jugement de William Jaffée à ce sujet est donc fondée mais le fait que le nom de famille de Louise Aline de Sainte Beuve comporte une particule ne prouve pas la noblesse de la famille ; c'est oublier qu'en France, une famille avec une particule n'est pas nécessairement noble et qu'inversement, même pour la noblesse d'Ancien Régime, on peut être noble sans que son nom comporte une particule.

Le nom de famille de Louise Aline, lors de sa naissance et de son mariage, est écrit (comme pour son père et ses frères et sœurs) en un seul mot « Saintebeuve » et sans particule. C'est un jugement du Tribunal civil d'Évreux en date du 13 août 1861[50] qui rectifie le nom de Louise Aline et de sa famille en « de Sainte Beuve », en deux mots et avec une particule. Ce jugement, ainsi que les actes des anciens registres de BMS de la paroisse de Dancourt, permettent d'apprécier les fondements d'une telle rectification :

---

[49] Lettre du 20 octobre 1860 d'Auguste Walras à Léon (citée p. 7 in L. Modeste Leroy, *Auguste Walras, sa vie, son ouvre*, 1923).

[50] Transcrit le 2 novembre 1861 sur les registres de l'État civil d'Évreux.

- le fait que le nom doive être écrit en deux mots ne pose pas de problèmes. En effet, si le nom de Louis Joseph, le père de Louise Aline est orthographié en un seul mot sur son acte de naissance et les actes le concernant, il s'avère que pour toutes les générations antérieures, le nom est écrit en deux mots (« Sainte Beuve »). La demande de rectification est donc justifiée à ce sujet pour le Procureur impérial ;

- mais en ce qui concerne la particule, la demande n'est pas fondée pour le procureur impérial. On ne la trouve pas pendant quatre générations et ce n'est que dans quelques actes du XVIIe siècle et du tout début du XVIIIe siècle qu'on la trouve (quatre actes seulement sont produits à ce sujet). Pour le procureur, la demande d'ajouter une particule n'est pas justifiée, d'autant que :

> [...] rien ne prouve qu'ils [les Sainte Beuve] fussent nobles ou qu'ils vécussent noblement, que même en admettant qu'ils fussent d'origine noble la particule nobiliaire s'est perdue dans cette famille, dont les membres, privés de fortune, ont exercé pendant le dix-huitième siècle des fonctions incompatibles avec la noblesse, que, depuis quatre générations successives, la parti-cule nobiliaire a cessé d'être portée dans cette famille [...]

Le Tribunal ne suit toutefois pas les conclusions du procureur et décide d'accorder aux requérants le bénéfice d'une particule (ce qui serait contraire à la jurisprudence actuelle du Conseil d'État). Comme noté par le Procureur impérial, la condition des Sainte Beuve est fort modeste au XVIIIe siècle et François Louis Sainte Beuve, le père du notaire Joseph Sainte Beuve, est un simple marchand. Il se marie en 1771 avec Marie Magdelaine Bourgeois, fille d'un « laboureur » et nièce d'un « herbager » (c'est-à-dire d'un éleveur de bétail sur des pâturages). Celle-ci est illettrée ; elle ne peut signer à son acte de mariage et il en est de même de Nicolas Sainte Beuve, le frère de François Louis Sainte Beuve, ainsi que de son oncle (qui est son 2e témoin) ; tous trois signent d'une croix. Au XVIIIe siècle du moins, les Sainte Beuve sont donc d'une condition très modeste qui touche à la paysannerie. Ils sont en outre largement illettrés – ce qui tranche complétement avec les ancêtres montpelliérains d'Auguste Walras qui savent tous signer (et ont souvent une très elle signature)[51]. Ce n'est qu'avec Joseph Sainte Beuve, qui deviendra notaire à Évreux, que date en fait la promotion sociale de la famille, d'autant que Joseph épouse la fille d'un notaire de Chartres,

[51] On doit donc relativiser ce qu'écrit Auguste Walras dans une lettre à son fils du 20 octobre 1860 : « Je ne regrette pas autrement de m'être allié à une famille noble, et si la Normandie est une de ces provinces où le ventre anoblit, tu seras noble du chef de ta mère, et, de ton père aussi, puisque, grâce à Dieu et l'Empereur, je suis chevalier » [Auguste Walras vient en effet d'être fait chevalier de la Légion d'Honneur]. Cf. L. Modeste Leroy, *Auguste Walras, Sa vie, Son œuvre*, 1923 (Reprint Lenox Hill Publ., 1972, p. 7).

Me Antoine Nicolas Marie Peluche (dont la promotion sociale[52] est, elle aussi, récente puisque son père, Nicolas Peluche, est un simple taillandier d'Évreux[53]).

Louise Aline de Sainte Beuve est-elle cousine de Charles Augustin Sainte Beuve ?

Pour Marcel Boson et Luc Bourcier de Carbon[54], Louise Aline de Sainte Beuve est une cousine éloignée de Charles Augustin Sainte Beuve, le grand critique littéraire du XIXe siècle, mais pour William Jaffé (qui se base sur ce que lui a dit le Chanoine Delaporte, un cousin de Louise Aline de Sainte Beuve)[55], il n'en est rien. La réponse à cette question nous est apportée par les tableaux généalogiques publiés en 1890 par Victor Picou sur les Sainte-Beuve-Daubigny. D'après ceux-ci, il existe trois familles Sainte Beuve distinctes : une famille parisienne (toujours représentée) ; une famille normande fixée à Dancourt (Seine maritime) dès le XVIe siècle : c'est la famille de Louise Aline de Sainte Beuve et une famille picarde : c'est celle de l'académicien Charles Augustin Sainte Beuve.

Les tableaux généalogiques de Victor Picou ne font apparaître aucun ancêtre commun. Si ces trois familles ont une origine commune (ce qui n'est pas impossible), celle-ci serait très ancienne et remonterait au Moyen Âge.

Léon Walras et ses deux mariages

Léon Walras contracte deux alliances, la 1re en 1869 avec Célestine Ferbach (dont il a eu deux filles en 1863) ; et la 2e fois, en 1884, avec Léonide Désirée Mailly. La première épouse st issue d'un milieu modeste mais la 2e alliance est beaucoup plus brillante.

La famille de Célestine Ferbach

De la famille de Célestine Ferbach, nous savons très peu de choses. Célestine est issue d'un milieu très modeste. Modiste, elle est née à

52 Il épousera Marie Françoise Doyen, la file de Guillaume Doyen, géographe, arpenteur et feudiste, auteur de livres sur l'histoire de Chartres.

53 Un taillandier est un artisan dont le métier est de fabriquer des outils tranchants comme ciseaux, cisailles ou haches.

54 Marcel Boson, *Léon Walras: fondateur de la politique économique scientifique*, Paris, Librairie générale de Droit et de Jurisprudence, 1951, p. 18 et 28 ; Luc Bourcier de Carbon, *Essai sur l'histoire de la pensée et des doctrines économiques : Aux sources du scientisme et de l'humanisme économique modernes*, Paris, Montchrestien, p. 390.

55 Walker (1983, p. 124).

Paris en 1835 et est la fille naturelle d'Honorine Célestine Ferbach, née vers 1811 et décédée à Paris en 1855. L'acte de décès de cette dernière – reconstitué après les destructions dues aux incendies de la Commune – n'indique malheureusement ni le nom de ses parents, ni même le lieu de sa naissance. Le patronyme Ferbach est toutefois très rare à Paris au début du XIXe siècle. On trouve cependant dans l'État civil reconstitué de Paris, le mariage en 1818 d'Ignace Ferbach, né en 1784 dans le Bas-Rhin à Pfaffenhoffen du mariage d'Antoine Ferbach et Marguerite Lott. Il s'agit vraisemblablement d'un parent (peut-être un oncle ?) d'Honorine Célestine Ferbach. Au début du XIXe siècle et à la fin du XVIIIe siècle, le patronyme se rencontre surtout en Alsace, et plus particulièrement dans le Bas-Rhin. La famille est peut-être originaire d'Allemagne et il est possible qu'elle tire son patronyme du nom de la commune de Feuerbach sise près de Stuttgart dans le Bade-Wurtemberg, mais les données manquent à ce sujet. Dans les registres paroissiaux de Pfaffenhoffen, on trouve le mariage en date du 9 janvier 1776 d'Antoine Ferenbach, fils de Jean Georges Ferrenbach (décédé le 1er mars 1791 à Pfaffenhoffen) et de Marie Schallier, avec Marguerite Lott (née à Lixhausen, dans le Bas-Rhin, et décédée à Pfaffenhoffen le 8 janvier 1791), fille de Jacques Lott et Marie Hebding. Comme on le voit la graphie du nom peut fortement varier, ce qui ne simplifie pas les recherches.

L'alliance Mailly

L'alliance avec Léonide **Mailly** est par d'une nature bien plus élevée et constitue certainement, par la mère de Léonide Mailly, une des alliances les plus brillantes des Walras. Née le 31 août 1826 à Orléans, Léonide Désirée Mailly est la fille de Jules Marie Antoine Mailly, né en1802, et de Marguerite Skottowe. Son père, Jules Marie Antoine Mailly est professeur de Langues à Orléans. Il est, lui-même, le fils d'André Joseph Mailly, employé des contributions indirectes à Orléans (né à Paris vers 1768 et décédé à Orléans le 8 novembre 1844 à l'âge de 76 ans) et de Julie Pierrette Jacques, et le petit-fils de Jean Baptiste Mailly et de Jeanne Naudin.

La famille Mailly est originaire de Paris – où le patronyme est largement représenté au début du XIXe siècle – mais la destruction complète de l'État civil en 1871 empêche de remonter plus loin que Jean Baptiste Mailly qui a dû naître vers 1740. On peut par contre remonter sur de nombreuses générations la généalogie de la famille Skottowe à laquelle appartient la mère de Léonide Mailly.

Marguerite Skottowe, née en 1804 et décédée à Paris le 11 mars 1871[56], est la fille de Richard Skottowe (1779-1813) et de Marie Geneviève Clark (1780-1842) – et la petite-fille de l'Honorable John Skottowe (11725-1786) qui a été *Gouverneur de l'Ile de Sainte-Hélène* pendant 18 ans, de 1764 à 1782.

Une branche passe en France au début du XIXe siècle avec Thomas Henry Skottowe – un fils du capitaine Richard Skottowe et le frère de Marguerite – qui se fixe en France au château des Muids à La Ferté Saint Aubin près d'Orléans[57]. Cette branche, devenue française, subsistait encore en France à la fin des années 1950.

Originaire du Norfolkshire, en Angleterre, la famille Skottowe est connue depuis le début du XVIIe siècle. Elle appartient à la gentry (noblesse non titrée) et porte comme armoiries : « Coupé d'or et d'azur, à l'étoile à huit rais de l'un en l'autre ». Sa filiation est suivie depuis Augustine Skottowe né vers 1630-1640. Elle était lord (seigneur) d'Ayton Hall (et du manoir de Little Melton dans le Yorkshire) et a donné de nombreux officiers à la couronne britannique. C'est en raison de cette haute position des Skottowe que le *Times* de Londres annonce le 10 juin 1884 le mariage religieux, célébré le 27 mai de cette année en l'église anglicane de Lausanne, de Léonide Mailly, la petite-fille de feu le capitaine Skottowe, avec Léon Walras[58]. Mademoiselle Mailly (Léonide Mailly)[59] figure comme cousine sur le faire-part de décès de « Madam Maria Skottowe, fille de Sir Nicolas et Lady Skottowe » décédée en 1884. Le titre de « Madam » est en Angleterre un titre honorifique donné aux femmes de la haute société (aux filles d'un Sir … et à la Reine). Le père de Maria Skottowe est, comme l'indique son acte de décès à Paris, chevalier de Malte – ce qui témoigne de sa haute position sociale (et de ce que cette branche des Skottowe est devenue catholique). Du fait de son ascendance Skottowe, l'alliance Mailly est certainement une des alliances les plus brillantes de la famille Walras. Et il est amusant de constater que si André Walras se marie avec une protestante, son arrière-petit-fils Léon Walras se marie, en secondes noces, avec une anglicane !

---

[56] *The Times*, 29 mars 1871, p. 1, col. A.

[57] Le château des Muids (agrandi par Thomas Henry Skottowe qui fit construire l'aile nord, puis l'aile sud) est resté la propriété des Skottowe jusqu'en 1886. Il passe alors à la famille Maes avant d'être vendu en 1983 pour devenir un hôtel de luxe.

[58] *The Times*, 10 juin 1884, p. 1, col. A ; l'avis de mariage précise que Léonide Mailly est la petite-fille de feu le capitaine Skottowe du 25e régiment. Le mariage est célébré par le Révérend Singer.

[59] Selon les usages en la matière, le prénom n'est pas indiqué car Léonide est la seule fille de ses parents. Son frère décédé à cette date n'est évidemment pas mentionné.

Bibliographie

Boson, M., *Léon Walras : fondateur de la politique économique scientifique*, Paris, Librairie générale de Droit et de Jurisprudence, 1951.

Bourcier de Carbon, L., *Essai sur l'histoire de la pensée et des doctrines économiques : Aux sources du scientisme et de l'humanisme économique modernes*, Paris, Montchrestien, 1972.

Clerc, P., *Dictionnaire de biographie Héraultaise des origines à nos jours*, Montpellier, Éditions Pierre Clerc et Les Nouvelles Presses du Languedoc, tome 2, 2006.

Coquerel, A., *Les forçats pour la foi. Étude historique (1684-1775)*, 1866.

Corbière, P., *Histoire de l'Église Réformée de Montpellier depuis son origine jusqu'à nos jours*, Montpellier et Paris, Librairie Edmond Poujol, 1861.

D'aigrefeuille, C., *Histoire de la ville de Montpellier*, nouvelle édition publiée par M. de La Pijardière, Montpellier, Coulet, vol. 4, 1882.

Germain, J., Herbillon, J., *Dictionnaire des noms de famille en Wallonie et à Bruxelles*, Bruxelles, Éditions Racines, 2007.

Jaffee, W., « The antecedents and early life of Léon Walras », in *History of Political Economy*, 1884, vol. 16, n° 1, p. 1-57.

Jaffee, W., *Correspondence of Léon Walras and related papers*, Amsterdam,1965.

Leenhardt, A., *Quelques belles demeures des environs de Montpellier*, Montpellier, Imprimerie Causse, Graille et Castelnau, 1931.

Leroy, M., *Auguste Walras, sa vie, son œuvre*, Paris, Librairie générale de Droit et jurisprudence, 1923.

Pascal, C., « Jean Bardon (1740-1815), dernier Trésorier de France de Montpellier », in *Bulletin historique de la Ville de Montpellier*, 2005, n° 29, p. 5-27.

Saurel, F., « L'Évêque François-Renaud de Villeneuve », in *Mémoires de l'Académie des Sciences et Lettres de Montpellier, Section des Lettres*, 1886-1887, tome 8, p. 495-496.

Thuile, J., *L'Orfèvrerie du Languedoc ; généralités de Montpellier et de Toulouse. Répertoire des Orfèvres depuis le Moyen Age jusqu'au début du XIXe siècle*, Théo & Florence Schmied, Montrouge, tome III, 1969.

Tournier, G., *Les Galères de France et les galériens protestants des XVIIe et XVIIIe siècles*, Musée du désert, 1943-1949.

Walker, D.A., *William Jaffee's Essays on Walras*, Cambridge University Press, 1983.

Walras, L., « Un initiateur en économie politique ; A. A. Walras », in *La Revue du Mois*, 1908, 10 août, p. 170-183.

Première partie

Philosophie et programme scientifique

Éditer les manuscrits philosophiques d'Auguste Walras

Pierre-Henri GOUTTE

Dans les années qui ont suivi la publication des *Œuvres économiques complètes* d'Auguste Walras, certains chercheurs qui travaillent sur cet « initiateur en économie politique » ont demandé que leur soient communiqués des inédits portant sur la philosophie. Quel statut dans la pensée d'Auguste Walras la philosophie a-t-elle, qui fait qu'elle paraît aujourd'hui indispensable à la connaissance de son économie politique et que s'avère nécessaire la publication des manuscrits philosophiques ? À lire sa « correspondance active » avec son fils, Auguste est partagé entre deux passions intellectuelles : la création de l'économie politique et sociale, et la critique littéraire d'auteurs dramatiques français du XVIIe siècle (lettre du 25 juillet 1863, *OEC*, vol. IV, 2005, p. 592). Il pratique la première essentiellement de 1826 à 1836, puis en 1848 et 1849. Il approfondit la seconde principalement de 1843 à 1847. Et, lorsque, retraité, il cherche à reprendre une activité intellectuelle en dispensant des cours à Pau, il hésite longtemps entre ces deux champs, car il pense avoir eu une pensée également novatrice dans l'un et l'autre. Cependant, comme il l'explique à son fils qui vient de publier son premier roman *Francis Sauveur*, un seul de ces deux domaines est porteur d'un projet intellectuel d'avenir, l'économie politique et sociale : contribuer à la création de la science sociale est une des deux tâches qu'il reste à accomplir dans la seconde moitié du XIXe siècle, avec l'invention de la discipline historique (1908, [2001, p. 12]). Cette double focalisation sur l'économie et la littérature est, cependant, réductrice à l'égard de l'activité intellectuelle de Walras. Celui-ci, toute sa vie, lit, débat, écrit dans le domaine de la philosophie ; en revanche, s'il soutient qu'il a toujours appuyé toutes ses analyses sur une « saine » philosophie, il n'affirme jamais avoir proposé dans cette discipline des apports significatifs. Il fait paraître en début de carrière une brochure exposant une *Réfutation de la doctrine de Hobbes sur le droit naturel de l'Individu* (1835). Il travaille ensuite certains sujets de manière récurrente et approfondie, notamment la classification des sciences à propos de laquelle il propose une solution originale, mais ne publie plus.

La philosophie : un intérêt permanent

« Je n'ai jamais perdu de vue la philosophie » (lettre du 25 juillet 1863, *OEC*, vol. IV, p. 592). Auguste Walras s'est passionné très tôt pour cette discipline. Il obtient en 1820, au lycée de Montpellier, le premier prix en dissertation de philosophie (Walras, 1908, p. 30-31) ce qui lui vaut d'être interrogé par une commission d'examinateurs de l'École normale supérieure. Admis dans cette institution la même année, il y suit avec grand intérêt les cours d'un jeune professeur, Victor Cousin, dont les idées domineront la philosophie française pendant de longues années (Taine, 1857). Il bénéficie de l'instruction d'un professeur en pleine possession de son art. En 1817, Cousin a construit son cours sur « le Beau », qu'il publiera plus tard sous la forme d'un ouvrage *Du Vrai, du Beau et du Bien* qui le rendra célèbre. Suite à un voyage en Allemagne cette même année, il est un des premiers à professer en France la philosophie d'Emmanuel Kant. Brillant orateur, il développe un enseignement de l'histoire de la philosophie, fondé sur une méthode qui lui est propre : « l'éclectisme éclairé qui, jugeant avec équité et même bienveillance toutes les écoles, leur emprunte ce qu'elles ont de vrai, et néglige ce qu'elles ont de faux » (Cousin, 1894, p. 11). Cependant, cet enseignement dure peu. À cause de ses prises de position en faveur d'une monarchie constitutionnelle et contre le conservatisme de la Restauration, Victor Cousin bénéficie d'un grand prestige auprès des étudiants « libéraux » de l'école normale et de l'université de Paris ; il fait peur aux autorités. En 1821, son cours à la Sorbonne est suspendu ; après la fermeture de l'école normale par le comte Frayssinous le 6 septembre 1822, il doit cesser d'enseigner.

Congédié de l'école normale, sans ressources, Auguste Walras poursuit néanmoins par la lecture ses investigations en philosophie. Il écrit à son père, Louis :

> Un élève de l'École Normale doit avoir dans la tête quelque chose de plus grave et de plus sérieux que de mauvaises pasquinades contre les dépositaires de l'autorité. Si quelque chose me plaît et me sourit, c'est de poursuivre les études fortes et sévères que mes excellents maîtres m'ont indiquées, et ce qui me fâche le plus, c'est de ne pouvoir concilier qu'avec tant de peines les occupations qui me font vivre, avec les études de droit et avec les travaux philosophiques dont j'ai puisé le goût dans les leçons de mes anciens professeurs. (lettre du 17 juillet 1826, *OEC*, vol. IV, p. 90)

Inscrit à l'École de droit de Paris, il s'interroge sur la nature et l'origine de la propriété. Il oriente à cette fin ses recherches philosophiques sur le droit naturel, son objectif étant de construire une théorie exacte du domaine personnel de l'homme sur les choses (*OEC*, vol. I, 1990, p. 47). Nous n'avons trouvé aucune trace des travaux philosophiques qu'il a menés à Paris, mais il transcrit une première ébauche de ses idées sur la propriété dans le manuscrit *De l'Abolition de l'Impôt, et de l'Établissement de la Loi Agraire telle qu'elle peut être conçue et pratiquée au XIXe siècle*. Nommé par l'Université régent au collège d'Évreux (1831-1835), il participe activement aux travaux d'une société savante, la Société libre d'agriculture, sciences, arts et belles-lettres du département de l'Eure, dont la revue publiera, entre autres de ses écrits, deux ensembles de textes à contenu philosophique.

La publication du premier s'étale sur une période de trois ans : en 1833, l'article « De la Nature de la loi » ; en janvier 1835, l'article « Réfutation de la doctrine de Hobbes sur le droit naturel de l'individu » et en avril 1835 la brochure portant ce même titre dans laquelle le premier article, légèrement modifié, est inséré au milieu du second. Cet exposé est la mise en forme probable de certains des travaux philosophiques qu'il a initiés à Paris. Disciple de Cousin, il en adopte la conception platonicienne des valeurs : le vrai, le bien et le beau sont des idées parfaites. Il reproche à Thomas Hobbes d'avoir « fait de notre état primitif une peinture aussi fausse que fantastique. Son état de nature n'est pas l'absence de tout droit, c'est seulement l'absence de tout devoir, c'est-à-dire de toute loi, ou pour le moins de toute obligation » (*OEC*, vol. I, 1990, p. 317).

Or Walras comprend la société comme une

> juxtaposition de forces libres qui non seulement doivent se respecter chacune isolément, mais qui se doivent encore un respect mutuel. Le droit de chaque individu constitue un devoir pour tous ses semblables et réciproquement le droit de tous ses semblables constitue un devoir pour chaque individu. [...] Ce droit et ce devoir ne sont autre chose que la liberté. (*ibid.*, p. 315)

Selon lui, l'hypothèse du contrat social doit être rejetée pour des raisons historiques, logiques et politiques (Dockès, 1996, p. 100).

Les premières séances du cours public d'économie politique qu'Auguste professe en 1832 et 1833 (*OEC*, vol. III, 2005) et dont seul le discours inaugural est publié par la société savante (Walras, 1832), forment le deuxième ensemble de textes philosophiques[1]. L'enseignant y affirme l'unicité de « la science » dont l'origine tient d'une part à l'unicité de la nature et d'autre part à l'unicité de l'esprit humain. Mais de même que la division du travail permet un accroissement de productivité, de même il est nécessaire d'instaurer une division « des sciences » pour favoriser le progrès des connaissances. Encore faut-il que l'objet de chaque science soit bien défini. Dans le contexte de fort

---

1 Dans le discours inaugural de son cours de littérature française à la faculté de Caen en 1846, Auguste Walras qualifie son discours tenu en 1832 d'« enseignement de philosophie » (Leroy, 1923, p. 353).

perfectionnement des sciences que connaît le début du XIXe siècle, une réflexion approfondie sur la classification des sciences doit devenir un des enjeux essentiels de la philosophie. Walras illustre son propos en se référant à son propre programme de recherche, expliquant comment, l'économie politique et la morale étant correctement définies, les progrès de celle-là sont aujourd'hui contraints par ceux de celle-ci, notamment par ceux d'une de ses deux branches, le droit naturel.

À la fin de l'année 1835, le recteur de l'académie de Rouen congédie le principal du collège d'Évreux. Mais devinant l'intérêt de Walras pour la spéculation intellectuelle en économie et en philosophie, il lui suggère une réorientation dans l'enseignement supérieur : « Je regrette pour vous-même que l'Université ne vous ait pas donné un emploi de professeur dans l'enseignement supérieur » (lettre du 14 octobre 1835, *OEC*, vol. III, p. 763). Auguste voit dans ce conseil un moyen de continuer ses recherches tout en disposant de plus grandes ressources financières. L'économie politique ne faisant l'objet d'aucun enseignement en Faculté, il opte pour la philosophie. Il obtient une mise en disponibilité d'un an pour préparer le concours d'agrégation. Installé à Paris (1835-1839), il réussit le baccalauréat ès sciences physiques en 1837, deux baccalauréats étant nécessaires pour avoir le droit de présenter le concours. Il échoue à l'agrégation de philosophie en septembre 1839 malgré une mention « honorable ». Nommé régent de philosophie au collège de Lille, il élabore ses premiers cours. Reçu à l'agrégation en 1840, il est promu professeur de philosophie au collège royal de Caen[2]. Un arrêté du 17 décembre 1840 le charge, en outre, d'un « cours de philosophie et de rhétorique supplémentaires »[3]. Les six années qui suivent sont propices à de nouvelles investigations en philosophie. D'abord, il doit organiser, pendant les années 1841-1843, son enseignement (1908, [2005, p. 34]). Il décrit l'objet de son cours dans le manuscrit *Objet de la philosophie*[4] et retrace les grandes étapes de son enseignement dans le manuscrit *Programme de Philosophie :*

---

[2] Ce poste est pour Auguste Walras une promotion. Dans les différents volumes de l'Almanach royal et national publiés de 1840 à 1848, le collège royal de Caen apparaît, du fait du nombre de ses élèves, au huitième rang des collèges français, au troisième des collèges de province, après Rouen et Lyon. Dans ce même périodique, c'est par le nom du professeur de philosophie que débute la liste des professeurs, ce qui révèle le crédit certain de cet enseignant dans l'institution.

[3] Arrêté conservé aux Archives nationales sous la cote F17 : Instruction publique, n° 20001 à 27167 : Personnel, Carton 21880 WALL-WAR, dossier « Walras ».

[4] Auguste Walras, *1. Objet de la philosophie*. [Caen], [1840]. 12 feuillets 241 * 188 mm, non foliotés, écrits à l'encre au recto – Université Lumière-Lyon 2. Fonds Walras. FA III A : 09 : 02.

Résumé analytique de toutes les leçons de l'année scolaire 1840-1841[5]. Selon son fils, « sa philosophie était d'une modération irréprochable, mais enfin c'était de la philosophie et non du catéchisme » (1908, [2005, p. 39]). Ensuite, Auguste Walras trouve à Caen un milieu libéral, très favorable aux échanges d'idées. Son collègue à l'École normale, Antoine Charma, professeur de philosophie à la faculté des lettres de Caen, enseigne sur des thèmes qui ne le laissent pas indifférents. Walras lit avec attention le cours que son confrère a professé en 1837-1838 et publié sous le titre *Leçons de philosophie sociale*. Pour la *Revue de Caen*[6], il fait le compte-rendu, du cours de philosophie orientale que le normalien a donné en 1840-1841 (Charma, 1838, 1842). Lorsqu'il quitte le collège pour être nommé, en 1846, chargé de cours à la faculté des lettres de Caen, il ouvre son cours de littérature française par une nouvelle leçon de philosophie sur la connexité des connaissances, plus particulièrement sur les rapports entre la philosophie et la littérature, et sur la classification des sciences (Leroy, 1923, p. 354-355). Le professeur Walras est alors un chercheur heureux, ainsi que le décrit son fils : « Une chaire de professeur conquise par son mérite, une société savante pour entendre ses communications, un recueil périodique pour les imprimer : et il était à l'œuvre, fixant avec sagacité et certitude les points essentiels d'où dépendait la science. En un mot, le véritable homme de science philosophique et économique » (1908, *OEC*, vol. IV, [2005, p. 37]).

Si le recteur de Rouen avait suggéré que le principal du collège d'Évreux fasse carrière dans l'enseignement supérieur, les opinions philosophiques avancées par Walras, son soutien à Charma, sa défense de la liberté d'enseignement font craindre au recteur de l'académie de Caen qu'il répande un « mauvais esprit » au collège royal de sa ville[7]. Le régent est de plus en plus critique face à la pensée philosophique dominante de Victor Cousin. Sa nomination comme professeur

---

5 Auguste Walras, *Programme de Philosophie. Résumé Analytique de toutes les Leçons de l'année Scholaire 1840-1841, antérieur au 14 août 1841.* 1 couverture et 38 feuillets 285 * 192 mm, paginés 1-76, écrits recto verso, de la main de Théodore Devisse – Université Lumière-Lyon 2. Fonds Walras. FA III A : 09 : 03.

6 Auguste Walras, « Philologie – Essai sur la Philosophie orientale, par M. Charma, professeur de philosophie à la Faculté des lettres de Caen.– 1 vol. in-8°., publié par M. Joachim Ménant », in *Bulletin de l'Instruction Publique et des Sociétés savantes de l'Académie de Caen*, 2e année, tome 2, n° 9, Année scolaire 1841-1842, juin 1842, p. 206-216.

7 Dans des lettres, conservées aux Archives nationales sous la cote F17 : Instruction publique, n° 20001 à 27167 : Personnel, Carton 21880 WALL-WAR, dossier « Walras », l'abbé Daniel rappellera le passé saint-simonien du professeur de philosophie, dénonce « les doctrines communistes dont il s'est fait l'écho dans une foule de circonstances » et prétend qu'il aurait nié devant ses élèves la divinité du Christ.

d'université titulaire d'une chaire pourrait lui assurer une réelle liberté d'expression. Pour que ne se renforce pas l'esprit contestataire qu'entretiennent à Caen les enseignants de philosophie, l'abbé Jacques-Louis Daniel, qui a déjà fait partir du collège royal en les promouvant trois professeurs de philosophie qu'il jugeait dangereux – Étienne Vacherot (1835-1836), Jules Suisse, dit Simon (1836-1837) et Pierre Bersot (1837-1839)[8] –, obtient la nomination de Walras comme inspecteur d'académie à Nancy en 1847. Même si ce dernier, par intervention ministérielle, reste à Caen, il se trouve désormais soumis à l'obligation de réserve ; il doit taire ses opinions et ne pas publier des écrits qui pourraient remettre en cause l'ordre établi. C'est ce qui explique que la plupart de ses manuscrits d'œuvres achevées mais non publiées ont été rédigés après 1847. Les opinions philosophiques d'Auguste Walras ont barré sa carrière scientifique. Mis en disponibilité en 1849-1850, il en profite pour faire aboutir le programme de recherche philosophique et économique qu'il a initié à l'École de droit de Paris. Il publie en 1849 un petit ouvrage dans lequel il a élaboré une théorie de la richesse sociale en conformité avec ses idées philosophiques concernant le domaine personnel sur les choses, notamment le domaine éminent de la communauté sur la terre. En revanche, il ne peut publier ces dernières. Il met au net sa théorie de la propriété[9] puis la valide d'une part en la confrontant avec celle que propose Adolphe Thiers (1848) dans un ouvrage très largement diffusé[10] et d'autre part en en déduisant une théorie de l'impôt[11] qu'il confronte à un autre ouvrage à succès écrit par Émile de Girardin (1849).

De 1850 à 1858, l'inspecteur d'Académie à Douai puis à Pau semble n'avoir rédigé que deux manuscrits de philosophie : De l'identité du bonheur et du devoir[12] et La création nous présente un ensemble d'êtres et de phénomènes qui ont tous une nature déterminée[13]. C'est lorsque

---

8 Léon Walras, *idem*, p. 38.

9 Auguste Walras, *Théorie de la propriété*, in *Œuvres économiques complètes*, vol. II, *La Vérité sociale*, Paris, Economica, 1997, p. 171-189.

10 Auguste Walras, *Examen critique et réfutation du livre de Monsieur Thiers sur la propriété*, in *idem*, p. 191-440.

11 Auguste Walras, *De l'impôt sur le capital : Lettres à Monsieur Émile de Girardin, représentant du peuple*, in *idem*, p. 559-604.

12 Auguste Walras, *De l'Identité du Bonheur et du Devoir*, [s. l.], postérieur à 1855. 1 couverture et 8 feuillets 310 * 200 mm, foliotés a-h, écrits à l'encre recto verso sauf le dernier qui ne contient que la marque de foliotage – Université Lumière-Lyon 2. Fonds Walras. FA III A 13 : 08 [c].

13 Auguste Walras, [La création nous présente un ensemble d'êtres et de phénomènes qui ont tous une nature déterminée]. [s. l.], [s. d.] 15 feuillets 268 * 210 mm, foliotés 1-15, écrits à l'encre recto verso sauf le dernier écrit au recto – Université Lumière-Lyon 2. Fonds Walras. FA III A 13 : 08 [a].

son fils Léon accepte en 1858 de poursuivre l'œuvre paternelle afin de créer la science sociale, qu'Auguste reprend véritablement ses investigations philosophiques. Premièrement, il relit et modifie à la marge une dernière fois tous les manuscrits qu'il a rédigés sur la propriété et l'impôt en 1849-1850, pensant d'abord en publier certains, avant d'y renoncer et de les remettre à son fils. Deuxièmement, il consacre beaucoup de temps à débattre avec son fils par le biais d'une correspondance d'un haut niveau scientifique, soit des opinions philosophiques qui sous-tendent les écrits de celui-ci, par exemple le manuscrit *Du matérialisme et du spiritualisme en économie politique et sociale*[14], soit des opinions « filandreuses » des philosophes qui réfléchissent à la richesse sans avoir étudié l'économie politique, comme Antonin Rondelet dans *La Morale de la Richesse*[15]. Troisièmement, il profite du temps disponible dont il dispose depuis sa mise à la retraite à la fin de l'année 1862 pour mettre un point final à ses réflexions sur la science et la classification des sciences. Celles-ci ont étayé aussi bien son programme de cours de 1840-1841 que sa définition de la philosophie ou ses discours d'ouverture au cours d'économie politique de 1833 et au cours de littérature de 1846. En 1860, son ancien collègue de Caen, Antoine Charma (1859), propose une nouvelle classification qu'il juge durement : « Cela ne vaut rien, absolument rien, et je me confirme de plus en plus dans la bonté de ma propre classification »[16]. En juillet 1863, il affirme vouloir « tirer au clair et rédiger sous une forme exacte et intéressante à la fois [... la manière] de déterminer le caractère de la science et d'arriver à une classification des connaissances humaines, plus rationnelle que toutes celles qui ont été données à ce jour »[17]. Il bâtit donc cinq leçons sur le *Vrai, le Bien, le Beau, la Science et la Classification des sciences*[18]. Enfin, sur les conseils de son fils, il

---

14 Auguste Walras, lettre à son fils en date du 25 mars 1864, in *Œuvres économiques complètes*, vol. IV, *Correspondance*, p. 623-626 ; lettre en date du 7 avril 1764, in *idem*, p. 627-634. Léon Walras a rédigé le manuscrit *Du matérialisme et du spiritualisme en économie politique et sociale* à partir d'avril 1863 ; l'analyse a été refusée par la *Revue des Deux Mondes* en avril 1864. Elle est publiée dans le volume XIII, *Œuvres diverses*, des *Œuvres économiques complètes* (Paris, Economica, 2000, p. 185-216).

15 Auguste Walras, lettre à son fils en date du 25 mars 1864, in *Œuvres économiques complètes*, vol. IV, *Correspondance*, p. 626 ; lettre en date du 7 avril 1764, in *idem*, p. 634-635. Antonin Rondelet, *La morale de la richesse*, Paris, Librairie académique Didier et Cie, libraires éditeurs, 1864.

16 Auguste Walras, lettre à son fils en date du 15 juillet 1864, in *Œuvres économiques complètes*, vol. IV, *Correspondance*, p. 414.

17 Auguste Walras, lettre à son fils en date du 25 juillet 1863, in *Œuvres économiques complètes*, vol. IV, *Correspondance*, p. 592.

18 Auguste Walras, [*Cinq leçons sur le Vrai, le Bien, le Beau, la Science et la Classification des faits scientifiques*], Pau, [1863], 5 liasses de feuillets 356 * 232

découvre la pensée d'Étienne Vacherot. Il lit d'abord la *Démocratie* (1860), dont il dénonce la faiblesse analytique dans les domaines du droit et de l'économie politique. En revanche, la lecture de *La métaphysique et la science* le passionne, même s'il en trouve l'abord parfois ardu. S'ouvre à lui un nouveau champ d'investigation :

> J'ai toujours regardé la métaphysique [...] comme la science la plus universelle, c'est-à-dire comme la théorie du fait le plus général qu'il y ait au monde. Or ce fait-là n'est autre que l'existence même [...] Or personne, que je sache, pas même M. Vacherot, n'a encore défini l'existence. D'où il faut conclure que la métaphysique n'est pas très avancée. J'estime, cependant, que cette philosophie première, cette science fondamentale, ne pourrait que jeter du jour sur tous les autres objets de nos spéculations. Voilà pourquoi je m'en occupe avec une certaine prédilection [...] Je coucherai par écrit mes idées sur ce point.[19]

Il meurt avant de réaliser son projet.

Un philosophe français

Auguste Walras a longtemps évolué dans le mouvement qu'Hippolyte Taine a qualifié en 1868 de « *philosophie classique en France au XIXe siècle* »[20]. Élève de Victor Cousin, il connaît les écrits de Pierre Laromiguière et de Maine de Biran[21] ; il s'intéresse aux prises de position de Théodore Jouffroy. Il s'éloigne petit à petit de cette école, notamment lors de son séjour à Caen. Il trouve au soir de sa vie, dans la lecture de *La métaphysique et la science* d'Étienne Vacherot, l'occasion d'approfondir ses idées sur la métaphysique.

Walras débute sa carrière de philosophe comme « *cousiniste* ». La description des disciples de Cousin que fait en 1824 et 1825 le « petit-

---

mm écrits à l'encre recto verso par une main qui n'est pas celle d'Auguste Walras: 5 feuillets foliotés 1-5 ; 5 feuillets foliotés 6-10 ; 4 feuillets foliotés 11-14, écrits à l'encre recto verso à l'exception du feuillet 14 écrit au recto ; 5 feuillets foliotés 15-19 ; 5 feuillets foliotés 15-19. Annotation d'Auguste Walras – Université Lumière-Lyon 2. Fonds Walras. FA III A : 13 : 03-07.

19 Auguste Walras, lettre à son fils en date du 25 juillet 1863, in *Œuvres économiques complètes*, vol. IV, *Correspondance*, p. 592-593.

20 Léon Walras possède la première édition de ce livre intitulé alors *Les philosophes français du XIXe siècle* (1857).

21 Il est probable que les deux ouvrages de Maine de Biran conservés dans la bibliothèque de Léon Walras, *Leçons de philosophie de M. Laromiguière, jugées par M. Victor Cousin et M. Maine de Biran* (Paris, Rouen frères, Alexandre Johanneau, 1829) et *Nouvelles considérations sur les rapports du physique et du moral de l'homme* (*ouvrage posthume de M. Maine de Biran*, publié par M. Cousin, Paris, Librairie de Ladrange, 1834) ont été achetés par son père. Voir Roberto Baranzini (dir.) « Imprimés conservés par Léon Walras », in *Œuvres économiques complètes*, vol. XIV, *Tables et index*, Paris, Economica, 2005, p. 256.

neveu de Grimm » (i.e. Stendhal) dans une série de lettres au *London Magazine*[22], convient bien à notre homme. Le cousiniste est grave ; détracteur de Condillac et de son dernier représentant, Laromiguière[23], il adhère à la philosophie de Platon (Auguste a acquis « *fort cher* »[24] les œuvres complètes de Platon de même que celles de Descartes, toutes deux éditées par Cousin). Il défend le spiritualisme et un kantisme modéré. Ayant connu son maître à l'École normale, il a vu ses espérances de carrière brisées à la suite de la réaction politique provoquée par l'assassinat du duc de Berry. Jeune professeur suspendu, il est un lecteur assidu du *Globe*[25]. S'il s'intéresse au droit, il lui est conseillé de prendre « *Hobbes comme texte de réfutation et de dogmatisme* » et de diffuser cette critique. C'est la recommandation qu'a donnée Victor Cousin à Paul-François Dubois, l'un des fondateurs et le rédacteur en chef (1824-1830) du *Globe.* Dans les sixième, septième et huitième leçons de son cours de philosophie morale au XVIIIe siècle[26], celui-là a présenté le philosophe anglais comme l'homme qui a exposé, avec le plus de rigueur, les conséquences sociales et politiques qu'il fallait tirer du principe de la sensation, et d'abord le despotisme. Critiquer la doctrine de Hobbes revient à démontrer par la logique la nécessité d'un gouvernement modéré et l'alliance privilégiée entre l'idée philosophique et la liberté. Auguste Walras reprend à son compte le projet de Cousin : « C'est en poursuivant la doctrine de Hobbes aussi loin qu'elle peut

---

22 Nous nous sommes inspirés de l'analyse qu'a réalisée de ces lettres Patrice Vermeren dans l'article « Les têtes rondes du *Globe* et la nouvelle philosophie de Paris. (Jouffroy et Damiron) » et qu'il a publiée dans la revue *Romantisme* (1995, n° 8, p. 23-34).

23 Auguste Walras critique l'articulation qu'établit Laromiguière entre la perception et la volonté, dans le feuillet 11 du manuscrit *Il ne faut pas confondre l'idée de l'espace avec l'idée d'étendue*. Auguste Walras, *Il ne faut pas confondre l'idée de l'espace avec l'idée d'étendue*, [s. l.], [s. d.], 1 couverture faite d'un feuillet de journal et 21 feuillets écrits par Louise Aline de Sainte Beuve ; 19 feuillets 355 * 230 mm, foliotés 1-19, écrits recto verso à l'encre, à l'exception du verso du feuillet 9 écrit au crayon à papier et du verso du feuillet 19 vierge ; 2 feuillets 355 * 230 mm, foliotés a-b, écrits à l'encre recto verso ; 1 feuillet complémentaire 88 * 55 mm écrit à l'encre de la main d'Aline Walras – Université Lumière-Lyon 2. Fonds Walras. FA III A : 13 : 01.

24 Auguste Walras, lettre à son fils en date du 20 juin 1855, in *Œuvres économiques complètes*, vol. IV, *Correspondance*, p. 242.

25 Auguste Walras fait partie des fidèles lecteurs du *Globe*. Il lit le journal lorsque ce dernier est d'obédience cousiniste, comme en témoigne ses réflexions sur les articles de Tanneguy Duchâtel ; quand les saint-simoniens en prennent la direction en 1830, il obtient de la Société libre de l'Eure qu'elle s'y abonne.

26 Victor Cousin a donné son cours de philosophie morale au XVIIIe siècle en 1819 et 1820. Le premier semestre de l'année 1819 a été consacré à l'école sensualiste, le second à l'école écossaise et les deux semestres de l'année 1820 à Emmanuel Kant. Les leçons 2 et 3 du premier semestre 1819 sont consacrées à la critique de Condillac ; les leçons 6 à 8 à celle de Hobbes.

s'étendre, que nous recueillerons des vérités précieuses, et que nous parviendrons peut-être à poser d'une main plus sûre que la sienne, les fondements longtemps mal assurés, aujourd'hui même si mobiles du droit naturel et de la politique »[27].

Parmi les cousinistes, Auguste Walras semble avoir une estime particulière pour Jouffroy, dont il a lu les articles parus dans *Le Globe* et dans l'*Encyclopédie moderne*[28] et dont il a pu débattre de la pensée avec son ami Antoine Charma qui est un de ses élèves déclarés[29]. Premièrement, le philosophe économiste a été impressionné par sa conception de la limite, notamment par le passage suivant :

> Si nos appétits étaient continuellement satisfaits sans éprouver aucune contrariété, ils demeureraient pour nous inconnus, dépourvus de manifestations, non perçus, non sentis. Mais comme il arrive que nos facultés rencontrent un obstacle à leur développement, le mal qu'il résulte de cette limitation fatale produit en nous son retentissement, et nous souffrons. Si ensuite notre développement s'accomplit avec facilité malgré les obstacles, nous en éprouvons, par effet de contraste, le sentiment, et nous en jouissons.[30]

---

27 Auguste Walras, *Réfutation de la doctrine de Hobbes sur le droit naturel de l'individu*, in *Œuvres économiques complètes*, vol. I, *Richesse, Liberté et société*, p. 287.

28 Auguste Walras possède de Jouffroy deux ouvrages : le *Cours d'histoire de la philosophie moderne : Philosophie morale* (Paris, Pichon et Didier, 1831) et le *Cours d'esthétique* (Paris, Hachette). En revanche, il n'a pas acheté ses deux recueils d'articles, *Mélanges philosophiques* (Paris, Paulin, libraire-éditeur, 1833) et *Nouveaux mélanges philosophiques* (Paris, Joubert, libraire-éditeur, 1842). Il est fort probable qu'il a lu ces articles au fur et à mesure de leur parution. Non seulement il en cite quelques-uns, mais il inventorie dans un manuscrit certains numéros du *Globe* comme des références incontournables en économie. De même, il signale *l'Encyclopédie moderne* comme la seule référence incontournable pour l'étude à la fois de l'économie politique, du droit naturel et de la politique (« Liste d'ouvrages portant sur l'économie politique, le droit naturel et la politique », in *Œuvres économiques complètes*, vol. III, *Cours et pièces diverses*, p. 720-723).

29 Son ouvrage *Leçons de philosophie sociale* (Paris, Librairie classique et élémentaire de L. Hachette) est écrit en « hommage » à Jouffroy.

30 Louis-Léon Gadebled, « Cours de philosophie de M. Jouffroy », in *Revue encyclopédique ou Analyse raisonnée des productions les plus remarquables dans les sciences, les arts industriels, la littérature et les beaux-arts ; par une réunion de membres de l'Institut, et d'autres hommes de lettres*, vol. LV, p. 730-733. Cité dans *Œuvres économiques complètes*, vol. IV, *Correspondance*, p. 125. À propos de la portée sur la pensée de Walras du concept de « limite » développé par Jouffroy, voir *Œuvres économiques complètes*, vol. I, *Richesse, liberté et société*, Paris, Economica, 1990, p. 521, note 27.

Il affirme qu'« il y a sur la limitation en général des idées très remarquables »[31]. Lorsque, l'année suivante, il développe ses propres idées sur la limitation dans l'article « De la Nature de la loi », il précise, par une note, que, contrairement à Jouffroy qui qualifie toute limite comme source de mal et de contradictions, il voit en celle-là une source possible de force et de vigueur. Curieusement, la note n'est pas reprise dans la brochure éditée en 1835, ce qui laisse à penser qu'il a approfondi la thèse du disciple de Cousin et qu'il s'est rendu compte du caractère trop sévère de sa critique. Deuxièmement, pour Jouffroy, la science est celle des faits et la philosophie consiste en l'observation des faits de conscience. La méthode psychologique consiste à observer, décrire et analyser la nature humaine, comme les autres sciences le font de la nature extérieure. Auguste Walras exprime une pensée très proche dans son manuscrit *Programme de philosophie* :

> Il y a dans l'homme deux séries de phénomènes, dont les uns peuvent être appelés matériels, et ont pour théâtre le corps [...] et dont les autres, qu'on peut appeler phénomènes spirituels, ont pour principe l'âme ou le sujet pensant. Ce qui nous aide à distinguer ces deux séries de phénomènes, c'est que les phénomènes corporels sont l'objet de l'observation extérieure [...] tandis que les phénomènes spirituels sont l'objet de la l'observation intérieure ; nous les saisissons par cette espèce de perception que nous appelons conscience. Les phénomènes de conscience [...], tel est le domaine de la Psychologie. [...] La psychologie est évidemment la base de la logique et de la morale. Voilà [...] une première raison pour placer la psychologie à la tête des études philosophiques.[32]

Troisièmement, pour Jouffroy, il n'y a pas de sujet philosophique, mais chaque objet peut être le support d'une interprétation philosophique. Il est donc normal que le philosophe s'investisse dans plusieurs domaines de connaissance ; la démarche du philosophe Auguste Walras qui s'est investi et dans l'économie politique et dans la critique littéraire d'auteurs dramatiques du XVIIe siècle est ainsi justifiée. Enfin, pour le philosophe critique littéraire, l'enseignement d'esthétique donné par Jouffroy en 1826 et publié en 1843, un an après sa mort, est une référence incontournable pour comprendre le Beau[33].

Auguste Walras a très tôt des sympathies républicaines. En 1830, il soutient Pierre Leroux contre les orléanistes lors de la scission au sein

---

31 Auguste Walras, lettre à Louis Léon Gadebled en date du 6 juillet 1832, in *Œuvres économiques complètes*, vol. IV, *Correspondance*, p. 124.

32 Auguste Walras, *Programme de Philosophie. Résumé Analytique de toutes les Leçons de l'année Scholaire 1840-1841*, Caen, antérieur au 14 août 1841, p. 27-28.

33 Auguste Walras lit avec assiduité le *Cours d'esthétique* de Théodore Jouffroy pour préparer une leçon sur le Beau (lettre à son fils en date du 15 janvier 1863, in *Œuvres économiques complètes*, vol. IV, *Correspondance*, p. 124.)

du journal *Le Globe*. Ses opinions s'affirment en 1848, lorsqu'il s'inscrit à l'*Association républicaine* de Caen et participe au *Club des Travailleurs*, dans le cadre duquel il propose de donner des cours gratuits aux ouvriers. Il n'est donc pas étonnant qu'il s'intéresse aux idées défendues par un ancien élève de Cousin, devenu un de ses critiques, qui a protesté contre le coup d'État de 1851 et s'est engagé dans la cause républicaine : Étienne Vacherot[34]. Le « tant d'intérêt »[35] que son fils porte en 1859 à l'ouvrage *La métaphysique et la science*, lui donne l'envie de découvrir à son tour les idées de son prédécesseur au collège de Caen. En 1863, paraît la deuxième édition de *La métaphysique et la science.* Plusieurs passages du livre de Vacherot réveillent en lui d'anciennes réflexions sur l'origine et la définition de l'existence qu'il n'a pas eu le temps de coucher sur papier : il lui semble opportun de s'interroger, à la fin de sa vie, sur la destinée de l'homme. Mais il reconnaît aussi une étonnante convergence entre les idées de Vacherot et celles auxquelles l'a amenée sa critique de Cousin. Il est conduit à s'instruire, notamment par la lecture de *L'Idée de Dieu et ses nouveaux critiques*[36] d'Elme Marie Caro[37], sur ce que Paul Janet qualifie de « crise de la philosophie française » crise initiée par les réquisitoires de Renan, de Littré, de Taine et de son maître Vacherot à l'encontre de la philosophie académique.

La primauté de la philosophie[38]

Il ne suffit pas de prouver l'existence d'une spéculation intellectuelle sur la philosophie à côté de celle qui est menée sur l'économie politique pour qu'un économiste édite articles et manuscrits de philosophie. Il faut montrer que cette spéculation intellectuelle est nécessaire à la compréhension de l'économie politique d'Auguste Walras. C'est bien ce que suggère son fils lorsqu'il écrit en 1877 à Paul Janet : « Mon père était [...] philosophe avant de devenir économiste et avait été conduit

34 Georges Weil présente *La Démocratie* de Vacherot comme un des « bréviaires républicains » sous le Second Empire (*Histoire du parti républicain en France : de 1814 à 1870*, Paris, Félix Alcan, éditeur (Bibliothèque d'Histoire Contemporaine), 1900, p. 446).

35 Auguste Walras, lettre à son fils en date du 29 septembre 1859, in *Œuvres économiques complètes*, vol. IV, *Correspondance*, p. 361.

36 Auguste Walras recommande à son fils (Lettre en date du 25 février 1859, in *Œuvres économiques complètes*, vol. IV, *Correspondance*, p. 334) de lire une étude de Caro sur la moralité (« De l'Idée de la moralité », in *Revue européenne : Lettres, sciences, arts, voyages, politique*, tome 1, 1859, p. 393-409.)

37 Auguste Walras, lettre à son fils en date du 2 juillet 1864, in *Œuvres économiques complètes*, vol. IV, *Correspondance*, p. 642.

38 Lire sur ce thème différents travaux d'Arnaud Diemer (2006, 2008).

insensiblement de la philosophie à la morale sociale et à l'économie politique »[39]. De même, il assure à Adolphe Landry que son père « a montré que cette condition [de professeur de philosophie] était excellente pour faire de l'économie politique et de la science sociale »[40]. Dans le manuscrit *Objet de la philosophie*[41], Auguste Walras étudie la polysémie du mot philosophie. Chacun des sens proposés est lié d'une manière ou d'une autre au mot « science ». Dans le sens étymologique (φιλος σοφια = ami de la sagesse), la philosophie est définie comme l'amour de la sagesse, et puisque la sagesse peut être « considérée à bon droit comme le fruit de la science », elle est l'amour de la science[42]. C'est en se référant à ce sens que Léon Walras, dans sa correspondance, peut qualifier parfois son père de « philosophe économiste », un de ces « hommes qui, animés de cette curiosité naturelle et légitime de connaître la vérité, ou de ce besoin pressant de savoir, ont découvert ou révélé à leurs semblables quelques secrets de la nature physique ou morale »[43].

En un deuxième sens, la philosophie est « souvent considérée comme méthode » et « s'oppose à tous les autres principes qui peuvent nous diriger dans la recherche de la vérité »[44]. Pour Auguste Walras, le scientifique n'est efficace que s'il maîtrise la classification des sciences, car les progrès d'une branche des connaissances influent sur ceux des branches connexes.

> Toutes les lumières se tiennent. Chaque science éclaire les autres et en reçoit elle-même des lumières utiles et nécessaires. Il suit de là que plus on sait et mieux on sait. Le savoir gagne tout à la fois en profondeur et en étendue. Ces deux progrès sont liés l'un à l'autre. Tout homme qui possède plusieurs sciences possède mieux chacune d'elles, et celui qui possède bien une science, en possède, par cela même, plusieurs autres qui lui sont intimement liées.[45]

---

39 Léon Walras, lettre à Paul Janet en date de février 1877, in *Correspondence of Léon Walras and Related Papers*, vol. I, *1857–1883*. Édité par William Jaffé, Amsterdam, North-HollandPublishing Company, 1965, p. 523.

40 Léon Walras, lettre à Adolphe Landry en date du 12 juillet 1897, in *Correspondence of Léon Walras and Related Papers*, vol. II, *1884-1897*. Édité par William Jaffé. Amsterdam, North-HollandPublishing Company, 1965, p. 752.

41 Auguste Walras, *1. Objet de la philosophie*, [Caen], [1840. 12 feuillets 241 * 188 mm, non foliotés, écrits à l'encre au recto – Université Lumière-Lyon 2. Fonds Walras. FA III A : 09 : 02. Toutes les citations du paragraphe sont issues de ce manuscrit.

42 André Bailly, dans son *Dictionnaire Grec-Français*, propose comme premier sens du mot φιλοσοφία « amour de la science », Paris, Librairie Hachette, [s. d.], p. 2079.

43 Auguste Walras, *1. Objet de la philosophie*, feuillet 1.

44 Auguste Walras, *1. Objet de la philosophie*, feuillet 2.

45 Louis-Modeste Leroy, *Auguste Walras Économiste : Sa vie, son œuvre*, p. 353-354.

Depuis la fin des années 1820, Auguste Walras s'ingénie à découvrir les rapports qui unissent l'économie politique et les sciences morales et historiques entre elles. Ils sont l'objet de ses premières leçons d'économie politique[46].

Dans une troisième acception, la philosophie « désigne ce qu'il y a d'essentiel et de fondamental [...] dans chaque science en particulier [...], ce qui constitue un ensemble de lois et de principes »[47]. À la seule lecture du titre de ses deux ouvrages – *De la Nature de la richesse et de l'origine de la valeur* et *Théorie de la richesse sociale, ou Résumé des principes fondamentaux de l'économie politique* – on comprend immédiatement que « l'initiateur en économie politique » s'est donné pour objectif premier d'exposer et de transformer la philosophie de sa science.

Enfin, la philosophie peut désigner « la connaissance raisonnée de ce qu'il y a de commun entre toutes les sciences »[48]. Auguste Walras est probablement le cas unique d'un enseignant qui, dans ses cours de philosophie, comme dans ses leçons d'économie politique[49] et dans son enseignement de la littérature française[50], propose à ses élèves quelques réflexions liminaires de même nature[51] sur le Vrai, le Bien, le Beau, la Science et la classification des sciences.

Conclusion

Les *Œuvres économiques complètes* d'Auguste Walras méritent d'être complétées. Les éditeurs de l'œuvre des Walras ont intégré une équipe de recherche, *Triangle*, dans laquelle se côtoient économistes et philosophes et qui affirme mettre au cœur de son projet scientifique le principe de pluridisciplinarité. Nous espérons que sa mise en œuvre

---

46 Auguste Walras, *Œuvres économiques complètes*, vol. III, *Cours et pièces diverses*, p. 68-122.

47 Auguste Walras, *1. Objet de la philosophie*, feuillet 3.

48 Auguste Walras, *ibid.*

49 Auguste Walras, « De la Connexité des connaissances humaines et des progrès scientifiques, en général ; et, en particulier, de l'influence que l'étude de l'Économie politique est appelée à exercer sur l'avancement des sciences morales et historiques. Discours prononcé le 9 décembre 1832, à l'ouverture du Cours d'Économie politique professé à Évreux », in *Recueil de la Société libre d'Agriculture, Sciences, Arts et Belles-Lettres du département de l'Eure*, tome IV, 1833, p. 93-120.

50 Louis-Modeste Leroy (p. 354-355).

51 Auguste Walras, [Vérité – Science & Art. Mais la question, telle que je viens de la poser, n'est elle-même qu'un cas particulier d'une question plus générale : quels sont les rapports qui existent entre l'idéal et le réel], [s.l.], [s.d.], 6 feuillets 356 * 237 mm, foliotés 152 (2)-152 (7), écrits à l'encre au recto – Université Lumière-Lyon 2. Fonds Walras. FA III A : 13 : 09.

nous permettra de proposer une édition de qualité des imprimés et manuscrits de philosophie d'Auguste Walras. Non pas en tant que ces textes présenteraient par eux-mêmes un intérêt évident pour les philosophes aujourd'hui, mais parce qu'ils permettent de penser de manière plus complète et donc plus fine l'ensemble des idées et de l'œuvre d'Auguste Walras. Enfin, peut-être, parce que la compréhension de ces idées et de ces œuvres participe à celle d'un temps où la pluridisciplinarité n'avait pas besoin d'être défendue et affirmée de manière volontaire, mais irriguait presque nécessairement la pensée de ceux-là mêmes qui ont si puissamment œuvré à la spécialisation des savoirs.

Bibliographie

Caro, E.M., *L'Idée de Dieu et ses nouveaux critiques*, 2e édition, Paris, Hachette, 1864. 506 p.

Charma, A., *Une nouvelle classification des sciences : Résumé de quelques leçons professées à la faculté des lettres de Caen*, Paris, Librairie classique et élémentaire de L. Hachette, 1859.

Charma, A., *Essai sur la philosophie orientale : Leçons professées à la Faculté des lettres de Caen pendant l'année scolaire 1840-1841, par M. A. Charma*, publiées avec son autorisation par Joachim Ménant, Paris, Librairie classique et élémentaire de L. Hachette, 1842.

Cousin, V., *Du vrai, du beau & du bien*, 27e édition, Paris, Librairie académique Didier Perrin et Cie, libraires-éditeurs, 1894.

Cousin, V., *Philosophie sensualiste au dix-huitième siècle*, 4e édition, Paris, Michel Lévy frères, Libraires éditeurs, 1864.

Descartes, R., *Œuvres de Descartes, publiées par Victor Cousin*, Paris, F.-G. Levrault, 1824-1826.

Diemer, A., « Auguste Walras : les premiers pas de l'économie scientifique », in *Économies et sociétés*, Cahiers de l'ISMEA, série « Histoire de la pensée économique », 2006, tome XL, n° 12, décembre, p. 1753-1776.

Diemer, A., « Auguste Walras, between Philosophy and Political Economy », in Colloque international « The International Diffusion of Walras's Economics: Influence, Interpretations and Controversies », 2008, University of Kyoto, Japon, 11-13 septembre, 20 p.

Dockès, P., *La société n'est pas un pique-nique : Léon Walras et l'économie sociale*, Paris, Economica, 1996.

Gadebled, L., « Cours de philosophie de M. Jouffroy », in *Revue encyclopédique ou Analyse raisonnée des productions les plus remarquables dans les sciences, les arts industriels, la littérature et les beaux-arts ; par une réunion de membres de l'Institut, et d'autres hommes de lettres*, vol. LV, p. 730-733.

Girardin, E., *Les 52*, vol. XIII, *Le Socialisme et l'impôt*, Paris, Michel Lévy frères éditeurs, 1849.

Jaffee, W., *Correspondence of Léon Walras and Related Papers*, vol. I, *1857-1883*, Amsterdam, North-HollandPublishing Company, 1965.

Janet, P., *La crise philosophique : MM. Taine, Renan, Littré, Vacherot*, Paris, Germer Baillière, 1865.

Modeste-Leroy, L., *Auguste Walras Économiste : Sa vie, son œuvre*, Paris, Librairie Générale de Droit et de Jurisprudence, 1923.

Platon, *Œuvres complètes de Platon, traduites du grec en français par Victor Cousin*, Paris, Bossange frères, Pichon ; Rey, 1822-1840, 13 volumes.

Taine, H., *Les philosophes classiques du XIX*^e^ *siècle en France*, 3e édition revue et corrigée, Paris, Librairie de L. Hachette, 1868.

Taine, H., *Les philosophes français du XIX*^e^ *siècle*, Paris, Librairie de L. Hachette et Cie, 1857.

Thiers, L.A., *De la propriété*, Paris, Paulin, Lheureux et Cie, 1848.

Vacherot, E., *La métaphysique et la science ou principes de métaphysique positive*, 2e édition revue, corrigée et augmentée, Paris, Librairie F. Chamerot, 1863, 3 volumes.

Vacherot, E., *La démocratie*, Paris, Librairie F. Chamerot, 1860.

Vacherot, E., *La métaphysique et la science ou principes de métaphysique positive*, Paris, Librairie F. Chamerot, 1858, 2 volumes.

Walras, A., *Œuvres économiques complètes*, vol. IV, *Correspondance*, Paris, Economica, 2005.

Walras, A., *Œuvres économiques complètes*, vol. III, *Cours et pièces diverses*, Paris, Economica, 2001.

Walras, A., « De la Nature de la richesse et de l'origine de la valeur », in *Œuvres économiques complètes*, vol. I, *Richesse, liberté et société*, Paris, Economica, 1990.

Walras, A., « De l'Abolition de l'Impôt, et de l'Établissement de la Loi Agraire, telle qu'elle peut être conçue et pratiquée au XIXe siècle », in *Œuvres économiques complètes*, vol. I, *Richesse, liberté et société*, 1990.

Walras, A., *Théorie de la richesse sociale ou Résumé des principes fondamentaux de l'économie politique*, Paris, Guillaumin et Cie, Libraires, 1849.

Walras, A., *Réfutation de la doctrine de Hobbes, sur le droit naturel de l'Individu*, Évreux, Ancelle fils, 1835.

Walras, A., « Réfutation de la Doctrine de Hobbes sur le droit naturel de l'individu, par M. Walras », in *Recueil de la Société libre d'Agriculture, Sciences, Arts et Belles-Lettres du département de l'Eure*, tome 6, avril 1835, p. 181-225.

Walras, A., « De la Nature de la Loi, Par M. Walras », in *Recueil de la Société libre d'Agriculture, Sciences, Arts et Belles-Lettres du département de l'Eure*, tome 4, avril 1833, p. 273-301.

Walras, A., « De la Connexité des Connaissances humaines et des Progrès Scientifiques en général ; et, en particulier, de l'influence que l'étude de l'Économie Politique est appelée à exercer sur l'avancement des Sciences

Morales et Historiques », discours prononcé le 9 décembre 1832 à l'ouverture du cours d'Économie politique professé à Évreux par M. Walras, Évreux, Ancelle et fils, 1833.

Walras, L., « Notice autobiographique », in *Œuvres économiques complètes*, vol. V, *L'Économie politique et la justice*, Paris, Economica, 2001.

Walras, L., « Un initiateur en économie politique, A.-A. Walras », in *Œuvres économiques complètes*, vol. IV, *Correspondance*, 1908.

De la métaphysique à la théorie de la science

Retour sur le programme scientifique walrassien

Arnaud DIEMER

Tout au long du XIXe siècle, les essais de classification des sciences se sont multipliés en France. *L'Essai sur la philosophie des sciences* d'André Marie Ampère (1832, 1833, 1834, 1842) constitue à ce titre, l'aboutissement d'un vaste projet : celui d'introduire un principe scientifique (la mathésiologie) pour classer l'ensemble des connaissances humaines (Diemer, Guillemin, 2007, 2011). La classification des sciences repose sur une décomposition entre les sciences cosmologiques et les sciences noologiques. L'économie politique, rebaptisée économie sociale, fait partie des sciences noologiques. Elle étudie « les effets qui résultent de la manière dont les richesses sont distribuées et toutes les autres causes qui peuvent influencer sur le bonheur et la prospérité des nations » (Ampère, 1834, p. 259). Cet ouvrage a joué un rôle non négligeable dans l'œuvre d'Auguste et Léon Walras. D'une part, Auguste Walras (1832, 1863) entend bien appliquer à l'économie politique, une méthode qui a si bien réussi aux sciences physiques. Cette méthode consiste à déterminer le caractère et l'objet de cette nouvelle science. Dans une lettre du 6 juin 1859, Auguste Walras incitera son fils Léon à prendre connaissance de l'ouvrage d'Ampère. D'autre part, Léon Walras se servira de la classification des sciences cosmologiques d'Ampère dans le domaine de la science pure naturelle (Potier, 1994). Dans une note de bas de page des *Éléments d'économie politique appliquée*, plus précisément la partie consacrée à l'« Esquisse d'une doctrine économique et sociale », Léon Walras reviendra sur la distinction entre esthétique pure et économie pure (toutes deux font partie de la cénonique générale) : « Ampère, qui ne fait pas explicitement la distinction des sciences en sciences abstraites et déductives et sciences concrètes et inductives, mais qui les partage en sciences cosmologiques et sciences noologiques, place l'éthique parmi les secondes au même rang que la mécanique parmi les premières en faisant remarquer "l'analogie frappante" de l'une et de l'autre » (1936, p. 451). Cette référence aux travaux d'Ampère nous démontre une nouvelle fois, qu'Auguste Walras a eu une grande influence sur son fils. La longue correspondance (plus de 300 lettres) qu'entretiendront Auguste et Léon

Walras, du 12 août 1847 au 22 février 1866 (Auguste Walras mourant le 18 avril de cette même année), souligne le degré d'implication du père dans la formation et les travaux de son fils. Leurs échanges témoignent d'une volonté de confronter leurs points de vue, de faire évoluer la théorie et de se fixer un véritable programme de travail. Cet héritage a été souligné par Léon Walras lui-même (1908) et par de nombreux commentateurs de son œuvre (Hicks, 1938 ; Bowley, 1939 ; Lamontagne, 1947 ; Oulès, 1950 ; Boson, 1950 ; Bousquet, 1958 ; Cirillo, 1981 ; Potier, 1994 ; Dockès, 1996). Il continue d'alimenter certaines pistes de réflexions (Diemer, 2006 ; Diemer, 2011 ; Potier, 2011) faisant d'Auguste Walras, un véritable « passeur d'idées ».

Notre papier cherchera à faire le point sur cet héritage en se focalisant sur la période charnière 1858-1859. Jean-Pierre potier s'est largement penché sur les écrits de jeunesse de Léon Walras « en vue d'y déceler quelques matériaux constitutifs du modèle des *Éléments* ainsi que du socle » (1994, p. 245). Dans la droite lignée de ces investigations, nous nous proposons de présenter la démarche scientifique d'Auguste et de Léon Walras en insistant tout particulièrement sur le rôle dévolu à la métaphysique. L'économie politique walrassienne semble en effet reposer sur un postulat important : la philosophie de l'économie politique ne peut être conçue sans un détour par la métaphysique. Pour ce faire, nous procéderons en deux temps. Dans un premier temps, nous préciserons le statut de la métaphysique dans l'œuvre d'Auguste Walras. Nous insisterons sur ce qu'il appelle la théorie du fait général et nous présenterons sa classification des connaissances et des sciences. La métaphysique, reine des sciences, mettrait ainsi en évidence le fait général contenu dans chaque science : à savoir, la valeur d'échange dans l'économie politique ; la propriété dans le droit naturel. Dans un second temps, nous montrerons comment Léon Walras reprend à son compte les principaux développements de son père tout en recherchant les conditions de compatibilité entre la métaphysique et la science. Le fait ontologique, résultat de plusieurs faits élémentaires (être, être affirmé, substance, force et matière) est établi sur la base d'une méthode scientifique, la synthèse hypothétique. Une fois ce fait établi, Léon n'a plus qu'à appliquer le programme scientifique paternel pour constituer la théorie du fait général.

Auguste Walras, de la métaphysique à la science de la richesse

Élève de Victor Cousin lors de son passage à l'École Normale (1820-1822), puis nommé à partir du 20 septembre 1839 régent de philosophie au collège de Lille et enfin professeur de philosophie au collège royal de Caen (le 8 septembre 1840, suite à son succès au concours d'agrégation), Auguste Walras voue une réelle passion pour la philosophie. Dans son ouvrage *De la nature de la richesse et de l'origine de la valeur* (1831), Auguste Walras rappelle que c'est en se livrant à des recherches philosophiques sur la nature et l'origine de la propriété qu'il a été conduit sur le terrain de l'économie politique. La philosophie d'Auguste Walras est clairement exposée dans quatre manuscrits, *Objet de la philosophie* (1840a), *Trois sujets de composition de philosophie* (1840b), *Il ne faut pas confondre l'idée de l'espace* (non daté[1]), *Notes et exposés de philosophie générale* (5 leçons, 1863). Elle repose sur deux temps forts : l'exposition d'une théorie du fait général (méthode scientifique d'observation et d'induction) ; la classification des faits généraux (naturels, moraux, progressifs) et des connaissances humaines (l'économie politique étant une science naturelle).

La théorie du fait général

Dans le manuscrit intitulé « *Objet de la philosophie* » (1840a), Auguste Walras précise que la philosophie est un effort plus ou moins soutenu pour connaître la vérité. Elle est ainsi synonyme de méthode scientifique et renvoie à ce qui est essentiel, fondamental et général dans chaque science. La métaphysique est quant à elle la science maîtresse, la reine des sciences : « Avant d'être chair ou poisson, avant d'être chaud ou froid, long ou large, avant d'être un ou deux, il faut être. Par conséquent, dans toutes mes études, je me suis constamment préoccupé du point de vue métaphysique. C'est ainsi que j'ai procédé en philosophie, en morale et en économie politique » (lettre à Léon Walras, le 18 mai 1861).

La métaphysique en tant que science la plus universelle, constituerait la théorie du fait le plus général. Or ce fait là ne serait autre que « l'existence même ; car pour être n'importe quoi, il faut d'abord exister » (lettre à Léon Walras, le 25 juillet 1863). Selon Auguste Walras, personne n'a encore défini l'existence. Il y a donc matière à investir le champ de la métaphysique pour y déceler quelques principes fondamentaux. Dans son manuscrit *Il ne faut pas confondre l'idée de l'espace...*, Auguste Walras entend revenir sur la nature et le caractère de l'espace et du temps, qui n'ont pas été suffisamment compris par les philosophes (notamment Victor Cousin).

Ces derniers auraient confondus ces deux notions avec un certain nombre de principes[2] (principe des substances, principe de causalité,

---

1 Jean-Pierre Potier (1994, p. 246) considère que ce manuscrit a été écrit après 1846.

2 Auguste Walras précise que deux conceptions du temps et de l'espace s'opposent. L'approche kantienne les associe à des formes de la sensibilité, à des éléments subjectifs de la connaissance. Les philosophes « modernes » considèrent que le temps

obligation morale, principe du bien et du beau) universels, nécessaires et infinis. Ces principes sont des vérités générales et s'appliquent à une multitude de phénomènes. Ils existent en nous à titre d'idées, de propositions ou d'axiomes. Ces propositions et ces idées « sont le produit de notre activité intellectuelle qui les élabore par la comparaison, l'abstraction et la généralisation » (p. 7). À l'inverse, le temps et l'espace sont des réalités objectives, des choses qui subsistent par elles-mêmes. Ils sont à la fois nécessaires (on ne peut nier leur existence) et infinis (l'imagination ne parvient pas à fixer une limite au temps et à l'espace). À ce titre, ils constituent les fondements de l'univers, les bases du monde. Or l'espace et le temps, par nature infinis, sont les causes de l'étendue et de la durée. Sans l'espace et le temps, les notions de durée et d'étendue ne pourraient pas se réaliser. Les corps ont en effet besoin d'espace pour s'étendre, les phénomènes ont besoin de temps pour durer. Mais ce n'est pas tout, l'espace et le temps ne sont pas suffisants pour qu'il y ait de l'étendue et de la durée, encore faut-il qu'il y ait quelque chose qui s'étende dans l'espace, quelque chose qui dure dans le temps. Ce quelque chose, Auguste Walras l'associe à des principes, la matière et la force. Tous deux seraient « la chaîne et la trame du monde matériel que nous habitons et dont nous faisons partie » (p. 8).

Tableau 1 : Analogies et différences entre l'espace et le temps, l'étendue et la durée

	Espace	**Temps**
Idée concrète	L'espace et le temps n'ont pas besoin de support, ils existent par eux-mêmes	
Idée particulière	L'espace et le temps sont ce qu'ils sont, ils ne ressemblent qu'à eux-mêmes	
Idée nécessaire	Il ne peut pas ne pas y avoir d'espace et de temps	
Idée infinie	L'espace et le temps n'ont pas de limites	
Principes	Universels, nécessaires et infinis Double condition de l'existence du monde	
	Etendue	**Durée**
Idée abstraite	On ne considère qu'une seule qualité d'un corps ou d'un phénomène	
Idée générale	Elle s'applique à tous les corps et à tous les phénomènes	

et l'espace sont des réalités objectives, des pures formes de l'intelligence humaine directement perçues par la raison.

Idée contingente	L'étendue et la durée peuvent exister ou ne pas exister (il suffirait qu'il n'y ait aucun corps, qu'il ne se passe rien).	
Idée finie	Tout corps a une limite, tout phénomène a un commencement, une suite et une fin	
Trois dimensions	Longueur, largeur, profondeur	Passé, présent, avenir
Principe	Matière	Force

Source : Diemer (2008, 2009).

À la différence de l'espace et du temps qui sont des principes universels, nécessaires et infinis, la matière et la force sont au contraire des êtres réels et positifs, intimement liés et qui se limitent mutuellement. Loin d'être nuisible, ce principe d'association permet le développement de la force et l'épanouissement de la matière : « C'est par son alliance intime avec la force que la matière devient durable et capable de traverser le temps. C'est par son alliance avec la matière que la force peut s'étendre et s'emparer de l'espace » (p. 9). C'est ainsi par l'alliance de la force et de la matière que l'existence parvient à se réaliser. L'essence de la matière (c'est la propriété d'occuper l'espace) et l'essence de la force (c'est la propriété d'occuper le temps) constituent la substance du monde matériel, la Réalité. De l'union des deux, vont naître les corps et les phénomènes (des êtres et des faits) : « tout corps a une forme, tout phénomène a une loi » (p. 10). Or la science ne se rapporte pas aux êtres mais aux faits ou aux phénomènes généraux qui s'accomplissent dans les êtres. En la présence d'un grand nombre de faits individuels, l'esprit humain a le pouvoir d'éliminer les qualités particulières de certains faits, de rapprocher tous ceux qui se ressemblent et d'en former des genres et des espèces. La science doit être ainsi considérée comme « la théorie d'un fait général, universel et permanent. Ce qui constitue son unité, c'est la spécialité du fait. Ce qui constitue son caractère scientifique, c'est la permanence, l'universalité du fait » (p. 14). D'une certaine manière, Auguste Walras rejoint Victor Cousin qui rappelle que dans la quête de la vérité, deux grands besoins se font sentir à l'homme. Il faut rechercher des principes fixes et immuables « qui ne dépendent ni des temps, ni des lieux ni des circonstances, et où l'esprit se repose avec une confiance illimitée… tant qu'on a saisi que des faits isolés, disparates, tant qu'on ne les a pas ramenés à quelque principe, quelque loi, on possède les matériaux d'une science, mais la science n'est pas encore » (1853, p. 20) tout en se méfiant des principes chimériques et des combinaisons artificielles.

Si la théorie du fait général souligne que dans l'esprit humain, il y a des principes empreints du caractère de l'universalité et de la nécessité, elle tend également à introduire une méthode et un programme scientifiques. Il s'agit ainsi d'admettre comme vrais, les faits dont l'observation et l'expérience ont démontré la réalité, et comme vérités, les conclusions que l'on peut naturellement en tirer. Dans son manuscrit intitulé *3 sujets de composition de philosophie* (1840b), Auguste Walras précise que l'observation comporte trois moments : la perception, la comparaison et la généralisation. La perception permet de saisir dans l'homme une multitude de phénomènes qui s'accomplissent en lui. La comparaison rapporte ces faits et établit leurs ressemblances. La généralisation ramène les faits à un certain nombre de genres. Si l'observation est une condition nécessaire pour constituer la science, Auguste Walras note qu'elle n'est pas suffisante. La méthode scientifique repose sur l'observation et l'induction. Pour savoir, il faut observer et induire. Lorsque le travail de l'observateur est terminé (perception, comparaison, généralisation), lorsque la nature du fait est enfin connue, l'induction doit faire son œuvre. Dans un manuscrit non daté et intitulé *Mais la question telle que je viens de la poser*, Auguste Walras précisera la portée de ce procédé méthodologique. L'hypothèse a pour but de répondre à la question des causes. L'esprit scientifique introduit une hypothèse (une supposition) afin d'assigner une cause à un fait général, universel et permanent. L'induction doit cependant respecter certaines règles. L'hypothèse ne doit être ni vraie, ni fausse. Si elle était vraie, ce ne serait plus une hypothèse. Si elle était fausse, elle ne servirait pas à expliquer un phénomène. Auguste Walras en conclut que « l'hypothèse vient de la raison, elle est empruntée évidemment à la sphère du possible. C'est un produit de l'imagination appliquée à la construction d'une théorie » (p. 4).

D'une certaine manière, on peut avancer que la méthode scientifique préconisée par Auguste Walras est une tentative de synthèse des travaux de Victor Cousin et d'Étienne Vacherot. À la manière de Victor Cousin, il s'agit d'unir l'observation et la raison, de « ne pas perdre de vue l'idéal de la science auquel l'homme aspire, et le chercher et le trouver par la route de l'expérience, tel est le problème de la philosophie » (1853, p. 20). À partir d'un certain nombre d'observations, Auguste Walras en tire une esquisse de la vérité par une démarche empirico-inductive. Les principes universels et nécessaires sont découverts à l'aide des trois facultés générales (l'intelligence composée des cinq sens, la conscience et la raison)[3]. Ainsi, la philosophie ne repose ni sur des

---

[3] « Il y a dans l'homme trois facultés générales qui sont toujours mêlées ensemble et ne s'exercent guère que simultanément, mais que l'analyse divise pour les mieux étudier, sans méconnaître leur jeu réciproque, leur liaison intime, leur unité indivisible... La première de ces facultés est l'activité, l'activité volontaire et libre, où paraît surtout la personne humaine, et sans laquelle les autres facultés seraient comme si elles n'étaient pas, puisque nous ne serions pas nous-mêmes ... C'est par la liberté que l'homme est véritablement homme, qu'il se possède et se gouverne ; sans

principes hypothétiques, ni sur des principes empiriques. C'est l'observation elle-même appliquée à la partie supérieure de nos connaissances (la raison) qui fournit les principes que nous cherchons : « Je remarque que la philosophie des sens et la philosophie de la conscience ne sont ni l'une ni l'autre la véritable philosophie. La véritable philosophie, c'est la philosophie de la raison ; car c'est elle qui domine les sens et la conscience, et qui doit nous donner le dernier mot, en toutes choses. » (lettre d'Auguste à Léon Walras, le 7 avril 1864).

À l'image d'Étienne Vacherot, il convient de dépasser la classification des faits à partir des systèmes (sensualisme, idéalisme, scepticisme et mysticisme) pour établir une correspondance avec les sources de la connaissance[4]. Dès lors, la rivalité des systèmes serait remplacée par la coexistence de deux méthodes ou deux facultés interdépendantes, l'expérience et la raison :

> La critique des facultés et des systèmes nous a conduits à une conclusion déjà pressentie par le bon sens du public, dès le début de ce siècle : c'est que le règne des systèmes et des écoles est fini, que la vérité complète (autant du moins que l'esprit humain peut l'espérer) ne se rencontre point dans les doctrines exclusives, et que la métaphysique ne peut avoir de base solide que dans la synthèse des données de l'expérience et des principes de la raison. (1858, tome I, p. 322)

Tous les systèmes pourraient ainsi se réduire à deux : l'empirisme ou système de l'expérience, (plus connu sous les noms de matérialisme et de spiritualisme) ; l'idéalisme ou système de la raison. Malgré son

---

elle il retombe sous le joug de la nature… Mais en même temps que je suis doué d'activité et de liberté, je suis passif aussi par d'autres endroits ; je subis les lois du monde extérieur, je souffre et je jouis sans être moi-même l'auteur de mes joies et de mes souffrances : je sens s'élever en moi des besoins, des désirs, des passions… enfin, outre la volonté et la sensibilité, l'homme a la faculté de connaître l'entendement, l'intelligence, la raison, peu importe le nom, au moyen de laquelle il conçoit les vérités d'ordres différents, et entre autres des vérités universelles et nécessaires… » (Cousin, 1853, p. 31-32).

4 Dans une lettre du 29 septembre 1859, nous apprenons que c'est Léon Walras qui a suggéré la lecture de l'ouvrage de Vacherot La métaphysique et la Science (1858) à son père. Près de 4 ans s'écouleront avant que ce dernier ne prenne connaissance de cet ouvrage : « Je lis avec beaucoup de plaisir, quoique avec un peu de fatigue, le livre de M. Vacherot ? J'en ai déjà avalé deux volumes, et j'ai commencé le troisième, de sorte que me voilà plongé, à l'heure qu'il est, dans la philosophie de Hegel, en attendant que j'attaque le chapitre de la philosophie positive. Il me tarde bien d'arriver à la conclusion, parce que c'est alors seulement que je pourrais me faire une idée nette et précise de la doctrine de M. Vacherot. Pour aujourd'hui, il me suffira de te dire que je suis très content de la manière dont il expose et critique les différents systèmes de métaphysique. Ses idées se rapprochent si souvent des miennes que je suis enchanté des développements auxquels il se livre pour faire sentir le fort et le faible des doctrines qu'il nous fait connaître » (lettre à Léon Walras, le 9 mai 1863).

profond respect pour les travaux de Vacherot, Auguste Walras ne cherchera pas à aller plus en avant dans ses réflexions philosophiques. Par faute de temps ou de connaissance, seule la science en tant qu'objet observé et pensé retiendra son attention. Auguste Walras laissera ainsi à son fils, Léon, tout le loisir de reprendre la déclinaison du vrai, du bien et du beau de Vacherot en idéaux types (Dockès, 1996, p. 35).

De la méthode scientifique, il n'y a qu'un pas à franchir pour définir un véritable programme scientifique. Selon Auguste Walras, il s'agit de répondre aux cinq questions suivantes : 1° Quelle est la nature du fait général ? Il s'agit de définir un fait de manière claire et précise grâce au procédé de l'observation (perception, comparaison, généralisation). La fonction de la sensibilité est de mettre l'esprit en relation avec la réalité. Sans elle, aucune expérience ne serait possible. Cependant, le domaine des sens n'atteint pas le véritable objet de la science. Il ne devient véritablement représentatif que par l'élimination de l'élément affectif. La sensation doit ainsi se transformer en perception, elle n'exprime plus qu'un rapport fixe entre des phénomènes variables. C'est alors qu'agit l'abstraction qui épure, simplifie et généralise les objets de nos perceptions, les vérités de l'expérience. L'abstraction devient ainsi l'élément nécessaire de toute science, le principe de toute vérité scientifique. 2° Quelle en est sa cause et d'où vient-il ? La connaissance de la cause d'un fait général passe par deux procédés méthodologiques. L'observation, généralement privilégiée, ne suffit pas. Elle doit être complétée par l'induction. Il convient de faire des hypothèses plausibles et vraisemblables (c'est-à-dire puisées dans le domaine du possible). 3° En combien d'espèces principales ou secondaires se divise un fait général ? Ceci revient à établir des distinctions pertinentes. On a recours ici au procédé de la division. 4° Quelle est la loi ou quelles sont les lois suivis par le fait général ? Si l'observation (observer, c'est regarder attentivement) et l'expérimentation (expérimenter, c'est « faire naître à volonté le fait que l'on veut observer et qui ne se produirait jamais de lui-même », manuscrit *Il ne faut pas confondre l'idée de l'espace*, p. 15) sont deux procédés importants; Auguste Walras précise que le fait général doit se soumettre aux lois qui régissent les nombres. Ainsi l'élément objectif et vraiment scientifique, c'est le rapport, la loi... 5° Quels sont les effets que ce fait général produit, les conséquences qu'il entraîne, l'influence qu'il peut avoir sur un certain nombre de faits généraux qui lui sont subordonnés ? La méthode et le programme scientifiques étant posés, Auguste Walras peut maintenant présenter une classification des faits et dresser un tableau des connaissances humaines.

La classification des faits généraux et des connaissances

Lors de son *Discours d'ouverture au cours d'économie politique* professé à Évreux (1832), Auguste Walras a été conduit à se pencher sur la question de la classification des connaissances humaines. Auguste Walras ne conçoit pas qu'il soit possible de dresser à la fois une liste fidèle des connaissances humaines et un tableau méthodique de toutes les sciences. Pour se lancer dans une telle aventure, il faudrait les posséder toutes, or « personne ne peut se flatter d'un pareil avantage » (1832 [2005], p. 107). Une classification même incomplète, serait cependant pertinente si elle reposait sur des faits faciles à caractériser et à distinguer les uns des autres. Afin de parvenir à cette classification des connaissances, Auguste Walras introduira trois groupes distincts de faits : les faits naturels ou physiques ; les faits humains ou libres ; les faits historiques ou progressifs : « Des faits naturels, des faits humains, des faits historiques, voilà, je le répète, la division qui s'établit d'elle-même parmi les faits généraux, universels et permanents qui constituent la matière et l'objet de nos sciences » (1863b, p. 22). Les faits naturels, physiques ou fatals, sont marqués du caractère de la nécessité. Ils existent en dehors de l'homme, indépendamment de sa volonté. Les faits humains précisent que l'homme n'est pas seulement intelligent, il est également actif et volontaire. Auguste Walras s'inspire ici de la thèse défendue par Destutt de Tracy dans ses *Éléments d'idéologie* tout en étant très proche des enseignements de la philosophie du XIXe siècle présentés par Étienne Vacherot dans *La Métaphysique et la science* (1858). Dans le *Traité d'économie politique* (1823), qui constitue la quatrième partie des *Éléments d'idéologie* (les trois premières composent le *Traité de l'Entendement*) et la première partie du *Traité de la Volonté*, Destutt de Tracy entend examiner quelle est la meilleure manière d'employer toutes les facultés humaines (physiques et intellectuelles) à la satisfaction des divers besoins. L'homme devient ainsi « un être voulant en conséquence de ses impressions et de ses connaissances, et agissant en conséquence de ses volontés. C'est là ce qui le constitue… C'est là ce qui fait qu'il a des besoins et des moyens, et par conséquent des droits et des devoirs » (1823, p. 3). De son côté, Étienne Vacherot précise dans le treizième entretien consacré à la *philosophie du 19e siècle* que « la volonté libre est d'abord et immédiatement volonté individuelle, la personne » (1858, tome II, p. 420) et que « la réalisation matérielle de cette liberté est la propriété » (*ibid.*). La personne et la propriété étant la matière du droit, l'homme se voit ainsi confier un droit absolu sur tout ce qui est sans maître. La propriété est le signe de la personnalité parce que c'est en elle que celle-ci se manifeste généralement. Le droit, en tant qu'il réalise extérieurement la liberté, suppose une pluralité de personnes, et par là même est sujet à intention.

Pour Auguste Walras, la volonté a une propriété importante : c'est elle qui s'empare de l'intelligence et dirige toutes nos actions. Il s'ensuit deux conséquences – l'imputabilité des actes et la responsabilité des hommes – à l'origine de la moralité. Les faits humains seraient donc des faits libres, volontaires et moraux. Auguste Walras distinguera deux séries de faits généraux. Les uns se rattachent « aux relations qui existent directement de personne libre à personne libre » (1863b, p. 22). Il s'agit de faits qui unissent l'homme à la femme (le mariage), le père et la mère aux enfants (la tutelle, l'autorité paternelle)…

Les seconds renvoient « aux relations qui s'établissent entre les personnes à propos des choses » (*ibid.*). Cette catégorie de faits introduit le droit de propriété. L'homme, libre et volontaire, se serait arrogé un droit de commander sur les animaux et les choses. Le droit de propriété constitue un fait très important dans les sociétés civile et politique. Il a donné lieu « à une étude spéciale qu'on peut appeler la théorie de la propriété et qui doit être éclairée et dirigée par les connaissances économiques » (manuscrit « Il ne faut pas confondre l'idée de l'espace », p. 18). Le droit de propriété a donné naissance à une succession de faits tels que l'échange (commerce), la vente, le prêt, la donation, l'hérédité (transmission de propriété). Auguste Walras précise que tous ces faits sont à l'origine des lois, des coutumes et des dispositions législatives destinées à régler les conditions des contrats et à faire régner la justice.

Les faits historiques ou progressifs se déroulent dans le temps (inaperçus au début, ils deviennent de jour en jour de plus en plus importants) et sont la conséquence de la liberté humaine. Toutefois, « ils ne sont pas libres, en ce sens que l'homme ne peut pas s'opposer au progrès et que le progrès s'accomplit sous l'impulsion d'une force supérieure » (1863a, p. 22). Les faits historiques sont la manifestation la plus éclatante de la puissance créatrice, du Divin ou de la Providence. La marche et le développement de la civilisation (état chasseur, état pasteur, état agriculteur, état industriel, état commerçant…) sont une illustration des faits progressifs.

À partir de cette présentation des faits généraux, Auguste Walras proposera une classification des connaissances humaines recouvrant les domaines des sciences naturelles, des sciences morales et des sciences historiques. Les sciences naturelles renvoient à un premier fait général relatif à *l'existence*. Pour répondre à cette question, il existe une science qui porte les noms de *philosophie première*, *métaphysique*, *ontologie* (terme utilisé par Ampère, 1832). Vient ensuite un autre fait, l'idée de nombre est associée à une science très ancienne, *l'arithmologie*. Après l'existence et le nombre, il y a l'idée de forme qui se présente sous le nom de *géométrie*. Auguste Walras évoquera une succession d'autres faits généraux tels que le mouvement (dont l'étude renvoie à la *mécanique*) ; la cristallisation (donnant lieu à la *cristallographie*) ; la vie végétative (contenue dans *la botanique*) ; la vie animale (rattachée à la zoologie), la valeur d'échange (déterminant l'économie politique ou la science de la richesse ou encore la théorie de la valeur). Les sciences morales traduisent un double fait (évoqué par Vacherot, 1858) : une moralité individuelle et une moralité sociale. L'obligation morale est un principe universel. L'homme est

> une force libre, capable de se posséder, de se diriger, de faire ou de ne pas faire, et d'un autre côté, la raison lui faisant comprendre ce qui est bien, ce qui est juste, ce qui est dans l'ordre, l'homme comprend qu'il ne peut éviter de se plier à la voie du bien, de l'ordre, de la justice, sans se dégrader, sans compromettre son caractère. Dès lors, il comprend le devoir comme quelque chose d'obligatoire, d'impérieux et d'absolu. (« Il ne faut pas confondre l'idée de l'espace », p. 4)

Mais l'homme n'est pas le seul sur terre, il est entouré d'une foule d'êtres qui lui ressemblent surtout du point de vue moral. C'est ce qui crée les droits (notamment le droit de propriété) et les devoirs, deux éléments qui fondent la science du *Droit Naturel*. Les pouvoirs publics ont cherché à établir l'ordre, la sécurité et la justice en instituant un gouvernement, dont la science est la *Politique*. De leur côté, les juges et les magistrats ont été investis d'une certaine autorité pour garantir les droits et réprimer les crimes et délits. Cette science est plus connue sous le nom de *Législation*. Les sciences historiques ou progressives comprennent *l'histoire proprement* dite (il ne s'agit pas d'une succession de récits plus ou moins intéressants mais bien d'une théorie d'un certain nombre de faits généraux et universels), l'histoire des sciences, l'histoire des arts, l'histoire de la civilisation…

Fort de ce constat, Auguste Walras insistera sur deux points importants. D'une part, les progrès des sciences doivent s'opérer d'une manière collective et simultanée, « il est impossible qu'une science marche, sans que toutes les autres marchent en même temps ; il est impossible qu'une science reste stationnaire, sans que les autres s'arrêtent du même coup » (1832 [2005], p. 73).

Tableau 2 : Classification des connaissances humaines

Science naturelle ou domaine de la physique	Morale	Histoire
Faits généraux, nécessaires, constants et invariables	Faits généraux qui ont leur racine dans la liberté, la force libre	Faits généraux mais mobiles changeants et progressifs
La philosophie (métaphysique) *Théorie des nombres et de l'étendue* *La science du mouvement et de l'organisation* - Mathématiques - Mécanique - Astronomie - Chimie - Physique proprement dite - Minéralogie - Botanique - Zoologie - Psychologie - Esthétique - Économie politique ou science de la richesse ou théorie de la valeur	*Morale individuelle* *Morale sociale* *Droit naturel* *Politique* *Législation*	*Histoire proprement dite* - Histoire civile et politique (individuelle, générale) - Histoire comparée - Histoire universelle - Philosophie de l'histoire *Histoire littéraire* *Histoire scientifique* *Histoire religieuse* *Histoire militaire* *Histoire économique* - État chasseur - État pasteur - État Agricole - État industriel - État commerçant

Source : Diemer, Guillemin (2007, 2011).

Ainsi, la question de la propriété ne peut être expliquée sans faire référence à la Philosophie, aux Mathématiques, à l'Économie politique, au Droit naturel. Chaque branche de nos connaissances est intéressée d'une manière plus ou moins directe et plus ou moins évidente à l'avancement de toutes les autres, même s'il existe des barrières naturelles entre les sciences. L'économie politique est la science de la richesse (la valeur et l'échange sont des faits naturels, permanents et universels), il convient de la distinguer de la morale et de la politique (une branche de la science générale de la liberté) ; de l'histoire et de la statistique (recueil de faits spéciaux, fortuits et accidentels). C'est par l'observation des faits que l'on parvient à la vérité. D'autre part, les trois classes de faits reposent sur un certain ordre, « le progrès de la morale est essentiellement lié au progrès de la science naturelle, et que du progrès de la morale dépend essentiellement le progrès de l'histoire » (1832 [2005], p. 112]). Les sciences physiques doivent être étudiées avant les sciences morales qu'elles sont appelées à éclairer et à diriger. Les sciences physiques et les sciences morales sont un guide indispensable aux études historiques. C'est ainsi à la philosophie d'éclairer l'Économie politique, à l'Économie politique d'éclairer le Droit naturel...

L'héritage philosophique paternel

La théorie du fait général, la classification des faits et des connaissances exposées par Auguste Walras, constitueront un matériau exceptionnel pour Léon. Les idées paternelles seront successivement disséminées dans son *Histoire de l'art* (1858a), son article *Philosophie des sciences économiques*[5] (février 1860a) et son ouvrage *L'économie politique et la justice*[6] (1860b). Si Auguste Walras a été son premier maître en philosophie (et en économie), Léon précisera par la suite que ce dernier n'avait qu'une connaissance partielle de la philosophie allemande et des travaux de Kant[7], et qu'il a dû se tourner vers Victor Cousin, Théodore Jouffroy[8] (l'un de ses disciples et partisan de l'éclectisme) et Étienne Vacherot[9] pour se forger une véritable culture philosophique :

---

5 « En présence d'une série de faits individuels qui se ressemblent et qui diffèrent, l'esprit scientifique élimine toutes les qualités particulières à chacun de ces faits, il recueille les qualités communes à tous ou plusieurs, et forme une espèce » (1860a, p. 196). « Toute science est la théorie d'un fait général. Il y a des sciences naturelles, des sciences morales et des sciences historiques... Le fait général est universel et permanent » (*ibid.*). « Les faits naturels se distingueront donc des faits moraux en ce que les premiers auront leur origine dans la fatalité des forces naturelles, les seconds dans la volonté libre de l'homme. Il est une troisième catégorie de faits, les faits historiques, qui s'accomplissent au sein de l'humanité exactement comme les faits naturels au sein de la nature, et qui sont empreints, comme les faits naturels, d'un caractère fatal ou, si l'on veut providentiel » (1860a, p 201).

6 « L'homme est une personne libre : c'est-à-dire un être raisonnable qui se connaît et qui se possède, qui se conçoit une destination, qui se sent obliger de rechercher sa fin et de la poursuivre volontairement. Tout ce qu'il fait ainsi librement lui est imputable » (1860b [2001], p. 95]).

7 Voir Vincent Lhuillier (1993, 1997), Pierre Dockès (1996, p. 34-35), Antoine Rebeyrol (1999, p. 14-20), Jérôme Lallement (2004, p. 93-94), Donald Walker (2006, p. 46) pour une mise en relation des thèses walrasienne et kantienne.

8 Léon Walras se qualifie d'éclectique « avec Jouffroy dont l'autorité me décide » (1958, p. 13, cité également par Potier, 1994, p. 247).

9 L'œuvre de Vacherot est ici fondamentale dans la formation philosophique de Léon Walras (Diemer, 2010). Éléna Tati (2000, p. 418) la présente comme une « tentative de réhabilitation de la métaphysique au rang de science : une tentative (postkantienne) de refonder une métaphysique positive ». Dans le 11e entretien (critique de l'empirisme) de la *Métaphysique et la Science*, Étienne Vacherot précise que la classification des faits la plus connue et la plus accréditée est celle qui réduit tous les systèmes possibles à quatre types : le sensualisme, l'idéalisme, le scepticisme et le mysticisme. Or le vrai principe d'une classification intime l'ordre de dépasser le cadre des systèmes pour établir une correspondance avec les sources de la connaissance. Dès lors, tous les systèmes pourraient se réduire à deux : l'empirisme ou système de l'expérience, et l'idéalisme ou système de la raison. La métaphysique

> Mon père a été mon premier maître en philosophie comme en économie politique, et sa bibliothèque était à ma disposition pour l'une comme pour l'autre. Mais il n'était pas très initié à la philosophie allemande, et je n'ai d'abord connu la doctrine de Kant que par l'exposé de Charles Villers, de 1801, et les leçons de Victor Cousin, faites en 1820 et publiées en 1842. L'ouvrage de Vacherot, la Métaphysique et la Science, parut en 1858, au moment même où j'entreprenais de combler cette lacune et de compléter mes études philosophiques. Je le lus sans la moindre difficulté, avec une attention scrupuleuse et le plus vif intérêt ; il est resté pour moi un livre de chevet. (*Esquisse d'une doctrine économique et sociale*, 1898, *Éléments d'économie politique appliquée*, 2e édition, 1936, p. 459).

Léon Walras part du principe que pour présenter une philosophie de l'économie politique, il convient de procéder en bonne logique et de rechercher dans le domaine de la métaphysique, une théorie de la Réalité qui puisse servir de base à une théorie de la Science en général. Dans une lettre adressée à Adolphe Guéroult (mars 1859), Léon Walras mentionne la rédaction d'un ouvrage, la *Philosophie de la Science*, commencée depuis deux ans. Or, au cours de l'année 1858, Léon Walras a entamé la rédaction d'un manuscrit intitulé *La Philosophie de l'art*[10]. En partie inachevé, ce manuscrit consacre une première partie à l'ontologie (Jolink, 1991 ; Potier, 1994).

Le fait ontologique

Le premier chapitre, *synthèse du fait ontologique*, est un long plaidoyer en faveur de la raison (Bee, 2008), la seule philosophie possible lorsqu'il n'y a plus ni mœurs, ni croyances générales. Plus précisément, Léon Walras entend répondre à une question métaphysique qui agite les esprits et alimente la critique, la question du réel et de l'idéal : « il n'y a pas au sujet de l'art, de question plus grande et plus belle que celle du réel et de l'idéal, il n'y en a pas qui soit aussi plus complexe et plus épineuse. Elle prend son origine au sein de la métaphysique, et je l'irais chercher jusque là » (1858, p. 1). L'objet de l'art s'appuie sur deux postures différentes. La première consiste à partir

---

retrouverait ainsi ses lettres de noblesse, la rivalité des systèmes serait finalement remplacée par la coexistence de deux méthodes ou deux facultés interdépendantes, l'expérience et la raison : « Il en serait alors de la philosophie comme des sciences spéciales, où la diversité des directions et des méthodes a remplacé la lutte des systèmes, où l'observation et la généralisation, l'analyse et la synthèse, l'expérience et l'hypothèse s'aident et se complètent au lieu de se combattre et de s'exclure, travaillant sur un terrain commun et inébranlable » (1858, p. 122).

10 Ce manuscrit n'a jamais été publié dans les œuvres complètes walrassiennes, il est conservé au Fonds Walras de Lausanne (FW, Vb, carton 17). Je remercie Roberto Baranzini qui a pu me procurer une version de ce manuscrit, préalablement numérisée par Michele Bee.

du réel et considère que l'artiste doit chercher à le reproduire tel qu'il est. La seconde revient à partir de l'idéal, l'artiste doit produire du beau, et donc transformer le réel, l'idéaliser. Léon Walras entend concilier ces deux approches de manière à prouver qu'il existerait un « bon » idéalisme et un réalisme « intelligent » dans toute société. Pour ce faire, il propose de partir de l'ontologie pour arriver à l'esthétique. En effet, dire d'une chose qu'elle est belle, suppose la présence de deux faits.

Le premier fait renvoie à l'existence. Si l'art a pour objet de produire du beau, il doit nécessairement rechercher le réel pour le transformer. Ainsi, on ne peut se passer du réel pour faire de l'idéal. Mais qu'est ce que le réel ? Le sens commun et la philosophie considèrent que le réel renvoie à tout ce qui existe, il suffirait d'observer le monde qui nous entoure, d'ouvrir les yeux pour embrasser tout ce qui relève du réel. Si la réalité est un fait, Léon Walras considère que c'est le fait de l'existence, un fait avant tout général (qui se produit en tous lieux et en tous temps), universel et permanent. Or pour étudier un tel fait, il faut une science, l'ontologie. Cette dernière est présente dans toutes les métaphysiques, celle d'Aristote, de Saint-Thomas d'Aquin, cependant elle peine encore à se constituer en véritable science. C'est pourquoi Léon Walras entend lui définir un programme largement inspiré par les réflexions d'Auguste Walras :

> Il me semble que pour constituer logiquement la théorie d'un fait général, universel, permanent, il y a lieu de poser et de résoudre simplement, touchant ce fait, cinq questions qui sont les suivantes : 1° Quelle est la nature du fait ? 2° D'où vient ce fait, en d'autres termes, quelle en est sa cause ? 3° En combien d'espèces principales se divise t'il ? 4° Quelles sont les lois suivant lesquelles il s'accomplit, soit sous sa plus haute généralité, soit dans les principales espèces ? 5° Quelles sont les conséquences qu'il entraîne, autrement dit : quels en sont les effets ? À chacune de ces cinq questions correspondent des procédés méthodologiques qui conduisent à leurs solutions. Et toutes ces questions résolues, on obtient une science, ce qui revient à dire que l'on possède une théorie d'un fait général, universel, permanent. (1858, p. 6)

Le second fait introduit la beauté. Comme cette dernière a besoin du réel pour s'exprimer, elle est également un fait général, permanent et universel, elle donne ainsi naissance à une science, l'Esthétique. Toutefois, le fait que la réalité prime sur la beauté signifie que l'ontologie doit être étudiée avant l'esthétique. C'est donc à l'ontologie et à la théorie du fait général qu'entend se consacrer Léon Walras : « Si donc nous prenons la peine de constituer l'ontologie, nous avons la consolation de penser que nous ne sortons en aucune façon de la question du Réel et de l'Idéal, qu'au contraire nous l'embrassons toute entière, et que l'ontologie est le vrai chemin de l'Esthétique » (1858,

p. 7). Pour ce faire, Léon Walras entend appliquer un procédé que l'on retrouve en chimie, celui de la synthèse[11]. Il s'agit de comprendre le fait général de l'existence à partir de l'ensemble des faits élémentaires qui le composent. En général, l'observation d'un phénomène élémentaire prend la forme d'une idée, qu'il conviendra de délimiter et d'exprimer par un ou plusieurs mots.

Au sommet de l'édifice des idées, la raison conçoit l'idée de l'Être, un être pur, indéterminé, évoluant librement entre l'affirmation et le néant. Le fait d'affirmer que l'être existe (ou qu'une chose existe) engendre un nouveau phénomène, différent du phénomène élémentaire, que Léon Walras nomme « existence de l'être affirmé ». L'affirmation est à la fois ce qui définit et délimite l'existence. L'existence du fait ontologique constitue ainsi la première question à laquelle il convient de répondre. La science doit en effet commencer par établir son objet, c'est-à-dire démontrer au sceptique le plus profond, que le fait qu'elle étudie, est à la fois général, permanent et universel. La raison est ici le premier postulat de toute métaphysique, comme le souligne le fameux *cogito ergo sum* de Descartes. Le fait de croire que ma raison existe engendre cependant de nombreuses conséquences, notamment celle qui fait de la raison, une partie de moi. En effet, à côté de la raison, il y a les sens et la conscience qui nous révèlent des phénomènes extérieurs ou intimes, et qui font naître des perceptions.

D'une manière détournée, Léon Walras prend part au débat entre matérialistes et spiritualistes, en suggérant une troisième voie, celle de la conciliation. L'existence serait soumise à la fois aux sens, à la conscience et à la raison. Léon Walras insistera cependant sur deux points importants. Si les sens et la conscience nous révèlent les phénomènes extérieurs et intimes, la raison s'appuie sur ces perceptions pour nous élever vers des spéculations supérieures. En d'autres termes, certaines perceptions (les perceptions rationnelles) ne seraient pas accessibles aux sens et à la conscience : « [la raison] s'agite, elle travaille et fait naître en moi des perceptions de faits rationnels inaccessibles aux sens comme à la conscience » (1858, p. 11). Léon Walras s'inscrit bien dans la démarche de son père : « Je remarque que la philosophie des sens et la philosophie de la conscience ne sont ni l'une ni l'autre, la véritable philosophie. La véritable philosophie, c'est la philosophie de la raison, car c'est elle qui domine les sens et la

---

11 En fait, Léon Walras précise que la nature d'un fait général est double. D'une part, il est constitué d'un ensemble de faits élémentaires révélés par l'analyse. Ainsi, chaque fait général peut être décomposé en plusieurs faits élémentaires qu'il convient d'analyser et de comprendre. D'autre part, tous les faits élémentaires peuvent être associés de manière à reconstituer le fait général. Cette synthèse permet de comprendre l'alchimie qui prend forme suite à la recomposition du fait général.

conscience et qui doit nous donner le dernier mot en toutes choses. » (Lettre d'Auguste à Léon Walras, le 7 avril 1864).

Par ailleurs, les perceptions extérieures, intimes et rationnelles nous introduisent dans le monde des idées[12] et de l'intelligence (l'une des facultés humaines). Or, comment savoir si les idées sont conformes aux phénomènes. Léon Walras adopte ici la posture de Kant face au scepticisme. Autant ce dernier est nuisible autant la méthode sceptique (façon de traiter une chose comme incertaine et de la conduire au plus haut degré de l'incertitude dans l'espoir de trouver sur ce chemin la trace de la certitude) est utile et nécessaire[13]. Léon Walras se réfère ici à l'autorité de Théodore Jouffroy, membre de l'École éclectique dirigée par Victor Cousin afin de souligner qu'il convient de rejeter les résultats du scepticisme sans remettre en cause le principe fondateur qui l'anime :

> Nous absolvons également l'humanité qui croit et les sceptiques qui doutent, mais nous ne pouvons également absoudre les philosophes qui ont combattu le scepticisme en essayant de démontrer la légitimité rationnelle des croyances humaines... Cette prétention n'est autre chose que celle de démontrer l'intelligence humaine par l'intelligence humaine, ce qui a été, ce qui est, et ce qui sera éternellement impossible. (Jouffroy, *Le scepticisme*, cité par Walras, 1858, p. 13)

Le deuxième postulat consiste à croire dans la certitude de la raison. Cela signifie au préalable de croire dans la fidélité du témoignage des sens et de la conscience, ces derniers sont en effet nécessaires pour révéler les perceptions extérieures et intimes. Ce n'est qu'à cette condition que la raison pourra associer les phénomènes extérieurs aux objets et les perceptions intimes au moi. Or objets et sujet ne seraient que des choses, ou plus précisément que de la substance.

Le fait ontologique serait ainsi le résultat de plusieurs faits élémentaires, le plus simple est celui de l'être, auquel on ajoute l'affirmation (l'existence), enfin ce qui existe purement et simplement

---

12 Ce point est également développé dans un autre manuscrit intitulé « Du sens esthétique, de l'art, et des opinions en matière d'art » (1858b). Il s'agit en fait de 35 feuillets reproduits dans le volume XIII (œuvres diverses) des œuvres économiques complètes de Léon Walras (2000). Léon Walras insiste notamment sur le fait que « les notions de l'Espace et du Temps, la notion de l'infini, les notions du nécessaire, ne sont perçues ni par les sens ni par la conscience ; on énonce qu'elles sont conçues par la Raison. L'homme a des perceptions externes, des perceptions intimes et des perceptions rationnelles. Ces perceptions et conceptions portent le nom commun d'Idées » (*OEC*, vol. XIII, 2000, p. 26).

13 Antoine Rebeyrol (1999, p. 14) rappelle que pour Kant comme pour Walras, « la science et la morale sont des choses ayant une réalité, ce sont les données du problème. La question n'est pas de savoir si elles sont possibles ou légitimes : elles sont possibles, puisqu'elles existent. La question est celle du comment : comment se fait il qu'elles existent ? ».

en vertu de l'être affirmé, c'est la substance. Une fois le fait ontologique établi, il suffit de constituer la théorie du fait général en reprenant le programme d'Auguste Walras.

La théorie du fait général

Dans la *Philosophie de l'art*, la question de la classification des faits et des connaissances passe au second rang comme si Léon Walras avait admis sans les reprendre, les résultats de son père (division des sciences en trois groupes : sciences naturelles, sciences morales et sciences historiques ; l'ontologie constitue la science de l'existence et fait partie des sciences naturelles). Léon Walras préfère affirmer que la science étudie les faits généraux, permanents et universels (dont les corps et les phénomènes sont des manifestations individuelles) et focaliser son attention sur le programme méthodologique paternel (les cinq questions susceptibles de constituer la théorie du fait général).

1° La première question renvoie à la nature du fait. Léon Walras réintroduira les conceptions métaphysiques sur l'espace, le temps, la substance, la matière et la force évoquées par Auguste. Léon Walras part du postulat selon lequel la substance existe nécessairement et universellement dans l'espace et dans le temps, en y ayant une étendue et une durée : « Ne cherchez rien qui existe hors de l'espace et du temps, sans étendue ni durée : tout ce qui existe est nécessairement et universellement étendue et durable. Donc la substance s'éteint et dure dans l'espace et le temps. » (1858, p. 15). Ce sont les sens qui nous permettent de percevoir l'étendue (idée générale, abstraite, expérimentale), cette notion acquise, la raison s'exerce et perçoit l'espace (idée individuelle, concrète, supérieure à l'existence) nécessaire et infini. C'est la conscience qui nous permet de saisir la durée (idée générale, abstraite, expérimentale), cette notion acquise, la raison intervient et perçoit le temps (idée individuelle, concrète, supérieure à l'expérience), nécessaire et infini. L'espace et le temps sont unis et inséparables : « ils se pénètrent mutuellement de telle sorte que chacun des deux participe à la nécessité et à l'infinité de l'autre. » (1858, p. 16). Toutefois, ils sont hors de nous, ce sont des idées objectives et non subjectives comme le prétend Kant[14]. Se référant à l'autorité d'Étienne Vacherot (notamment à

[14] Dans une lettre adressée à Sully Prudhomme, le 5 janvier 1898, Léon Walras reviendra sur cette question : « Je viens de comparer les 1re et 2e éditions de l'ouvrage de Vacherot et j'ai constaté qu'en effet, dans la 2e édition, le début du 10e entretien (critique de l'intelligence) contient une dizaine de pages qui ne sont pas dans la première. Ces pages sont à lire : elles montrent que Kant va trop loin en faisant de l'espace et du temps de pures formes de l'esprit ; elles prouvent que l'espace et le temps ne sont pas plus et sont peut être un peu moins des réalités extérieures que les objets des perceptions ordinaires de l'expérience, mais que leurs concepts, ont

sa démonstration de l'existence du monde extérieur), Léon Walras nie ainsi toute existence substantielle au temps et à l'espace, ce sont les conditions *sine quibus non* de l'existence. L'espace nécessaire, infini est la condition de la durée contingente et finie, le temps nécessaire, infini est la condition de la durée contingente et finie. La substance qui existe, dure et s'étend dans l'espace et le temps. Par la suite, Léon Walras appellera existence matérielle, l'existence substantielle qui se soumet à la nécessité de l'étendue ; et existence virtuelle, l'existence substantielle qui se soumet à la nécessité de la durée. La matière est donc la substance qui s'étend, alors que la force, c'est la substance qui dure. Sur l'échelle des éléments du fait ontologique, Léon Walras ajoute ainsi au phénomène de l'existence substantielle pure et simple, le double phénomène de l'existence matérielle et de l'existence virtuelle.

2° La seconde question concerne la cause du fait ontologique. La matière et la force prennent leur source « dans le phénomène de la manière d'être universelle et nécessaire » (1858, p. 21). La substance se soumet à la loi universelle et matérielle de l'existence substantielle. Elle se répand dans l'espace, y occupe une étendue et devient matière ; elle se répand dans le temps et y occupe une durée, et devient force. Contrairement à Jouffroy qui conçoit la séparation de la matière et de la force[15], voire la suppression de la matière[16], Léon Walras ne peut admettre le développement d'une force indépendamment de la matière. La force et la matière, tout comme l'étendue et la durée, l'espace et le temps, sont profondément unis, inséparables, et se pénètrent l'un et l'autre : « Fatalement donc, et nécessairement, la force et la matière s'associent. L'existence virtuelle et l'existence matérielle se confondent » (1858, p. 22). La substance devient donc Réalité par l'association de la force et de la matière (l'existence à la fois virtuelle et matérielle est quant à elle qualifiée d'*existence réelle*). La loi de la force est de s'unir à la matière, la loi de la matière est de s'unir à la force. Mais le plus intéressant reste à venir. Léon Walras éprouvera le besoin de dissocier dans les questions

comme ces perceptions, une cause extérieure : la juxtaposition des éléments de l'étendue, la succession des moments de la durée » (Jaffée, 1965, vol. III, p. 4).

15 « Il y a mal pour la force qui anime la plante, l'animal, l'homme parce qu'elle lutte, parce que son développement est borné et fini, il y a mal pour les éléments moléculaires qu'elle agrège parce que leur inertie est troublée, c'est-à-dire qu'il y a discorde ou accomplissement imparfait de la destinée dans les deux composantes ; le mal de la matière provient de la force, le mal de la force provient de la matière et des autres forces. » (Jouffroy, *Le bien et le Mal*, cité par Léon Walras, 1858, p. 24).

16 « L'homme prend donc en antipathie la matière, substance impassible et morte dont l'office semble consister ici bas à gêner le libre jeu des forces, leurs mouvements faciles et naturels. L'homme force gênée dans son action par la matière se rallie partout à la force dont la matière son seul ennemi, mais son ennemi juré, gêne aussi l'action. » (Jouffroy, *Cours d'Esthétique*, cité par Léon Walras, 1858, p. 26).

métaphysiques les termes philosophiques et les termes vulgaires. D'un point de vue philosophique, les noms de force et de matière sont donnés aux causes cachées, impénétrables à l'expérience, et pour tout dire, aux causes hypothétiques de l'existence réelle. Ainsi la matière et la force ne sont point des résultats de la réalité mais de pures abstractions hypothétiques : « Cette matière et cette force sont des abstractions pures. Cette matière et cette force ainsi comprises ne sont absolument et uniquement que les causes de la réalité... Où la réalité commence, il n'y a plus force et matière séparées, il y a association intime de l'une et de l'autre, pénétration de l'une par l'autre, agrégation... » (1858, p. 23).

Du point de vue du vulgaire, les noms de force et de matière sont donnés à des résultats de la réalité (résultats visibles). Cette distinction nous paraît fondamentale pour comprendre la position de Léon Walras. Il ne s'agit pas ici d'opposer l'idéalisme au réalisme, mais bien de réconcilier ces deux vues de l'esprit. En d'autres termes, les résultats de la synthèse hypothétique peuvent s'accorder avec ceux de l'analyse expérimentale. Et c'est ce qu'entend bien démontrer Léon Walras dans les questions 3, 4 et 5.

3° La question des espèces peut se résoudre de la manière suivante : si la réalité est l'ensemble de tout ce qui existe, quelles sont les espèces de cet ensemble ? Léon Walras répond « les individus en nombre indéfini ». Le phénomène de nombre[17] introduit ici une nouvelle limite entre le réel et l'idéal. En deçà de cette limite, il y a l'idée de l'existence réelle ou l'idée de la réalité. Au-delà il y a l'idée de l'existence individuelle ou l'idée des individus et de l'individualité.

4° La question des lois, par l'intermédiaire de la méthode synthétique, revient à définir la théorie du fait général dans son ensemble :

> De même que la loi de l'être est de s'affirmer pour devenir la substance, de même que la loi de la substance est de durer et de s'étendre pour devenir force et matière, de même que la loi commune de la force et la matière est l'association qui produit la réalité, de même la Réalité dont le caractère est une pluralité d'ensemble à pour loi de se soumettre à l'unité pour se

[17] L'expression « individus en nombre indéfini » renvoie curieusement à un paragraphe dans lequel Auguste Walras développe sa théorie morale et la place des nombres (voir sa *Réfutations de la Doctrine de Hobbes*, 1835) : « Qu'on ne s'étonne pas, au reste, de m'entendre appuyer mes raisonnements sur les idées d'unité et de pluralité, et de me voir suspendre toute ma théorie morale à ce principe incontestable que l'homme n'est pas seul au monde, et que la personnalité qui le caractérise se reproduit dans une multitude d'individus. Le monde est régi par les nombres a dit Platon, et ce principe invoqué d'abord par les géomètres, l'est aujourd'hui par des savants habitués à mettre moins d'exactitude dans leurs idées et dans leurs observations. Jamais peut-être cette vérité n'a mieux été sentie que de nos jours. » (A. Walras, *OEC*, vol. 1, 1990, p. 315).

manifester dans l'individu dont l'unité est le caractère. En ce sens, l'individualité est la loi de la réalité. (1858, p. 28)

C'est donc dans l'individu qu'éclate la réalité. L'individu seul est réel, seul il est concret. Tout le reste est une abstraction.

5° Les effets et les conséquences de la réalité suggèrent deux types de configurations. D'une part, c'est dans l'individu qu'éclate la réalité. Léon Walras appelle individu « ce qui est à lui seul un tout réel et concret » et qualités d'un individu « ce qui distingue particulièrement un individu d'avec un autre individu, ce qui fait qu'un individu est lui-même, ce qui le constitue tel qu'il est » (1858, p. 28). La substance, en tant qu'association de la force et de la matière, en tant que réalité, se manifeste chez les individus dans l'espace et le temps infinis, en étendues et durées finies. D'autre part, tout le reste est une abstraction. Léon Walras peut ainsi définir les notions de *corps* (tout individu circonscrit en étendue), *propriétés* (les qualités d'un corps), *phénomène* (tout individu circonscrit en durée) et *circonstances* (les qualités d'un phénomène). En vertu des relations connues de l'espace et du temps, de l'étendue et de la durée, le corps et le phénomène devront être intimement unis, inséparables : « Il existe, dans l'espace et le temps, en étendue et durée, par l'association de la force avec la matière, une réalité ou ensemble d'individus, comme des corps soumis à des phénomènes, ou comme des phénomènes tenant à des corps. » (1858, p. 29).

Tels sont les résultats de la synthèse hypothétique qu'il appartient exclusivement à l'analyse expérimentale de vérifier et de développer[18]. En effet, si cette dernière constate l'individu et le définit, seule l'hypothèse peut s'avancer jusqu'aux considérations des causes. Ainsi comme le souligne Michele Bee (2008, p. 180), « logical reasoning is not the fruit of unrealistic imagination », la science au sens walrassien peut être définie à la fois rationnellement et expérimentalement. Un résultat qui s'inscrit bien dans la pensée d'Auguste Walras.

Conclusion

Auguste Walras fait partie de ces longues lignées d'intellectuels, prêts à investir les champs de la littérature, de la philosophie et de l'économie politique. Il marque également la fin d'une époque : le passage de l'économie politique à la science économique. La philosophie d'Auguste Walras pose les bases d'une véritable démarche

[18] Cette dernière nous donne divers éléments de la réalité : 1° les faits généraux en un certain nombre ; 2° leurs manifestations individuelles, collectives, simultanées – en étendue – par les corps, en nombre indéfini et leurs propriétés ; 3° leurs manifestations individuelles, distinctes, isolées – en durée – par les phénomènes, en nombre également indéfini, et leurs circonstances).

scientifique pour l'économie politique. D'une certaine manière, Auguste Walras reprend à son actif, certaines idées avançaient par Étienne Vacherot dans *la Métaphysique et la Science*, à savoir que des vérités telles que la matière, l'esprit, la substance, l'infini, l'absolu, l'universel... ne sont accessibles qu'aux savants et aux philosophes qui utilisent l'autorité de la logique (démonstration, analyse, critique) :

> La métaphysique est conduite à négliger les perceptions et les notions qui ont servi de point de départ à ses conceptions, dans les diverses catégories de la pensée, pour ne s'occuper que de ces conceptions et de l'ordre des vérités auquel elles répondent. Elles les expriment d'abord en définitions, dont elle fera ensuite les principes de toutes ses démonstrations. Voici les principales : 1° L'être proprement dit est ce qui est en soi et par soi. Tout ce qui ne rentre pas dans cette définition n'est que phénomène. 2° L'infini est ce qui est sans bornes dans le temps et dans l'espace. 3° L'absolu est tout ce qui n'a besoin d'aucune condition, soit pour exister, soit pour agir. 4° Le nécessaire est ce dont l'essence implique l'existence. L'universel est l'unité, non pas collective mais réelle, l'Être Tout qui comprend la totalité des individus. (1858, tome II, p. 504)

La démarche scientifique prescrite par Auguste Walras repose sur deux temps forts : l'exposition d'une théorie du fait général (méthode scientifique d'observation et d'induction), l'analyse des faits généraux (naturels, moraux, progressifs) et la classification des connaissances humaines (l'économie politique étant une science naturelle). Elle permettrait de mettre en évidence le fait général, contenu dans chaque science : à savoir, la valeur d'échange dans l'économie politique ; la propriété dans le droit naturel. Léon Walras disposait ainsi d'un matériau exceptionnel lorsqu'il s'est tourné vers les sciences économiques. Dans un premier temps, il suivra la voie tracée par son père en cherchant les conditions de compatibilité entre la métaphysique et la science (la détermination du fait ontologique) et en appliquant le programme scientifique paternel à l'économie politique :

> Existe-t'il un fait général dont la théorie puisse et doive être l'objet de l'Économie politique ? Quel est ce fait ?... Un de ces faits généraux est l'échange... La vie sociale se présente comme une série d'échanges, et le monde apparaît comme un marché où s'accomplit une succession de ventes et d'achats. Le fait de l'échange se manifeste en ceci que certaines choses, en très grand nombre, ne sont point gratuites, et ne peuvent être obtenues par ceux qui en ont besoin qu'en retour et moyennant cession d'autres choses. Cet ensemble d'utilités non gratuites et susceptibles de participer du fait général de l'échange, constitue la richesse sociale. D'une façon générale, on pourrait donc énoncer que l'économie politique est la théorie de la richesse sociale ou la science du fait général de l'échange. (1860a, p. 197)

Dans un second temps, il apportera quelques modifications à sa théorie de la connaissance à partir des travaux de Théodore Jouffroy et d'Étienne Vacherot. La métaphysique n'apparaît plus comme une science maîtresse et ne fait plus partie des sciences naturelles, lesquelles se subdivisent en *sciences à priori* (fondées sur des axiomes, des définitions) et en *sciences expérimentales* (fondées sur l'observation des faits). La rupture avec l'héritage paternel n'est bien sûr pas complète, elle interviendra lorsque les mathématiques seront érigées au rang de reine des sciences, au grand dam d'Auguste Walras.

Bibliographie

Ampère, A.M., « Classification des connaissances humaines par M. Ampère », in *Revue encyclopédique ou Analyse raisonnée des productions les plus remarquables dans la littérature, les sciences et les arts...*, 1832, vol. 54, p. 223-229.

Ampère, A.M., « Cours du Collège de France, Classification naturelle des connaissances humaines par M. Ampère », in *Le Temps*, 11 juin 1832, n° 967, col. 14541-52.

Ampère, A.M., « Cours du Collège de France. Classification naturelle des sciences par M. Ampère », in *Le Temps*, 15 décembre 1832, n° 1154, [col. 117549-58].

Ampère, A.M., « Cours du Collège de France : Nouvelle classification des connaissances humaines par M. Ampère », in *Le Temps*, 17 mars 1832, n° 881, [col. 13149-60].

Ampère, A.M., « Cours du Collège de France. Nouvelle classification des connaissances humaines par M. Ampère », in *Le Temps*, 4 décembre 1832, n° 1142, [col. 17341-48].

Ampère, A.M., « Cours du Collège de France. Classification naturelle des sciences par M. Ampère », in *Le Temps*, 11 janvier 1833, n° 1181, [col. 17997-18002].

Ampère, A.M., « Cours du Collège de France. Classification naturelle des sciences par M. Ampère », in *Le Temps*, 26 janvier 1833, n° 1196, [col. 18237-45].

Ampère, A.M., « Cours du Collège de France. Classification naturelle des sciences par M. Ampère », in *Le Temps*, 2 juin 1833, n° 1323, [col. 20237-45].

Ampère, A.M., *Essai sur la philosophie des sciences*, tome 1, Bachelier, Paris, 1834.

Ampère, A.M., *Essai sur la philosophie des sciences*, tome 2, Bachelier, Paris, 1843.

Baranzini, R., Legris, A., Ragni, L., *Léon Walras et l'équilibre économique général*, Economica, 2011.

Baranzini, R., Diemer, A., Mouchot, M., *Études walrasiennes*, L'Harmattan, Paris, 2004.

Bee, M., « The Philosophical References of Leon Walras and his Manuscript on Ontology », in *Cahiers OMI*, 2008, hors série, n° 6, p. 179-183.

Bousquet, G.H., « L'œuvre de L. Walras doit-elle vraiment quelque chose à son père ? », in *Revue d'histoire économique et sociale*, 1958, p. 95-99.

Bowley, M., « De la Nature de la richesse et de l'origine de la Valeur by Auguste Walras », in *Economica*, 1939, vol. 6, n° 23, p. 367-368.

Burlamaqui, J.J., *Quelques éléments de droit naturel*, Janet et Cotelle, 1820.

Cirillo, R., « The influence of Auguste Walras on Léon Walras », in *American Journal of Economics and Sociology*, 1981, vol. 40, n° 3, july, p. 300-316.

Diemer, A., « Auguste et Léon Walras, une relecture de l'héritage walrassien », in *Cahiers OMI*, 2011, hors série n° 7, juin, p. 1-32.

Diemer, A., Guillemin, H., « De la connexion des sciences à la science économique, le programme scientifique d'Auguste Walras », in Baranzini, R., Legris, A., Ragni, L. (eds.), *Léon Walras et l'équilibre économique général*, Economia, 2011.

Diemer, A., « Auguste Walras, à la recherché d'un système philosophique et économique complet », in *Atelier Philosophie et Économie*, PHARE, 2009, Université de Paris 1, 19 mai, 15 p.

Diemer, A., « Auguste, une démarche scientifique pour l'économie politique, le droit naturel et la métaphysique », in *Cahier d'OMI*, 2008, hors série n° 6, p. 155-177.

Diemer, A., « Auguste Walras, A Philosophical Approach to Political Economy », 6th Conference of the International Walras Association, Papers, September 11-13-2008, Kyoto University, p. 206-218.

Diemer, A., « Auguste Walras, une démarche philosophique au service de l'économie politique », in Document de travail n° 04-2008, 28 avril, HERMES, Université de Reims, 14 p.

Diemer, A., Guillemin, H., « De la Physique à la Science économique : nouveaux regards sur le statut scientifique des travaux walrassiens », in *Cahier du CERAS*, 2007, hors série n° 5, p. 13-41.

Diemer, A., « Auguste Walras et la critique de l'économie politique de J-B Say », Colloque Influences, critiques et postérité de l'œuvre de J-B Say au XIXe siècle, Triangle, Lyon, 12-13 janvier 2007, 20 p.

Diemer, A., « Auguste Walras, les premiers pas de l'économie scientifique », in *Économies et sociétés, Cahiers de l'ISMEA*, 2006, PE, tome XL, n° 12, décembre, p. 1753 – 1776.

Diemer, A., « De la théorie de la richesse sociale à la théorie de la justice : les apports d'Auguste Walras », in Journées d'étude du CEFI, Aix en Provence, 7-8 décembre 2006, 30 p.

Diemer, A., « Lois naturelles, lois positives et idée de justice : trois nécessités pour aborder les lois économiques », Colloque international Gide « Y a-t-il des lois en économie ? », Lille, 22-24 sept 2005, 23 p.

Diemer, A., « Auguste et Léon Walras : la constitution d'un véritable programme scientifique pour l'économie politique », Journées d'études : Les Walras, un itinéraire du XIX au XXe siècle, Lyon, novembre 2005, 26 p.

Cousin, V., *Du Vrai, du Beau et du Bien*, Paris, Didier et Cie, 1867.

Dockès, P., « Hobbes et le pouvoir », in *Cahiers d'économie politique*, 2006, n° 50, L'Harmattan, p. 7-26.

Dockès, P., « Léon Walras et la conciliation des vérités », in *Cahiers du CERAS*, 2005, hors série n° 4, avril, p. 169-188.

Dockès, P., *La société n'est pas un pique-nique*, Economica, 1996.

Hicks, J.R., « Auguste Walras, De la nature de la richesse et de l'origine de la valeur », in *The Economic History Review*, 1938, vol. 9, n° 1, p. 84-85.

Jaffee, W., « Léon Walras, An Economic Adviser Manqué », in *The Economic Journal*, 1975, vol. 85, n° 340, December, p. 810-823.

Jaffee, W., *Correspondence of Léon Walras and Related Papers*, Royal Netherlands Academy of Sciences and Lettres, 3 vol., North Holland Publishing Cie, 1965.

Jolink, A., « Liberté, Egalité, Rareté », in *The Evolutionary Economics of Léon Walras : An Analytical Reconstruction*, Rotterdam, Tinbergen Institute Research Series, chap 3, p. 43-49, 1991.

Kant, E., *Critique de la raison pure*, 1781, 2e édition 1787, traduit par J. Barni, Flammarion.

Lallement, J., « Walras et les mathématiques, un malentendu persistant » in Baranzini, R., Diemer, A., Mouchot, C., *Études Walrassiennes*, L'Harmattan, p. 81-104, 2004.

Lamontagne, M., « Some French Contributions to Economic Theory », in *The Canadian Journal of Economics and Political Science*, 1947, vol. 13, n° 4, p. 514-532.

Leveque, C., *La Science du Beau*, Paris, Auguste Durand, 1861.

Lhuillier, V., « Doit-on prendre au sérieux la référence à Kant chez Walras ? », in Colloque Les Traditions économiques françaises, 1848-1939, Lyon, 2-3 octobre 1997.

Lhuillier, V., « Léon Walras, lecteur de Kant, essai sur le statut de l'épistémologie des études d'économie sociale », mémoire de DEA, Université de Paris I, 1993.

Modeste, L., *Auguste Walras économiste, sa vie, son œuvre*, Paris, Librairie générale de droit et de jurisprudence, 1923.

Oules, F., *L'École de Lausanne*, textes choisis de L. Walras et V. Pareto, Librairie Dalloz, 1950.

Potier, J.P., « Auguste Walras, le passeur d'idées : de Jean Baptiste Say à Léon Walras », in Baranzin, R., Lagris, A., Ragni L. (eds.), *Léon Walras et l'équilibre économique général*, Economica, 2011.

Potier, J.P., « Classification des sciences et divisions de « l'économie politique et sociale », in *Économies et sociétés*, série « Histoire de la pensée économique », n° 10-11/1994, p. 223-279.

Rebeyrol, A., *La pensée économique de Walras*, Dunod, 1999.

Say, J.B, *Traité d'économie politique*, Paris, Guillaumin, 5e édition, 1826.

Tati, E., « Être et devoir être chez Léon Walras », in Dockès, P., Frobert, L., Klotz, G., Potier, J.P., Tiran, A. (dir.), *Les traditions économiques françaises 1848-1939*, Éditions du CNRS, 2000.

Vacherot, E., *La métaphysique et la Science ou Principes de métaphysique positive*, Paris, Chamerot, 1863.

Walker, D., *Walrasian Economics*, Cambridge University Press, 2006.

Walras, A., « Cours et pièces diverses », in Auguste et Léon Walras, *Œuvres économiques complètes*, vol. III, préparé par Pierre-Henri Goutte et Jean-Michel Servet, Paris, Economica, 2005a.

Walras, A., « Correspondance », in Auguste et Léon Walras, *Œuvres économiques complètes*, vol. IV, préparé par Jean-Michel Servet, Paris, Economica, 2005b.

Walras, A., *Richesse, Liberté et Société*, in Auguste et Léon Walras, *Œuvres économiques complètes*, vol. I, préparé par Pierre-Henri Goutte et Jean-Michel Servet, Paris, Economica, 1990.

Walras, A., « Esquisse d'une théorie de la richesse », Discours prononcé le 19 décembre à l'ouverture du cours d'Économie politique professé à Pau, imprimerie et lithographie de E. Vignancour, 1863a.

Walras, A., « Notes et exposés de philosophie générale », Fonds Walras, Lyon, FA III A : 13-07-03, 24 p., 1863b.

Walras, A., « Il ne faut pas confondre l'idée de l'espace », Fonds Walras, Lyon, FA III A : 13, 21 p.

Walras, A., « La création nous présente un ensemble d'êtres et de phénomènes », Fonds Walras, Lyon, FA III A : 13-01-04, 15 p.

Walras, A., « Mais la question telle que je viens de la poser », Fonds Walras, Lyon, FA III A : 13-01-04, 6 p.

Walras, A., « De l'identité du bonheur et du devoir », Fonds Walras, Lyon, FA III A : 13-01-04, 8 p.

Walras, A., « La vérité sociale » in Auguste Walras, *Œuvres économiques complètes*, vol. II, 1997, Economica, p. 29-105, 1848a.

Walras, A., « La théorie de la propriété », in Auguste Walras, *Œuvres économiques complètes*, vol. II, 1997, Economica, p. 171-189, 1848b.

Walras, A., *Théorie de la richesse sociale ou résumé des principes fondamentaux de l'économie politique*, in 8°, Paris, Guillaumin, 1849a.

Walras, A., « Mémoire sur l'origine de la valeur d'échange », Académie des Sciences Morales et Politiques, séance du 15 septembre, 1849b.

Walras, A., « Examen et réfutation du livre de M. Thiers sur la propriété », in Auguste Walras, *Œuvres économiques complètes*, vol. II, 1997, p. 193-440, 1849c.

Walras, A., « Compte rendu du livre : Essai sur la philosophie orientale, par M. Charma, professeur de philosophie à la faculté des lettres de Caen », in *Bulletin de l'instruction publique et des sociétés savantes de l'Académie de Caen*, 2e année, tome 2, p. 206-216, 1842.

Walras, A., « Objet de la philosophie », Fonds Walras, Lyon, FA III A : 09-02, 12 p, 1840a.

Walras, A., « 3 sujets de composition de philosophie », Fonds Walras, Lyon, FA III A : 09-01, 5 p, 1840b.

Walras, A., « Programme de philosophie », Fonds Walras, Lyon, FA III A : 09-03, 38 p., 1840c.

Walras, A., « Réfutations de la doctrine de Hobbes sur le droit naturel de l'individu », Imprimerie Ancelle Fils, Évreux. Réimpression dans les *Œuvres économiques complètes*, vol. 2, 1997, p. 277-329, 1835.

Walras, A., « De la nature de la loi », Recueil de la Société Libre d'Agriculture, in *Sciences, Arts et Belles Lettres du département de l'Eure*, tome IV, p. 273-301, 1833.

Walras, A., « Cours à Évreux », in Auguste et Léon Walras, *Œuvres économiques complètes*, vol. III, préparé par Pierre-Henri Goutte et Jean-Michel Servet, Paris Economica, 2005.

Walras, A., « De la nature de la richesse et de l'origine de la valeur », in 8°, Paris, Johanneau, 1831a. Réimpression sous la direction de G. Leduc, (1938), Alcan.

Walras, A., « De l'abolition de l'impôt et de l'établissement de la loi agraire », 1831b, in Auguste Walras, *Œuvres économiques complètes*, vol. I, Economica, p. 1-20, 1990

Walras, L., *Un initiateur en Économie Politique, A.-A. Walras*, Paris, Éditions de la Revue du Mois, 1908.

Walras, L., *Études d'économie politique appliquée*, Lausanne, F. Rouge et Cie, 1898, 2e édition, 1936.

Walras, L., *Éléments d'économie Politique pure*, Lausanne, Corbaz, 1874.

Walras, L., *L'économie politique et la Justice*, Guillaumin, 1860b.

Walras, L., « Philosophie des sciences économiques », in *Journal des économistes*, n° 2, 15 février, p. 196-207, 1860a.

Walras, L., *Philosophie de l'art*. Manuscrit (inédit), 1858a, in Fonds Walras de la bibliothèque cantonale et universitaire de l'Université de Lausanne IS 1927 V/15/1/1 e IS 1927 V/15/1/2

Walras, L., *Du sens esthétique, de l'art, et des opinions en matière d'art*, 1858b, in Léon Walras, *Œuvres économiques complètes*, vol. XIII, préparé par Pierre Dockès, Claude Mouchot, Jean-Pierre Potier, 2000.

Homo coenonicus : le caractère naturel de la division du travail et la nécessité du progrès industriel dans la théorie de l'histoire de Léon Walras

Michele BEE

L'architecture générale de la pensée de Léon Walras a été le sujet de réflexions attentives. Le but de cet essai est de proposer une caractérisation de sa « clé de voûte », ce que Walras nomme « homo cœnonicus ». Il s'agit, dans un premier lieu, de clarifier certaines ambiguïtés possibles autour de son utilisation du concept de « naturel » et, en second lieu, d'affronter l'idée de « nature humaine », présente dans sa pensée, surtout pour ce qui concerne les catégories de physiologie et de psychologie humaines. Une fois explicité le rapport entre *homo ethicus* et *homo œconomicus*, il sera possible de rendre compte de la *nécessité* qu'implique le progrès industriel dans la théorie de l'histoire de Walras.

L'embarras de l'architecture théorique walrassienne

Une étude du *corpus* théorique de Léon Walras a été amorcée, à la suite de l'édition complète de ses œuvres, de manière soignée et approfondie, avec une attention particulière au caractère unitaire de son projet. Comme il a été plusieurs fois observé, l'architecture de la pensée de Walras[1] se structure selon la double distinction entre sciences naturelles et sciences humanitaires, et entre sciences pures et sciences appliquées. La première distinction est relative aux « faits » dont les sciences s'occupent. Les « faits naturels » – dont s'occupent les sciences naturelles – sont ceux qui sont liés aux *forces aveugles et fatales*, c'est-à-dire qui ne dépendent pas de la volonté de l'homme et sont par

[1] Pour une reconstitution soignée, voir : J.-P. Potier, « Classification des sciences et divisions de l'"économie politique et sociale" dans l'œuvre de Léon Walras : une tentative de reconstruction », in *Économies et Sociétés*, Série œconomia, Histoire de la Pensée économique, P.E. n. 20-21, 10-11/1994, p. 223-277 ; P. Dockès, *La société n'est pas un pique-nique. Léon Walras et l'économie sociale*, Paris, Economica, 1996 ; R. Baranzini, *Léon Walras e la moneta senza velo*, Turin, UTET Libreria, 2005.

conséquent des *faits nécessaires*. Les « faits humanitaires » – dont s'occupent les sciences humanitaires – dépendent, au contraire, de forces *clairvoyantes et libres*, c'est-à-dire de la volonté libre de l'homme, et sont donc, pourrions-nous dire, des *faits éventuels*. La seconde distinction, au contraire, celle entre science pure et science appliquée, se fonde sur la différence entre la science proprement dite, qui ne s'occupe que de *décrire* les faits dans leur essence et dans leur vérité ; et l'art[2], qui s'occupe de *prescrire* le chemin à suivre pour conduire la réalité vers la perfection idéale, identifiée par la science pure. Un tel chemin ne peut être suivi qu'en raison de la volonté libre de l'homme ; c'est pourquoi il serait possible d'affirmer que toutes les sciences appliquées sont des sciences humanitaires[3]. D'autre part, si la science pure s'occupe d'observer les faits bien que ceux-ci ne peuvent qu'être – et qu'ils sont donc nécessaires – alors toutes les sciences pures devraient être des sciences naturelles. Ceci signifie que l'on pourrait supposer une analogie entre science pure et science naturelle, de même qu'entre science humanitaire et science appliquée, pour expliquer la classification des sciences réalisée par Walras[4].

Mais, ce qui rend le tout plus compliqué est la « science morale pure », c'est-à-dire une science pure relative à l'homme et non à la nature, que Walras introduit à partir de la seconde édition de ses *Éléments d'économie politique pure*, et qu'il associe à l'« histoire ». Donc, dans la classification correcte, la science pure est tant naturelle que morale. Cependant la science morale pure représente, aussi bien pour Walras que pour les historiens de sa pensée, un véritable *embarras*.

En effet, si dans quelques textes de Walras apparaissent également, au côté des faits naturels et des faits humanitaires, les « faits historiques », fatals eux aussi comme les faits naturels[5] ; dans d'autres textes, même postérieurs, ces derniers disparaissent tout à fait. De la même manière, la science morale pure est parfois appelée *cénonique générale* et semble comprendre également l'économie politique pure et l'éthique pure, comme en 1898 dans son *Esquisse d'une doctrine*

---

2 Sur la différence entre l'art, en tant que science appliquée, et la pratique voir Potier (1994, p. 231-232).

3 Sur ce point, voir Dockès (1996, p. 37-38) et Potier (1994, 231-232, particulièrement le schéma p. 233.).

4 Cf. *Ibid*. Selon Potier, cette classification vaut pour Walras jusqu'en 1879, année à partir de laquelle il commence à parler d'une « science pure morale ».

5 Cf. *Ivi*, p. 253 et Walras, « Introduction à l'étude de la question sociale », in L. Walras, *L'économie politique et la justice*, in Auguste et Léon Walras, *Œuvres économique complètes*, vol. V, Paris, Economica, 2001, p. 100. Les faits « historiques » sont également dits, par Walras, « sociaux » et « progressifs , cf. Potier (1994, p. 250).

économique et sociale : « la cénonique générale, science abstraite et rationnelle, comprend l'éthique pure et l'économique pure ».[6]

Tandis qu'à d'autres moments, elle assume exclusivement le rôle de science préalable aux sciences appliquées[7]. La distinction est de taille, si l'on considère que tout cela est lié au statut de science naturelle, ou bien sociale, de l'économie politique pure.

Le problème le plus important, relativement à cette science morale pure, est le suivant : il semble tout à fait contradictoire d'imaginer une science pure, relative à des faits nécessaires, qui soit en même temps une science naturelle et une science de l'homme, fondée sur la volonté libre. Un tel problème semble demeurer irrésolu dans les textes de Walras et, certainement, est encore ouvert pour les historiens de sa pensée. Pierre Dockès, par exemple, affirme de manière précise :

> Pour qu'une science pure morale, une connaissance scientifique de l'homme en société soit possible, ne faudrait-il pas la ramener à une mécanique des « forces aveugles et fatales » ? D'où une difficulté majeure : comment penser une science de l'homme définie comme « volonté libre », comme liberté active, qui soit en même temps une science déterministe ? L. Walras voit la contradiction, il ne peut, il ne saurait la résoudre. (1996, p. 48)

Il reste cependant possible de proposer une solution à ce problème, le laissant émerger des textes mêmes de Walras et fournissant ainsi une clé de lecture encore absente.

À cette fin, il est nécessaire de montrer l'ambiguïté qui réside dans la pensée de Walras à propos du concept de « nature » – qui pourrait être à l'origine de l'embarras mentionné ci-dessus – et, dans un même temps, de clarifier le concept walrassien d'« humanitaire ». Walras adopte le mot « naturel » de deux manières différentes, sans les distinguer clairement cependant : dans un cas, il l'utilise pour indiquer des faits nécessaires, dans l'autre pour indiquer les faits relatifs à ce que, normalement, nous identifions au mot « nature », distinct de l'homme et de ce

---

6 Walras, « Esquisse d'une doctrine économique et sociale », in L. Walras, *Études d'économie politique appliquée*, in Auguste et Léon Walras, *Œuvres économiques complètes*, vol. X, Paris, Economica, 1992, p. 405-441. L'économie politique pure est considérée extérieurement à la cénonique uniquement dans le cas moins général de l'échange. En effet, Walras continue ainsi la phrase à peine citée : « Toutefois, je détache cette dernière au moment où elle devient la science non plus seulement rationnelle de l'homme physiologico-économique divisant le travail, mais mathématique de la détermination des prix des choses valables et échangeables suivant le mécanisme de la libre concurrence » (les italiques sont un ajout de l'auteur). À propos de l'échange comme fait moins général, voir Walras, « Introduction à l'étude de la question sociale », *op. cit.*, p. 96-97 : « Je dirais que le fait général de la société semble pouvoir se décomposer assez aisément en un certain nombre de faits spéciaux tels que ceux de la famille, du gouvernement, de l'échange ».

7 Cf. Potier (1996, p. 270-273).

qui est le fruit de son travail. Une telle ambiguïté émerge du fait que, traditionnellement, nous indiquons par « nature » *ce qui se manifeste de soi-même*, donc indépendamment de la volonté humaine. Cependant, ce à quoi l'on veut faire face ici est qu'il n'est pas correct d'assimiler tous les faits nécessaires aux faits de la « nature », comprise comme ce qui est étranger à l'homme proprement dit (selon les distinctions de Walras) : les faits nécessaires peuvent être pensés aussi comme des faits qui concernent l'homme et *sa* nature (et qui sont donc nécessaires). Ceci veut dire également qu'il n'est pas correct d'assimiler tous les faits relatifs à l'homme aux faits humanitaires. Il suffit de s'interroger sur la raison pour laquelle Walras parle toujours des faits « humanitaires » et non « humains », ou de la science « humanitaire » et non « humaine », pour en comprendre la raison.

Walras utilise le terme « humanitaire » pour indiquer ce qui vise au bien de l'humanité. Ceci veut dire qu'il parle des actions qui peuvent être accomplies par la volonté libre de l'homme, pour atteindre ce but qui coïncide avec la réalisation de l'idéal obtenu par la médiation des sciences pures. Voilà pourquoi il est correct d'affirmer, comme il a déjà été fait, que les sciences humanitaires peuvent être assimilées aux sciences appliquées. Cependant, une science morale pure – qui n'est ni humanitaire, ni appliquée – ne peut avoir de lien avec des faits relatifs au bien de l'humanité à atteindre (identifié à la justice et à l'intérêt), et donc relatifs à la volonté libre de l'homme, parce que ceux-ci concernent l'homme dans son action volontaire, et ils sont donc des faits éventuels, qui ne sont pas nécessairement déterminés en soi. Une telle science doit plutôt concerner les faits nécessaires relatifs à l'essence de l'homme, à sa « nature ». Voilà pourquoi il est possible de penser à des faits humains qui ne soient pas « humanitaires ». Si parler en termes de « science humanitaire pure ou naturelle » n'est donc pas exact, il est au contraire exact de s'exprimer, avec Walras, en termes de « science morale pure ». Pourtant, l'ambiguïté relative aux faits « naturels » n'a probablement pas permis à Walras de parvenir à expliciter une telle « science morale pure » en termes de « science humaine pure » ou de « science humaine naturelle » ou de « science de la nature humaine », bien que celle-ci devrait être la dénomination correcte de ce que Walras nomme *cénonique générale*.

La science naturelle

Parler d'une « science humaine naturelle »[8] ne constitue pas un oxymore, si l'on considère les faits naturels en tant que faits nécessaires[9],

---

[8] In « Des fonctions et de leur représentation géométrique », in *Mélanges d'économie politique et sociale*, vol. VII, Paris, Economica, 1987, p. 257 et note 11, p. 529,

sans tomber dans l'ambiguïté de Walras, c'est-à-dire sans indiquer comme « naturel » les éléments de ce que nous appelons habituellement « nature ». Ce n'est qu'en ces termes qu'il est possible d'associer les sciences pures – qui concernent les faits vrais et rationnels, qui ne peuvent être autrement – aux sciences naturelles, relatives aux faits nécessaires. Et ce n'est qu'en ces termes, donc, que l'on peut parler de quelque chose comme d'une « nature humaine ».

Les faits qui concernent la nature humaine sont ceux qui, parfois, sont identifiés par Walras comme « faits historiques », c'est-à-dire eux aussi *fatals*, nécessaires.

Il s'agit, ensuite, de déterminer quels sont les faits qui délimitent la science morale en tant que science pure ou naturelle, c'est-à-dire en tant que science humaine pure ou science humaine naturelle, ou bien science sociale pure ou science sociale naturelle, soit histoire ou *cénonique générale*.

Ces faits, objet d'étude d'une science pure, sont liés à des « types idéaux », dérivés de « types réels »[10]. Les *types idéaux* sont des abstractions qui permettent une analyse scientifique, mais qui n'existent pas véritablement dans la réalité, tout au moins pas sous leur forme « analytique ».

Walras adopte en même temps une méthode analytique et une méthode synthétique. Les *types idéaux* qu'il induit de la réalité doivent être décomposés, analysés, afin de pouvoir en déduire des conséquences. Cette décomposition abstraite donne lieu à des types idéaux qui, en soi, n'existent pas dans la réalité, si ce n'est comme composants – indissociables l'un de l'autre – des types réels à partir desquels ils ont été déterminés. Pour cette raison, selon Walras, ces types abstraits et

---

Walras affirme que, dans le futur, les sciences pourront se confondre « en une science unique qui serait la métaphysique ». Tandis que, dans l'*Esquisse* (*op. cit.*, p. 408), il parle de métaphysique en ces termes : « On peut, si l'on veut, placer ici, à côté de la science pure naturelle et morale, la métaphysique, science de l'univers ou de la nature et de l'humanité tout ensemble et qui, suivant Vacherot, résulte, elle aussi, de l'application d'une science abstraite et déductive, la théologie, à une science concrète et inductive, la cosmologie ». À propos de Vacherot, voir E. Tatti, *La méthode de l'économie pure selon Léon Walras. Une analyse des fondements gnoséologiques*, Mémoire de MSE, Lausanne, Université de Lausanne, 2000.

9 À ce propos, même si peut-être encore avec une certaine ambiguïté, voir Dockès (1996, p. 28). « Dans les *Éléments,* les sciences naturelles sont celles des "faits" naturels, c'est-à-dire non pas trivialement des seuls faits "physiques" mais "des forces aveugles et fatales" qui caractérisent la nature ». Voir, en outre Potier (1994, p. 226).

10 Cf. Walras, *Éléments d'économie politique pure*, in Auguste et Léon Walras, *Œuvres économiques complètes*, vol. VIII, Paris, Economica, 1988, p. 53 ; Potier (1994, p. 238) et Dockès (1996, p. 52-54).

distincts, qui ne peuvent qu'être concordant dans la réalité – puisqu'ils sont des éléments de cet *unicum*, qui est le type réel, dont ils sont extraits – doivent l'être également dans la théorie. À l'étude de tels phénomènes s'impose donc la nécessité d'obtenir une synthèse théorique dans laquelle tous ces éléments singuliers concordent entre eux : une fois qu'ils auront été analysé indépendamment, ces types idéaux et abstraits doivent en effet être réunifiés dans la théorie (qui doit être en mesure, donc, d'analyser, et ensuite de synthétiser).

Ceci veut dire que, par exemple, selon Walras, l'individu en tant que tel et l'État en tant que tel n'existent pas dans la réalité, mais seulement en théorie. Il s'agit de types idéaux et abstraits qui, dans la réalité, ne peuvent que composer un *unicum* – dans ce cas la société – lequel ne peut être divisé[11] qu'abstraitement. Ce qui veut dire que la théorie doit trouver une synthèse concordante entre individu et État, lesquels ne peuvent être en contradiction l'un avec l'autre.

La même chose vaut dans le cas de la synthèse non contradictoire entre l'intérêt et la justice : ces deux principes ne peuvent être contradictoires dans la théorie, car ils ne le sont pas dans la réalité. Pourquoi ne le sont-ils pas dans la réalité ? Parce qu'ils sont relatifs à deux types idéaux, l'*homo œconomicus* et l'*homo ethicus*, qui ne sont distincts qu'en théorie, mais qui dans la réalité constituent, de manière inséparable, et non contradictoire, *l'homme réel*. Ces deux types, donc, doivent être synthétisés, également en théorie, en un type idéal plus général, qui les composent sans contradiction, et qui manifeste cette nature non contradictoire de l'homme. Ceci est la tâche de la science morale pure, ou mieux, de la science humaine pure et naturelle, c'est-à-dire de la *cénonique générale*.

Le type idéal fondamental de la science morale ou humaine pure est celui que Walras, en 1898, dans un texte qui constitue une sorte de résumé général de l'entière architecture de sa pensée, appelle *homo cœnonicus*.

Il s'agit d'un type idéal qui, en quelque sorte, synthétise abstraitement la nature de l'homme, et donc est à l'« origine » de la division même entre *homo œconomicus* et *homo ethicus*.

La science humaine naturelle est une science pure et naturelle dans la mesure où elle s'occupe des faits nécessaires et essentiels, relatifs à la nature de l'homme.

---

11 « Nous dirons, quant à nous, que c'est l'abstraction seule qui permet de concevoir soit l'individu sans l'État, soit l'État sans l'individu, et que l'homme en société, individu dans l'État, est la seule réalité. » (Walras, 1990, p. 83).

Quand nous disons « nature humaine » nous entendons ce qui caractérise l'homme en tant que tel, ce qui se manifeste comme nécessaire afin que l'on puisse parler d'être humain.

De ce point de vue, il apparaît clairement que la volonté libre même est pour l'homme un fait naturel, essentiel, nécessaire pour que l'on puisse parler d'« homme ». Donc, il n'y a en soit aucune contradiction entre ce qui est « naturel » pour l'homme et sa volonté libre. Au contraire, cette dernière est assurément l'une des choses les plus « naturelles » qui puisse être pour un homme en tant que tel.

Cependant, selon Walras, celle-ci n'est pas l'unique composant essentiel de la nature humaine.

Qui est l'homo coenonicus ?

C'est dans cette sorte de résumé général qu'est l'*Esquisse d'une doctrine économique et sociale*, que Walras parle de la science morale pure en termes de *cénonique générale*. L'usage du mot *cénonique* vient de la lecture des œuvres du sociologue américain Giddings[12], qu'il fait dériver du mot grec *koinonia*, habituellement traduit par « communauté ».

La science identifiée par ce mot est au sommet de la hiérarchie des sciences opérée par Walras[13]. Le type idéal de cette science « architectonique » est l'*homo cœnonicus*, qui représente donc *la clé de voûte de l'entière architecture théorique walrassienne*.

C'est à partir de l'étude de ce type idéal, en effet, que l'on peut déduire les faits et les rapports nécessaires qui constituent la nature humaine, et de l'analyse de laquelle dérivent toutes les autres sciences[14].

Dans l'*Esquisse*, Walras affirme que la *cénonique générale* est liée à l'économie politique pure et à l'éthique pure, comme l'*homo cœnonicus* est lié à l'*homo œconomicus* et à l'*homo ethicus*, c'est-à-dire comme le *général* est lié au *particulier* :

> L'homme qui a des besoins, qui divise le travail et qui, en vue de la satisfaction maxima de ses besoins vend des services et achète des produits en quantités telles que ses raretés soient réciproques des quantités virtuellement échangeables des services et des produits, l'homo œconomicus, est aussi celui qui est doué de sympathie et de sens esthétique, d'entendement et de raison, d'une volonté consciente et libre, l'homo

---

12 Cf. Walras, *Esquisse d'une doctrine économique et sociale*, *op. cit.*, p. 405-406.

13 Si l'on exclut la théologie, dont Walras ne se préoccupe pas. Nous verrons par la suite les raisons pour lesquelles la cénonique générale peut être pensée au sommet des sciences humaines, comme des sciences naturelles.

14 Naturelles et humaines, comme nous le verrons bientôt.

ethicus ; et tous deux sont l'homme vivant en société, cultivant l'art, faisant de la science, ayant des mœurs et pratiquant l'industrie, bref, l'homo cœnonicus. Le rapport du koinonikon à l'etikon et à l'oikonomikon est donc celui du général au particulier. Et, pour cette raison, selon moi, la cénonique générale, science abstraite et rationnelle, comprend l'étique pure et l'économique pure.[15]

Ce passage permet d'individualiser dans les premières leçons des *Études d'économie sociale*, relatives à la « théorie générale de la société », une sorte de plan – confirmée également, dans son contenu, par les ultimes révisions de Walras – de celle qui aurait dû être le développement systématique de la *cénonique générale*[16].

En effet, la définition d'*homo cœnonicus* qu'il donne dans *l'Esquisse* concorde parfaitement avec ce qu'il affirme dans les leçons de 1867, publiées en 1896 dans les *Études d'économie sociale*, ainsi que dans les pages initiales de l'*Économie politique pure* de 1874.

Dans les *Études*, Walras affronte de manière approfondie la question concernant la nature humaine, utilisant les catégories de physiologie et de psychologie que nous trouvons dans la définition de l'*homo cœnonicus*[17].

Ceci advient à propos d'une distinction qui apparaît, d'emblée, comme la distinction classique entre homme et animal, qui assimile l'homme à l'animal du point de vue physiologique, tandis qu'il le distingue du point de vue psychologique (en raison de la rationalité). Cependant, une telle distinction est pensée par Walras de manière différente. Tout d'abord, il ne parle pas d'homme et d'animal, mais de la différence entre l'*homme-animal*, ou homme physique, et l'*homme proprement dit*, ou homme moral. En outre, quand il parle de l'homme-animal, il ne désigne pas exclusivement la physiologie, de même, quand il parle de l'homme proprement dit, il ne se réfère pas seulement à la psychologie : en effet, il parle d'une physiologie et d'une psychologie animales quand il se réfère à l'homme-animal, et d'une physiologie et d'une psychologie humaines quand il fait référence à l'homme proprement dit. Walras s'exprime même parfois en termes de

[15] Walras, Esquisse d'une doctrine économique et sociale, *op. cit.*, p. 406.

[16] Le fait que Walras n'ait pas repris par la suite le terme de cénonique (Potier, 1994, p. 277) ne signifie pas qu'il ne retienne pas toujours valide la structure théorique qu'il assume depuis au moins 1867, et probablement tout au cours de ses recherches, même si avec l'ambiguïté déjà mentionnée.

[17] Dans ses *Études*, à la fin de la quatrième leçon, Walras écrit : « Nous sommes donc en possession d'une définition de l'homme idéal extraite avec soin d'une analyse exacte de l'homme réel. De cette définition expérimentale, il n'y a plus qu'à déduire, par une série de jugements analytiques, tous les théorèmes de la science sociale, et, avant tout, le principe constitutif de cette science. » (Walras, 1990, p. 107).

« physiologie et psychologie physiques » et de « physiologie et psychologie morales ». Alors qu'une physiologie physique ou une psychologie morale apparaissent plus simples à saisir, presque des tautologies, une psychologie physique ou une physiologie morale peuvent paraître moins claires.

Si l'homme, de concert avec les autres animaux, est doté d'une psychologie de base (physique ou animale), dans le passage « du domaine de la nature dans le domaine de l'humanité »[18], une telle psychologie, selon Walras, évolue en quelque chose de « supérieur » (la physiologie morale)[19] : les trois facultés psychologiques de base, sensibilité, intelligence et volonté, ont chacune un *couronnement supérieur* qui est, respectivement, l'amour sympathique et esthétique, l'entendement avec la raison, la conscience et la liberté[20].

Il reste, par contre, à comprendre dans quel sens Walras peut parler d'une physiologie humaine ou morale. Qu'est-ce qu'une telle physiologie si ce n'est la physiologie comprise comme ce que chaque homme a en commun avec chaque animal ? N'est-ce pas, peut-être, la corporéité de l'homme qui le fait appartenir au monde naturel, c'est-à-dire animal ? N'est-ce pas le corps humain qui nous lie à des nécessités – les besoins – qui sont indépendants de notre volonté libre ? Mais alors, comment peut-on parler d'une physiologie qui ne soit pas physique ? En quoi consisterait la « supériorité » de la physiologie humaine par rapport à celle de l'homme-animal ? Réponse : une telle supériorité consiste, pour Walras, dans la disposition *humaine* à réaliser la *division du travail*.

Nous avons focalisé notre attention sur ce point dans une étude précédente (Bee, 2011), en affirmant que, selon Walras, l'aptitude à la division du travail a son origine dans la physiologie humaine et non dans la physiologie animale (de même que la personnalité morale a son origine dans la psychologie humaine) ; à l'inverse de ce qu'écrit Pierre Dockès dans *La société n'est pas un pique-nique* : « la physiologie animale fournit la clé de ce "fait" qu'est la division du travail, donc de l'échange » (1996, p. 65)[21]. De cette manière, nous avons tiré quelques conclusions explicitées à travers les deux schémas suivants, en affirmant que *le second* était en mesure de mieux expliquer la pensée de Walras.

---

18 *Ivi*, p. 91.

19 Cf. *Ibid.*

20 Cf. *Ivi*, p. 93.

21 Voir également, Dockès, « Les recensions de la première édition des Études d'économie sociale » in Léon Walras, *Études d'économie sociale*, Paris, Economica, 1990, p. 65.

Le premier :

homme-animal	**homme proprement dit**
physiologie (animale) ⇓ aptitude à la division du travail ⇓ économie	psychologie (humaine) ⇓ personnalite morale ⇓ morale

Le second :

homme-animal	**homme proprement dit**
physiologie et psychologie animales	physiologie et psychologie humaines ⇓ aptitude à la division du travail et personnalite morale ⇓ économie et morale

Ceci visait à signifier que l'économie de Walras n'était pas à insérer parmi les sciences naturelles, mais parmi les sciences de l'homme.

Cependant, il y avait une chose à laquelle nous avons prêté une juste attention seulement par la suite – à cause de l'ambigüité avec laquelle Walras utilise les termes « naturel » et « moral » – et qui aujourd'hui nous permet de rectifier partiellement la critique à Pierre Dockès et à ses conclusions, en en ajoutant de nouvelles. Il ne s'agit pas de rectifier ce qui a trait à la distinction entre physiologie animale et humaine, mais ce qui concerne l'origine *pourtant naturelle* de la division du travail.

Nous affirmions déjà que, selon Walras, s'il s'agissait vraiment d'une disposition naturelle, l'aptitude à la division du travail ne pouvait avoir de lien avec la nature en tant que « provenance animale de l'homme », mais avec la « nature humaine » à proprement parler, comprise comme ce qui concerne l'essence de l'homme, ce qui est nécessaire à l'homme pour être tel. C'est-à-dire que si l'aptitude à la division du travail avait une origine physiologique, celle-ci avait un lien avec la physiologie humaine et non avec la physiologie animale. En ce sens, on pouvait affirmer que l'économie était une science naturelle ; en comprenant cependant par « naturel », justement, la nature humaine.

Pourtant, ceci ne pouvait pas suffire à clarifier le désaccord entre Dockès et nous, et les problèmes de nos deux interprétations sur le rapport entre nature et humanité, tel que pensé par Walras.

Pour comprendre à fond le discours de Walras, il est nécessaire de porter une juste attention à ce qu'il dit lorsqu'il parle de l'*aptitude à la division du travail* et de la *personnalité morale* comme des « deux portes par où l'on va du domaine de la nature dans le domaine de l'humanité » (1990, p. 91). Que faut-il comprendre par là ? S'il s'agit de passer du domaine de la « nature » physique ou animale dans le domaine de l'« humanité » accomplie, alors cela signifie que l'homme, en tant que tel, serait le résultat d'une *évolution* de l'homme-animal, qui se réaliserait à travers le *développement* de ses facultés physiologiques et psychologiques, d'animales à humaines.

La « limite » identifiée dans le second schéma, donc, ne devrait pas marquer une différence de nature ou d'ordre, mais seulement un *passage de degré* d'une situation inférieure à une situation supérieure (le passage n'est pas de l'animal à l'homme, mais, dans la même nature, de l'homme-animal à l'homme proprement dit). Si l'on peut vraiment parler de limite dans ce cas, il faudrait dire qu'une telle limite ne peut que se déplacer continuellement en avant, à la suite de chaque nouveau stade de développement qui marque l'éloignement de l'homme de son précédent « stade animal ». C'est pourquoi on peut parler d'une succession infinie de stades évolutifs[22]. Il s'agit, en substance, de comprendre le second schéma d'une manière légèrement, mais profondément, différente : la ligne de démarcation entre la première partie et la seconde ne peut être une ligne verticale, mais plutôt une ligne horizontale. Mieux : une *flèche*. Ce qui conduit de l'homme-animal à l'homme proprement dit, soit ce qui constitue la flèche – plutôt les *deux* flèches qui indiquent ce que Walras appelle les « deux voies parallèles »[23] – est le développement progressif des facultés physiologiques et psychologiques de l'homme, à travers le développement de la division du travail et de la personnalité morale, soit, de manière appliquée, de

[22] Cf. Dockès (1996, p. 103) : « Même à l'état le plus primitif, il y a division du travail, au moins à l'état embryonnaire. Si la société économique est formée par l'ensemble des rapports issus de la division du travail, l'aptitude à la division du travail est naturelle, fatale. L'homme, en tant qu'homme, ne peut que diviser le travail, donc échanger. Elle n'est pas "instituée" ou produite par la "découverte" de la division du travail et celle de l'échange, elle est toujours déjà là, elle ne fait que se développer en fidélité avec la nature humaine. Le progrès économique finalisé par la nécessité de pousser toujours les facultés au-delà des besoins d'où l'épargne, l'accumulation et tous les développements de l'industrie de l'homme et à nouveau l'élargissement de l'excédent, donc de la division du travail en une spirale ascendante infinie ». Cf. aussi : « La société s'organise elle-même de jour en jour, et se rapproche de plus en plus du type idéal d'une société parfaite. De là l'infinie série des faits progressifs que l'on étudie dans le passé, que l'on cherche à provoquer dans le présent. », in Walras (1990, p. 100).

[23] Cf. Walras, *Études d'économie sociale*, *op. cit.*, p. 91 : « Ils sont comme les deux porte par où l'on va du domaine de la nature dans le domaine de l'humanité. J'ajoute, poursuivant ma comparaison, que de ces deux portes partent deux voies différentes. Je dis enfin, pour épuiser l'image, que ces deux voies sont parallèles ».

l'économie et de la morale, compris par Walras dans leur concrétisation historique de l'économie et des mœurs.

Homme-animal	⇒	**Homme proprement dit**
psychologie animale	⇒ division du travail	psychologie humaine
psychologie humaine	⇒ personnalité morale	psychologie animale

Ce qui caractérise la nature humaine, pour Walras, donc, est le *passage* du stade animal (de l'homme) au stade proprement humain. La capacité de passer d'une physiologie d'homme-animal à une physiologie proprement humaine, et d'une psychologie d'homme-animal à une psychologie proprement humaine : voici ce qui est *naturel*, *essentiel* et *nécessaire* dans l'homme. *C'est ce développement ce qui constitue la nature humaine et sa plus profonde nécessité. L'homo cœnonicus est donc l'homme dans ce développement constant.*

Donc, ce qui est le plus proprement *naturel* dans l'homme est la capacité à sortir de l'état de « nature » *physique* pour atteindre un état proprement et pleinement humain, celui que Walras appelle « l'état social économique » :

> Même, si vous m'en croyez, nous nous réjouirons en passant, messieurs, du sage et bienfaisant décret qui nous interdit le niveau suffisant à la brute, et nous admirerons le mécanisme de cette loi par laquelle nous sommes condamnés soit à la misère et à la mort hors de la division du travail, soit à la richesse et au progrès dans l'état social économique.[24]

L'évolution du « stade animal » à celui proprement humain, ou le progrès des facultés de l'homme par rapport à ses besoins – dû à l'extension de la division du travail, dans l'état social économique, ou au progrès industriel – est donc inscrit dans la nature humaine, comme un *décret*, comme une loi, comme un fait nécessaire, fatal, inéluctable, comme une « condamnation ».

Il est à présent plus clair d'établir en quel sens, pour Walras, les faits qui concernent l'homme en tant que tel, et qui sont au sommet de sa classification des sciences, sont non seulement des faits essentiels – dans le sens où ils concernent l'essence humaine – mais sont aussi des *faits historiques*, parce qu'ils concernent la nécessité innée dans la nature humaine du destin progressif de l'homme.

---

[24] *Ivi*, p. 108.

Ce qui caractérise l'homme en tant que tel, selon Walras donc, est une double nécessité : la première est liée à son appartenance au monde animal, et donc avec la physiologie de l'homme-animal qui est faite d'une multiplicité de besoins à satisfaire[25] ; la seconde – elle aussi inscrite dans sa nature – consiste à satisfaire de tels besoins de manière indirecte (et non directe, comme pour les animaux), c'est-à-dire à travers la division du travail :

> Au lieu que tous les animaux, en présence des besoins de la faim, de la soif, etc., font des efforts variés, et, par le développement de leurs facultés, arrivent immédiatement et directement à la satisfaction de leurs besoins, l'homme, en présence de besoins très nombreux et très divers, ne fait que des efforts invariables, et, par le développement de ses facultés, n'arrive qu'après coup et indirectement à la satisfaction de ses besoins. Par exemple, un lion, un loup, un animal quelconque a faim, il poursuit une proie et la dévore ; il a soif, il cherche un ruisseau et s'y désaltère ; il souffre des intempéries de l'air, il se creuse un terrier, s'enquiert d'un antre ou d'une tanière et s'y réfugie. Au contraire, un homme a faim, a soif, il fait des souliers et les échange contre du pain, contre du vin ; il souffre des intempéries de l'air, il fait des souliers et les échange contre l'usage et l'abri d'une maison. (1896, [1990, p. 92])

Il convient de voir que, pour Walras, l'accomplissement du destin de l'homme est lié à cette caractéristique particulière, laquelle conduit historiquement l'homme d'une physiologie animale à une physiologie proprement humaine : la satisfaction des besoins au moyen de la division du travail. Pour cela, il ne reste qu'à observer le rapport, d'ordre nécessaire, entre les deux abstractions d'*homo*, l'*œconomicus* et l'*ethicus*, pour comprendre parfaitement la constitution de l'*homo cœnonicus* et la raison de la *nécessité* du développement économique.

Le caractère naturel de la division du travail et le destin de l'homme

Dans les premières pages de la *Richesse des nations*, et après avoir énuméré les avantages que la division du travail procure en termes de productivité, Adam Smith s'interroge sur son origine. Bien qu'à première vue, elle semble dériver de l'avantage évident de son application, il affirme qu'elle n'est pas issue de la volonté consciente des

[25] À propos des besoins en tant que faits naturels, voir par exemple la définition même d'utilité : « Le rapport d'utilité qu'il y a entre nous et le choses est un fait naturel en ce sens qu'il dépend de la nature que nos besoins soient de telle ou de telle sorte, et que les choses puissent ou non les satisfaire plus ou moins. La rareté des choses est de même un fait fatal en ce sens qu'il ne dépend pas de nous que certaines choses se trouvent dans le monde en quantité limitée au lieu d'y être en quantité indéfinie, ou réciproquement. » (Walras, 1990, p. 99).

hommes. Celle-ci n'est pas non plus inhérente à la nature de l'homme, mais est le produit historique, la conséquence « lente et graduelle », de quelque chose qui – en effet – est une propension naturelle de l'homme : la tendance à échanger.

Pour Walras, par contre, la division du travail est une aptitude de l'homme, un *fait naturel et inéluctable*. Dans les *Études d'économie sociale*, peu avant la distinction entre homme-animal et homme proprement dit, en effet, il écrit :

> Tel est le fait de la division du travail. C'est assurément un fait naturel en ce sens qu'il ne dépend pas plus de nous de diviser le travail ou de ne le point diviser qu'il ne dépend de nous d'être bipèdes ou quadrupèdes, bimanes ou quadrumanes. En d'autres termes, nous divisons naturellement le travail, comme nous sommes naturellement bipèdes et bimanes. Il y a plus. [...] Non seulement ce n'est pas volontairement, et pour mettre ses facultés au-dessus de ses besoins, mais encore c'est nécessairement, et pour ne pas laisser ses besoins au-dessus de ses facultés, que l'homme se livre à des occupations spéciales. Non seulement la spécialité des occupations n'est point pour l'homme un procédé conventionnel et une ressource facultative, mais encore c'est pour lui la condition première et inéluctable de son existence et de sa subsistance. (*ibid.*)

Il écrit aussi : « Sans la division du travail, nos besoins surpassent nos facultés ; avec la division du travail, nos facultés surpassent nos besoins »[26].Voici, donc, l'homo œconomicus de Walras : « Un être organisé pour mettre ses facultés au niveau de ses besoins par la division du travail »[27].

Si l'*homo ethicus* est, au contraire, l'homme doté de personnalité morale, c'est-à-dire d'une psychologie humaine, quel est donc le rapport qui subsiste entre ces deux formes d'*homo* ?

Dans les *Études d'économie sociale*, à propos de la recherche de l'idéal économique et social, Walras affirme que « conscience et liberté », « raison » et « amour sympathique et esthétique » – qui correspondent au développement et au couronnement de la psychologie humaine – sont nécessaire pour pouvoir accomplir au mieux la division du travail. À propos de la volonté libre, par exemple, Walras écrit :

> L'animal étant donné de qui les facultés sont naturellement à la hauteur de ses besoins, et chez qui l'exercice des facultés vise directement à la

---

26 *Ibid.* Walras modifie explicitement une expression de F. Bastiat, exposée au début de ses *Harmonies économiques*, vol. VI, Paris, Guillaumin, 1893.

27 Walras, *Études d'économie sociale*, *op. cit.*, p. 105. La mort et la misère dont parle Walras, correspondent donc à la situation dans laquelle, en dehors de la division du travail, les besoins dépassent les facultés de l'homme, tandis que la richesse et le progrès sont la condition par laquelle, grâce à la division du travail, les facultés humaines dépassent les besoins.

satisfaction de ses besoins et la procure immédiatement, l'instinct lui suffira. Étant donné l'homme, au contraire, de qui les besoins dépassent naturellement les facultés, de qui les facultés ne dépassent les besoins qu'artificiellement par la division du travail, chez qui l'exercice des facultés ne vise qu'indirectement à la satisfaction des besoins et ne la procure qu'ultérieurement à l'échange, l'instinct ne lui suffira point. Si donc une force naturelle, qui n'a point conscience d'elle-même et qui n'a sur elle-même aucun empire, ne peut suffire à l'homme, c'est qu'il lui faut la possession de soi-même et la volonté libre. (*Ivi*, p. 115-116)

Ou bien, encore plus clairement :

Ainsi l'homme, sans <l'>industrie, est insuffisant à l'accomplissement de sa destinée, et, avec l'industrie, lui est supérieur. Si donc, à présent, je réussissais à mettre en toute lumière qu'il faut à l'homme, pour développer toutes ses ressources industrielles : 1° les mœurs, 2° la science, et 3° l'art, j'aurais rattaché les faits des mœurs, de la science et de l'art <au fait de l'industrie>.[28]

Dans la perspective de Walras, la « personnalité morale » est ce qui rend possible la collaboration entre les hommes, en constituant la possibilité humaine effective de donner vie à une communauté comme la famille ou l'État. Tout ceci, pourtant, est en vue de la capacité de l'homme à accomplir la division du travail, concrétisée historiquement dans ce qu'on appelle « industrie » et qui correspond à la « condition première et inéluctable de son existence »[29]. En effet, de manière explicite, Walras écrit : « Nous savons que si l'homme est capable de diviser le travail, c'est à la condition d'être une personne morale ; et nous savons que si l'homme est une personne morale, c'est afin d'être capable de diviser le travail »[30].

Bien qu'à propos du développement de la psychologie et de la physiologie de l'homme, de son animalité à son humanité, Walras parle de « deux voies parallèles », les nœuds causaux entre les uns et les autres ne sont pas identiques. L'une est la condition de l'autre, et l'autre en est la fin.

Ceci veut dire, aussi, par exemple, que la communication par la parole, propre à la psychologie humaine, devient une conséquence logique de la nécessité d'appliquer la division du travail. Walras, un peu plus

---

[28] *Ivi*, p. 114.

[29] *Ivi*, p. 92. Pour cette raison, pour Walras « la société est un fait naturel et nécessaire et non point conventionnel et libre » : elle dérive du fait nécessaire et naturel de l'application de la division du travail. Cf. *ivi*, p. 129.

[30] *Ivi*, p. 123, les italiques sont de l'auteur. Cette assertion dérive d'une argumentation qui tente de démontrer, avec une « valeur scientifique incontestable », qu'art, science et mœurs sont une condition nécessaire pour pouvoir exercer l'industrie, et sont finalisés à cette fin. Cf. *ivi*, p. 133-145.

avant, affirme en effet : « C'est donc ainsi que se présente, dans l'ordre logique, après les catégories de l'industrie et des mœurs, la catégorie du langage et de la science »[31]. Walras inverse ainsi l'ordre pensé par Smith. Si pour ce dernier la faculté de la parole – et avec elle le fait d'être déjà dans une communauté humaine depuis toujours – est la condition pour la possibilité d'échanger, et donc pour la division du travail, pour Walras au contraire, la nécessité de mener à bien la division du travail devient la cause logique de la nécessité d'une communauté et de la faculté de parole. Le caractère naturel de la division du travail – en tant qu'absolue nécessité pour l'homme – est la loi historique inscrite dans la nature humaine qui détermine la « condamnation » de l'homme au progrès dans l'état économique social, lui subordonnant de manière logique les autres aspects de cette même nature de l'homme. *Le vrai fait historique – fatal – de l'homme est son aptitude naturelle à la division du travail.*

Du reste, ceci est la raison pour laquelle dans un article non publié, écrit quelques années avant les leçons de Paris, qui donne forme aux *Études d'économie sociale* et dans lequel est longuement discuté le rapport entre division du travail et personnalité morale, Walras peut affirmer :

> L'homme, dit un naturaliste, est un animal qui a le pouce opposé aux quatre doigts de la main. L'homme, dit un philosophe psychologue, est un être de qui les trois facultés morales : sensibilité, intelligence et volonté ont chacune un couronnement supérieur et proprement humain qui est l'amour sympathique et esthétique pour la sensibilité, la raison pour l'intelligence, et la liberté pour la volonté ; l'homme est une personne morale. Quant à moi, économiste, je dis : – L'homme est un animal qui divise le travail. D'abord je prétends montrer que ma définition s'accorde avec celles du naturaliste et du psychologue ; puis je me fais fort de montrer en outre que la définition économique de l'homme, non seulement comprend, mais explique les deux autres. (Walras, 2000, p. 171)

Dockès (1996, p. 40) affirme qu'il s'agit d'une position de jeunesse, datée de 1863, définie comme « une position très matérialiste, franchement “économiste”, “utilitaire” et fonctionnaliste », que Walras modifierait par la suite : « Mais en 1868 – affirme Dockès – il va modifier sa position et montrer que chacun des deux principes implique l'autre » (*ibid.*). Pourtant, bien que Walras parle de voies parallèles et, d'une certaine manière, affirme que l'une implique l'autre, comme on l'a également vu dans les leçons de 1868, publiées en 1896, le nœud causal n'est pas identique entre l'un et l'autre.

---

[31] *Ivi*, p. 120.

L'aptitude à la division du travail représente, selon Walras, l'accomplissement du *destin économique* de l'homme ; tandis que la personnalité morale son *destin moral.*

De même la personnalité morale est achevée à la réalisation de la division du travail ; de la même manière, l'*homo ethicus* est logiquement subordonné à l'*homo œconomicus*, le destin moral est subordonné au destin économique, et les sciences, l'art et les mœurs sont subordonnés à l'industrie[32].

En effet, la science, par exemple, selon Walras, sert à connaître le monde naturel des choses, afin de les subordonner au destin progressif de l'homme.

La nécessité imposée par les besoins de l'homme et la nécessité d'une sortie par le moyen de la division du travail implique deux choses : la *coordination* entre les hommes et la *subordination* des choses aux hommes[33]. En 1860, dans son « Introduction à l'étude de la question sociale », Walras affirme que « le fait de la société consiste en ceci que les destinées individuelles de tous les hommes ne sont point indépendantes mais solidaires les unes des autres »[34] et que :

> L'effet le plus manifeste de la société, c'est le progrès. Placée en face de la nature impersonnelle qu'elle doit assujettir par des efforts solidaires, l'humanité la saisit par toutes les puissances de ses facultés. Elle la connaît par la science. Elle l'utilise par le travail et par les arts industriels. La société s'organise elle-même de jour en jour, et se rapproche de plus en plus du type idéal d'une société parfaite. De là l'infinie série des faits progressifs que l'on étudie dans le passé, que l'on cherche à provoquer dans le présent.[35]

La même connaissance scientifique de l'homme, des sciences naturalistes pures aux sciences appliquées prennent leur sens à partir de la prise en considération du destin de l'homme qui se révèle – grâce à la science morale pure, en tant que science naturelle de l'homme ou *cénonique générale* – dans son destin économique (c'est-à-dire, dans la subordination des choses aux hommes par la coordination entre eux)[36].

32 L'industrie est définie par Walras comme « principe du progrès » (Potier, 1994, p. 250).

33 Cf. Walras, *Éléments d'économie politique pure*, *op. cit.*, p. 41.

34 Walras, « Introduction à l'étude de la question sociale », *op. cit.*, p. 94.

35 *Ivi*, p. 100.

36 Bien que le débat international sur le statut de la science économique walrassienne ne soit pas encore clos, la thèse qui a ouvert une nouvelle vision sur l'œuvre entière de Walras, affirme que la théorie économique walrassienne n'est pas à considérer comme une simple description de la réalité présente, ou déjà historiquement réalisée, mais plutôt comme un idéal qui représente les meilleures conditions pour l'accomplissement du destin de l'homme. Cf. Baranzini, *Léon Walras e la moneta senza velo (1860-1886)*, Turin, UTET Libreria, 2005, p. 123-131. De manière

La *cénonique générale* se révèle, ainsi, comme la science au-dessus de toutes les autres, en vertu du fait que, grâce à l'étude de la nature humaine, elle est en mesure d'expliciter la nature du destin historique de l'homme – par la manière dont il est conçu par Walras, soit comme progrès industriel[37] – à la nécessité duquel tout apparaît logiquement subordonné. Il apparaît alors clairement possible d'identifier l'*homo cœnonicus*, sommet de cette science humaine naturelle qui manifeste le rapport d'ordre nécessaire entre l'*homo œconomicus* et l'*homo ethicus*, à la clé de voûte de l'architecture *entière* de la pensée de Walras.

Bibliographie

Baranzini, R., « Walras e l'inopportunità dell'opposizione tra economia positiva e normativa. Dal 1860 alla seconda edizione degli *Éléments* », in *Economia Politica*, 1993, n° 3, p. 381-416.

Baranzini, R., « Léon Walras: il singolare socialismo di un marginalista atipico », in *Annali della Fondazione Giangiacomo Feltrinelli, anno trentacinquesimo*, Milan, Feltrinelli, 1999.

Baranzini, R., *Léon Walras e la moneta senza velo (1860-1886)*, Turin, UTET, 2005.

Baranzini, R., Tatti, E., « Léon Walras e il metodo matematico dell'economia pura : al di là della forma », in *Economia Politica*, 2002, vol. 19 : 1, p. 65-89.

Baranzini, R., Legris, A., Ragni L., *Léon Walras et l'équilibre économique général. Recherches récentes*, Paris, Economica, 2011.

Bee, M., *Senza alcun bisogno. Dall'autosufficienza alla sostenibilità*, Lecce, Pensa Multimedia, 2010.

Bee, M., « Les correspondances entre économie et philosophie dans la pensée de Léon Walras et Charles Péguy », in Baranzini, R., Legris, A., Ragni, L. (dir.), *Léon Walras et l'équilibre économique général. Recherches récentes*, Paris, Economica, 2011, p. 79-98, 2011.

---

cohérente avec ce qui a été affirmé jusqu'ici, tel serait le rôle de l'économie politique pure : exposer une situation – celle de la libre concurrence et de l'équilibre économique général – dans laquelle peut s'accomplir au mieux le destin de l'homme, en tant que destin principalement économique et, de manière subordonnée, morale. L'usage du mot « moral » peut, ici aussi, induire en erreur : le fait que la personnalité morale soit subordonnée à la nécessité de la physiologie humaine ne veut pas dire que la science morale pure soit subordonnée à l'économie politique pure. Ce qui est subordonné est la morale en tant qu'art ou science appliquée. Tandis qu'au sommet se trouve toujours la science pure, qu'il serait plus opportun, pour éviter des erreurs, d'appeler « science humaine pure ».

[37] Sur les considérations que l'on peut extraire, à propos de la nécessité – due au caractère naturel de la division du travail- du progrès en tant que progrès industriel, voir : M. Bee, *Senza alcun bisogno. Dall'autosufficienza alla sostenibilità*, Lecce, Pensa Multimedia, 2010, p. 128-130.

Bridel, P., « Léon Walras : Théorie et politique économiques » in *L'École de Lausanne de Léon Walras à Pasquale Boninsegni*, Lausanne, Université de Lausanne, 1987.

Bridel, P., *Money and General Equilibrium Theory. From Walras to Pareto (1870-1923)*, Cheltenham (UK)-Northampton (Mass.), Edward Elgar, 1997.

Dockès, P., « Les recensions de la première édition des Études d'économie sociale », in *Léon Walras. Études d'économie sociale*, Paris, Economica, 1990.

Dockès, P., *La société n'est pas un pique-nique : Léon Walras et l'économie sociale*, Paris, Economica, 1996.

Jaffee, W., *Correspondence of Léon Walras*, Amsterdam, North-Holland Publishing Company, 3 vol., 1965.

Jolink, A., *The Evolutionist Economics of Léon Walras*, Londres-New York, Routledge, 1996.

Lallement, J., « L'économie pure de Walras est-elle normative ? », in Hubert, B., Roger, F., Bernard, G., Lallement, J. dir.), *L'économie normative*, Paris, Economica, p. 73-88, 1997.

Leduc, G., « Discours prononcé par M. Gaston Leduc », in *Léon Walras à Lausanne*, Lausanne, Librairie de l'Université, 1948.

Napoleoni, C., Ranchetti, F., *Il pensiero economico del Novecento*, Turin, Einaudi, 1990.

Oulès, F., « Discours de M. Firmin Oulès », in *Léon Walras à Lausanne*, Lausanne, Librairie de l'Université, 1948.

Pareto, V., *Manuale di economia politica*. Critical edition edited by Montesano, A., Zanni, A., Bruni, L., Milan, Università Bocconi Editore, 2006.

Potier, J.P., « Classification des sciences et divisions de l'"économie politique et sociale" dans l'œuvre de Léon Walras : une tentative de reconstruction », in *Économie et Sociétés, Série Œconomia, Histoire de la Pensée économique*, 1994, 20-21, p. 223-277.

Smith, A., *An Inquiry into the Nature and Causes of the Wealth of Nations*, Milan, Cofide, 1998.

Smith, A., *Economia dei sentimenti*, édité par M. Bee, Rome, Donzelli, 2011.

Tatti, E., « La méthode de l'économie pure selon Léon Walras. Une analyse de ses fondements gnoséologiques » in *Cahiers de recherches économiques, Département d'économétrie et d'économie politique*, Lausanne, Université de Lausanne, 2000.

Walker, D., *Walrasian Economics*, Cambridge, Cambridge University Press, 2006.

Walker, D., « Les Idées de Léon Walras sur la Nature Humaine », in *L'économie walrassienne*, Presses Universitaires de Reims, 2000, p. 99-115.

Walras, L., *Philosophie de l'art. Ire partie (ontologie)*, Lausanne, Bibliothèque Cantonale et Universitaire, Fonds Walras IS 1927 V 15/01/01 (ancien, Va 17), 1859a.

Walras, L., *Du sens esthétique, de l'art, et des opinions en matière d'art*, 1859b, in Léon Walras, *Œuvres Diverses*, in Auguste et Léon Walras, *Œuvres économiques complètes*, vol. XIII, édité par Dockès, P., Goutte, P.-H., Hébert, C., Mouchot, C., Potier, J.-P., Servet, J.-M., Paris, Economica, 2000.

Walras, L., *Des rapports de la morale et de l'économie politique*, 1860, in Léon Walras, *Œuvres Diverses*, in Auguste et Léon Walras, *Œuvres économiques complètes*, vol. XIII, édité par Dockès, P., Goutte, P.-H., Hébert, C., Mouchot, C., Potier, J.-P., Servet, J.-M., Paris, Economica, 2000.

Walras, L., « Introduction à l'étude de la question sociale », 1860, in Léon Walras, *L'économie politique et la justice*, in Auguste et Léon Walras, *Œuvres économiques complètes*, vol. XIII, édité par Dockès, P., Goutte, P.-H., Hébert, C., Mouchot, C., Potier, J.-P., Servet, J.-M., Paris, Economica, 2001.

Walras, L., *Paradoxe économique : Que le point de vue économique est le point de vue social par excellence*, 1861, in Léon Walras, *Œuvres Diverses*, in Auguste et Léon Walras, *Œuvres économiques complètes*, vol. XIII, édité par Dockès, P., Goutte, P.-H., Hébert, C., Mouchot, C., Potier, J.-P., Servet, J.-M., Paris, Economica, 2000.

Walras, L., *Du matérialisme et du spiritualisme en matière d'économie politique et sociale*, 1863a, in Léon Walras, *Œuvres Diverses*, in Auguste et Léon Walras, *Œuvres économiques complètes*, vol. XIII, édité par P. Dockès, P.-H. Goutte, C. Hébert, C. Mouchot, J.-P. Potier, J.-M. Servet. Paris, Economica, 2000.

Walras, L., *Recherche de l'idéal social en matière de propriété et d'impôt*, 1863b, in Léon Walras, *Œuvres Diverses*, in Auguste et Léon Walras, *Œuvres économiques complètes*, vol. XIII, édité par Dockès, P., Goutte, P-H., Hébert, C., Mouchot, C., Potier, J.-P., Servet, J.-M., Paris, Economica, 2000.

Walras, L., *Éléments d'économie politique pure. (Théorie de la richesse sociale)*, 1874, in Auguste et Léon Walras, *Œuvres économiques complètes*, vol. XIII, édité par Dockès, P., Goutte, P.-H., Hébert, C., Mouchot, C., Potier, J.-P., Servet, J.-M., Paris, Economica, 1988.

Walras, L., *Études d'économie sociale. (Théorie de la répartition de la richesse sociale)*, 1896, in Auguste et Léon Walras, *Œuvres économiques complètes*, vol. XIII, édité par Dockès, P., Goutte, P.-H., Hébert, C., Mouchot, C., Potier, J.-P., Servet, J.-M., Paris, Economica, 1990.

Walras, L., *Résumé d'une doctrine économique et sociale*, Lausanne, Bibliothèque Cantonale et Universitaire, Fonds Walras IS 1927 V 08/21/02 (ancien, Vb 22), 1895.

Walras, L., *Études d'économie politique appliqué. (Théorie de la production de la richesse sociale)*, 1898, in Auguste et Léon Walras, *Œuvres économiques complètes*, vol. XIII, édité par Dockès, P., Goutte, P.-H., Hébert, C., Mouchot, C., Potier, J.-P., Servet, J.-M., Paris, Economica, 1992.

Pourquoi Walras était plus libéral que socialiste ?

Michel HERLAND

Dans la conclusion de la *Théorie générale de la Société* (*TGS*, 1867-1868), Léon Walras appelait à la constitution du « socialisme libéral » dont il pensait avoir déjà élaboré, à la suite de son père Auguste, les principes essentiels. On ne pourrait pourtant imaginer un oxymore plus parfait, si l'on veut bien s'accorder sur des définitions simples des deux termes : le *socialisme* c'est la propriété collective des moyens de production, un État protecteur qui s'efforce de ne laisser personne au bord du chemin, tandis que le *libéralisme* c'est la glorification de la liberté individuelle et le règne du chacun pour soi sous la surveillance d'un État gendarme. Si l'idée de concilier deux termes aussi contradictoires peut paraître absurde, elle est pourtant présente dès l'origine du mot même de socialisme, chez Pierre Leroux :

> Oui, les sympathies de notre époque sont également vives, également énergiques, qu'il s'agisse de liberté ou d'égalité, d'individualité ou d'association. La foi à la société est complète, mais la foi à l'individualité est également complète... Nous sommes... avec deux pistolets chargés et dans des directions opposées... Notre perplexité ne cessera que lorsque la science sociale sera parvenue à harmoniser ces deux principes. (Leroux, 1834, in Leroux, 2007, p. 149-150)

Proudhon avec sa dialectique des antinomies, sa « méthode de conciliation et de synthèse », avait cru apporter une réponse sous la forme du mutuellisme, de la valeur constituée et du crédit gratuit. Bien que Walras, on le sait, ait violemment pris parti contre les idées de Proudhon, il est aisé de découvrir chez lui une solution du même genre, conjuguant l'association, la concurrence et la nationalisation des terres. L'association ouvrière (avec la lutte contre les « féodalités financières » qui en est le complément indispensable) n'est pas loin de la mutualité de Proudhon ; la concurrence est un moyen simplement plus efficace et plus élégant de détermination des prix que la « constitution de la valeur » ; quant à la socialisation des terres, on peut y voir le pendant de la socialisation du crédit chez Proudhon. Un tel résumé de la théorie sociale de Walras pêche néanmoins par omission. Dans la *Théorie générale de la société*, le *Cours d'Économie sociale* (*CES*, 1886) comme dans la *Théorie de la propriété* (*TP*, 1896), il apparaît que

Walras, loin d'avoir construit, comme il le prétend, la « synthèse du socialisme et du libéralisme » (*TGS*, *OEC* IX, p. 155) ou « du communisme et de l'individualisme » (*ibid.*, p. 169), s'est contenté de juxtaposer deux domaines fort inégaux : la sphère immense de l'économie libérale, concurrentielle (qui regroupe quasiment toute l'activité productrice, qu'il s'agisse d'entreprises capitalistes ou de coopératives, d'industrie ou d'agriculture) et l'étroit enclos où se trouve confinée la seule disposition véritablement « socialiste » – en première analyse au moins (cf. *infra*) – à savoir l'appropriation des terres par l'État (qui les louera ensuite à des fermiers privés). On comprend, dès lors, que Walras soit souvent classé parmi les socialistes agrariens.

La délimitation des deux domaines telle que proposée par Walras n'a pas à être condamnée *a priori*. Walras était persuadé pour sa part qu'elle satisfaisait à la fois le point de vue de la « justice » et celui de l'« intérêt ». C'est à l'aune de ces deux critères qu'il convient de la juger.

Un « socialisme » agraire ?

L'état de nature

Walras énonce ainsi son deuxième théorème de la propriété : « les TERRES sont, de droit naturel, la propriété de l'ÉTAT » (*TP*, *OEC* IX, p. 189). Invoquant le droit naturel, Walras adopte ici le point de vue de la justice. L'idée suivant laquelle l'appropriation privée des ressources naturelles est injuste fait partie en effet de l'arsenal de la philosophie morale libérale depuis ses origines. Locke, dans le *Deuxième Traité du Gouvernement civil*, prend bien soin de limiter le droit du premier occupant dans l'état de nature : « La nature a bien réglé la mesure de la propriété [individuelle] à l'échelle du travail des hommes et des commodités de la vie ». Pour expliquer l'apparition de propriétés foncières plus importantes, Locke introduit l'usage de la monnaie : en transformant des biens agricoles par nature périssables en monnaie, le propriétaire terrien peut accumuler la richesse et il devient possible pour lui d'étendre sa propriété au-delà de ce qui lui est nécessaire pour satisfaire ses propres besoins (Locke, 1690, sect. 36 à 50). Les inégalités qui apparaissent alors demeurent justes, selon Locke, tant qu'elles s'expliquent par le travail (celui qui désire accumuler doit travailler davantage que celui qui se contente de produire pour sa consommation propre – cf. sect. 50).

Il reste que la terre est en quantité finie. Au début du chapitre 5 consacré à la propriété, Locke conditionne l'appropriation privée de la terre à la non-rareté de cette dernière (« Nul autre que l'ouvrier ne saurait avoir de droit sur ce à quoi le travail s'attache [la terre], dès lors que ce qui reste commun suffit aux autres, en quantité et en qualité » – sect. 27). À la fin du même chapitre, il renonce pourtant à prendre parti sur la justice de la répartition des propriétés dans les sociétés civiles. Il se contente d'énoncer un fait : « Là où existent un gouvernement, les lois réglementent le droit de propriété et la possession des terres est régie par des constitutions civiles » (sect. 50).

D'un point de vue éthique, force est néanmoins de reconnaître avec Robert Nozick que « toute part de propriété porte l'ombre historique de la clause de Locke concernant l'appropriation » (Nozick, 1974, p. 225). C'est ce qui – entre autres – conduit le même Nozick à introduire un « principe de rectification », ou de réparation des injustices passées, quitte à charger lourdement la barque de son État minimal (*ibid.*, p. 284).

Une autre solution consiste à revenir au point de départ de Locke : dans l'état de nature, « la terre et toutes les créatures inférieures appartiennent en commun à tous les hommes » (Locke, 1690, sect. 27). Dans cette optique, l'appropriation privée du domaine commun s'avère injuste dès qu'elle s'effectue au détriment d'autrui. Parmi les économistes de quelque renom, Walras est le seul qui ait pris au sérieux ce précepte et en ait déduit que l'État, en tant que représentant légitime de la communauté, doit être rendu propriétaire des terres. « Tous les hommes… doivent pouvoir profiter également des ressources naturelles qui leur sont offertes pour poursuivre leur fin et accomplir leur destinée, c'est-à-dire que les terres appartiennent à l'État » (*TP*, *OEC* IX, p. 189).

Les droits des animaux

On peut tout de suite noter que l'idée suivant laquelle les ressources naturelles appartiennent de droit (naturel) à la seule humanité est sujette à caution. Walras, pour sa part, en fait une question de principe. Selon lui, seul l'homme étant une personne morale, douée de liberté, peut « disposer des choses à discrétion » (*TGS, OEC* IX, p. 116). Et il précise : « Ma propriété, possession légitime, est un pouvoir moral ; c'est un droit. Dire que l'homme est libre, c'est donc dire qu'il peut être propriétaire… L'homme seul peut toujours être sujet de droit de propriété et ne peut jamais en être l'objet » (p. 117).

En fondant le droit propriété sur la personnalité morale et la liberté, on ouvre néanmoins une boite de Pandore. Car qu'est-ce qu'un être raisonnable et libre ? On peut, à l'instar d'Aristote dans *le Politique*, adopter une vision restrictive et considérer que certains humains sont des « esclaves par nature », dénués de droits, mais l'on peut aussi bien, à l'inverse, comme Aristote encore, dans *l'Éthique à Nicomaque* cette fois, s'interroger sur les facultés des animaux et considérer que ces derniers – certains d'entre eux au moins – agissent volontairement et peuvent, de ce fait, être tenus pour responsables de leurs actes[1]. Certes, responsabilité n'est pas tout à fait raison. Il n'en demeure pas moins que la première suppose chez les animaux une certaine capacité de délibérer qui est un argument en faveur de la reconnaissance des droits des animaux[2], en particulier de leur droit de propriété sur leur espace vital.

Les monopoles publics

Comme la nationalisation des terres ne saurait se faire par confiscation, sous peine de spolier tous ceux qui sont devenus propriétaires sans attenter aux droits de qui que ce soit[3], l'État devra racheter les terres (ce qui soulève une question de financement dans laquelle il ne sera pas nécessaire de rentrer ici[4]). Si l'on fait abstraction de cette difficulté, une fois que les sommes consacrées au rachat des terres auront été remboursées, l'État se retrouvera en possession d'un revenu régulier lui permettant de couvrir tout ou partie de ses dépenses (cf. infra). Si l'on suit Walras, dès qu'il y a monopole il y a rente et l'État est en droit d'intervenir pour prélever cette rente à son profit, c'est-à-dire, au moins en principe, au profit de la communauté. Cela vaut pour les ressources naturelles rares[5] (les mines, les gisements de pétrole) et pour tout ce que Walras désigne sous le vocable de « monopole économique » (les voies de communication, les chemins de fer, l'adduction d'eau et de gaz[6]). On retiendra surtout que l'appropriation privée des ressources naturelles pose un double problème aux

---

1. Aristote, *Le Politique*, livre I, chap. 2 et *Ethique à Nicomaque*, livre III, chap. 1. Voir également Jean-Louis Labarrière (2005).

2. Emprunter cette ligne de raisonnement peut conduire à des résultats dévastateurs, surtout si l'on ajoute que les animaux ressemblent également aux humains par la capacité de sentir la douleur et le plaisir. Ainsi Peter Singer (1993) fait-il remarquer que l'on devrait préférer accomplir des expériences médicales sur un orphelin arriéré mental qui n'a que fort peu de préférences plutôt que sur un animal plein de vie qui, lui, en a de nombreuses (d'après Richard Sorabji, 1994).

3. Tel est le cas chez Walras, par exemple, de ceux qui ont acquis la terre en épargnant sur le revenu de leur travail.

4. Si l'État paye les terres à leur vraie valeur (le flux actualisé des revenus futurs), les rentes futures permettront tout au plus de rembourser le capital emprunté pour racheter les terres et de payer l'intérêt. D'où l'idée qu'il faudrait tabler sur une augmentation non anticipée des fermages. Cf. Léon Walras, « Théorie mathématique du prix des terres et de leur rachat par l'État », 1880, *OEC* IX.

5. « La même combinaison serait applicable au rachat des mines, des chemins de fer et autres monopoles économiques naturels et nécessaires, où le principe de la libre concurrence n'a rien à voir et qui participent de la nature des terres au point de vue de la plus-value dans une société progressive » (« Théorie mathématique... », *OEC* IX, p. 305).

6. Concernant la monnaie, Walras accorde aux États le monopole de l'émission de la monnaie métallique (or et argent) mais pas des billets de banque.

libéraux : ceux qui accaparent ces ressources s'attribuent un monopole au détriment de tous ceux qui en sont exclus ; et les rentes ne sont la rémunération d'aucun travail. Nous aurons à revenir sur ces deux points. Contentons-nous pour l'instant de souligner qu'il s'agit là d'une critique *libérale* de la rente, qui n'a rien à voir avec la doctrine des socialistes qui refusent l'appropriation privée des moyens de production – quels qu'ils soient – parce qu'ils y voient l'instrument de l'exploitation des travailleurs. À cette aune, convenons que Walras n'a guère de titres à se prétendre socialiste.

Le juste et l'utile

Il reste encore à examiner si le deuxième théorème de Walras, à défaut d'être réellement socialiste, est conforme aussi bien au point de vue de l'intérêt qu'à celui de la justice. Pour Walras cela ne fait aucun doute : attribuer les rentes à l'État est à la fois juste (puisque l'État représente la communauté) et utile (puisque c'est le moyen de lui fournir une part au moins des ressources dont il a besoin pour remplir ses fonctions au service de ladite communauté). Demeure néanmoins – toujours du point de vue de « l'intérêt » – la question de savoir si l'État est bien capable de gérer efficacement les ressources qui lui seraient confiées. Walras répond oui sans hésitation :

> L'école économiste de nos jours, de qui le laisser faire, laisser passer constitue toute l'économie politique et toute la philosophie sociale, ne manquera pas de faire à la construction et à l'exploitation des chemins de fer par l'État l'éternelle objection tirée de la soi-disantc [sic] incapacité de l'État à faire aucune affaire... Nous ne saurions, pour notre part, admettre à aucun titre ce parti-pris de doter l'individu de toutes les vertus et l'État de tous les vices... L'initiative collective, sous le contrôle de la publicité et de la discussion, effectue... mieux que n'importe qui les services d'intérêt public. (*CEPA*, *OEC* XII, p. 510)

La suite du texte n'est pas moins intéressante. Walras y anticipe une situation bien connue dans les entreprises publiques, l'accaparement d'une partie de la rente de monopole par les travailleurs de ces entreprises :

> Alors même que l'État, sans faire mieux au point de vue des recettes, ferait moins bien au point de vue des dépenses, il y aurait encore profit pour la société. Les prix des transports ne seraient pas ceux qu'ils devraient être au point de vue, soit de l'intérêt des consommateurs, soit même de l'intérêt des entreprises de chemin de fer. Mais, d'un autre côté, on ne verrait plus des employés tels que des aiguilleurs chargés, moyennant un salaire dérisoire, d'une tâche au-dessus des forces humaines, la vie des employés et celles des voyageurs compromise, puis marchandée. En ce sens, le public réaliserait encore les bénéfices actuellement réalisés par les actionnaires. (*ibid.*, p. 512)

Ce texte ne démontre pas seulement les connaissances concrètes acquises par Walras au sein de la Compagnie des chemins de fer du Nord. Il témoigne également de sa fibre sociale. Car il n'est pas nécessaire d'être un « vrai » socialiste pour se soucier du sort des prolétaires.

Envisagée du point de vue de l'intérêt, la question des monopoles ne s'arrête pas là. À côté des monopoles naturels, existent des monopoles « artificiels » (tabac et allumettes, loterie nationale, etc.). Dans les manuscrits de son *Cours d'Économie politique appliquée*, Walras laissait la question ouverte : « Nous ne disons rien des monopoles fiscaux, c'est-à-dire de ceux que l'État crée lui-même artificiellement pour en tirer un bénéfice. Nous ne les approuvons ni, au surplus, ne les blâmons pour l'instant. Ils sont en dehors de notre sujet »[7]. Pierre Dockès note cependant que Walras ne s'en est pas tenu là[8]. Dans un article de 1897, « L'économique appliquée et la défense des salaires »[9], il envisageait en effet l'hypothèse extrême suivant laquelle l'État pourrait devenir « l'entrepreneur unique », la collectivisation de la production lui apparaissant alors comme « une simple question d'utilité sociale ». Si l'efficacité exigeait de constituer de grands monopoles[10], il n'y voyait donc pas d'objection, à condition d'en faire la propriété de l'État et de ne pas sortir de l'économie de marché, tant pour les biens que pour les services producteurs (en particulier le travail).

Que Walras ait pu ainsi envisager – en un seul endroit, il est vrai – la nationalisation des monopoles est cohérent avec le refus de la privatisation des rentes exprimé par le second théorème de la propriété. Il s'agit là, à nouveau, d'une mesure sans doute marquée « à gauche » mais qui ne contredit pas pour autant la figure d'un Walras libéral.

Un libéralisme « cohérent » ?

La liberté naturelle

Le « socialisme agraire » de Walras n'est, on l'a vu, que du libéralisme bien compris. Mais que vaut vraiment ce libéralisme ? Toujours dans le *Deuxième Traité du gouvernement civil*, Locke définit

---

7 *Cours d'Économie politique appliquée (1871-1889)*, *CEPA*, *OEC* XII, p. 488.

8 Cf. Dockès, 1996, p. 219-221.

9 Publié dans les *Études d'économie politique appliquée* (1898), *EEPA*, *OEC* X.

10 Walras a en tête l'hypothèse des rendements d'échelle croissants (déjà envisagés par Cournot, 1838, chap. 5). « Il y a diverses raisons qui peuvent empêcher cette affluence [des entrepreneurs vers les entreprises à bénéfice]… : par exemple, dans une industrie où les frais généraux seraient en même temps très considérables et sensiblement fixes », *OEC* X, p. 247.

l'état de nature comme la situation dans laquelle les hommes « sont parfaitement libres d'ordonner leurs actions, de disposer de leurs biens et de leurs personnes comme ils l'entendent, dans les limites du droit naturel, sans demander l'autorisation d'aucun autre homme ni dépendre de sa volonté » (*ibid.*, sect. 4). Seule limite de ce droit : « nul ne doit léser autrui dans sa vie, sa santé, sa liberté, ni ses biens » (sect. 6).

Comme le montre la citation précédente, Locke met au point de départ du système de droits la propriété de soi-même[11]. Il s'agit là d'un axiome de base du libéralisme, faute duquel il ne saurait y avoir de liberté individuelle possible. Il n'est cependant, contrairement à ce que prétend par exemple un Murray Rothbard, pas universalisable. Si je veux être libre, je ne veux pas pour autant que tout le monde le soit. Je suis très content que les criminels dangereux soient mis sous les verrous. Je ne veux pas non plus que mes enfants en bas âge soient libres de faire tout ce qui leur passe par la tête. On voit immédiatement que le principe de la propriété de soi-même – qui signifie concrètement, comme on le verra, que je peux faire ce que je veux de mes facultés personnelles – est contingent. Il ne vaut, en réalité, que pour des personnes raisonnables.

Au fond, contrairement à ce que l'on pourrait croire à lire Locke, l'état de nature n'a rien de naturel puisqu'en sont exclus non seulement les animaux mais encore une part non négligeable des humains. Car si l'éducation peut rendre les humains raisonnables, le résultat n'est nullement garanti. Et encore faut-il être prêt à employer les grands moyens. Ainsi Mill, tout défenseur du libéralisme qu'il était, penchait-il en faveur du despotisme lorsqu'il était question de transformer des barbares en êtres civilisés et raisonnables[12].

L'idée suivant laquelle la raison ne serait pas uniformément partagée est ancienne. Elle rejoint la distinction opérée par Aristote entre les humains capables de planifier leur propre vie (sous-entendu dans le sens du bien) et ceux qui en sont incapables : seuls les premiers seraient dignes de la condition d'homme libre ; tandis que les seconds pourraient légitimement être réduits en esclavage[13].

---

11 Le concept trouve son origine dans un pamphlet du « leveller » Richard Overton (1646). La même logique est à l'œuvre chez un libertarien contemporain comme Rothbard : « Nous ne reconnaissons que les titres de propriété privée qui sont justes, c'est-à-dire qui découlent du droit naturel fondamental qu'a tout individu de se posséder lui-même et la propriété qu'il a lui-même transformée par son énergie, ou que d'autres ont transformée et lui ont volontairement cédée par l'échange ou le don », Rothbard, 1982, chap. 9,

12 John Stuart Mill (1859), « Introduction ».

13 Cf. supra.

La relation entre la liberté, la responsabilité, l'effort (ou le mérite) et la récompense est sans doute ce qui caractérise le mieux la vraie doctrine libérale. Elle fonde la philosophie morale de Walras :

> Tout homme, étant une personne morale, est par cela même responsable de l'accomplissement moral ou immoral de sa destinée. Donc c'est une chose essentiellement opposée à la justice distributive que tous les hommes ne jouissent point, comme individus, de positions personnelles particulières correspondant à la différence de leur mérite ou de leur démérite. (*TGS*, *OEC* IX, p. 138)

Libre et propriétaire

Le premier théorème walrasien de la propriété découle de ce qui précède : « Les FACULTES PERSONNELLES sont, de droit naturel, la propriété de l'INDIVIDU » (*TP*, *OEC* IX, p. 185).

On peut lire une argumentation plus détaillée dans le Cours d'Économie sociale :

> L'homme est un être raisonnable et libre, c'est-à-dire une personne morale. De là cette double conséquence : 1. les personnes s'appartiennent à elles-mêmes, elles peuvent être les sujets des droits de propriété, elles n'en peuvent être les objets ; 2. les choses appartiennent aux personnes... Ainsi l'homme est, de droit naturel, propriétaire de sa personne, c'est-à-dire de ses facultés personnelles et du travail de ses facultés ; ainsi l'homme est aussi, de droit naturel, propriétaire des choses faisant partie de la richesse sociale contre lesquelles il a échangé son travail. (*CES*, *OEC* XII, p. 259-60)

En d'autres termes : L'homme est une personne morale responsable → il est libre → il n'appartient qu'à lui-même → l'homme est constitué par ses facultés → elles n'appartiennent qu'à lui-même → ce qu'il produit avec ses facultés appartient à lui seul.

Comme chez Locke, le droit de propriété sur les choses est fondé originellement par le travail. *In fine*, cela conduit à justifier toutes les inégalités et même l'oisiveté :

> Tout homme possède une propriété sur sa propre personne. À cela personne n'a aucun Droit que lui-même. Le travail de son corps et l'ouvrage de ses mains, nous pouvons dire qu'ils lui appartiennent en propre. Tout ce qu'il tire de l'état où la nature l'avait mis, il y a mêlé son travail et ajouté quelque chose qui lui est propre, ce qui en fait par la même sa propriété. Comme elle a été tirée de la situation commune où la nature l'avait placé, elle a du fait de ce travail quelque chose qui exclut le Droit des autres hommes. En effet, ce travail étant la propriété indiscutable de celui qui l'a exécuté, nul autre que lui ne peut avoir de Droit sur ce qui lui est associé. (Locke, 1690, sect. 27).

En d'autres termes, si tout ce que je produis n'appartient qu'à moi, je suis en droit d'en faire ce que je veux : en particulier l'accumuler et le léguer à mon héritier. Dès lors, si moi et mes ancêtres avons suffisamment accumulé, moi et mes héritiers pourrons vivre sans avoir besoin de travailler. La justification morale de la richesse, le travail, finit bien par engendrer son contraire, l'oisiveté. John Stuart Mill, qui avait davantage d'arguments que Walras à faire valoir pour revendiquer l'étiquette de « socialiste libéral », était sensible à cette contradiction :

> La propriété individuelle, toutes les fois qu'on entreprend sa défense, est supposée impliquer la garantie aux individus des fruits de leur propre travail et de leur propre abstinence. La garantie des fruits du travail et de l'abstinence des autres, qui leur est transmise sans aucun mérite ou effort de leur part, n'est pas l'essence même de l'institution, mais une conséquence purement passagère qui, arrivée à un certain point, ne favorise pas, mais combat les fins qui rendent légitimes la propriété individuelle. (Mill, 1848, livre II, chap. 1)

Mill tirait de ce constat une conséquence pratique : il considérait que les enfants ne devaient pas attendre de leurs parents davantage « qu'une éducation et des moyens d'assistance qui puissent leur permettre de s'élancer dans la carrière avec des chances raisonnables de se créer par leurs propres efforts une vie heureuse » (Mill, 1848, livre II, chap. 2).

Rien de tel chez Walras qui se contente de mettre l'accent sur l'enchaînement liberté → responsabilité → mérite → inégalité :

> Tout homme, étant une personne morale, est par cela même responsable de l'accomplissement moral ou immoral de sa destinée. Donc c'est une chose essentiellement opposée à la justice distributive que tous les hommes ne jouissent point, comme individus, de positions personnelles particulières correspondant à la différence de leur mérite ou de leur démérite. (TGS, *OEC* IX, p. 140)

Il n'ignore pas tout-à-fait que les héritiers n'ont guère de mérite à faire valoir pour justifier leurs privilèges, mais il se garde de livrer son point de vue définitif sur cette question, en renvoyant la réponse à une « théorie de la famille » encore à venir :

> Étant pour ma part très individualiste, j'incline à considérer, autant que possible [sic], ce droit [d'hériter] comme absolu. Toutefois, je dois faire observer que la théorie de la famille et la théorie de l'association n'existent pas scientifiquement ; que j'ignore la limite qui sépare, dans ces catégories, le droit de l'individu du droit de l'État ; et que je dois réserver la question de l'intervention de l'État dans les donations et legs faits par l'individu à sa famille, à son église, à des particuliers ou sociétés quelconques. (*TP*, *OEC* IX, p. 192)

Justice commutative, justice distributive

Même en faisant abstraction des difficultés soulevées par la distinction entre le droit de léguer (ce qui est le fruit de mon travail) et le droit d'hériter (quelque chose que je n'ai en rien contribué à produire), l'explication des inégalités par le mérite – qui est au cœur du libéralisme éthique – ne va pas sans poser problème. C'est bien beau de vouloir s'enrichir. Encore faut-il se battre à armes égales. Cela concerne en premier lieu les dotations externes. À nouveau, Mill est très clair à cet égard :

> Pour étudier le modèle de la propriété privée, nous devons supposer qu'il n'est accompagné par aucune des inégalités et des injustices qui l'empêchent de produire tous ses bénéfices dans nos vieilles sociétés. Nous devons supposer que chaque individu parvenu à la maturité possède une complète maîtrise de ses facultés physiques et mentales ; et que les instruments de la production, la terre et les outils, sont divisés à égalité, de telle sorte que chacun démarre dans les mêmes conditions au regard de ses dotations externes. (Mill, 1848, livre II, chap. 1, § 2)

Cette condition rejoint d'une certaine manière une conclusion de la théorie de l'équilibre général revue par Arrow et Debreu. Certes, suivant le premier théorème de l'économie du bien-être, « si les agents se comportent de façon concurrentielles, s'il existe un marché pour chaque bien et si chaque agent dispose de toute l'information nécessaire, tout équilibre est un optimum »[14], mais cet « optimum » (au sens de Pareto), peut très bien signifier la famine pour une fraction non négligeable de la population. Les dotations initiales importent, incontestablement. Walras semble emprunter cette ligne de réflexion lorsque, distinguant justice *commutative* et justice *distributive*, il souligne que c'est violer la première « que de donner à certains d'entre les concurrents une avance considérable, que de semer sur le chemin de certains autres des obstacles et des barrières » (*TGS*, *OEC IX*, p. 139). Néanmoins, la suite de l'exposé montre qu'il retient une définition très restrictive de la justice commutative : puisque c'est elle « qui préside aux échanges », il l'estime réalisée dès lors que les conditions économiques de la concurrence (la concurrence pure et parfaite) sont respectées.

Walras s'intéresse davantage à la justice distributive, celle qui associe les récompenses aux mérites individuels. L'exemple d'Alexandre Dumas et du Château-Laffitte illustre parfaitement la conception walrasienne de la justice distributive :

> Un fermage très élevé peut apparaître pour les terres du Médoc, comme un salaire très élevé pour les facultés personnelles d'un Alexandre Dumas ou

---

[14] Cf. par exemple, Wolfesperger, 1995, chap. 6, « L'État dans l'économie mixte idéale ».

> d'un Mario. Seulement ... les terres du Médoc ayant été données à tous, les hauts fermages payés pour leur service appartiendront à l'État qui, grâce à eux, pourvoira à des services publics gratuits pour tous. Et les facultés personnelles des Dumas et des Mario ayant été données à chacun d'eux, les hauts salaires payés pour leur service appartiendront à ces individus qui les emploieront à boire du Château-Laffitte. Quant à nous, nous lirons Monte-Cristo et nous entendrons chanter le Barbier de Séville. Dans ces conditions, la répartition des richesses sociales est assurée, et elle est juste. (TP, *OEC* IX, p. 204)

La « justice », on le voit, n'est rien d'autre ici que le résultat du marché concurrentiel. Qui n'apporte rien n'aura droit à rien. Walras s'efforce de nous faire croire que le marché récompense le mérite individuel mais où est le mérite de celui qui a reçu en partage les facultés personnelles appréciées par le marché et le démérite de celui qui en est dépourvu ? N'est-ce pas plutôt une question de chance ? Si l'on conteste que celui qui est né sur un puits de pétrole en soit le légitime propriétaire, comment peut-on légitimer l'appropriation individuelle des talents, sachant que leur distribution résulte d'un hasard semblable à celui qui préside à la répartition des qualités inégales des terrains ? Comme l'écrivait Diderot dans des termes bien sûr dépassés, « la volonté n'est pas moins mécanique que l'entendement... ; ce sont deux fonctions du cerveau ; elles sont corporelles »[15]. Même si cela ne peut pas signifier que la société doive s'abstenir de mettre hors d'état de nuire les malfaisants sous prétexte qu'ils seraient irresponsables, cela devrait conduire à se montrer « moins vain des bonnes qualités qu'on possède, et qu'on se doit si peu à soi-même, et plus indulgent pour les défauts et les vices des autres », selon Diderot toujours, dans l'article « *Indulgence* » de l'*Encyclopédie*.

L'égalité des chances

À considérer à nouveau la définition walrasienne de la justice commutative, on pourrait être tenté de l'interpréter de manière plus large comme la réalisation de l'égalité des chances. Malheureusement, comme il est impossible de nier que les capacités innées expliquent en partie la

---

[15] Denis Diderot (1773-1774). Cette citation et la suivante tirées de http://fr.wikipedia.org/wiki/Fatalisme. Plus près de nous, un Rawls préfèrera expliquer les différences entre les caractères par l'influence du milieu plutôt que par des causes « corporelles » : « Nous ne méritons pas notre place dans la répartition des dons à la naissance, pas plus que nous ne méritons notre point de départ initial dans la société. Avons-nous un mérite du fait qu'un caractère supérieur nous a rendus capables de l'effort pour cultiver nos dons ? Ceci aussi est problématique ; car un tel caractère dépend, en bonne partie, d'un milieu familial heureux et des circonstances sociales de l'enfance que nous ne pouvons mettre à notre actif. » (Rawls, 1987, p. 134).

réussite des uns et l'échec des autres, on voit que l'objectif d'égalité des chances ne fait que reculer au fur et à mesure qu'on essaye d'en cerner les contours. 1) Une éducation qui devrait largement faire appel à la discrimination positive afin de compenser les désavantages culturels des enfants des milieux défavorisés ; 2) une limitation draconienne du droit d'hériter : ces deux éléments qui seraient indispensables afin de mettre chacun à peu près à égalité sur la ligne de départ du point de vue du capital culturel et économique acquis, ne suffiraient pourtant pas pour rendre la concurrence juste, puisqu'il resterait encore à compenser les différences innées, non seulement les handicaps les plus flagrants mais tout autant les différences entre les qualités innées qui sont sélectionnées par le marché et celles qui ne le sont pas.

Mill envisageait des transferts compensatoires en faveur des handicapés : « On peut admettre que, lors de la répartition initiale des ressources, des compensations soient effectuées pour corriger les injustices de la nature, en avantageant les membres les plus faibles de la communauté dans le partage, de telle sorte qu'ils soient mis à égalité avec les autres » (Mill, 1848, *ibid.*). Cette problématique est présente aujourd'hui chez les auteurs qui se préoccupent d'instaurer la « liberté réelle pour tous »[16] sous la forme de la « diversité non dominée »[17]. Suivant ce principe, un individu est en droit de se plaindre d'un handicap tant qu'aucun individu normalement doté ne s'estime pas moins bien loti que lui après compensation. On voit à quels types de transferts, colossaux, il faudrait consentir pour parvenir à un tel résultat[18].

Dès lors, instaurer une égalité parfaite au départ de la compétition sociale reviendrait à nier l'axiome libéral de la propriété individuelle des facultés personnelles et de leurs fruits, donc à restreindre considérablement le champ de la liberté individuelle. D'où la contradiction : L'idéologie libérale promeut la concurrence tant pour des raisons de justice que d'efficacité. Or la concurrence ne peut être considérée comme juste si elle se déroule entre des individus inégaux du point de vue des qualités qui seront sélectionnées par le marché. Et la compensation parfaite des inégalités tant innées qu'acquises paraît soit impossible, soit gravement attentatoire à la liberté, par définition la valeur cardinale du libéralisme.

---

16 *Real Freedom for All* est le titre d'un livre de Philippe Van Parijs (1995), apôtre de l'Allocation Universelle.

17 Cf. Herland (2006), lettre 8.

18 Et ceci même si l'on renonce à sortir de la situation « dominée » les personnes qui souffrent des handicaps les plus lourds, qu'ils soient physiques ou mentaux.

Le don gratuit de la nature

Dans son anti-Proudhon, *L'Économie Politique et la Justice* (1859), Walras avait donné une formulation plus précise de l'argument de droit naturel qui fonde le premier théorème. Chacun « possède en propre les valeurs [les richesses] que la nature n'a donné qu'à lui ou qu'il s'est donné à lui-même » (*EPJ*, *OEC* V, p. 56, repris in *CES*, *OEC* XII, p. 234-235). Cela soulève plusieurs difficultés. À un premier niveau, ces deux éléments ressortissent à des logiques différentes. Les facultés que nous nous donnons à nous-mêmes sont celles que nous développons par un effort d'éducation, d'apprentissage, etc. On est alors dans la justification classique (présente par exemple chez Locke) de la propriété par le travail, laquelle n'a rien à voir avec la conception suivant laquelle les inégalités naturelles seraient justes simplement parce qu'elles sont … naturelles (innées). À un niveau plus profond, les deux logiques tendent pourtant à se rejoindre – comme on vient de le remarquer – puisque la capacité de faire des efforts est elle-même une faculté inégalement répartie entre les humains, extérieure à toute considération de mérite.

Une autre interrogation porte sur ce soi-disant don de la nature. Si l'idée suivant laquelle les humains seraient les seuls propriétaires légitimes des ressources naturelles est sujette à caution, comme on l'a vu plus haut, il n'y a pas plus de raison de considérer que nos facultés personnelles nous auraient été données à nous seuls en vertu d'un décret supérieur. Or ce postulat est important chez Walras, puisque c'est lui qui fonde son rejet de l'impôt (mes facultés n'appartiennent qu'à moi → ce que je leur fais produire aussi → l'État n'est pas en droit d'en prélever autoritairement la moindre part) et donc son espoir que l'État puisse se financer intégralement grâce aux rentes foncières.

L'homme est un animal social. Les fourmis aussi. Personne n'oserait prétendre que les facultés des fourmis nourricières n'appartiennent qu'à elles seules, et de même pour la reine, pour les fourmis pourvoyeuses ou guerrières. La fourmilière a besoin de tous ses spécialistes pour subsister. Dans une communauté humaine c'est la même chose : il faut des ouvriers, des paysans, des employés, des fonctionnaires, des ingénieurs, des commerçants, des entrepreneurs, des professeurs, des politiciens, des artistes, des sportifs, etc. Comme chez les fourmis, toutes ces catégories sont solidaires. Chacune a besoin des autres : telle est la loi de la nature humaine[19]. Le postulat suivant lequel nous serions seuls propriétaires de nos facultés est donc contradictoire avec notre nature sociale. Il résulte de tout ceci que Walras n'a pas vraiment réussi à fonder en *justice* son premier théorème. Quid alors de l'*intérêt* ?

---

19 Pour une présentation de la division du travail et de la distinction entre l'animal et l'homme, chez Walras, cf. la contribution de Michele Bee.

Le point de vue de l'intérêt

> Au point de vue de l'intérêt, il importe que les facultés personnelles, leur travail, leur salaire, le capital épargné sur le salaire, son profit et son intérêt, appartiennent à l'individu, parce qu'ainsi on donne à l'homme, pour l'exciter au travail, à l'épargne, le stimulant du besoin et du désir de consommation, et parce qu'on laisse s'exercer... la force de la sélection. (TP, *OEC* IX, p. 192)

Cet argument là n'est pas dépourvu de force, mais s'il en est ainsi, si c'est la considération de l'intérêt – c'est-à-dire, si l'on préfère de l'efficacité économique – qui est déterminante, on n'est plus dans l'absolu. Car l'intérêt se regarde du point de vue de la production comme de la consommation. Il faut d'un côté encourager les producteurs, tout en permettant au plus grand nombre possible de consommateurs d'accéder au produit. En d'autres termes, le point de vue du producteur ne saurait être exclusif. D'une manière inattendue – compte tenu de tout ce qui précède – telle est exactement la position de Walras lorsqu'il discute la question de la propriété intellectuelle.

> Il est assurément contraire à l'intérêt général que des choses utiles, illimitées en quantité, soient transformées en monopoles, de telle sorte qu'au lieu de les avoir gratuitement, nous soyons obligés de les payer au prix de bénéfice maximum. Mais, d'un autre côté, il est également contraire à l'intérêt général que les travailleurs intellectuels ne puissent tirer aucun parti de leurs idées ; car il est certain qu'alors la recherche des théories scientifiques, la poursuite des inventions industrielles, la composition des œuvres d'art et de littérature serait [sic] sinon tout-à-fait abandonnée, du moins considérablement négligée. (*CES*, *OEC* XII, p. 286)

Ce raisonnement s'appuie sur un argument très intéressant qui permet à Walras de justifier l'infraction au premier théorème :

> Le point de vue de la critique moderne qui fait voir jusqu'à quel point les œuvres de la littérature et de l'art sont un produit du milieu social où ont vécu leurs auteurs, est parfaitement fondé et nous est ici d'un puissant secours. Ce point de vue tranche la question de justice en ce sens que les idées scientifiques, industrielles, artistiques et littéraires appartiennent pour une part seulement à leurs auteurs et pour une part à la société. (*ibid.*)

La conclusion est déjà sans appel. Walras avance pourtant un autre argument : les individus les plus talentueux ont reçu une éducation coûteuse de la part de la société et sont donc en dette envers elle. Sur cette base Walras peut défendre une réglementation limitant la propriété intellectuelle et la portée des brevets d'invention[20].

Tout ceci ne fait que renforcer la discussion précédente à propos de l'égalité des chances. Non seulement les plus talentueux bénéficient d'une faveur qu'ils ne « méritent » pas davantage que les émirs du désert ne « méritent » leur rente pétrolière, mais encore ils ont reçu de la part de la société des soins plus longs, plus attentifs, bref plus coûteux que les autres membres du corps social. Examiné sous ces deux angles, force est de conclure que le premier théorème de Walras – qui n'est que la reprise du premier principe du libéralisme – n'a aucune justification éthique.

Conclusion

Notre analyse critique de l'économie sociale de Walras s'est centrée sur les deux théorèmes de la propriété. Le second théorème (que nous avons considéré en premier) est le moins contestable, même s'il s'inscrit davantage dans la tradition du libéralisme de Locke que dans celle du socialisme. L'idée est séduisante suivant laquelle les particuliers n'ont pas de titre à faire valoir pour accaparer les rentes foncières, puisque celles-ci ne sont pas le fruit d'un travail mais de la rareté. On peut néanmoins regretter que Walras se limite aux seules rentes foncières, alors que les facultés personnelles peuvent également être sources de rentes. Par ailleurs, compte tenu des aléas du projet walrasien du rachat des terres par l'État, on est en droit de se demander s'il ne serait pas préférable que l'État confisque les rentes par l'impôt, ce qui était la proposition d'Henry George. Il est vrai que cette solution pose le problème de la connaissance exacte de la rente (qui est résolu, chez Walras, grâce au système d'enchères). Aussi pourrait-on envisager que l'État n'achète que des terrains « témoins » dans les différents terroirs, qui seraient ensuite adjugés par l'enchère, ce qui permettrait de disposer d'une évaluation de la rente que l'on appliquerait ensuite à tous les terrains semblables.

Il serait évidemment abusif de prétendre qu'il n'y a aucun élément socialiste dans l'économie sociale de Walras. Sans que cela remette en cause les développements précédents sur l'égalité des chances, la suppression des féodalités financières, les encouragements aux associations ouvrières indiquent bien une « sensibilité » socialiste. Encore faut-il rappeler que ces divers points participaient aussi, chez Walras, de sa politique de la concurrence.

---

[20] Cf. la contribution de Jérôme Lallement. Ajoutons que le dernier argument se trouvait déjà dans le *Premier Mémoire sur la propriété* (1840) de Proudhon, la bête noire de Walras. Cf. Herland (2006), lettre 3.

Le premier théorème de la propriété s'inscrit également dans la tradition lockéenne, mais poussée dans ses dernières extrémités. En refusant tout impôt (du moins dans son système idéal), en prenant très clairement parti contre toute politique redistributive, Walras apparaît en réalité comme le parangon du libéralisme. Loin d'avoir construit la « science sociale », Walras, en définitive, n'aura fait que bricoler un compromis très nettement biaisé à droite entre l'égalité et la liberté. Rappelons que la première se résume chez lui à l'égalité des conditions, c'est-à-dire une égalité formelle des droits.

L'échec de Walras, néanmoins, s'avère riche d'enseignements. Il semble démontrer en effet que la raison seule est impuissante lorsqu'il s'agit de dessiner le modèle d'une société juste. Ses deux « théorèmes » n'en sont pas ; ils ne sont que des postulats. Il serait alors illusoire de vouloir construire LE modèle rationnel de la société idéale. Ce qui conduit à penser que la justice sociale ne sera jamais parfaitement atteinte.

Bibliographie[21]

Cournot, A., *Recherches sur les principes mathématiques de la théorie des richesses*, 1838.

Diderot, D., *Indulgence, Encyclopédie ou Dictionnaire raisonné des sciences, des arts et des métiers*, t. VIII, 1765.

Diderot, D., *Éléments de physiologie*, 1773-1774.

Dockès, P., *La Société n'est pas un pique-nique – Walras et l'économie sociale*, Paris, Économica, 1996.

Herland, M., « Trois économistes socialistes : Leroux, Proudhon, Walras » in Birnberg, J. (dir.), *Les Socialismes français – 1796-1866 – Formes du discours socialiste.* Paris, SEDES, 1995.

Herland, M., « La Société n'est pas un pique-nique (Pierre Dockès) », in *The European Journal of the History of Economic Thought*, vol. V, n° 2, Summer 1998.

Herland, M., « Léon Walras ou l'apothéose de l'économie politique et sociale » in Pierre Dockès, Ludovic Frobert, Gérard Klotz, Jean-Pierre Potier, André Tiran (dir.), *Les Traditions économiques françaises, 1848-1939*, Paris, CNRS Éditions, 2000.

Herland, M., « Three French Socialist Economists: Leroux, Proudhon, Walras », in *Journal of the History of Economic Thought*, vol. 18, n° 1 Spring 1996. Repris in Donald A. Walker (ed.), *The Legacy of Léon Walras*, deux volumes

21 Nous ne mentionnons pas d'éditeur pour les ouvrages classiques qui ont fait l'objet de nombreuses rééditions. Les références dans le texte sont alors données par partie, chapitre, etc.

de la série « Intellectual Legacies in Modern Economics », Cheltenham, Edward Elgar, 2001, vol. 2.

Herland, M., *Lettres sur la justice sociale à un ami de l'humanité*, Paris, Le Manuscrit, 2006.

Labarrière J.L., *La Condition animale – Études sur Aristote et les stoïciens*, Louvain-la-Neuve, Éditions Peeters, 2005.

Leroux, P., *De l'individualisme et du socialisme*, 1834. Repris in Pierre Leroux, *Anthologie*, Lormont, Le Bord de l'eau, 2007.

Locke, J., *Deuxième Traité du gouvernement civil*, 1690.

Mill, J.S., *Principes d'économie politique avec quelques-unes de leurs applications à l'économie sociale*, 1848.

Mill, J.S., *De la liberté*, 1859.

Nozick, R., *Anarchie, État et utopie*, Paris, PUF, 1974.

Overton, R., *An Arrow against all Tyrants*, 1646.

Proudhon P.J., *Premier Mémoire sur la propriété*, 1840.

Rawls, J., *Théorie de la justice*, Paris, Seuil, 1987 (Coll. « Points », 2009).

Rothbard, M., *L'Éthique de la liberté*, 1982.

Singer, P., *La Libération animale*, Paris, Grasset, 1993.

Sorabji, R., « Des droits des animaux : débats antiques et modernes » in Monique Canto-Sperber, *La Philosophie morale britannique*, Paris, PUF, coll. « philosophie morale », 1994.

Van Parijs, P., *Real Freedom for All – What, if Anything Can Justify Capitalism?*, Oxford, Oxford Un. Press, 1995.

Walras, L., *Œuvres Économiques Complètes d'Auguste et Léon Walras*, vol. V à XIV, (*OEC* V à XIV), Paris, Economica, 1990-2005.

Wolfesperger, A., *Économie Publique*, Paris, PUF, coll. « Thémis », 1995.

DEUXIÈME PARTIE

ÉQUILIBRE ÉCONOMIQUE GÉNÉRAL ET SES PROLONGEMENTS

Walras à propos du capital et de l'intérêt : une analyse dans l'optique de ses contemporains

Andrea IMPERIA, Vincenzo MAFFEO, Fabio RAVAGNANI

Knut Wicksell fut le principal interlocuteur de Walras en ce qui concerne la théorie du capital et de l'intérêt. Comme on le sait, durant une longue période, il critiqua fortement l'économiste français sur cette question (voir, par exemple, Stigler 1948, p. 252-254). Dans cet article, nous examinerons les critiques avancées par Wicksell contre le traitement du capital et de l'intérêt chez Walras à la fin du XIXe siècle, ainsi que la réaction qui s'en suivi de la part des disciples de Walras. En ce qui concerne le premier aspect, il faut noter que les critiques avancées par Wicksell à cette époque se réfèrent à la deuxième et à la troisième édition des *Éléments*, dans lesquelles le capital circulant est exclu de l'analyse. Nous nous efforcerons donc de clarifier les remarques de Wicksell sur les conséquences de cette exclusion à la fois sur la représentation du processus social de production et sur la détermination du taux d'intérêt. En ce qui concerne le second aspect, notre discussion de la réaction engendrée par les remarques critiques de Wicksell montre que la voie appropriée pour traiter de l'élément capitalistique de la production dans le contexte de l'analyse de l'équilibre général était un problème ouvert chez les disciples de Walras à la fin du XIXe siècle.

L'article est subdivisé comme suit. La section 2 examine l'évaluation critique de la théorie walrassienne du capital et de l'intérêt telle qu'elle est présentée par Wicksell dans *Value, Capital and Rent*. La section 3 traite de la réponse d'Enrico Barone à Wicksell. La section 4 montre que Wicksell a maintenu ses critiques après la réponse de Barone et propose une interprétation à ce sujet. La section 5 dresse un bilan et en tire les conclusions.

La première évaluation par Wicksell de la théorie walrassienne du capital et de l'intérêt : *Value, Capital and Rent* (1893)

La position de Wicksell sur le capital et la répartition

Dans *Value, Capital and Rent*, Wicksell (1893, p. 94) attribut à Walras le mérite d'avoir réalisé, à travers « les équations de la production », la seule tentative réussie « pour rendre justice [aux] relations réciproques » entre le prix et le coût de production des marchandises; en d'autres termes, le mérite d'avoir traité ces relations du point de vue de l'équilibre économique général. Cependant, en même temps, il soutient que le concept de capital de Walras est « dépassé et réducteur » (1893, p. 21) et que l'analyse walrassienne de la production, de la répartition et de l'échange a besoin d'être complétée par la théorie du capital de Böhm-Bawerk.

Comme l'indique Wicksell, la théorie de Böhm-Bawerk part de la prémisse selon laquelle la production exige du temps. Le capital est conçu, dans son essence, comme un fonds de moyens de subsistances qui sont avancés aux travailleurs et aux propriétaires fonciers pour toute la période durant laquelle le travail et la terre sont employés directement et indirectement dans la production de biens de consommation finale. À tout moment du temps, ce fonds apparaît principalement dans l'économie sous la forme de matières premières, de produits en cours de fabrication et d'autres biens-capitaux qui seront graduellement transformés en biens de consommation (Wicksell, 1893, p. 115-116). Dans l'optique de Wicksell (et de Böhm-Bawerk), des méthodes de production plus indirectes sont associées à des périodes de production plus longues. De plus, on considère que la production par unité de travail augmente avec la durée de la période de production. Par conséquent, le rôle du capital dans la production

> consiste [...] simplement et uniquement à rendre possible l'introduction d'une période plus longue de temps entre le début et la fin du processus de production de la marchandise concernée et donc l'adoption d'une méthode de production détournée plus productive que dans le cas où la production disposerait de moins de capital ou serait totalement dépourvue de capital. (Wicksell, 1893, p. 115)

Dans ce cadre conceptuel, une théorie de la répartition fondée sur l'offre et la demande est développée et elle repose sur une manière spécifique de déterminer la « quantité de capital » nécessaire dans la production (cf. Wicksell 1893, ch. II, sections 4-5). En particulier, l'auteur affirme que le montant de capital (en termes du numéraire choisi) nécessaire pour la production d'un bien de consommation générique selon n'importe quelle méthode donnée est égal au montant total des salaires et des rentes anticipées sur les quantités de travail et de terre employés directement et indirectement dans cette production, multiplié par la moyenne pondérée des périodes de temps durant lesquelles ces quantités restent investies (la *période moyenne de production* selon Böhm-Bawerk)[1].

On doit noter que dans *Value, Capital and Rent* Wicksell développe sa théorie sous l'hypothèse d'une économie stationnaire dans laquelle on utilise seulement du capital circulant. En ce qui concerne le premier aspect, il pense que, durant une première phase, la théorie de l'intérêt et la théorie de l'accumulation doivent être considérées séparément, comme on le fait habituellement pour la théorie de l'échange et celle de la production (Wicksell 1893, p. 21). Ici, il n'entend pas nier le fait que « ces deux questions – la question de l'origine de l'intérêt du capital et celle de l'origine du capital lui-même portant intérêt – [...] sont liées » (1893, p. 21).

Wicksell semble soutenir que les causes qui déterminent le taux d'intérêt sont largement indépendantes de celles qui déterminent l'accumulation du capital. Dans cette approche, la façon la plus simple de traiter la détermination du taux d'intérêt indépendamment de la théorie de l'accumulation du capital est de mettre l'accent sur le cas d'une « économie *stationnaire* dans laquelle le capital et les autres facteurs économiques peuvent être conçus comme une somme approximativement inaltérable » (1893, p. 22).

Wicksell semble croire que dans cette économie hypothétique la détermination du taux d'intérêt doit dépendre seulement de l'emploi d'une quantité donnée de capital dans la production, à côté du travail et de la terre, et non des conditions de son accumulation.

En ce qui concerne l'hypothèse selon laquelle seul le capital circulant est utilisé dans la production[2], pour comprendre le point de vue de Wicksell, il est utile de considérer sa classification des biens-capitaux « selon leur durabilité » (1893, p. 105). Wicksell prend tout d'abord en considération les moyens de production « consommables ou rapidement

---

1 L'argument présuppose que la moyenne pondérée des périodes durant lesquelles les quantités de travail restent investies coïncide avec la moyenne analogue calculée pour les quantités de terre. Sinon, on peut faire l'hypothèse selon laquelle le travail est le seul facteur primaire. En outre, l'argument présuppose que les biens capitaux fixes ne sont pas employés dans la production et que le taux d'intérêt simple prévaut dans l'économie.

2 Dans la théorie wicksellienne, tous les moyens de production, « une fois le processus de production achevé et les biens disponibles [...] sont supposés être usés et privés de toute valeur » (1893, p. 120).

usés », qu'il appelle le « capital au sens strict »[3]. Il les distingue des « biens hautement durables », tels que les « bâtiments d'exploitation, usines, entrepôts, chemins de fer, etc. » Pour ces derniers biens,

> le coût originel de construction n'a plus aucune influence sur le niveau actuel de la rente [et] c'est précisément à cause de cela que [ces biens] ne peuvent pas être considérés ou traités comme du capital au sens étroit, mais, une fois qu'ils sont là, ils doivent être placés, économiquement parlant, dans la même catégorie que la propriété foncière elle-même. (Wicksell, 1893, p. 118-119)

En d'autres termes, en raison de leur longue vie, les « biens hautement durables » sont rémunérés seulement en proportion de leur rareté, sans aucune influence notable de leurs coûts de production respectifs ; c'est pourquoi Wicksell les nomme « *biens-rentes* » (*rent goods*). Il affirme que les « biens-rentes » ne jouent aucun rôle dans la détermination du taux d'intérêt : « si […] tous les capitaux existants étaient réunis dans une somme unique, dans le but d'utiliser cette somme comme un élément de la détermination théorique du niveau de l'intérêt et des salaires, il serait erroné de concevoir la valeur capital de tous les chemins de fer, des bâtiments, etc., comme étant incluse dans cette somme. » (1893, p. 119).

En outre, Wicksell remarque que dans une économie stationnaire, les « biens-rentes » « ne sont pas du tout produits, mais sont gardés en bon état […]. L'investissement en capital en question appartient au passé et ne doit plus être considéré » (1893, p. 162).

On doit noter que dans cette classification, Wicksell ne prend pas en considération les biens-capitaux qui, « comme les outils ou les machines, durent seulement quelques années ». Il remarque seulement que la ligne de partage entre les « biens-rentes » et les biens-capitaux « consommables », ou le « capital au sens strict », ne peut pas être établie en termes abstraits mais exige « une investigation précise sur les véritables fonctions de ces forces économiques » (1893, p. 106) ; toutefois, il s'agit d'une question que Wicksell n'entend pas traiter pour le moment[4]. Au stade ultérieur de l'analyse, il réaffirme que les « biens-rentes » ne jouent aucun rôle dans la détermination du taux d'intérêt. En fait, Wicksell n'accorde plus le rôle de déterminant du taux d'intérêt à l'ensemble des capitaux « consommables », mais seulement au « capital circulant » : « Le volume du capital circulant détermine les niveaux du

3 Wicksell (1893, p. 105) inclut également dans cette catégorie les « biens de consommation, tant [qu'ils] ne sont pas encore entre les mains des consommateurs ».

4 On doit noter que Wicksell était conscient de la difficulté de l'inclusion des biens-capitaux fixes dans le cadre de l'approche théorique de Böhm-Bawerk (cf. 1893, p. 118).

salaire, de la rente et de l'intérêt du capital. Sur ces niveaux, les biens hautement durables exercent la même influence que, disons, les parcelles cultivées de terre » (1893, p. 163).

La critique du traitement du capital et de l'intérêt chez Walras

Du point de vue à la fois de la conception du capital comme fonds de subsistance et du rôle attribué au capital circulant, il n'est pas surprenant que dans *Value, Capital and Rent* Wicksell ne soit pas d'accord avec le traitement du capital et de l'intérêt chez Walras. Comme on le sait, dans les éditions des *Éléments* disponibles à l'époque, Walras limite son analyse à des économies dans lesquelles seules les dotations de biens capitaux *fixes* sont supposées exister, tandis que la présence de stocks de matières premières, de biens semi-finis et de biens de subsistance est écartée par l'hypothèse selon laquelle ces biens « sont consommés dès qu'ils sont produits et ne sont pas stockés à l'avance » (Walras, 1954, p. 220 ; 1988, p. 278). Selon Wicksell, l'absence de biens-capitaux circulants a deux conséquences importantes pour l'analyse de Walras, qui sont résumées à la fin de *Value, Capital and Rent*. La première conséquence est que « [il] est [...] implicitement supposé par Walras que les travailleurs et les autres producteurs s'entretiennent eux-mêmes durant la production et ne reçoivent la rémunération de leurs services producteurs qu'après seulement l'achèvement de la production, grâce aux recettes des produits en question. » (Wicksell, 1893, p. 167).

Selon Wicksell, cette hypothèse tacite « est évidemment incorrecte » puisque, comme il le note plus haut dans l'ouvrage, « [l]a production exige du *temps* [...] et généralement les vendeurs des services producteurs ne pourront pas ou ne souhaiteront pas attendre l'achèvement des marchandises pour obtenir leur rémunération sur le montant des ventes. » (1893, p. 93).

En ce qui concerne le réalisme dans la représentation du processus social de production, nous pouvons dire que les considérations de Wicksell pointent une réelle faiblesse dans les premières formulations des *Éléments*. Une fois reconnu le fait qu'une certaine période de temps doit normalement s'écouler entre le moment où les inputs primaires sont employés et le moment où les produits finaux correspondants sont prêts à être vendus, l'entretien des travailleurs au cours du processus social de production exige le respect d'au moins une des conditions suivantes. La première est que les réserves de biens de consommation soient disponibles dans l'économie. La seconde est qu'à l'intérieur de l'ensemble des industries produisant des biens de consommation et leurs moyens de production directs et indirects, les processus productifs soient effectués côte à côte et coordonnés de telle façon que le remplacement régulier des biens-capitaux usés et l'émergence d'un flux continu de biens de consommation soient assurés. Or, ces conditions ne sont pas compatibles avec l'absence de stocks de capitaux circulants postulée dans les premières éditions des *Éléments*. Cela est évident pour la première condition. En ce qui concerne la seconde, il suffit de remarquer que la production « intégrée » d'un flux continu de biens de consommation présuppose qu'un agrégat de biens intermédiaires soit présent dans l'économie à tout moment du temps.

En passant ensuite à la seconde conséquence, Wicksell concentre son attention sur le système des « équations de la production et de l'échange » qui, dans toutes les éditions des *Éléments*, constitue une étape intermédiaire de la théorie walrassienne en direction du système élargi avec formation de capital[5]. Comme on le sait, dans ce système intermédiaire, Walras (1954, p. 238 ; 1988, p. 302-303) suppose que les biens-capitaux durables existants ne sont pas sujets à dépréciation et, en outre, que l'économie est « stationnaire » au sens où des quantités additionnelles de biens-capitaux ne sont ni demandées ni produites. Wicksell (1893, p. 167) remarque que « ces équations de la production et de l'échange ne peuvent donner aucune information au sujet du niveau du taux d'intérêt » puisque : « [s]i seuls les biens-capitaux durables sont considérés comme du capital, alors une certaine *rente* est déterminée pour chaque groupe de ces [biens] par les équations mentionnées plus haut, mais *non* la *valeur capital* elle-même des biens, ni, par conséquent, le *taux* de l'intérêt ou “le taux du revenu net” ».

Il déclare donc que ce point « est explicitement admis par Walras », qui : « affirme que, dans le but de déterminer le taux d'intérêt, il est nécessaire de passer de l'analyse d'une économie stationnaire à l'analyse d'une économie progressive, dans laquelle de *nouveaux* biens-capitaux portant intérêt sont produits, dont la valeur capital peut être déterminée par les coûts de production ».

Finalement, Wicksell indique que l'affirmation de Walras selon laquelle le taux d'intérêt ne peut pas être déterminé dans le cas d'une économie stationnaire « est certainement incorrecte » et en fin de compte trouve son origine dans l'exclusion du capital circulant de l'analyse. Son argument consiste simplement à rappeler les résultats obtenus par l'approche alternative de *Value, Capital and Rent*, qui montre que « [d]ans l'économie stationnaire aussi [...] un taux d'intérêt du capital circulant sera incontestablement établi, précisément parce que les méthodes de production plus longues s'avèrent être plus profitables. » (1893, p. 167).

---

5 Les « équations de la production et de l'échange » indiquées dans le texte sont introduites dans la 41e leçon de la première édition des *Éléments* et dans la 20e leçon dans les éditions ultérieures.

Examinons maintenant plus précisément cette seconde critique émise dans *Value, Capital and Rent*. D'une part, la substance de la critique est claire – selon Wicksell, la conception de Walras de la détermination du taux d'intérêt est sérieusement défectueuse, dans la mesure où elle est incapable de traiter du cas basique d'une économie stationnaire. D'autre part, on doit noter que l'argument critique de Wicksell repose implicitement sur l'idée selon laquelle la théorie de Walras, appliquée à une économie stationnaire, ne permet pas la détermination des prix des biens-capitaux sur la base des coûts de production. Toutefois, la possibilité de maintenir un tel point de vue en ce qui concerne le système walrassien élargi avec formation du capital n'est pas claire. En considérant que dans le système élargi, Walras (1954, p. 268 ; 1988, p. 346) suppose explicitement que les biens-capitaux fixes existants *sont* sujets à dépréciation, on peut objecter que des biens-capitaux durables doivent normalement être produits même dans une économie stationnaire afin de remplacer les moyens de production hors d'usage. Par conséquent, pourquoi Wicksell raisonne-t-il comme si les biens-capitaux étaient supposés « indestructibles » *dans toute* la théorie de Walras ? Nous reviendrons sur ce point après avoir examiné l'impact de la critique de Wicksell dans le petit cercle des disciples de Walras.

La réponse de Barone à Wicksell

Les critiques de Wicksell ont stimulé la réflexion d'Enrico Barone, qui a répondu dans un article publié en 1895. Quelques aspects importants de sa réponse, comme nous le verrons, sont exposés dans un article ultérieur (Barone, 1896).

En ce qui concerne la première critique de Wicksell, Barone affirme que dans la théorie de Walras il n'est *pas* tacitement supposé que les travailleurs s'entretiennent eux-mêmes avec leurs propres ressources durant le processus productif. D'après lui, « Walras dit clairement que l'entrepreneur a besoin non seulement des services de la terre, du travail et du capital (biens-capitaux durables), mais aussi de l'usage d'une certaine quantité de numéraire [dans le but] d'avancer les salaires, d'acheter les matières premières [...] etc. » (Barone, 1895, p. 535 ; notre traduction).

Parmi les coûts de production que l'entrepreneur doit assumer, il est donc inclus « le prix pour l'usage de [cette] quantité de numéraire, [qui à son tour] représente l'intérêt que Wicksell croyait être évacué de la théorie de Walras » (1895, p. 535 ; notre traduction).

Malheureusement, Barone ne précise pas les passages des *Éléments* auxquels il se réfère, et en fait il n'est pas certain qu'ils existent réellement. Comme nous le verrons bientôt, dans sa réponse, Barone n'entend pas clarifier certains éléments présents implicitement dans la théorie de Walras, mais il cherche à développer cette théorie.

Pour clarifier ce point, examinons dans les grandes lignes comment Barone *détermine* le montant de numéraire qui est exigé pour la production d'un bien de consommation générique. Puisque Barone ne s'étend pas sur cet aspect dans sa réponse de 1895, nous nous référerons à l'exemple illustratif présenté dans son article ultérieur (1896, p. 134-136), qui peut être facilement résumé comme suit.

Barone suppose que tous les stades de la production directe et indirecte du bien de consommation générique sont réalisés au sein d'une seule usine, en employant seulement du travail et des biens-capitaux circulants. Plus précisément, il suppose que l'usine est composée de quatre sections et, en outre, que la production à la fois du bien de consommation et de ses moyens de production directs et indirects s'opère dans les conditions suivantes. Dans la première section, L_1 travailleurs produisent le bien (A) ; dans la seconde, L_2 travailleurs transforment (A) en bien (B) ; dans la troisième, L_3 travailleurs transforment *(B)* en bien *(C)*, et enfin, dans la quatrième section, L_4 travailleurs transforment *(C)* en bien de consommation *(D)*. Il est supposé que les processus de production des quatre sections sont organisés côte à côte et synchronisés de manière à assurer à la fois le remplacement régulier des biens-capitaux circulants usés et l'émergence d'un lot de biens de consommation finale *(D)* à la fin de chaque semaine.

Sous les hypothèses indiquées ci-dessus, Barone s'intéresse aux quatre semaines initiales durant lesquelles les différentes sections de l'usine sont activées successivement pour obtenir le premier lot de produit final. Il montre que la quantité totale de numéraire exigée dans cette phase initiale pour avancer les salaires aux travailleurs progressivement employés ne s'élève pas à $Z = 4s(L_1+L_2+L_3+L_4)$, où s signifie le taux de salaire hebdomadaire, mais seulement à une fraction de Z. En considérant que durant la première semaine, seuls les L_1 travailleurs de la première section sont employés, que dans la deuxième semaine, seuls les (L_1+L_2) travailleurs des sections 1 et 2 sont employés, et ainsi de suite, Barone (1896, p. 136) conclut que le fond de numéraire nécessaire pour avancer les salaires dans la phase initiale considérée est de $N = s(4L_1+3L_2+2L_3+L_4) = (1/\varepsilon)Z$. Ensuite, il remarque que, une fois la phase initiale réalisée, le fond de numéraire N utilisé au départ pour avancer les salaires doit rester investi en permanence dans l'usine, car il correspond à la valeur du stock de biens-capitaux circulants qui est constamment exigé pour assurer une production continue régulière (1896, p. 119).

À partir de l'exemple précédent on peut faire deux remarques. Tout d'abord, nous avons vu que Barone, pour contrer la première critique de Wicksell, introduit l'hypothèse selon laquelle tous les stades de la production directe et indirecte de biens de consommation sont réalisés simultanément et coordonnés de manière à fournir un flux continu de ces biens. Cette hypothèse prend en compte le fait que la production prend du temps et, en outre, permet d'expliquer comment les travailleurs peuvent recevoir régulièrement les moyens nécessaires à leur subsistance au cours du processus social de production. Toutefois, comme nous l'avons noté à la section 2 et montré par l'exemple précédent, l'hypothèse d'une « production continue » présuppose qu'un stock de biens intermédiaires soit constamment présent dans l'économie. Par conséquent, on peut conclure que Barone, dans sa tentative pour défendre Walras de la première critique de Wicksell, admet en fait que la théorie de Walras a besoin d'être complétée par l'introduction du capital circulant. Cela peut expliquer pourquoi, dans sa réponse à Wicksell, Barone (1895, p. 534) reconnaît que l'analyse présentée dans les premières éditions des *Éléments* ne peut pas être considérée comme « définitive ».

La seconde remarque que l'on peut faire est que Barone, dans sa tentative pour compléter l'analyse de Walras, se rapproche fortement de la conception du capital de Böhm-Bawerk (et de Wicksell). Pour étayer cette affirmation, retournons à l'exemple de Barone. Comme nous l'avons vu, le fond de numéraire qui, sous les hypothèses de Barone, doit rester investi en permanence dans l'usine s'élève à

$$N = (1/\varepsilon)Z \qquad (1)$$

En rappelant que $Z = 4s\,(L_1+L_2+L_3+L_4)$, l'équation (1) peut s'écrire

$$N = (4/\varepsilon)\,Ls \qquad (2)$$

où $L = (L_1+L_2+L_3+L_4)$ est le nombre total d'ouvriers employés en permanence dans la production du bien de consommation et de ses moyens de productions directs et indirects. Désormais, il est facilement établi que le coefficient $(4/\varepsilon)$ dans l'équation (2) coïncide avec la période moyenne de production de Böhm-Bawerk calculée pour l'exemple en discussion[6]. Prenant en compte cet élément, l'équation (2)

[6] Notons d'abord que l'équation (2) implique que $4/\varepsilon = N/Ls = (4L_1+3L_2+2L_3+L_4)/(L_1+L_2+L_3+L_4)$ (2')
Ensuite, redéfinissons les quantités de travail du côté droit de (2') de telle façon que, pour chaque quantité, le coefficient indique le nombre de semaines qui doit s'écouler entre le moment où la quantité de travail est rémunérée et le moment où le produit final correspondant est prêt à la vente. Cela peut être fait en notant les quantité de travail $\bar{L}_1$, $\bar{L}_2$, $\bar{L}_3$ and $\bar{L}_4$, où $\bar{L}_1 = L_4$, $\bar{L}_2 = L_3$, $\bar{L}_3 = L_2$, $\bar{L}_4 = L_1$. Avec cette notation modifiée, l'équation (2') peut s'écrire :
$4/\varepsilon = (\bar{L}_1 + 2\bar{L}_2 + 3\bar{L}_3 + 4\bar{L}_4)/(\bar{L}_1 + \bar{L}_2 + \bar{L}_3 + \bar{L}_4)$

révèle que le fond de capital circulant que l'entrepreneur doit investir en permanence dans l'usine est égal, avec les hypothèses de Barone, aux salaires payés aux L travailleurs employés en permanence multipliés par la période moyenne de production.

Nous pouvons finalement en venir à la seconde critique de Wicksell, selon laquelle la théorie de Walras ne permet pas la détermination des prix des biens-capitaux, et donc du taux d'intérêt, dans le cas d'une économie stationnaire. À cette critique, Barone (1895, p. 538) oppose l'objection indiquée à la fin de la Section 2, selon laquelle les biens-capitaux fixes sont sujets à dépréciation et sont normalement remplacés par de nouveaux biens produits : « Les biens-capitaux durables ne sont pas impérissables et, s'il ne fallait que les maintenir en l'état, une production continue de ces biens est nécessaire » (notre traduction).

Le maintien de la critique de Wicksell dans les années postérieures à la réponse de Barone : une interprétation

Dans le compte rendu du *Cours d'Économie Politique* de Pareto, Wicksell (1897, p. 146) mentionne avec approbation la première partie de la réponse de Barone, qu'il interprète correctement comme une tentative pour améliorer la théorie de Walras :

> E. Barone a récemment montré d'une manière réellement brillante comment la théorie de la production de Walras devait être complétée, de telle sorte que tous ses défauts théoriques ont disparu [...]. Ceci est réalisé simplement par l'addition d'une autre relation aux « relations logiques » formulées par Walras pour les quantités considérées; c'est-à-dire, en les reliant à la *durée de la période de production* ou la période d'investissement, donc en plaçant au premier plan cette idée extrêmement fructueuse, qui fut [...] pour la première fois exploitée à fond par Böhm-Bawerk.

Toutefois, dans ce compte rendu, l'objection soulevée par Barone contre la seconde critique de Wicksell – selon laquelle les biens-capitaux fixes doivent être reproduits aussi dans une économie stationnaire – n'est même pas mentionnée. Une indication de la manière dont Wicksell considérait l'objection de Barone peut être trouvée dans la seconde édition des *Lectures on political economy*, publiée en 1911. Considérons, en particulier, le passage suivant : « Dans la théorie de Walras-Pareto [...] le capital et l'intérêt comptent à égalité avec la terre et la rente ; en d'autres termes, elle reste une théorie de la production sous des conditions essentiellement non capitalistes, même si l'existence

---

où le terme du côté droit est précisément la période moyenne de production de Böhm-Bawerk.

d'instruments durables, mais apparemment indestructibles, est prise en considération. » (Wicksell, 1911, p. 176 ; notre traduction).

Ce passage montre que l'objection de Barone n'a pas d'effet sur Wicksell, qui considère toujours dans les *Lectures* les biens-capitaux fixes présents dans la théorie de Walras comme des moyens de production *indestructibles*. D'autre part, Wicksell affirme aussi dans ce passage que dans la théorie de Walras, le capital est assimilé à la terre et l'intérêt à la rente. Cela signifie que, selon lui, les biens-capitaux fixes des *Éléments* correspondent aux « *biens-rentes* » mentionnés dans *Value, Capital and Rent*, c'est-à-dire des moyens de production hautement durables qui, dans une économie stationnaire, ne sont pas produits, mais sont simplement maintenus en bon état. Dans cette interprétation, on comprend le point de vue de Wicksell selon lequel la théorie de Walras appliquée à des économies stationnaires ne permet pas la détermination des prix des biens-capitaux sur la base des coûts de production. En outre, on comprend le rejet par Wicksell de la remarque de Barone selon laquelle le remplacement du capital fixe doit aussi s'opérer dans une économie stationnaire : selon Wicksell, cette remarque, quoique correcte en termes généraux, n'est pas applicable au cas particulier des « instruments durables » considérés dans les *Éléments* et peut donc être ignorée.

Toutefois, on peut observer qu'un bref passage des *Lectures* de Wicksell n'est pas suffisant pour défendre l'interprétation mentionnée ci-dessus. Par conséquent, deux problèmes se présentent à cette étape de notre discussion. Tout d'abord, Wicksell a-t-il quelque motif pour considérer les biens-capitaux fixes des *Éléments* comme des « biens-rentes » ? Ensuite, peut-on trouver une autre preuve en faveur de l'interprétation suggérée dans les écrits de Wicksell ? Nous soutiendrons que la réponse est affirmative dans les deux cas.

En ce qui concerne le premier problème, considérons la condition que le prix de vente P d'un bien capital fixe nouvellement produit doit respecter dans le système d'équations de Walras avec formation de capital. Comme on le sait, à partir de la seconde édition des *Éléments*, Walras suppose que le taux d'amortissement annuel calculé sur le bien-capital est une fraction donnée et constante μ de P. En outre, il suppose qu'une prime d'assurance annuelle vP sera calculée sur ce bien, où v est lui-même une fraction donnée et constante. Sous ces hypothèses, Walras établit qu'à l'équilibre, le prix de vente P doit respecter la condition suivante :

$$P = \frac{p}{i + \mu + v} \quad (3)$$

où p est le prix pour le service annuel du bien-capital et i est le taux de revenu net annuel que l'on peut obtenir sur tous les biens-capitaux (c'est-à-dire le taux d'intérêt d'équilibre). En supposant $\nu = 0$ pour simplifier, l'équation (3) peut s'écrire

$$P = \frac{p - \mu P}{i} = \frac{\pi}{i} \quad (3')$$

où $\pi = (p - \mu P)$ est le *revenu net* annuel que l'on peut obtenir du bien-capital. On peut noter que dans l'équation (3'), le prix de vente du bien-capital est calculé comme la valeur actuelle d'un flux perpétuel de revenus nets d'un montant constant π, où le flux est actualisé au taux courant de l'intérêt i. On peut donc affirmer que sous les hypothèses de Walras, l'amortissement d'un bien-capital fixe générique se réalise en fait sous la forme d'un « maintien » régulier annuel à travers lequel le bien-capital peut être conçu pour durer éternellement avec une efficacité constante (Garegnani 2008, p. 369, n° 9). Cela offre à son tour une base pour l'assimilation entre les biens-capitaux durables des *Éléments* et les « biens-rentes ».

Venons-en maintenant au second problème. L'évidence textuelle montre que durant toute sa vie, Wicksell a continué à considérer les biens-capitaux fixes des *Éléments* comme des « biens-rentes ». Par exemple, dans le compte rendu du *Manuel d'économie politique* de Pareto, Wicksell (1913, p. 171) écrit : « La théorie de la production [de Pareto], comme celle de Walras, traite uniquement du concept de production *sans capital*. Les aides techniques à la production sont considérées comme des fonds inépuisables, de telle sorte qu'ils pourraient aussi bien être décrits comme des types particuliers de terres fertiles ».

Une affirmation plus explicite est avancée dix ans plus tard dans le commentaire de l'analyse du capital fixe chez Åkerman : « Walras considère essentiellement les biens-capitaux comme *indestructibles* ou comme constitués de telle façon qu'ils puissent être conservés intacts avec un montant donné de coûts [...] d'entretien » (Wicksell, 1923, p. 258).

Conclusion

Dans cet article, nous avons examiné quelques aspects centraux de la critique présentée par Wicksell contre la théorie du capital et de l'intérêt chez Walras à la fin du XIXe siècle. En particulier, nous avons attiré l'attention sur les critiques provenant de l'absence de biens-capitaux circulants dans les premières éditions des *Éléments*. Nous avons tout d'abord examiné la critique de Wicksell selon laquelle l'exclusion du capital circulant de l'analyse contraint Walras à supposer tacitement que les travailleurs s'entretiennent eux-mêmes avec leurs propres ressources durant le processus de production. À ce sujet, il a été affirmé que la remarque de Wicksell met l'accent sur une réelle inadéquation de la description du processus social de production dans les premières éditions des *Éléments*. Nous avons aussi observé que la critique de Wicksell avait attiré l'attention du cercle étroit des disciples de Walras. En particulier, nous avons remarqué qu'Enrico Barone, dans sa réponse à Wicksell, admettait effectivement que la théorie de Walras devait être complétée par l'introduction du capital circulant. En outre, dans sa tentative pour montrer comment cet élément pouvait être introduit dans l'analyse, il devint très proche de la conception du capital de Böhm-Bawerk. La réaction de Barone montre donc que la représentation appropriée de l'élément capitalistique de la production dans l'analyse de l'équilibre général était un problème ouvert chez les disciples de Walras à la fin du XIXe siècle.

Ensuite, nous avons considéré une seconde et plus obscure critique avancée par Wicksell, selon laquelle la théorie de Walras ne pouvait pas déterminer les prix des biens-capitaux, et donc le taux d'intérêt, dans le cas des économies stationnaires. Nous affirmons que cette critique repose en définitive sur le point de vue de Wicksell selon lequel les biens-capitaux durables dans les *Éléments* peuvent être assimilés aux « biens-rentes » discutés dans *Value, Capital and Rent*. Dans ce rapprochement, nous avons souligné que l'hypothèse particulière de Walras concernant l'amortissement des biens capitaux fixes fournissait une justification de cette thèse. Enfin, nous avons établi que Wicksell n'a jamais cessé d'envisager les biens-capitaux durables des *Éléments* comme des « biens-rentes ». Ce fait suggère que l'introduction des biens-capitaux circulants dans le cadre analytique des *Éléments*, que Walras effectua dans la quatrième édition de son traité, a joué un rôle dans l'abandon ultérieur par Wicksell de la seconde critique mentionnée plus haut (Wicksell, 1919, p. 226, n° 1). Les biens-capitaux circulants doivent être évidemment reproduits même dans une économie stationnaire, et pour cette raison leurs prix, à la différence de ceux des « biens-rentes », peuvent certainement être déterminés sur la base des coûts de production.

Bibliographie

Barone, E., « Sopra un libro del Wicksell », in *Giornale degli Economisti*, 1895, vol. 11, p. 524-539.

Barone, E., « Studi sulla distribuzione », in *Giornale degli Economisti*, 1896, vol. 12, p. 107-155, 235-252.

Garegnani, P., « On Walras's Theory of Capital (Provisional draft 1962) », in *Journal of the History of Economic Thought*, 2008, vol. 30, p. 367-384.

Stigler, G. J., *Production and Distribution Theories*, New York, The Macmillan Company, 1948.

Walras, L., *Elements of Pure Economics or the Theory of Social Wealth* (W. Jaffè ed.), Londres, George Allen & Unwin, 1954.

Wicksell, K., *Über Wert, Kapital und Rente nach den neuren nationalökonomie Theorien*, Jena, G. Fisher, 1893. Traduction anglaise, *Value, Capital and Rent*, Londres, George Allen & Unwin, 1954.

Wicksell, K., « V. Pareto, Cours d'Économie Politique », in *Zeitschrift für Volkswirtschaft, Sozialpolitik und Verwaltung*, 1897, vol. 6, p. 159-166. Traduction anglaise, « Vilfredo Pareto's Cours d'Économie Politique », in Wicksell, K., *Selected Papers on Economic Theory* (édité par E. Lindhal), Cambridge (Mass.), Harvard University Press, 1958, p. 141-158.

Wicksell, K., *Föreläsningar i nationalekonomi, Häft I*, Lund, Berlingska Boktryckeriet, 1911.

Wicksell, K., « V. Pareto, Manuel d'Économie Politique », in *Zeitschrift für Volkswirtschaft, Sozialpolitik und Verwaltung*, 1913, vol. 22, p. 132-152. Traduction anglaise, « Vilfredo Pareto's Manuel d'Économie Politique », in Wicksell, K., *Selected Papers on Economic Theory* (édité par E. Lindhal), Cambridge (Mass.), Harvard University Press, 1958, p. 159-175.

Wicksell, K., « Professor Cassels nationalekonomiska system », in *Ekonomisk Tidskrift*, 1919, vol. 21, p. 195-226. Traduction anglaise, « Professor Cassel's System of Economics », in Wicksell, K., *Lectures on Political Economy, vol. I : General Theory* (édité par L. Robbins), Londres, Routledge, 1934, p. 219-257.

Wicksell, K., « Realkapital och kapitalränta », in *Ekonomisk Tidskrift*, 1923, vol. 25, p. 145-180. Traduction anglaise, « Real Capital and Interest », in Wicksell, K., *Lectures on Political Economy, vol. I : General Theory* (édité par L. Robbins), Londres, Routledge, 1934, p. 258-299.

Équilibre général et représentation de la concurrence dans les travaux d'Enrico Barone : apports et critiques du modèle walrassien

André LEGRIS, Ludovic RAGNI

On considère habituellement Enrico Barone comme un continuateur de l'œuvre de Léon Walras pour trois raisons principales. Premièrement, parce qu'il propose une reformulation de la théorie de l'équilibre général dans *Il Ministro della produzione nello Stato collectivisto* [1908a] (désormais *Il Ministro*). Deuxièmement, parce que dans les 19 lettres qui constituent la correspondance qu'il entretint avec Walras, il indique souvent adhérer aux résultats et à la méthode retenue par Walras pour décrire un équilibre général. Troisièmement, parce que, à partir de 1894, Barone contribue à l'élaboration de la théorie de la productivité marginale[1] en améliorant profondément le travail de l'auteur de *Éléments*. Sur ce point Jaffé (1964) a largement témoigné de l'intérêt des solutions que Barone propose pour aider à la formulation du théorème des productivités marginale même si, pour Jaffé, ces analyses feront l'objet de querelles[2]. Sur cette question, Barone fournit à Walras une solution mathématique permettant d'intégrer dans son modèle, sans le modifier en profondeur, des coefficients de production variables afin de permettre de représenter les productivités marginales des facteurs. L'apport de Barone a permis également à Walras de proposer une analyse de la répartition de la production qui manquait à sa théorie de l'équilibre général. À ce propos, Barone ira jusqu'à citer Walras et à lui rendre hommage en soulignant l'intérêt de sa méthode pour traiter de

---

1 Barone rédigea une « *Note* » « *Sopra un recente libro del Wicksteed* », destinée à l'*Economics Journal* sur recommandation de d'Edgeworth n'a jamais été retrouvée, on ne la connaît que par la traduction qu'en fit Walras après que Pareto lui ait communiqué l'original; (Jaffé, 1965, lettre 1215 p. 612-618 ; Jaffé, 1964 et 1974). Barone est certainement à ce titre à l'origine, avec Walras, du théorème des productivités marginales auquel participèrent notamment à l'époque Pareto, Wicksteed et Wicksell.

2 Jaffé « New Light On An Old Quarrel » (1964).

l'équilibre général, notamment lorsqu'il s'agit d'y intégrer l'analyse de la production. S'adressant à Walras il lui indique en effet :

> Toutes ces variables (prix, quantités et coefficients de productions) se déterminent l'une l'autre ; et c'est précisément l'un de vos mérites les plus grands d'avoir montré que le fermage, les salaires, les intérêts, les prix des produits et les coefficients de fabrication sont autant d'inconnues d'un même problème, qui doivent être déterminées toutes ensembles. (lettre de Barone à Walras, 13 novembre 1895, in Jaffé, 1965, vol. 2, p. 653)

Toutefois, pour résoudre ce problème Barone propose à Walras un raisonnement reposant sur la maximisation des profits. Il ne sera pas suivi par l'auteur des *Éléments* et il acceptera, sans doute bien rapidement, de se ranger à la solution consistant à minimiser les coûts : « Quant à mon équation $\Delta A.p_a = \partial\varphi / \partial A \, \Delta A.\pi$ vous avez raison. Elle exprime le minimum du prix de revient et non pas l'état d'équilibre dans la distribution de tous les facteurs entre les diverses productions. » (Barone, lettre à Walras, 8 novembre 1995, in Jaffé, 1965, vol. 2, p. 1218).

Pour autant, en 1908, dans le « *Il Ministro* », Barone revient sur cette question. Alors qu'il choisit, dans la première partie de l'ouvrage, de minimiser les coûts, il considère ensuite qu'il convient, à nouveau, de maximiser les profits pour mieux comparer les situations d'équilibre en libre concurrence, d'équilibre en situation de concurrence « anarchique » quand les producteurs détiennent un pouvoir de marché, et d'équilibre où l'État est propriétaire du capital. Il s'agit d'une question sur laquelle, ni les auteurs contemporains ni ceux qui ont animé la « querelle sur le théorème des productivités marginales », n'ont prêté intérêt se contentant d'admettre que, soit Barone acceptait la proposition walrassienne de minimiser les coûts, soit leurs échanges étaient chargés d'incompréhension mutuelle. Dans le même ouvrage Barone développe, dans la logique de la méthodologie walrassienne une « théorie économique pure et mathématique » dont l'objet est de formaliser comment, en régime collectiviste, la production peut être organisée et quelles sont les différences qu'une telle organisation implique par rapport à la libre concurrence, et à toute situation de concurrence en général (Barone, 1908/1938, p. 245). Du point de vue de la méthode, et alors même que Barone indique, « Hence, I do not write for or against Collectivism. [...] I propose to establish certain general lines of the solution which the Ministry of Production ought to give to the vast problem with which it is faced » (Barone, 1908a/1935, p. 245), son objectif est de comparer, de manière critique, une situation où le capital est propriété de l'État avec celle où il ne l'est pas, et que règne, soit un régime de libre concurrence, soit un régime de concurrence « anarchique ». Dans cette dernière configuration, les producteurs détiennent des avantages compétitifs les uns par rapport aux autres et s'engagent dans un processus de compétition où leurs incitations les poussent à tirer avantage de leurs qualités propres (Bradley et Mosca, 2010). C'est certainement parce que l'argumentaire de Barone permettrait, selon Hayek, de conclure à l'avantage du libéralisme sur le collectivisme que ce dernier intégra l'article consacré à « *Il Ministro* » dans l'ouvrage qu'il publiera en 1935[3]. Pour Hayek, l'intérêt du texte de Barone est de montrer sous quelles conditions le socialisme pourrait s'établir. Il faudrait, selon Barone et Hayek, la possibilité : 1) d'évaluer rationnellement l'ensemble des variables impliquées dans un modèle d'équilibre général représentatif d'une économie en régime collectiviste et en libre concurrence, 2) d'expliquer comment instaurer la répartition la plus souhaitable de la production pour le second régime dès lors que celle-ci est expliquée par la théorie de la productivité marginale, 3) de montrer par quels mécanismes l'économie, en régime collectiviste, peut ou non parvenir à une répartition plus juste en comparant les situations de concurrence « anarchique », de libre concurrence et d'économie collectiviste.

Il convient toutefois d'insister que, dans le « *Il Misnistro* », si Barone utilise les outils walrassiens pour mettre à jour les différences nécessaires à la construction d'un équilibre général en libre concurrence, en concurrence « anarchique » et en régime collectiviste, il recourt également, pour atteindre ce même objectif, à certaines représentations de la concurrence imparfaite (théorie de l'oligopole, des cartels, et des surplus), afin d'évaluer s'il est de l'intérêt collectif de laisser au Ministère de la production le soin de régir l'économie. On retrouve une démarche similaire dans d'autres travaux de Barone ayant pour objet de traiter de la dynamique en équilibre général. C'est notamment le cas dans *Sul trattamento di quistioni dinamiche* en 1896 et dans ses *Principi di economia politica* en 1908.

En référence à ce contexte, l'objet de cet article consistera à apprécier jusqu'à quel point les travaux de Baronne s'inscrivent dans la continuité de ceux de Walras, notamment en ce qui concerne la représentation de la théorie de la productivité marginale et les conceptions de la concurrence dont l'économiste italien cherche à rendre compte. Nous indiquerons, par delà les améliorations, quelles sont les modifications que Barone apporte au modèle d'équilibre général walrasssien qu'il considère par ailleurs comme le parangon de référence permettant la comparaison avec d'autres représentations de la concurrence. En effet, la méthode de Barone consiste souvent à emprunter à nombre d'écono-

[3] In Hayek, *Collectivist and Economic Planning*, Londres, Routledge et Kagan Paul, 1935.

mistes leurs résultats ou leur démarche pour développer son propre système et, dans certaines situations, compléter le modèle walrassien, tout en le « dénaturant ».

Premièrement, nous tenterons d'éclairer, une nouvelle fois, certains aspects de la controverse relative au théorème des productivités marginales qui n'ont jamais été pris en compte, afin de les mettre en perspective au regard des conceptions de la concurrence qu'ils impliquent dans les travaux de Barone.

Deuxièmement, nous revisiterons les apports de Barone au modèle d'équilibre général de Walras, afin de comprendre, au delà des développements mathématiques, dans quelle mesure il positionne ce modèle par rapport à d'autres conceptions de la concurrence. Dans ce but, nous montrerons, au travers de la méthode d'exposition à laquelle Barone recourt, en quoi les formes de concurrence auxquelles il se réfère ne recouvrent pas celles que Walras envisage.

Enrico Barone : vers une réévaluation de la question du théorème des productivités marginales

Barone modifie les équations de la production en montrant à Walras comment y inclure des coefficients de production variables afin de rendre compte de la variabilité de la productivité marginale des facteurs. On peut suivre, à partir de 1894, leur correspondance qui traduit l'acceptation enthousiaste de Walras à la plupart des propositions de Barone. Walras intègre les équations modifiées aux troisième et quatrième éditions des *Éléments*. Mais il résulte également de ces échanges des différences entre les analyses de Barone et celles de Walras pour décrire un équilibre général, ainsi qu'une conception de la concurrence différente chez l'économiste italien.

Il est aujourd'hui connu que ce débat débute à la suite des travaux de Wicksteed qui développe une théorie de la productivité et de la répartition en recourant à une fonction de production homogènes de degré un. Ce débat sera notamment nourri par la « Note » de Barone (« *Sopra un recente libro del Wicksteed* »[4]), que Pareto transmet à Walras (Jaffé, 1965, lettre du 20 septembre 1894, vol. 2, p. 619-621). Walras traduit cette note et y répond par un article incorporé ensuite aux *Éléments* : *« Note sur la réfutation de la théorie anglaise du fermage de M^R^. Wicksteed »*[5].

---

[4] La « Note » de Barone « Sopra un recente libro del Wicksteed » n'a jamais été retrouvée, on ne la connaît que par la traduction qu'en fait Walras (Jaffé 1965, lettre 1215 p. 612-618, Jaffé 1964 et 1974).

[5] La « Note sur la réfutation de la théorie anglaise du fermage de MR. Wicksteed » porte trois dates ; septembre 1894 pour la première partie, 1895 pour la seconde

Pour mieux réévaluer la portée du problème, nous tiendrons compte dans notre analyse, de la manière dont Barone traite de la question lorsque le débat retombe, dans ses *Studi sulla distribuzione* (1896), mais surtout dans *Il Ministro* (1908). À notre connaissance, ce dernier article ne sera pas discuté par les auteurs qui se sont intéressés au débat, ni par Jaffé lui-même. Il est cependant d'une importance essentielle parce que, d'une part, il précise la position de Barone à propos du théorème des productivités marginales et que, d'autre part, l'économiste italien propose une représentation de la concurrence différente de celle mise en scène par Walras. L'analyse des conditions de la concurrence et celle de la détermination des coefficients de production conduisent Barone, dans « *Il Ministro* », à fournir des outils conceptuels pour comparer le régime collectiviste et les régimes où l'État n'est pas propriétaire du capital, de sorte que les enjeux dépassent largement le seul traitement mathématique de la théorie de la productivité marginale.

La question de l'introduction de cette théorie dans les *Éléments* fera donc l'objet de discussions entre Walras, Barone et Pareto, et moins directement entre Wicksteed puis Wicksell. Elle impliquera par la suite de nombreux commentaires[6] concernant notamment ses conséquences en matière de justice, mais aussi de méthodologie.

Cinq étapes méritent d'être articulées pour mieux apprécier l'apport de Barone à la problématique des productivités marginales, puis de la concurrence.

---

partie et 1896 pour la date de parution. Selon Jaffé (1965) les deux premières parties auraient été écrites en 1894.

6 Dans « New Light On An Old Quarrel » (1964) W. Jaffé retrace une partie de l'historique de ces débats. De son côté D. Walker (1983) souligne que Walras aurait approché dès 1877 la « totalité » de la solution au problème de la théorie de la productivité marginale et qu'il n'aurait pas su (ou voulu) utiliser la méthode d'optimisation de Lagrange que lui soumis le mathématicien W. Amstein. Il est clair cependant que dans sa réponse du 6 janvier 1877, W. Amstein propose deux solutions au problème de minimisation des coûts sous contrainte de production avec coefficients variables, la première procède par substitution et élimination de variables, elle sera utilisée dans les *Éléments*, la seconde méthode (principe du lagrangien) est celle dont W. Jaffé se sert dans son argumentaire (cf. L. Walras, *Théorie mathématique de la richesse sociale* (1993) note des éditeurs p. 554-664). Il convient également de remarquer que Walras avait proposé un appendice mathématique aux 2e et 3e éditions des *Éléments* où il traitait des fonctions implicites preuve qu'il avait certainement compris la méthode du lagrangien proposée par Amstein (cf. « Des fonctions et de leur représentation géométrique, théorie mathématique de la chute des corps », 1889 in L. Walras, *Mélanges d'économie politique et sociale*, 1987, p. 237). D'autres auteurs prirent également part au débat relatif au théorème des productivités marginales comme K. Wicksell (1901) et plus tard H. Schultz, (1924, 1932), J. Hicks (1932), J. Robinson (1934). Plus récemment de nouvelles mises en perspectives ont été proposées (Ragni 1991, 2000 ; Legris 1997 ; Rebeyrol, 1999).

Premièrement, pour intégrer l'activité de production dans les *Éléments*, Walras suppose pour simplifier son raisonnement des coefficients donnés *a priori (et constant)*[7], tout en indiquant, dès 1874, qu'en général ils ne le sont pas. À partir de la troisième édition des *Éléments* (1896) il suppose, comme Barone le lui propose, que les coefficients sont déterminés en même temps que les autres variables et non plus après la détermination des prix des services.

> Nous supposons, comme on voit, les coefficients a_t, a_p, a_k [...] déterminés *a priori*. En réalité ils ne le sont pas. On peut employer, dans la confection d'un produit, plus ou moins de tels ou tels services producteurs. [...] Les quantités respectives de chacun des services producteurs qui entrent ainsi dans la confection d'une unité de chacun des produits *(ne sont déterminés qu'après la détermination des prix [Éléments, 1874 et 1889])* sont déterminés en même temps que les prix des services producteurs, par la condition que le prix de revient des produits soit minimum [*Éléments*, 1896]. Il serait facile d'exprimer cette condition par un système d'autant d'équations qu'il y a des coefficients de fabrication à déterminer. (Walras 1874 et 1896, in 1988, p. 305)

Les coefficients mesurent les quantités de services producteurs – rentes, salaires, profits – nécessaires pour obtenir une unité d'un bien donné. Outre que ceux-ci peuvent être variables, deux conditions sont supposées pour qu'un équilibre général puisse être déterminé.

- Condition 1 : Walras pose que le prix de revient des produits soit minimum, ce qui résulte du principe de minimisation des coûts par les entrepreneurs.

- Condition 2 : Walras considère qu'à l'équilibre, les entrepreneurs ne font ni bénéfice ni perte.

L'intérêt de la solution de Walras, que Barone accepte dès lors qu'elle reprend largement le raisonnement contenu dans sa propre « Note », est de permettre que l'ensemble des variables – prix, quantités mais aussi coefficients de production – soient déterminés « en même temps » (Walras 1874, 1988, p. 305).

Deuxièmement, à l'époque, la problématique de la rémunération des facteurs de production selon leur productivité marginale repose principalement sur les travaux de Wicksteed (1894/1967) dont Barone (1895) remarque les limites des présupposés mathématiques retenus. Le travail de Wicksteed suppose de recourir à une fonction de production linéaire et homogène de degré un, donc à rendements d'échelle constants. Sous cette hypothèse, il est impossible d'exprimer la productivité marginale des facteurs parce que, selon Barone (et Walras), une fonction

[7] Selon Walras en effet : « Il faut se rappeler que les coefficients sont provisoirement considérés comme constants Voir § 204 », (Walras, 1988, p. 324).

de production linéaire homogène est incompatible avec « la loi bien connues des productivités décroissantes » (Jaffé, 1965, lettre 1191, de Barone à Walras, 20 septembre 1894, vol. 2, p. 619-621). Les dérivées partielles d'une telle fonction étant constantes, les productivités marginales sont elles mêmes constantes, ce qui limite la portée de l'analyse. Par ailleurs, l'application du théorème d'Euler à une fonction linéaire homogène de degré un, implique, selon la proposition que Barone fait à Walras dans son courrier du 20 septembre 1894, si l'entrepreneur maximise ses profits :

- Résultat 1 : que les facteurs de production sont rémunérés à leur productivité marginale,

- Résultat 2 : que la rémunération des facteurs épuise le surproduit (théorème de l'épuisement du surproduit).

La théorie de Wicksteed conduit au même résultat mais, selon Barone, elle est implicitement contenue dans le travail de Walras qui l'aurait établi sans supposer l'hypothèse des rendements constants ou d'une fonction de production linéaire homogène de degrés un et en proposant, en même temps, de déterminer l'ensemble des variables d'un modèle d'équilibre général coefficients de production compris. Très clairement Barone conclut que la solution de Walras est beaucoup plus générale que celle de Wicksteed.

Selon Walras, les résultats 1 et 2 précédents ne sont corrects que si l'équilibre est atteint, c'est à dire quand le prix de vente est égal au prix de revient. Walras avait eu l'intuition, dès 1874, de la plus grande portée d'une solution où les coefficients puissent varier. Toutefois, dans son raisonnement, il avait supposé que les facteurs soient substituables, à l'instar de Barone (et de Pareto, 1896, 1902), sans spécifier la nature des rendements d'échelle, comme l'indique la citation précédente. Walras suppose que les producteurs minimisent leurs coûts. Mais surtout, il relie ce comportement à celui que ces mêmes producteurs engagent sur le marché des produits et celui des facteurs pour qu'un équilibre général puisse être atteint. Il suppose en effet que les producteurs « vont à la hausse » sur le marché des services et des produits quand la demande est supérieure à l'offre et qu'ils « vont à la baisse » quand elle est inférieure, afin d'équilibrer les offres et les demandes. Il propose également, pour égaliser le prix de vente au prix de revient, « la possibilité de l'affluence des producteurs vers les entreprises en bénéfice comme de leur détournement en perte » (Walras 1874, in 1988, p. 336). Les comportements, que Walras prête aux producteurs constituent, le soubassement principal du mécanisme qui préside, en situation de libre concurrence, pour atteindre un équilibre. À l'équilibre les producteurs ne font ni bénéfice ni perte, de sorte que Walras retrouve (pour cette seule situation) les conclusions de Wicksteed selon lesquelles les facteurs sont rémunérés à leurs productivités marginales et épuisent le surproduit. Sa démarche lui permet de déterminer les valeurs des coefficients de production comme autant d'inconnues auxquelles correspondent autant d'équations de fabrication, ce qu'il cherchait à faire pour introduire le traitement de la production dans son modèle d'équilibre général. Il en déduit en 1894 une première formulation du théorème des productivités marginales où la somme des rémunérations des facteurs est égale au surproduit (profits nuls).

> 1° La libre concurrence amène le prix de revient minimum ;
> 2° Sous ce régime, le taux de rémunération de chaque service est égal à la dérivée partielle de la fonction de fabrication, soit à la productivité marginale ;
> 3° Toute la quantité fabriquée du produit est distribuée entre les services producteurs.
> (Walras, « Note », 1894-1895-1896, (1988), *Éléments*, 1900, (1988), p. 722)

Toutefois, tel qu'il est formulé ci-dessus, comme résultat du principe de minimisation des coûts, le point deux du théorème n'est pas valide : le rapports des productivités marginales des facteurs sont certes égaux au rapport de leurs prix (ce que Walras et Barone écrivent) mais cela n'implique pas que leur rémunération est égale à leur productivité marginale pendant toute la durée du mécanisme de l'ajustement de l'offre et de la demande vers l'équilibre. Par ailleurs, pendant que dure le mécanisme ce mécanisme la rémunération des facteurs n'épuise pas forcément le surproduit de sorte que le point trois du théorème n'est pas vérifié sauf si l'on suppose que l'économie à l'équilibre vérifie que le coût marginal est égal au prix de vente et au coût moyen, ce que précise la formulation du théorème précédent pour ses points 1 et 2 mais que Walras ne démontre pas.

Dans la formulation du théorème que Walras propose en 1901 en vue de la cinquième édition des *Éléments* (1926) le point trois disparaît et le point deux n'est plus vérifié qu'à l'équilibre ce qui valide le théorème mais pose deux difficultés.

La première difficulté, qui apparaissait déjà en 1900 dans la quatrième édition des *Éléments*, résulte du fait que Walras suppose que les quantités sont données comme résultat de l'ajustement des offres et des demandes, si l'on veut que les producteurs minimisent leurs coûts. C'est certainement ce problème qui fera dire à Pareto en 1901 que le théorème est erroné parce qu'on y traite des variables dépendantes comme indépendantes. En effet, Walras traite la détermination des coefficients de production comme des variables dépendantes de la donnée des quantités dont il minimise les coûts. Cela implique qu'il échouerait à déterminer l'ensemble des variables de son système d'équilibre général simultanément, ce qui n'a pas, à notre connaissance, été souligné lorsqu'il s'agissait d'expliquer la portée de la remarque de Pareto.

La seconde difficulté tient au fait que le résultat de Walras ne peut être que fortuit. En effet, pour que le théorème soit valide, il faut à la fois que les quantités permettant de minimiser les coûts correspondent à celles d'équilibre et que leurs coûts marginaux soient égaux aux prix de vente et aux coûts moyens. Cela n'est possible que si la fonction de production est successivement à rendements croissants et décroissants. Sur ce point Walras ne dit rien, sinon que sa fonction de production n'est pas forcément homogène linéaire de degré un. Il ne confirme pas non plus qu'elle puisse être partout à rendements décroissants comme lui suggère Barone lorsque celui-ci lui rappelle « la loi bien connue des rendements décroissants ».

Troisièmement, le « théorème » précédent, est en partie le résultat du travail de Barone qui bâtit une théorie de la production contenue dans la lettre du 20 septembre 1894 qu'il adresse à Walras et dans sa propre « Note » qu'il consacre au travail de Wicksteed. Toutefois, sous l'hypothèse où la fonction de production n'est ni linéaire ni homogène, Barone suppose que les entrepreneurs cherchent à obtenir le *produit net maximum* (Jaffé, 1965, lettre du 20 sep 1874, de Barone à Walras) alors que Walras continuera, au cours du débat, à affirmer la minimisation des coûts.

Le raisonnement de Baronne est le suivant tant dans la lettre précédente que dans sa « Note » (*ibid.*, lettre du 23 octobre 1895). Il pose une fonction de production telle que $P = \phi(K, L, T, ...)$:

> qui n'est pas une fonction linéaire homogène, de $K, L, T...$ (et ordinairement elle ne l'est pas en raison de bien connue des productivités décroissantes) l'entrepreneur aura un produit net maximum en poussant la production jusqu'à ce point, où un incrément d'un quelconque des services producteurs ne donne qu'un incrément du produit égal à la rémunération de cet incrément du service. (*ibid.*, lettre du 20 septembre 1894, de Barone à Walras, p. 620)

Reprenant le même raisonnement qu'en 1894 il pose explicitement dans sa « Note » en 1895 *(ibid.*, lettre du 23 oct 1895 de Walras à Barone) que les coûts totaux, nécessaires pour produire la quantité P d'un bien, sont donnés par l'équation

$$\pi P = p_a A + p_b B + p_c C...$$

Dans cette équation π, p_a, p_b, p_c représentent le prix du bien et ceux des facteurs, A, B, C. Il en déduit que l'entrepreneur obtient un produit net maximum en libre concurrence « quand l'incrément d'un quelconque doit donner un incrément de produit dont la valeur numéraire soit égale à la rémunération en numéraire de l'incrément du facteur puisque s'il n'en était pas ainsi, il ne pourrait y avoir équilibre dans la distribution de tous les facteurs entre les divers services » (*ibid.* lettre du 23 octobre 1895, « Note » de Barone, p. 647) soit :

$$\Delta A\, p_a = \frac{\partial \phi}{\partial A} \Delta A\, \pi .$$

De sorte que pour tous les facteurs Barone en déduit que :

$$\frac{\partial \phi}{\partial A} = \frac{p_a}{\pi}; \frac{\partial \phi}{\partial B} = \frac{p_b}{\pi}; \frac{\partial \phi}{\partial C} = \frac{p_c}{\pi} \cdots$$

De l'équation du coût total et des relations précédentes Barone déduit que le produit net est entièrement distribué entre les facteurs à l'équilibre de sorte que :

$$P = \frac{\partial \phi}{\partial A} A + \frac{\partial \phi}{\partial B} B + \frac{\partial \phi}{\partial C} C + \cdots .$$

En d'autres termes, à l'équilibre, les productivités marginales des facteurs sont proportionnelles à leurs prix. En dehors de l'équilibre, si la loi des rendements décroissant est vérifiée, ce que Barone envisage spécifiquement, l'entrepreneur réalise des profits. En d'autres termes, à l'équilibre, la totalité du produit net est épuisée par la rémunération des facteurs, mais *avant* que l'équilibre ne soit atteint, l'entrepreneur ne rémunère les facteurs que proportionnellement aux valeurs correspondant aux dérivées partielles de la fonction de production. C'est à ce propos que Barone précise que « cette loi de la productivité marginale est comprise dans la théorie de Walras » (lettre du 23 octobre 1895 de Walras à Barone « Note » de Barone, p. 647).

Ce cas n'est pas envisageable dans la présentation de Wicksteed, puisque, par définition, si une fonction est linéaire homogène de degrés un, l'application du théorème d'Euler implique que le surproduit soit toujours totalement distribué.

La totalité du surproduit n'est pas non plus distribuée entre les facteurs hors de l'équilibre selon Walras, comme nous venons de le rappeler, mais en raison du fait qu'il minimise les coûts et suppose, à chaque étape du mécanisme de libre concurrence, les quantités données, de sorte que celles-ci ne correspondent pas à une situation où l'offre est forcément égale à la demande. La volonté de Barone est de défendre la position qu'il croît être celle de Walras. Cela est certainement vrai en ce qui concerne la nature de la fonction de production non homogène et non linaire, mais inexact en ce qui concerne le comportement de maximisation des profits dès lors que Walras continuera à minimiser les coûts pour établir l'équilibre en considérant que ce comportement, de la part des entrepreneurs, constitue une bonne approximation de la concurrence et de la convergence vers l'équilibre (Walras, *Éléments*, p. 11, éditions 2 et 4 et p. 283-284 de toutes les éditions). Par ailleurs, Barone ne dit rien, à cette occasion, du fait que la fonction de production doit nécessairement présenter un point où elle est localement à rendements d'échelle constants, ce qui implique qu'elle soit successivement convexe puis concave. En effet, en supposant une fonction de production à rendements toujours décroissants, il n'est plus possible pour Barone de conclure que les profits sont nuls à l'équilibre et entièrement distribués entre les facteurs, au prorata de leur productivité marginale, comme Walras l'indique dans sa solution fortuite. De ce point de vue, les résultats de Barone mis en évidence dans les équations précédentes ne sont pas non plus valides et il n'est pas possible de distribuer tout le surproduit entre les facteurs si les rendements sont partout décroissants. La position de Barone évoluera particulièrement dans les *Principiii di economia politica* [1908-1909], dès lors qu'il traitera des fonctions de coûts en faisant apparaître pour celles-ci des rendements successivement croissants et décroissants ce qui implique une fonction de production successivement convexe puis concave.

Quatrièmement, le raisonnement de Walras diffère de celui de Barone. Après avoir pris connaissance de la « Note » de l'auteur italien, Walras répond à son correspondant, le 30 octobre 1895, qu'il n'adhère pas à la théorie du produit net maximum (Jaffé, 1965, lettre 1217, vol. 2, p. 650-651). Walras met en doute que l'équation « exprimant l'état d'équilibre dans la distribution de tous les facteurs entre les différentes productions » résulte des conditions de maximisation des profits. Selon Walras ce raisonnement « exprime plutôt le prix du coût minimum » qui résulte du tâtonnement des entrepreneurs sur les marchés des biens et des services. Barone donne son accord à l'interprétation de Walras (lettre 1220, p. 653-654), ce qui fait dire à Walras que, « la théorie de la productivité marginale ne serait pas seulement comprise dans ma théorie ; elle serait ma théorie même [...] » (lettre 1217). En fait, Walras comprend partiellement l'intérêt de la démarche de Barone consistant à maximiser les profits. Il admet que cette solution permet de déterminer l'ensemble des variables (prix, coefficients de production et « quantités » d'équilibre) sans avoir, comme Wicksteed, à supposer des fonctions de production linéaires et homogènes. La solution de Barone lui confirme que sa propre équation de fabrication, qu'il note $\varphi(b_t, b_p, b_k ...) = 0$, implique des facteurs substituables et qu'elle est compatible avec une fonction de production qui n'est pas nécessairement homogène et linéaire. À l'évidence la fonction précédente permet d'écrire implicitement chaque coefficient de production en fonction des autres et présuppose la substituabilité des facteurs. En revanche, Walras ne perçoit pas l'intérêt de maximiser les profits pour établir le théorème des productivités marginales comme l'indique son raisonnement dans la dernière édition des *Éléments.*

En reformulant le théorème en 1901, Walras indiquera précisément que ses résultats ne sont vérifiés qu'à l'équilibre, c'est-à-dire quand la concurrence aura permis l'égalisation du prix de vente au prix de revient (Schultz, 1924 et 1932 ; Jaffé 1964). Il retrouve alors pour partie les résultats de Barone en minimisant les coûts. En revanche, Walras supprime à cette date la partie du théorème qui concerne l'épuisement du surproduit mais qui est toutefois parfaitement valide, si le prix de vente est égale au prix de revient à l'équilibre.

Cinquièmement, il convient de remarquer que si l'on veut que les trois conditions que Walras propose soient vérifiées, il est nécessaire : 1) de supposer que les fonctions de production ne sont ni homogènes ni linéaires, 2) de supposer que les entrepreneurs réalisent des pertes ou des profits hors de l'équilibre et 3) de supposer que les profits soient nuls à l'équilibre, mais aussi que les fonctions de production soient successivement à rendements d'échelle croissants et décroissants. Il existe alors un point sur la fonction de production où les rendements sont localement constants et donc localement homogène de degrés un. C'est la seule configuration où le raisonnement précédent et le théorème des productivités marginales est valide, y compris le corollaire sur la répartition totale du surproduit.

Toutefois, les hésitations de Walras se justifient parce que rien ne garantit que cette situation soit compatible avec un équilibre entre l'offre et la demande et elle ne l'est pas dans le cas général. Pour l'exprimer autrement, en ce point, les rendements d'échelle sont localement constants, le théorème des productivités marginales avec profits nuls est vérifié mais il doit également correspondre à une situation où les consommateurs optimisent leur utilité sous contrainte. Sous les hypothèses envisagées, une telle situation n'existe pas en général, ou ne peut advenir que de manière fortuite. Il est effet peu probable que le point où les fonctions de production sont localement homogènes de degrés un, après avoir été strictement convexes puis ensuite strictement concaves, corresponde aussi à une situation d'équilibre général. En revanche une telle situation existe dans le cadre du modèle d'Arrow-Debreu si l'on suppose des fonctions distribution de profits aux propriétés spécifiques et des fonctions de production strictement quasi-concaves.

On peut ensuite s'interroger sur la manière dont Baronne traite de la production dans ses autres travaux, afin d'en évaluer les implications par rapport aux échanges qu'il entretient avec Walras et par rapport sa propre représentation de la concurrence.

L'équilibre général, l'économie planifiée et les formes de la concurrence chez Enrico Barone

Barone, dans « *Il Ministro* », complètera les résultats précédents en se référant à la théorie de l'équilibre général walrassien, mais également aux apports de divers auteurs ayant contribué à développer une théorie de la concurrence imparfaite, et notamment Dupuit et Cournot, afin d'évaluer si une économie centralisée est viable.

On trouve dans « *Il Ministro* » une modélisation élaborée de l'équilibre général et le souci d'affronter les problèmes théoriques hors de toute idéologie, alors même que les critiques et l'hostilité des économistes libéraux envers l'étude des conditions d'organisation d'un régime collectiviste était souvent fondée sur leurs convictions politiques. D'une part, il semblait impossible à certains économistes libéraux de faire fonctionner une économie en ne tenant pas compte de la théorie de l'utilité marginale. D'autre part, ces auteurs indiquent qu'il n'est pas concevable de choisir une méthode de production optimale en retenant, de manière *a priori*, des coefficients de production sous les seules conditions que les coûts soient minimum et que les prix de vente soient égaux aux coûts à l'équilibre. Barone échappe à ces critiques, alors même que son objectif est de proposer une représentation, en termes d'équilibre général, à la fois pour une économie de libre concurrence et pour une économie centralement planifiée, mais aussi pour rendre compte de formes de concurrence qu'habituellement l'équilibre général walrassien considère comme n'appartenant pas, à titre principal, à son champ d'investigation. Sur le premier point, Barone propose un traitement des profits améliorant et dénaturant le modèle de Walras en reprenant, pour partie, certaines hypothèses qu'il avait proposées pour traiter de la théorie de la productivité marginale. Deux étapes principales marquent sa démonstration sur ce point.

En premier lieu, Barone réécrit un système d'équations représentatif de l'équilibre général de Walras et montre comment il s'ajuste en libre concurrence. Il qualifie ce régime de « *régime individualiste* » pour le comparer ensuite au « *régime collectiviste* ». En décrivant cet ajustement, il complète ses propres travaux sur la dynamique contenus dans « Sul trattamento di questioni dinamiche » [1894]. Le travail de Barone dans *Il Ministro* peut donc être considéré à la fois comme s'inscrivant dans la continuité du modèle d'équilibre général walrassien et comme une tentative de l'améliorer. La démonstration consiste à montrer que, pour obtenir un maximum de bien-être social en régime collectiviste ou en régime décentralisé « individualiste », il est nécessaire que les conditions de coûts de production minimum et de prix de ventes égaux aux coûts soient vérifiées à l'équilibre (Barone 1908 et 1939, p. 411). En minimisant les coûts, Barone resterait éminemment walrassien à cette étape de son argumentaire. Pour autant, il s'écarte de cette logique, d'une part, parce que très vite il propose de maximiser les profits et, d'autre part, parce qu'il considère que retenir le concept de degré final d'utilité pour traiter de l'équilibre général n'est pas nécessaire. C'est certainement là une manière d'échapper aux querelles sur l'appréciation de la valeur, dès lors que les partisans du socialisme développaient une théorie de la valeur-travail au sens de Marx.

> Je propose également de démontrer que pour définir l'équilibre économique – que ce soit en régime de concurrence, de monopole ou en régime collectiviste – il n'est pas nécessaire de recourir au concept d'utilité, du degrés final d'utilité, etc. [...] Les vieilles et simples idées de demande, d'offre et de coût de production permettent non seulement de construire en un système d'équations les interdépendances principales des quantités économiques, mais aussi de traiter les différentes questions dynamiques qui se rapportent au bien-être des individus et de la communauté. (Barone, 1908a/1938, p. 447)

Hayek en 1935 souligne à ce propos que l'un des principaux problèmes du collectivisme est de décrire un système économique capable d'évaluer la valeur, et que pour lui il n'est pas possible de le faire sans être capable de déterminer un système de prix. Or Barone propose une réponse théorique à cette question. « ... un État socialiste aurait ses problèmes de valeur tout comme un autre système économique, et que la tâche à laquelle les socialistes devraient faire face était de montrer comment, en l'absence d'un système des prix, la valeur des différents objets allait être déterminée. » (Hayek, 1935/1938, p. 36).

En second lieu, Barone utilise la structure du modèle walrassien pour aborder les spécificités du régime collectiviste par rapport, d'une part, au régime décentralisé et, d'autre part, par rapport à un marché de concurrence oligopolistique qu'il qualifie de « mode de production *anarchique* ». L'objectif est de décrire comment l'action du planificateur central permet d'atteindre un maximum de bien-être en montrant que cette situation est équivalente à celle d'un équilibre de concurrentiel. Pour cela, Barone va déterminer selon quels critères le Ministre de la production doit redistribuer les profits réalisés en concurrence oligopolistique pour atteindre un optimum en régime collectiviste. Cette démarche implique d'envisager au moins deux conceptions de la concurrence, si Barone veut justifier la propriété collective des moyens de production : l'une concerne la libre concurrence ou le « régime individualiste », l'autre la concurrence oligopolistique ou le « régime anarchique ».

La méthode consiste à comparer, un « équilibre où l'État est propriétaire du capital » avec, d'une part, un équilibre walrassien modifié et, d'autre part, un équilibre de concurrence « anarchique ». Définir un « équilibre pour l'État collectiviste » consiste donc à faire le point sur l'ensemble des calculs auxquels l'État doit se livrer pour résoudre un modèle comportant un grand nombre d'offres et de demandes intercorrélées et expliquer comment les richesses se répartissent. Évaluer comme s'établit un équilibre en régime de « concurrence anarchique » implique de tenir compte du comportement des entreprises sur chaque marché, où elles se livrent à une compétition pour maximiser leurs profits. Cette conjecture est justifiée parce que les entrepreneurs qui détiennent les entreprises se trouvent dans des « conditions économiques spéciales », c'est-à-dire plus ou moins avantageuses les uns par rapport aux autres. Selon Barone, certains entrepreneurs possèdent des capacités supérieures pour anticiper les meilleures conditions techniques de production et trouver les « bons » coefficients de fabrication, c'est-à-dire choisir les meilleures techniques pour réaliser un profit maximum. Cette hypothèse est envisagée mais à des degrés différents à la fois pour le régime de « libre concurrence » et celui de « concurrence anarchique », de sorte qu'il convient d'en évaluer la portée au regard du modèle de Walras.

Minimisation des coûts ou maximisation des profits ?

L'équilibre de libre concurrence comme optimum et norme dans le modèle de Barone

La première partie de « *Il Ministro* » emprunte au raisonnement de Pareto sa définition des fonctions et des coefficients de production. Les coefficients sont supposés variables ou fixes selon les nécessités techniques de fabrication (Pareto, 1896/1964, t. 2, p. 84).

> Nous avons considéré les coefficients techniques comme des quantités données. Nous allons maintenant les déterminer. Certains sont constants ; d'autres sont variables et rattachés les uns aux autres et aux quantités produites par certaines relations. Ces relations, comme le montre l'expérience, sont celles des revenus croissants ou décroissants. Cette variabilité économique des coefficients techniques est rattachée à des phénomènes de la plus haute importance. Dans ce domaine, Pareto a apporté une contribution des plus utiles pour nos connaissances. Pour procéder de manière graduelle, commençons par considérer le cas limite de la de libre concurrence, c'est à dire quand les profits de l'entreprise font défaut et où la production est entre les mains d'un ou de plusieurs dont les firmes sont identiques et qui produisent à des coûts également identiques. (Barone, 1908a/1938, p. 252)

À cette étape, Barone rejoint le raisonnement implicite qu'il avait lui-même suggéré à Walras. Il pose une fonction de production pour le bien b telle sorte que : $f_\theta(b_t, b_p, ... Q_b) = 0, (\theta = 1...k)$, afin qu'il existe dans son système k équations de ce type pour relier les n coefficients techniques du bien b. Seulement n-k+1 de ces équations sont nécessaires pour déterminer les n coefficients de production et la quantité Q_b. Dans son raisonnement, Barone commence par minimiser les coûts pour déterminer les coefficients de production. On peut lire, en effet, dans « *Il Ministro* » : « et ce sont précisément celles-ci (équations θ) que nous avons, donnant le minimum $\pi_b = b_s p_s + b_t p_t + ...$, dans lequel les prix sont considérés comme constants et b et Q_b rattachés par f_θ. » (Barone, 1908 et 1939, p. 353). À l'évidence, on retrouve ici les conditions que Walras avait lui-même retenues pour sa propre démonstration du théorème des productivités marginales.

En effet, le principe de minimisation des coûts et les fonctions de production, donnent autant d'équations pour déterminer, à l'équilibre, autant d'inconnues. C'est sur ce point que Barone avait, dès 1894, considéré l'apport de Walras comme préalable à tout autre, mais aussi supérieur aux travaux de Wicksteed (Jaffé, 1965, lettre 1215 de Walras à Barone, vol. 2, p. 647 et lettre 1220 de Barone à Walras, vol. 2, p. 653). Il déduira de sa démonstration que l'équilibre général de libre concurrence correspond à une situation optimale :

> Le maximum, nous le répétons, signifie seulement ceci : en substituant à une ou à plusieurs caractéristiques de la libre concurrence (coûts minima de production, égalité des prix et des coûts de production) la condition de tous les individus ne peut être améliorée. Au contraire, si certains de trouvent avantagés par cette substitution, leur gain est moindre que les pertes de ceux qui ont été atteints. (Barone, 1908a/1938, p. 260)

Toutefois, le raisonnement de Barone prend une toute autre orientation (*ibid.* 1908 et 1938, p. 253) dès lors qu'il réintroduit, sans plus d'avertissement, le principe de maximisation des profits en indiquant qu'il convient de tenir compte que, même en libre concurrence, les entrepreneurs ne produisent pas dans les mêmes conditions :

> Car, il est évident que dans la réalité, il est nécessaire d'admettre qu'en dehors des relations techniques entre les coefficients, il existe pour chaque entrepreneur, des relations économiques spéciales habituellement basées soit sur le manque de capacité à discerner et à mettre en action un plan combinant les coefficients techniques pour le plus grand avantage technique, soit sur l'impossibilité de réaliser cette combinaison des avantages maximum par suite de l'approvisionnement de quelque facteurs de production disponibles. (Barone, 1908a/1938, p. 253)

Il apparaît clairement que les « relations économiques spéciales », dont Barone précise l'existence dans le précédent passage, renvoient à l'existence d'avantages concurrentiels dont disposeraient certains entrepreneurs dès lors qu'ils seraient capables de les construire, ou plus souvent d'en bénéficier pour une raison « naturelle ». Notre auteur en déduit, précisant et déformant ainsi le modèle de Walras, qu'un système d'équilibre général, y compris en libre concurrence, doit comporter un nombre supplémentaire d'équations déterminant les coefficients de production pour « chaque situation spéciale » mais aussi, et c'est là l'ajout spécifique par rapport au modèle de Walras, les niveaux différents de profits réalisés par chaque entrepreneur. Par ailleurs, à l'encontre du raisonnement de Walras, les équations qui permettent de déterminer ces variables reposent, dans le modèle de Barone, sur le principe de maximisations des profits alors même que la libre concurrence reste un cas limite :

> Il est facile de voir, même dans ce cas (celui des conditions spéciales de production pour chaque entrepreneur), comment le problème (celui de l'équilibre général) peut être déterminé. C'est une question d'un nombre α d'entrepreneurs concurrents. Il y a α nouvelles inconnues représentant les profits individuels respectifs g_1, g_2, … g_α et α nouvelles inconnues représentant les quantités respectives produites. Or dans ce cas chaque entrepreneur, en organisant sa production, de façon à obtenir le profit maximum $Q_b\ (p_b - \pi_b)$ (souligné par nous) considérera comme constantes (parce qu'il ne peut les changer lui-même) les prix du produit et les prix des services, et comme variables, les quantités devant être produites et les coefficients techniques. (Barone 1908a/1938, p. 253-254)

Dans l'équation $Q_b\ (p_b - \pi_b)$ contenue dans la citation précédente, p_b représente le prix de vente et π_b les coûts du bien b. Très clairement, le but de Barone est de proposer de déterminer conjointement les coefficients de production et les profits en maximisant ces derniers dès lors qu'il suppose, à des fins de réalisme, de rendre compte des conditions techniques et économiques de production différentes des entrepreneurs et qui résultent de leurs qualités propres. Ces qualités peuvent s'interpréter comme autant d'avantages compétitifs dont il faut tenir compte en libre concurrence et que Barone propose en même temps d'évaluer comme autant de variables, par un système d'équilibre général comportant le même nombre d'équations. Cette éventualité est envisagée, à condition bien sûr d'accepter que les entrepreneurs cherchent à maximiser leurs profits. Lorsque l'équilibre est atteint, les profits sont nuls à l'instar des résultats de Walras. Mais ce dernier n'avait pas proposé de solution permettant de faire apparaître les profits hors équilibre puisqu'il se contente de minimiser les coûts et qu'il réaffirmera, en 1901, que le théorème des productivités marginales n'est valide qu'à l'équilibre. Ne pas s'engager dans le raisonnement que lui propose Barone, ou ne pas en percevoir l'intérêt heuristique, implique, pour Walras, de renoncer à déterminer des variables qui incluent celles relatives à différents niveaux des profits, « sous le régime de libre concurrence », par un même système d'équations. Cette conjecture analytique est corroborée, dans le modèle de Walras, par le fait que les producteurs se contentent de constater s'ils réalisent des pertes ou des bénéfices pour modifier, dans le sens approprié à leurs intérêts, le niveau des quantités produites :

> Je crois que ces équations ($\Delta A.p_a = \partial\varphi/\partial A \Delta A.\pi \cdots$ ajouté par nous) expriment plutôt le « minimum du prix de revient » obtenu par tâtonnement par l'entrepreneur qui ne connait pas le fonction φ ou θ ou ne s'amuse pas à en faire la différentiation, mais augmente plutôt la quantité de service de A tant qu'il a $\Delta A.p_a \prec \partial\varphi/\partial A \Delta A.\pi \cdots$ et la diminue tant qu'il a $\Delta A.p_a \succ \partial\varphi/\partial A \Delta A.\pi \cdots$ (Walras, lettre à Barone, 30 octobre 1895, Jaffé, 1965, vol. 2, p. 651)

Barone, quant à lui, a pour objectif de rendre compte de la concurrence comme un processus de compétition, où les entrepreneurs possèdent des qualités différentes et, pour certains, des avantages compétitifs, même s'il admet qu'ils restent *price takers* en libre concurrence.

Si l'on suit cette analyse, il apparaît que le raisonnement de Barone diffère de celui Walras et qu'il reprend en substance le point principal sur lequel les deux économistes n'étaient pas d'accord. Il s'agit en l'occurrence de savoir dans quelles circonstances il convient de minimiser les coûts ou de maximiser les profits. Clairement, Barone n'a pas réussi à convaincre Walras qu'il s'agit d'une approche analytique intéressante, même si dans le courrier du 8 novembre 1895, Barone indique que les équations concernées, $(\Delta A.p_a = \partial\varphi/\partial A \Delta A.\pi)$, « expriment "le minimum du prix de revient" et non l'état d'équilibre dans la situation de tous les facteurs entre les diverses production. » (Barone, lettre à Walras, 8 novembre 1895, Jaffé, 1965, vol. 2, p. 652). Par ailleurs, cette équation concerne la seule libre concurrence et non les situations de monopole comme Barone l'indique dans sa note « À propos d'un récent livre de Wicksteed » (Walras, lettre à Barone, 23 octobre 1895, Jaffé, 1965, vol. 2, p. 652). Toutefois, il convient de remarquer que les échanges entre Walras et Barone à propos de l'équation $\Delta A.p_a = \partial\varphi/\partial A \Delta A.\pi$ sont chargés d'ambiguïtés pas analysées par William Jaffé dans son article « New Light On An Old Quarrel », et alors même qu'il retrace avec précision l'évolution des échanges de courriers entre les deux économistes (Walras, *Correspondance*, Jaffé, 1965, note aux lettres 1215, 1217, 1218). En effet, dans la lettre 1215, qui contient la traduction, par Walras, de la « Note » de Barone, ce dernier se réfère à un raisonnement plus large qui n'implique pas la seule équation $\Delta A.p_a = \partial\varphi/\partial A\Delta A.\pi$ qu'il prend comme l'une des conditions d'optimalité de premier ordre, sans préciser s'il maximise les profits ou minimise les coûts pour le bien P « sous la condition d'équilibre » selon laquelle : $\pi P = p_a A + p_b B + p_c C$. Cette dernière égalité est bien ici la condition d'équilibre à laquelle conduit la libre concurrence, et non nécessairement une fonction de coût à minimiser. Dès lors, si pour tous les facteurs de production A, B, C, les mêmes conditions que $\Delta A.p_a = \partial\varphi/\partial A\Delta A.\pi$ sont vérifiées, Barone obtient après simplification :

$$\partial\phi/\partial A = p_a/\pi ; \partial\phi/\partial B = p_b/\pi ; \partial\phi/\partial C = p_c/\pi .$$

En remplaçant ces égalités dans l'équation de coût à l'équilibre, on trouve celle « d'équilibre de la distribution de tous les facteurs entre les diverses productions » $P = \partial\phi/\partial A.A + \partial\phi/\partial B.B + \partial\phi/\partial C.C$[8] à laquelle Barone fait allusion et sur laquelle porte la remarque de Walras contenue dans son courrier du 30 octobre 1895. Cette équation exprime bien pour Barone « l'état d'équilibre dans la situation de tous les facteurs entre les diverses productions ». Pour corroborer cette interprétation, il faut remarquer que Barone propose de maximiser les profits dans sa correspondance avec Walras quelques temps avant, et que celui-ci ne relèvera pas cette possibilité comme une erreur de la même manière qu'il le fera pour l'équation $\Delta A.p_a = \partial\varphi/\partial A\Delta A.\pi$. En effet, dans un courrier du 20 septembre 1894 Barone indique que « l'entrepreneur obtiendra *le produit net maximum* (souligné par nous) quand il choisira :

$\partial P/\partial K = p_k/p_a ; \partial P/\partial L = p_k/p_l ; \partial P/\partial T = p_k/p_t$ » (Barone, lettre à Walras, 20 septembre 1894, Jaffé 1965, vol. 2, p. 620) – où P est une quantité de bien et K, L, T les facteurs nécessaires à sa production.

À propos de ces relations, Walras indiquera qu'il s'agit de la formule de la productivité marginale, mais que son fondement est mauvais. Si Barone avait eu l'intention, à cette époque, c'est à dire entre 1894 et 1895, de maximiser les profits, il est certain qu'il ne l'affirme pas toujours avec netteté à Walras. Bien au contraire, il abonde le plus souvent dans le sens de l'économiste français pour des raisons qu'il est difficile de comprendre rétrospectivement[9]. Pour autant, il apparaît

---

8 Cette équation n'est autre que celle de réparation du surproduit entre les facteurs que Walras joint à sa première formulation du théorème des productivités marginales en 1895-1896 dans la *Note* et qu'il retirera 1901 en vue de la cinquième édition des *Éléments*.

9 Trois interprétations au moins sont possibles : soit Barone a toujours voulu ménager son correspondant en insistant davantage sur les avancées théoriques produites par Walras qu'il juge essentielles et novatrices à une époque où la théorie de l'équilibre général rencontre nombre de difficultés pour s'imposer notamment en Angleterre.

nettement que, dans le *Ministère*, il tranche en faveur de la maximisation des profits.

L'incompréhension entre les deux auteurs est certainement sur ce point à son paroxysme, ainsi qu'Antoine Rebeyrol (1999) a pu l'indiquer. Selon Rebeyrol, Walras se serait lui-même rangé à l'avis de Barone lorsque ce dernier lui indique de manière laudative que son modèle est plus général que celui de Wicksteed, parce qu'il développe une conception de la concurrence précisant que les profits sont nuls à l'équilibre et que, hors de cette situation, des pertes et des gains sont possibles tout en ne supposant aucune hypothèse restrictive sur les fonctions de production. Ce modèle, on l'a vu, présente l'intérêt de montrer que les facteurs sont rémunérés à leur productivité marginale à l'équilibre. Toutefois, Walras continue à minimiser les coûts et à supposer que l'ajustement de l'offre et la demande permet d'atteindre des profits nuls à l'équilibre lorsque les entrepreneurs « vont à la hausse ou à la baisse » selon que la demande est supérieure ou inférieure à l'offre. Or, tant que les rendements sont constants, ce que Walras ne suppose pas contre Wicksteed, l'annulation des pertes et des gains par le processus d'ajustement précédent implique que n'importe quel niveau de production peut être compatible avec un équilibre ; en revanche, si les rendements ne sont pas constants, comme Barone et Walras le proposent, le niveau de production qui dans ce cas annule les pertes et les gains ne correspond pas nécessairement à une situation d'équilibre général.

À notre connaissance, les travaux développés autour de la question de la nature des rendements chez Walras ne tiennent pas compte des propositions contenues dans « *Il Ministro* », ni dans les *Principii*, propositions qui laissent une large place à l'hypothèse de maximisation des profits.

Les *Principii* confirment ce point de vue, puisqu'ils contiennent une analyse de la courbe de coût total qui laisse supposer également que Barone, après n'avoir signalé à Walras que la seule éventualité « de loi bien connue des rendements décroissants », envisage l'hypothèse qu'ils soient successivement décroissants et croissants (*Principii* 1908b, p. 17). À cet égard, Barone doit être rangé parmi les précurseurs de la courbe de coût moyen en U[10], dès lors qu'il trace une courbe de coût total en S laquelle implique des rendements successivement croissants et décroissants. Cette hypothèse se confirme quand notre auteur décrit dans « *Il Ministro* » l'existence possible de profits positifs ou négatifs pour

Soit Barone désirait, sur les conseils de Pareto, l'appui de Walras pour obtenir la chaire universitaire qu'il convoitait alors. Soit enfin, les deux auteurs ont eu des difficultés à se comprendre en raison des différences de langage.

10 Cf. Keppler et Lallement (2006).

des entreprises qui cherchent à les maximiser. Enfin, l'analyse de la courbe de coûts en S apparaît précisément dans un chapitre des *Principii* dont l'objet est de traiter de : *Le varie combinazioni dei coefficienti di fabbricazione*, ce qui constitue une preuve supplémentaire permettant d'envisager que Barone préfèrerait théoriser un comportement de maximisation des profits plutôt que de minimisation des coûts, pour rendre compte de la concurrence.

Fort des résultats qu'il propose dans la première partie de « *Il Ministro* », le but de Barone est ensuite d'indiquer dans quelles circonstances l'État collectiviste peut s'approprier le capital. Pour cela, l'économiste italien construit un système comportant autant d'équations que d'inconnues, pour ensuite comparer ce système à sa propre formulation de l'équilibre général en régime individualiste de libre concurrence, mais aussi par rapport à diverses situations de concurrence monopolistique, oligopolistique ou de cartels. Cette démarche relève davantage d'une analyse menée en termes de processus de compétition pour comprendre les différentes formes de pouvoir de marché. En cela, Barone s'écarte bien évidemment du concept de libre concurrence proposé par Walras.

Concurrence anarchique et État collectiviste chez Barone

Une deuxième forme de concurrence est donc envisagée par Barone. Qualifiée d'« anarchique », elle correspond notamment à des situations de monopole ou de cartel. À partir de ces dernières, il cherche à définir une règle de répartition des profits réalisés, afin qu'ils puissent être réalloués au mieux si l'État devient propriétaire des moyens de production. Barone cherche également à estimer si la socialisation est souhaitable et praticable.

Selon Barone, dans une situation de concurrence imparfaite, les entrepreneurs produisent non seulement dans des conditions « *économiques spéciales* », parce que certains d'entre eux sont capables de discerner les conditions les plus efficaces à mettre en œuvre pour stratégiquement être en mesure d'influencer les prix.

À cette fin, il réécrit une fois encore l'équation des profits pour un monopole telle que :

$R_b(p_b - \pi_b)$ où $f_\theta(b_s, b_t, \ldots R_b) = 0 \ldots\ldots (\theta = 1 \ldots k)$ et précise :

> Les monopoles et les cartels sont caractérisés précisément par le fait qu'en augmentant ou en diminuant l'approvisionnement, ils peuvent influencer les prix de manière sensible. Ils se rendent donc compte de la variabilité de ces prix et de l'influence qu'ils peuvent exercer directement en vue d'augmenter leurs propres bénéfices [...] L'entrepreneur cherche à porter le profit au maximum $R_b(p_b - \pi_b)$ de son monopole [...]

> Si comme c'est le cas le plus général, il ne peut agir que sur le prix de vente du produit, et pas du tout sur le coût de production [...] pour obtenir le profit maximum ; il doit considérer p_b et R_b comme constants. (Barone, 1908a/1938, p. 263-264)

Notre auteur déduit de cette conjecture que la maximisation des profits permet de déterminer un système qui remplace celui d'égalité entre les m-1 prix des produits et leurs coûts dans le modèle d'équilibre général en libre concurrence. Il écrit ce système de la manière suivante (Barone, 1908a/1938, p. 264) :

$$p_b - \pi_b + R_b \frac{\delta p_b}{\delta R_b} = 0 \cdots (\alpha)$$

Très clairement le prix n'est pas égal au coût, mais augmenté d'un facteur qui représente les profits $R_b \, \delta p_b / \delta R_b$.

Barone propose également le même type d'équation pour les détenteurs de facteurs de production qui maximisent leurs profits en situations de cartel (Barone, 1908 et 1938, p. 265-269). En fait, dans ces diverses situations, Barone cherche à montrer que l'on peut construire un système comportant autant d'équations que d'inconnues, quelque soit le nombre de producteurs. Dans le même temps, il considère que les monopoles, oligopoles ou cartels, sont autant de situations naturelles qui adviennent en raison de la capacité de certains producteurs à les imposer, de sorte que la concurrence devient alors un processus actif de compétition qui peut advenir tout aussi couramment que la libre concurrence.

De son côté, Barone développe son analyse du monopole et autres oligopoles, à la fois dans le « *Il Ministro* » §. 23 et dans les *Principii* §§. 16-18, en citant Augustin Cournot et en se référant à la méthode du surplus qu'il emprunte à la fois à Marshall et à Dupuit. Il déploie un raisonnement surprenant dans le contexte de l'équilibre économique général de la période.

Un exemple emprunté au paragraphe 23 du « *Il Ministro* » peut illustrer nos propos. Barone propose, si le processus de concurrence doit conduire au monopole parce que certains entrepreneurs détiennent les capacités concurrentielles de l'y faire tendre, d'agir en sorte de maintenir un équilibre de libre concurrence, à condition que l'État redistribue la partie des surplus que s'approprierait le monopoleur, si ce même État n'intervenait pas. Cette possibilité d'intervention de l'État se justifie parce qu'elle permet de réduire les pertes de bien-être qui adviendraient quand on passe d'un équilibre de libre concurrence à celui d'un monopole, dès lors que la compétition « anarchique » s'impose. Le schéma suivant résume l'argumentaire de notre auteur.

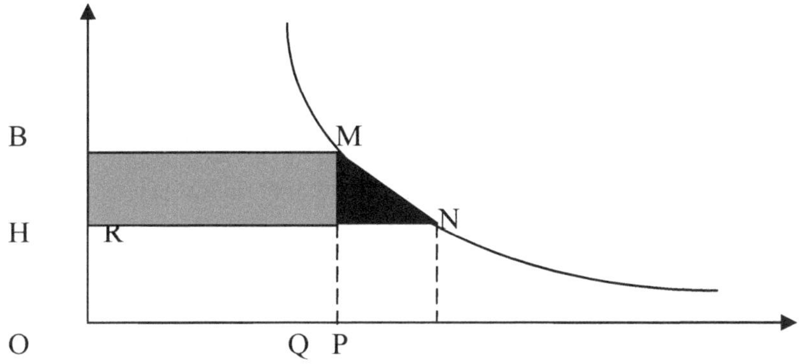

Sur ce graphique N représente l'équilibre de libre compétition lorsque les prix sont H et les quantités P. Le point M représente un équilibre de monopole pour des prix B supérieurs aux précédents et pour des quantités Q. Barone propose que l'État redistribue au producteur-monopoleur les surplus qu'il obtiendrait (le rectangle BMRH), si on laissait jouer le processus de concurrence afin d'éviter que les consommateurs ne perdent aussi l'équivalent du triangle MRN.

Dans la logique de son raisonnement, Barone s'engage dans une démonstration ayant pour but de comparer, du point de vue du bien-être social, les situations de concurrence « anarchique » et celle où « *Il Ministro* » détermine l'ensemble des variables qui correspondent à la fois à un équilibre et à un « optimum social ». Un point mérite attention par rapport à nos objectifs. Il concerne le fait que Barone a pour intention d'indiquer selon quel critère de répartition on peut justifier de passer de la concurrence « anarchique » à un optimum pour une économie socialiste, sachant que cet optimum est équivalent à celui atteint en libre concurrence[11]. La méthode de Barone s'oppose là aussi à celle de Walras et le conduit à déduire que l'État n'est pas forcément en mesure d'intervenir, sur la base d'un raisonnement mathématique, pour qu'une situation socialement souhaitable puisse advenir. Notre auteur procède en deux temps.

- Au cours d'une première étape, Barone fait reposer le fonctionnement d'une économie socialiste sur la structure formelle de l'équilibre général, mais où une partie du capital est propriété de l'État. Pour décrire cette économie socialiste, il emprunte à Walras son modèle d'équilibre général.

---

[11] Ce que Barone démontre par ailleurs, non sans en souligner toutes les conditions drastiques qui devraient être respectées du point de vue des tâches qui doivent être assignées à l'État pour gérer la propriété des biens capitaux.

- Barone propose ensuite d'établir un critère de répartition qui justifie comment distribuer les profits réalisés par les entreprises en situation de concurrence anarchique, et que l'État pourrait nationaliser pour qu'un plus grand bien-être social soit atteint. Barone pourrait ainsi justifier comment le socialisme bénéficie du rôle de l'État. Pour cela, il se réfère aux travaux de Cournot et implicitement de Marshall (Barone, 1980 et 1939, p. 265). Il compare, premièrement, ce qui est produit par une entreprise dont les coûts sont les plus faibles avec celles qui produisent aux coûts moyens de la branche.

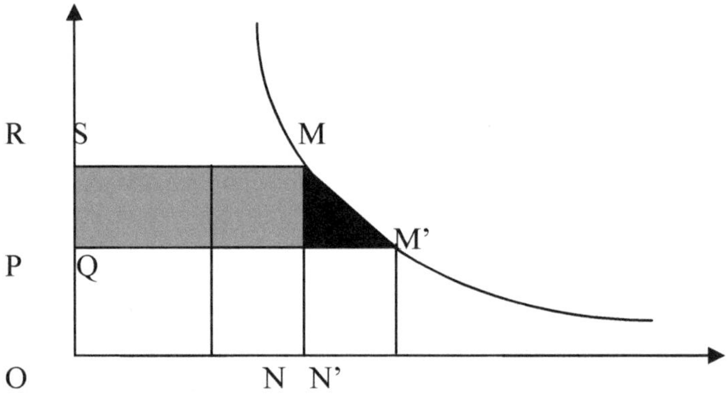

Il compare, deuxièmement, ce qui est produit par des entreprises dont les coûts sont les plus élevés avec celles qui produisent aux coûts moyens du marché. Ces différences de coût sont dues aux différences de techniques utilisées, donc à des coefficients de production différents.

Sur le diagramme ci-dessus, Barone indique verticalement les coûts moyens et horizontalement les quantités produites. La quantité ON est produite aux coûts le plus élevés NM alors que l'entreprise qui produit aux coûts les plus faibles réalise des profits pour un montant représenté par la surface RSQP (ses coûts correspondent à OP). Sur le même graphique, le coût d'une entreprise moyenne (de la branche) est donné par N'M' et les quantités offertes par ON'. La surface RSQP et celle en gris clair sont égales pour la commodité du raisonnement.

Si le *Ministère* est capable de réaliser l'ensemble de ces calculs, il pourra améliorer le bien-être social de deux manières différentes. L'une consiste à abaisser les prix autoritairement, l'autre à redistribuer directement les profits réalisés dans les conditions où les producteurs sont les plus performants. Pour Barone, l'abaissement du prix (*au niveau des coûts moyens de la branche*) est préférable à la distribution directe du profit, parce que, si l'on suit le premier procédé, la communauté gagne la section hachurée en gris clair et en gris foncé alors que la méthode consistant à redistribuer les profits permet seulement à la communauté de gagner la section en gris clair. En revanche, si le coût moyen de la branche augmente lorsque le niveau de consommation est fixé à ON', la redistribution des profits est préférable à l'abaissement des prix (Barone, *ibid.*, p. 287-288).

Barone se réfère à la théorie de l'équilibre général de Walras pour réaliser sa démonstration, mais il emprunte à Cournot et à d'autres, Pareto ou Marshall notamment (Allais, 1967, 1971, 1988), la méthode des surplus pour comparer les situations de « concurrence anarchique » où les profits sont maximisés par des entrepreneurs aux qualités différentes et celles d'optimum où l'État est propriétaire des moyens de production. Barone est certainement walrassien lorsqu'il cherche à justifier mathématiquement pour quelles raisons l'État peut avoir intérêt à intervenir pour réduire les pertes de bien-être qui adviennent en « concurrence anarchique » par rapport à l'optimum réalisable en concurrence. On peut douter, en revanche, que Barone soit walrassien lorsqu'il attache de l'importance à la démarche de Cournot, aux analyses menées en termes de surplus et aux formes de concurrence qu'il considère comme tout aussi importantes que la libre concurrence.

Enfin, Barone est tout à fait conscient des obstacles qui adviennent lorsqu'il s'agit de traiter simultanément d'un grand nombre d'équations et qu'il faut déterminer, *a priori*, les coefficients de fabrication qui rendront les coûts minimum à l'aide « d'une armée de fonctionnaires payés par le Ministère de la production ». Sur ce point, son analyse est certainement novatrice, dès lors qu'il s'intéresse à la difficulté de collecter les informations nécessaires pour que « *Il Ministro* » puisse calculer l'optimum et fasse en sorte d'y accéder. Toutefois selon Barone, : « Si pour le moment, nous admettons que la variabilité des coefficients de production peut être négligée et si nous tenons compte seulement de leur variabilité technique, il n'est pas impossible de résoudre sur le papier les équations de l'équilibre » (Barone, *ibid.*, p. 194-295). Ce travail est qualifié de gigantesque mais reste envisageable. Deux difficultés sont toutefois jugées insurmontables par notre auteur.

> La première concerne le fait qu'il est inconcevable, pour les calculateurs de *Il Ministro* « que la détermination économique des coefficients techniques puisse être faite *a priori*, de façon à satisfaire la condition de coût minimum qui est une condition essentielle à l'obtention de ce maximum de bien-être auquel nous nous sommes référés. Cette variabilité économique est certainement négligée par les collectivistes : mais Pareto a démontré [...] qu'il s'agit là d'un des aspects les plus importants de la question. (Barone, *ibid.*, p. 295)

Barone se réfère ici à la méthode expérimentale de Pareto parce que, selon lui, le calcul des coefficients de production nécessiterait des expériences à grande échelle trop coûteuses et irréalistes de sorte que : « les équations de l'équilibre avec maximum de bien-être collectif ne sont pas solubles sur le papier » (Barone, *ibid.*, p. 296). Il faut souligner que, en justifiant les impossibilités de calcul et d'expérimentation auxquelles le « Ministère de la production » se heurte, Barone se range en faveur de ce que l'on pourrait qualifier d'anti-constructivisme hayékien, pour être bref. Cette conclusion repose, à titre principal, sur le fait que seule une activité de concurrence réelle et anarchique peut correspondre aux expérimentations auxquelles le « Ministère de la production » devrait se livrer. À l'évidence, la démonstration de Barone repose et renvoie à des formes de concurrence que Walras n'envisage pas et pour lesquelles la maximisation des profits et les comportements actifs de compétition de la part des producteurs sont essentiels. La seconde difficulté concerne le fait que, si les calculs précédents devaient être engagés, ils nécessiteraient de payer une armée de fonctionnaires et réduirait d'autant le niveau de ce qui serait produit en « libre concurrence » ou en « concurrence anarchique ». L'analyse de Barone s'avère ici particulièrement novatrice, car elle laisse une place implicite au concept de coût d'opportunité et à celui de coût de transaction, dès lors que le travail des agents publics relève principalement de la recherche d'informations.

Conclusion

Au terme de cette présentation, on peut mesurer l'intérêt que l'histoire de l'analyse économique aurait pu accorder aux travaux d'Enrico Barone.

Généralement, notre auteur est rapidement présenté comme un des rares économistes mathématiciens en Italie au début du XXe siècle, avec Umberto Ricci peut-être, à avoir adhéré à une modélisation en termes d'équilibre général. On trouve, entre autres, une présentation de cette nature dans l'*Histoire de l'analyse économique* de Josef Schumpeter.

Pourtant, les apports théoriques de Barone vont bien au-delà de ce que l'on pourrait attendre d'un simple « satellite » des *Éléments d'économie pure* de Léon Walras. On peut à maints égards le considérer comme un partisan de l'équilibre général walrassien mais aussi comme un auteur qui tenta d'améliorer le système de Walras sans, loin s'en faut, y adhérer totalement ni sur le fond ni sur la méthode. L'originalité des travaux de Barone pousse l'historien de la pensée économique à s'interroger sur l'origine de l'oubli relatif dans lequel ses publications sont tombées. Le manque de notoriété de la « tradition économique italienne », entre 1850 et le début du XXe siècle, ainsi que la difficulté que présente déjà l'italien comme support linguistique de diffusion scientifique en économie, ont sans doute joué un rôle essentiel.

Bibliographie

Allais, M., *La théorie générale des surplus et l'économie de marché*, Éd. Clément Juglar, 1967, 1971, 1988.

Aréna, R., Ragni, L., « Libre concurrence et méthodologie walrasienne : une tentative de mise en relation », in *Économie et société*, 1994, n° 20-21, p. 161-182.

Barone, E., « Sul trattamento di questioni dinamiche », in *Giornale degli Economisti*, 1894, Serie II, vol. IX, p. 407-435.

Barone, E., « Sopra un recento libro del Wicksteed », destiné à *Economics Journal*, 1895a, non publié. Traduction de L. Walras in W. Jaffé (1965) lettre 1215 et W. Jaffé, « New Light on Old Quarrel. Barone's Unpublished Review of Wicksteed's *Essay on Coordination of the Laws of Distribution and Related Document* », in *Cahier Vilfredo Pareto*, n° 3, p. 61-102.

Barone, E., « Sopra un Libro del Wicksell », in *Giornale degli Economisti*, 1895b, octobre, p. 524-539, réimprimé in *Le Opere Economiche*, Bologna, Zanichelli, 1936, vol. I, p. 115-143.

Barone, E., « Il Ministro della produzione nello Stato collectivista », in *Giornale degli Economisti*, 1908a, septembre-octobre, p. 267-414. Traduction française « Le ministère de la production dans l'État collectiviste », in Pierson, N. G., Von Mises, L., Halm, G., Barone, E., édité par F. von Hayek, Paris, Éd. Médicis, 1938.

Barone, E., *Principii di economia politica*, Roma, Tip. Nationale di Giovanni Bertero e C, 1908b.

Bradley, M., Mosca, M., « Enrico Barone's "Ministry of Production" Content and Context », 2010, http://ssrn.com/abstract=1734325.

Dorfman, J., « Wicksteed's Recantation of the Marginal Productivity Theory », in *Economica*, 1964, août, p. 294-95.

Georgescu-Roegen, N., « Fixed coefficients of Production and the Marginal Productivity Theory », in *Review of Economic Studies*, 1935, p. 40-49.

Hayek, F.A, *Collectivist and Economic Planning*, Londres, Routledge et Kagan Paul, 1935.

Hicks, J., « Marginal Productivity and the Principe of Variation », in *Economica*, 1932, p. 79-88.

Jaffé, W., « New Light on an Old Quarrel. Barone's Unpublished Review of Wicksteed's "Essay on the Coordination of the Law of Distribution" and Documents », in *Cahiers Vilfredo Pareto*, 1964, vol. 3, p. 61-102.

Jaffé, W., *Correspondance of Léon Walras and Related Papers*, édité par William Jaffé, 1965, 3 vol., (1884-1897), Amsterdam, North-Holland Publishing Company.

Jaffé, W., « The Birth of Léon Walras's Elements », in *History of Political Economy*, 1974, n° 9, été, p. 198-214.

Keppler, J.H., Lallement, J., « The Origins of U-Shaped Average Cost Curve: Understanding the Complexities of the Modern Theory of the Firm », in *History of Political Economy*, 2006, vol. 38, n° 4, p. 733-774.

Legris, A., « Léon Walras, Enrico Barone et les productivités marginales : note sur le sens su triptyque walrasien.», in *Revue d'économie politique*, 1997, vol. 107 (1).

Mosca, M., « Competition and Monopoly Power in Vifredo Pareto and Enrico Barone », in *32e HES Conference*; 24-25 juin 2005, University of Puget Sound, Tomaco, WA, USA.

Pareto, V., *Cours d'économie politique*, Genève, Librairie Droz, 1896, 1964.

Pareto, V., *L'économie pure*, 1902, 1966.

Pareto, V., *Statistique et économie mathématique*, Genève, Librairie Droz, 1966.

Pierson, N.G., Mises, von L., Halm, G., Barone, E., Introduction et conclusion de Hayek von F.A, *L'économie dirigée en régime collectiviste. Étude critiques sur les possibilités du socialisme*, Paris, Médicis, 1938.

Ragni, L., « Enjeux de querelles et de justice du théorème des productivité marginales », in *Revue d'économie politique*, 2000, vol. 110 (1) janvier-février, p. 132-151.

Robinson, J., « Euler's Theorem and the Problem of Distribution », in *The Economics Journal*, 1934, p. 398-414.

Schultz, H., « Marginal Productivity and the General Pricing Process », in *The Journal of Political Economy*, 1924, vol. 37, p. 505-551.

Schultz, H., « Marginal Productivity and the Lausanne School », in *Economica*, 1932, p. 385-296.

Walras, L., « Théorie mathématique du prix des terres et de leur rachat par l'État », in *Études d'économie sociale*, 1990, p. 229-309.

Walras, L., *Éléments d'Économie Politique Pure*, 1874, *Economica*, 1988.

Walras, L., « Une branche nouvelle des mathématiques, de l'application des mathématiques à l'économie politique », 1876, in *Mélanges*, Economica, 1987, p. 1-40.

Walras, L., *Études d'économie sociale*, 1896, Paris, Economica, 1990.

Walras, L., *Mélanges d'économie politique et sociale*, Economica, 1987.

Walras, L., *Études d'économie politique appliquée*, Economica, 1992.

Walker, D., *William Jaffé's Essays on Walras*, Cambridge University Press, 1983.

Wicksteed, P.H., *Coordination of the laws of distribution*, Londres, Macmilllan, 1894.

La première réception de Léon Walras chez les économistes allemands

Alain ALCOUFFE

L'économie a trouvé une place dans les universités de langue allemande beaucoup plus tôt que dans les autres pays européens. L'émiettement des pays de langue allemande explique que les sciences de l'État (ou sciences camérales) y ait fait l'objet d'une attention particulière et l'économie s'y est insérée entrainant un subtil équilibre entre économie des agents privés et économie de l'État. L'enseignement des Classiques anglais y a été aussi accueilli avec circonspection tandis que des ingénieurs mais aussi des universitaires se souciaient d'introduire les mathématiques dans l'étude des phénomènes économiques. De son côté, Walras s'est préoccupé très tôt de voir reconnaître ses travaux Outre Rhin et ne ménagea pas sa peine pour les y diffuser. Mais dans une Allemagne qui venait d'achever son unité tout en connaissant une remarquable expansion, ce sont les écoles historiques qui allaient tenir le haut du pavé et l'écho que reçurent les travaux de Walras fut très assourdi. Pourtant avec les analyses de Lexis et le livre de Launhardt on peut dire que dès 1885, les idées de Walras avaient retenu l'attention d'économistes originaux qui, dans leur domaine, excellèrent. Dans les années 1890, les idées de Walras firent partie du bagage des meilleurs produits des universités allemandes (Bortkiewicz, Wicksell, Cassel) pour qui il fut en tous les cas une source de réflexion et d'inspiration.

Dans cet article nous étudierons la stratégie de Walras pour diffuser ses idées en Allemagne (1) et ses maigres résultats durant les années 1870 (2) avant d'examiner la réception de la traduction allemande de la *Théorie Mathématique* (3).

Eduard Pfeiffer, éclaireur de Walras vis à vis de l'économie allemande

Léon Walras n'avait pas attendu 1883 comme Étienne Antonelli a pu le croire pour faire opérer des « tentatives sérieuses de contact avec les économistes de langue allemande » (Antonelli, 1953, p. 269). Au contraire, il était très soucieux de faire connaître ses travaux en Allemagne et dans ce but il mit à contribution Eduard Pfeiffer (1835-

1921). Celui-ci fut une personnalité importante à la fin du XIXe siècle au sein du *Verein für Socialpolitik*[1], mais aussi dans le mouvement des coopératives et la stratégie de Walras. Il était le 13e enfant d'une famille juive aisée parmi les premières à avoir obtenu l'autorisation de s'installer à Stuttgart. Il fit des études d'ingénierie et de commerce à l'école polytechnique de Stuttgart puis à l'École centrale des arts et manufactures de Paris dont il était sorti avec le diplôme d'ingénieur chimiste. Il avait ensuite complété sa formation par des études d'économie et de finances à Leipzig, Heidelberg et Berlin. Finalement, il avait entrepris de nombreux voyages en France, Allemagne, Italie et Angleterre. Il avait notamment visité l'exposition universelle de Londres en 1862 qui lui avait permis d'entrer en contact avec le mouvement coopératif anglais. En 1863, revenu à Stuttgart, il publie un premier livre sur les coopératives (*Über Genossenschaftswesen*[2]) suivi en 1865 d'un recueil d'études sur les coopératives de consommation dont un modèle de statut destiné au mouvement coopératif allemand *Die consumvereine, ihr wesen und wirken.* (Stuttgart, Kröner). Ces études seront rapidement traduites en français par Louis Halphen, administrateur de la Caisse d'escompte des associations populaires sous le titre *Des sociétés coopératives de consommation* (1867) (Valence, Cléas et fils). Mais Pfeiffer semble avoir été surtout soucieux d'agir, il entre en politique et en même temps, il lance une association de consommation et de crédit qui servira de modèle au mouvement coopératif allemand. Il fonde également dans diverses organisations visant l'amélioration des conditions de vie de la classe ouvrière. Sa plus grande réussite dans la matière sera constituée par la création de quartiers ouvriers modèle à Stuttgart. En paraphrasant l'introduction de Pfeiffer (1867), il apparaît que sa pensée primordiale a été de « combattre les maux de la Société par l'emploi de l'association et de l'assistance par soi-même ». Dans sa préface Louis Halphen[3] indique que Pfeiffer « son ami », était venu étudier les coopératives françaises sans doute en 1866 et Léon Walras avait fait la connaissance de Pfeiffer à cette occasion. Quelques années plus tard, avant un voyage dans le Württemberg en septembre 1872, Walras avait manifesté son intention de lui rendre la visite que Pfeiffer lui avait faite

---

1 L'éude qui lui a été consacrée par Karl Bittel en 1915, *Eduard Pfeiffer und die Deutsche Konsumgenossenschaftsbewegung*, http://www.archive.org/stream/eduardp feifferun00bittuoft est parue dans la série des publications du Verein.

2 http://www.archive.org/details/uebergenossensc00pfeigoog l'année suivante *Die Staatseinnahmen*, Stuttgart & Leipzig, A. Kröner, un gros livre sur la fiscalité dans laquelle il témoigne d'une vaste connaissance de la littérature économique (http://www.archive.org/details/diestaatseinnah00pfeigoog).

3 Les relations entre Louis Halphen et Walras sont décrites dans les notes de Jaffé pour les lettres 84 et 86 de la Correspondence. D'après Jeanne Gaillard, Halphen était l'un des 10 fondateurs de la Caisse qui comprenaient aussi Léon Walras et Léon Say.

à Paris (lettre 203). William Jaffé doute de cette visite ; pourtant Walras dans sa lettre du 12 mars 1874 qui lance sa campagne de promotion de ses travaux en Allemagne, fait allusion à des discussions au sujet de la diffusion en Allemagne de ses *Éléments* (« Il y a près d'un an que vous aviez la bonté de vous mettre à ma disposition pour le moment de l'impression de mon traité d'*Économie politique pure* serait terminée », lettre 205). Walras, dans cette lettre qui accompagne sa théorie mathématique de l'échange, prend quelques précautions (« Je sais qu'en Allemagne surtout, la tendance actuellement dominante est de restreindre de plus en plus l'élément rationnel au profit de l'élément expérimental »), car il ignore sans doute le positionnement personnel de Pfeiffer alors que vient de se former en Allemagne le Verein für Socialpolitik. Cette organisation qui va jouer un rôle très important dans l'orientation de l'économie en Allemagne tant du point de vue des théories que des politiques est née d'une rencontre organisée les 6 et 7 octobre 1872 à Eisenach dans le cadre de la conférence de l'Église Évangélique. De cette rencontre à laquelle participaient Wagner, Schmoller, Brentano va sortir un appel à constituer un rassemblement susceptible de s'opposer aussi bien au libéralisme « manchestérien » qu'aux tendances socialistes révolutionnaire. Le *Verein* dont Roscher et Schmoller figurent parmi les fondateurs sera proche de l'école historique et manifestera de la sympathie pour le mouvement coopératif, considéré comme une alternative à l'affrontement capital/ travail, qui est au cœur de son projet. On comprend que Walras précise dans sa demande à Pfeiffer « quelle que soit [son] opinion personnelle » qu'il lui « indique et procure les moyens de faire connaitre [m]on travail en Allemagne » (lettre 250).

Cinq jours plus tard, Pfeiffer lui répond dans ce qui est la première réaction étrangère. L'accueil est très chaleureux (« l'idée est très bonne de faire la distinction entre économie politique pure et économie politique appliquée comme on distingue depuis longtemps la mécanique pure et la mécanique appliquée. Les résultats mathématiques que vous trouvez sont excessivement intéressants »). Pfeiffer ne doute pas de la fécondité de l'approche walrasienne : « cette voie une fois entamée on pourra trouver des formules exactes pour les autres lois de l'économie politique comme vous les avez énoncées pour la théorie de l'échange ». Mais Pfeiffer voit une limite ou tout au moins appelle à la prudence : « tandis qu'il a été facile d'appliquer les lois de la mécanique pure à la matière, que traite la mécanique appliquée, il n'en sera pas de même avec vos formules ». C'est que les propriétés du fer sont les mêmes en tout temps et en tous lieux, il en va différent en économie car « l'homme n'est pas une matière d'une qualité déterminée qui ne varie pas ». Malgré cette remarque quelque peu restrictive, le travail de Walras garde selon Pfeiffer son intérêt et il manifeste son souci de connaître l'ensemble de l'ouvrage dès que possible. La lettre contient une courte liste de cinq noms qui sont aux yeux de Pfeiffer « soit les plus marquants dans leur science, soit les plus actifs dans la publicistique » (lettre 252).

Deux semaines plus tard, Walras se déclarait « parfaitement d'accord » (lettre 256 du 2 avril 1874) avec Pfeiffer et saisissait l'occasion de ses remarques pour développer sa conception de l'économie pour laquelle il insiste sur une tripartition économie pure, économie appliquée et économie appliquée pratique. Il souligne que l'application des mathématiques à l'économie politique concerne essentiellement les deux premières catégories pour lesquelles « les formules doivent demeurer indéterminées afin de demeurer générales et aussi permanentes » (*ibid.*) et tout en s'en remettant aux statisticiens et en concédant que les comportements humains sont changeants, il plaide pour une « politique rationnelle » (une application de formules mathématiques dans les questions pratiques) (*ibid.*).

Mais après avoir ainsi exposé un plaidoyer préparé en réponse à la pauvreté des contradictions rencontrées en France, « assez au courant des tendances actuelles de la science allemande », il fait part de ses craintes d'être incompris et mal accueilli en Allemagne. Il évoque alors son souhait d'être publié en Allemagne et il demande à Pfeiffer conseil pour trouver un traducteur et choisir la revue la mieux adaptée (p. 374). La courte réponse de Pfeiffer suggère les revues de Faucher et Schönberg. Elle n'est pas le point final à l'entremise de Pfeiffer qui sera à nouveau sollicité par Walras après que celui-ci ait trouvé un traducteur en la personne d'un officier prussien dont il avait la connaissance par hasard en Suisse (lettre 488). Pfeiffer accepta alors de réviser la traduction en établissant une table de correspondance entre les termes utilisés par Walras dans la *Théorie mathématique de la richesse sociale* et leur équivalent en allemand[4].

La réception des *Éléments* (1re édition)

Pfeiffer avait adressé à Walras une liste d'économistes rangés par ordre de priorité pour la campagne de Walras. Il s'agit de Roscher, Schmoller, Schäffle, Julius Faucher, Gustav von Schonberg. Les deux premiers sont les chefs de file de l'École historique. Le troisième Schäffle (1831-1903) avait déjà en 1872 une carrière bien remplie, en effet après des activités journalistiques, il a obtenu une chaire à Tübingen en 1860 avant d'être appelé à Vienne en 1868. Menger occupera la chaire laissée vacante par Schaeffle qui s'était retira à

[4] Cf. note de Jaffé à la lettre 495. La terminologie franco-allemande de Walras a été publiée dans les *Œuvres complètes*, tome XI, p. 289-298.

Stuttgart où il se consacra à ses travaux après avoir été ministre de l'empire autrichien. Depuis 1860, il était l'éditeur du *Zeitschrift für die gesamte Staatswissenschaft*[5].

Julius Faucher (1820-1878) était le chef de file du courant le plus favorable au libéralisme économique en Allemagne et il était l'éditeur du *Vierteljahrschrift für Volkswirtschaftspolitik und Kulturgeschichte*. Il avait fait partie des jeunes hégéliens et il est particulièrement moqué par Marx et Engels dans leur correspondance. Gustav von Schönberg (1839-1908) était devenu professeur d'économie en 1868 à Bâle, puis en 1870 à Freiburg et en 1873 il avait obtenu une chaire de sciences de l'État à Tübingen. Schönberg était un membre très actif du Verein fur Socialpolitik et en particulier il se préoccupait des relations industrielles.

En dépit de nombreux efforts et de l'aide de son ami Pfeiffer, Walras écrit en août 1874 que « l'Allemagne est le seul pays où je n'aperçois aucune chance de succès » (lettre 290).

Pourtant, le 28 mai de cette même année, contacté par l'intermédiaire de Madame Behrends[6], Georg Friederich Knapp remercie Walras de l'envoi de son Mémoire (*idem*, p. 401). Knapp était né en 1842 à Giessen où son père et son oncle (Justus Liebig) étaient professeurs de chimie. Knapp fit ses études d'économie à Munich, Berlin et Göttingen. Il obtient son doctorat en 1865 grâce à une thèse sur la théorie du salaire et de l'intérêt de von Thünen dirigée par Johann von Helferich. Ce dernier se présentait comme un héritier critique de von Thünen. Il défendait l'usage des mathématiques et à côté de von Thünen il se réfère aussi positivement à Cournot (Baloglou, p. 212). Helferich était réputé pour son indépendance d'esprit et la qualité de sa direction de thèse. Outre Knapp, il dirigea aussi les thèses de Lujo Brentano, d'August Sartorius von Waltershausen (1852-1938) qui devait devenir un éminent spécialiste du mouvement ouvrier américain. Helferich, disciple de

---

5 http://www.archive.org/details/zeitschriftfrdi138unkngoog.

6 Jaffé n'a pas réussi à l'identifier et Bridel (p. 49) la qualifie de « mystérieuse ». Il s'agit probablement de Rosa Behrends-Wirth, la fille de Johann Georg August Wirth (1798-1848), un juriste, écrivain, et homme politique engagé dans le Vormärz. Il avait publié un ouvrage en faveur de l'unité allemande et de réformes démocratiques auquel Walras fait sans doute allusion dans la lettre 290. Rosa Wirth était la sœur de l'économiste Max Wirth qui avait dirigé quelques années le bureau de statistiques de Berne. Rosa Wirth avait épousé un juriste Behrends. Pendant la guerre de 1870, elle opérait comme infirmière derrière les lignes françaises. Elle s'installa à Bruxelles où elle fut active dans la lutte contre la prostitution et finalement publia en 1892 ses mémoires d'infirmière en temps de guerre. Elle avait vécu à Francfort jusqu'à l'annexion de cette ville à l'empire (1867). Knapp avait suivi en 1865-1866 le séminaire de statistiques de Frankfort auquel Max Wirth était probablement lié. Voir Sophie Pataky, *Lexikon deutscher Frauen der Feder Bd. 1. Berlin*, 1898. S. 48. Max Wirth est également mentionné par F.A. Oetttiker dans la lettre 352 du 1er août 1876.

Hermann, « conseillait à ses étudiants de commencer par lire Smith, Ricardo, Malthus et Mill avant de passer aux auteurs allemands (Hermann, Thünen et List) et d'achever par la lecture de Carey et Bastiat, le tout complété par celle de Marx »[7].

Après sa thèse, Knapp dirigea d'abord l'office statistique de Leipzig tout en étant professeur « extraordinaire » d'économie à l'université. En 1874, il devint professeur ordinaire à l'université de Strasbourg, réorganisée à la suite de l'intégration de l'Alsace dans l'empire allemand après la guerre de 1870. Il vécut en Alsace jusqu'en 1919 et le retour de l'Alsace à la France. Il mourut à Darmstadt en 1926. Knapp était parmi les fondateurs du Verein für Socialpolitik mais à la différence d'autres socialistes de la chaire qui en faisaient partie, il s'abstint de s'engager dans les débats politiques de son temps.

Mathématicien accompli, Knapp adopte pourtant une attitude très réservée à l'égard de l'article de Walras : « je doute que la théorie la plus rigoureuse de l'échange soit d'une grosse portée pour le grand domaine de l'économie politique »[8] et après lui avoir signalé les travaux de von Thünen, il indique que pour sa part, il veut utiliser les mathématiques plutôt dans la connaissance statistique des populations (lettre 277 du 28 mai 1874). Sur la base de cette réaction, Walras se plaindra auprès de Mme Behrends quelques semaines plus tard que « M. Knapp… ne paraît pas avoir compris du tout l'importance de la question soulevée dans le Mémoire » (lettre 290 du 11 août 1874).

Walras tenta néanmoins de nouer des relations plus personnelles avec Knapp à qui il s'adresse directement le 12 août 1874 et s'appuyant sur leur intérêt commun pour von Thünen, il demande le lendemain s'il peut lui adresser sa thèse consacrée à celui-ci et ses travaux sur la population (lettre 292). Six mois plus tard, s'adressant à Jevons, Walras indique encore Knapp parmi ses relations en Allemagne (lettre 320 du 29/11/1874[9]). De fait, si l'on excepte un article d'Albert Hildebrandt, un ingénieur allemand exilé à Manchester et une relation de Jevons, qui rajoute quelques lignes insignifiantes sur Walras à un compte rendu[10] du

---

7 D'après les Mémoires de Sartorius, citées par Van den Linden & Zieren, 1998, p. 35.

8 « ich zweifle, ob die schärfste Theorie des Austauches (de l'échange) von grosser Tragwehe sein würde für das grosse Gebiet des politischen Oekonomie ».

9 Walras cite outre Pfeiffer et Knapp, Vogt de Zürich, Hanssen de Göttingen, Knies de Heidelberg, Schmoller de Strasbourg, et Faucher.

10 Le journal *Deutsche Allgemeine Polytechnische Zeitung*, s'adresse aux ingénieurs du génie civil. Il avait été lancé en 1873 par la maison Springer dans sa tentative de prendre pied dans le domaine des publications scientifiques et techniques. Le journal publié « avec la collaboration de membres de l'association des ingénieurs civils allemand, de la société polytechnique de Berlin et de beaucoup d'ingénieurs et de professeurs » devait ajouter en 1875 un sous titre anglais « engineering » et en 1876, un sous titre supplémentaire en français « Revue polytechnique ».

livre de Jevons fin 1876, Knapp sera le seul économiste allemand de quelque importance à publier en 1878 une recension de la première édition des *Éléments*. La tentative de séduction de Walras avait échoué, car l'article de Knapp dans le *Literarisches Centralblatt für Deutschland* du 10 août 1878 est particulièrement critique vis-à-vis des *Éléments*.

Knapp profite de la parution de la 2e partie des *Éléments* en 1877 pour donner son avis sur l'auteur et l'œuvre. Il renvoie la définition de l'économie pure à une tradition initiée en France par J.-B. Say et représentée en Allemagne par Hermann qui se consacre à la « recherche des déterminants des prix des marchandises, rapportés au niveau des salaires, du taux de l'intérêt, du profit, etc. ».

L'économie pure traitant de grandeurs, il est naturel d'après Knapp que Walras fasse appel aux mathématiques pour atteindre la plus grande clarté et en effet, ce qu'il propose est « bien structuré, transparent, clair comme l'eau, mais pas plus nourrissant que l'eau pure ». Pour Knapp, il y a eu dans les années 1830-1840 de telles tentatives en Allemagne de constitution d'une économie pure, mais à présent on attend d'un auteur « qu'il tienne compte de la lutte des classes et de la condition de celles-ci lorsqu'il élabore un nouveau système ». Finalement malgré la reconnaissance convenue d'une certaine perspicacité, la condamnation est sans appel, « le livre est en retard car il appartient à un stade dépassé depuis longtemps ».

L'état de l'économie en Allemagne dans les années 1870

Pour comprendre les résultats des efforts déployés par Walras pour se faire connaître en Allemagne, il convient de replacer l'économie dans le contexte culturel de ce pays au XIXe. En 1874, Roscher clôt sa monumentale histoire de l'économie politique en Allemagne par un chapitre 35 dans lequel il présente un aperçu des derniers développements. Il y rappelle tout d'abord les progrès économiques de l'Allemagne qui lui ont permis de rattraper des pays plus avancés et dans la section 204 considérant l'état de l'économie politique, il ne craint pas d'affirmer que « l'économie politique allemande est elle aussi pour le moins égale à celle des pays étrangers » (Roscher, 1874, p. 111).

En fait dans l'espace germanophone l'enseignement de l'économie, composante des sciences camérales, est très ancien et d'après Hennings (1988), à la fin du XVIIIe siècle, elle était déjà enseignée dans presque toutes les universités allemandes et toutes celles d'Autriche (p. 42).

Alors que l'enseignement économique n'était dispensé qu'à dose homéopathique dans les autres pays dans la première moitié du XIXe siècle les universités germanophones étant une trentaine (dont une vingtaine en Allemagne (Lexis, 1904), Hennings (1988) estime à une centaine le nombre des « économistes » en Allemagne. Ces économistes n'étaient pas regroupés dans des associations professionnelles mais dès le dernier tiers du XVIIIe siècle, la création de revues spécialisées renforçait les échanges et dessinait un « collège invisible ». Compte tenu de l'éparpillement des états allemands (39 après les guerres napoléoniennes), de leur histoire dans les deux premiers tiers du XIXe siècle et de la relative autonomie des universités, il est facile de comprendre qu'il n'y avait pas de doxa ni même de profil unique pour le recrutement des professeurs d'économie. Par contre, du fait de leur proximité avec les autres spécialistes des sciences de l'état, les questions d'économie pratique (protectionnisme ou libre échange, finances publiques) jouaient également un rôle important dans les classements que l'on peut opérer entre eux. À la recherche d'un public et soucieux de se distinguer des juristes et des disciplines voisines, des économistes allemands avaient fait une place importante aux mathématiques.

C'est d'ailleurs en Allemagne qu'Ekelund et Hébert recensent le plus grand nombre de protonéoclassiques (5 en Grande Bretagne, 7 en France, 9 en Italie et 13 en Allemagne, dont 8 dont relèvent de l'université). D'ailleurs le manuel de Rau est l'ouvrage le plus répandu et Roscher dans ses *Principes* accorde beaucoup d'attention à Canard qui figure en bonne place lorsqu'il s'agit de présenter l'économie mathématique mais aussi pour discuter différents thèmes économiques. Roscher d'ailleurs a introduit les *Éléments* dans son tableau de l'économie mathématiques, au moins à partir de la 13e édition des *Principes* (la référence figure dans la traduction française par Wolowski).

Walras avait donc quelque raison d'insister pour se faire connaître en Allemagne et on comprend son souci de s'adresser directement aux lecteurs allemands par le biais d'une traduction.

La réception en Allemagne de la *Mathematische Theorie*

Le succès de la traduction italienne et le hasard de la rencontre avec Ludwig von Winterfeld, un officier prussien intéressé par l'économie pure ont conduit Walras au début de 1881 à consacrer beaucoup de temps à la traduction allemande pour laquelle il mit à contribution tous les germanistes auxquels il pouvait faire appel, au premier rang desquels Pfeiffer, Charles Secrétan et Hermann Amstein[11]. Finalement avec la sortie du livre « toutes [l]es préoccupations et tous [l]es efforts de Walras sont tournés vers l'Allemagne. Il [lui] semble que c'est là qu'il y a quelque chose à faire » d'autant que d'après lui, « la remise en lumière du pauvre Gossen ne nuira pas au succès » (lettre 514, juillet 1881).

---

[11] Voir pages 9 et 10 de l'introduction à la *Théorie Mathématique de la Richesse*, dans le tome XI des *Œuvres complètes*.

En réalité, c'est près d'une dizaine de recensions[12] en allemand que Pascal Bridel a trouvées dans les archives de Walras. Parmi elles, la première de W. Lexis parue en 1881 et la dernière de Flürscheim se détachent l'une par la qualité de la lecture et des critiques (Lexis), l'autre par le décentrement puisque c'est essentiellement le mémoire sur le rachat des terres qui est considéré, qui ramène Walras à ses préoccupations d'économie sociale. Mais il convient d'abord d'examiner les autres notes de lecture. Nous mettrons l'accent sur les personnalités des auteurs, le contenu des recensions faisant l'objet d'une excellente présentation dans l'introduction de Pascal Bridel (Partie IV, 155-173).

W. Lexis	1837-1914	Professeur	*Jahrbücher für Nationalökonomie und Statistik*, N.F., Bd. 3 août 1881, p. 427-434 et N.F., Bd. 2, 1885 p. 261
O. Arendt	1854-1936	Éditeur du *Deutschen Wochenblattes*	*Deutsche Literaturzeitung*, 3e année, n° 8, 25 février 1882, p. 296
W.Lazarus	1825-1890	Actuaire	*Jahrbuch über die Fortschritte der Mathematik*, année 1881, vol. 13, Berlin, Reimer, 1883, p. 167-168
S. zu Putlitz	1854-1883	Professeur	*Politische Wochenschrift*, 2e année, n° 25, 23/06/1883, p. 207-208
E. Lampe	1840-1918	Éditeur du journal des mathématiques	*Deutsche Literaturzeitung*, 4e année, n° 46, 17/11 1883, p. 1625-1626, p. 296
M.Flürschein	1844-1912	Industriel, publiciste	*Frei Land, Wocheschrift zur Förderung einer friedlichen Sozialreform*, 2e année, 29 mars n° 13, p. 1-2

Otto Arendt avait étudié les Staatswissenschaften et obtenu un doctorat avant de s'engager en politique (conservateur). Il fit partie du lobby colonial allemand et il prit la tête du mouvement pour le bimétallisme. Son compte rendu vise moins les idées de Walras que l'existence de la traduction. Il semble que celle-ci constitue à ses yeux une offense pour la « science allemande » qui n'a pas besoin de ce passage pour apprécier les travaux écrits dans d'autres langues.

L'accueil de l'approche walrasienne par Stephan zu Pulitz est beaucoup plus nuancé. Zu Pulitz issu d'une famille aristocratique avait été le compagnon de jeu du Kronprinz. Après des études de droit, il sert dans l'armée et se lie avec August Sartorius von Waltershausen (1852-1938). Tous deux décidèrent d'entreprendre des études d'économie auprès de

12 Nous négligeons le CR de Charles Secrétan dans le *Jahrbuch für Nationalökonomie* et l'article d'Alfred Simon dans le *Neue Zürcher Zeitung* dont la source est peut être Walras est lui-même.

Johann von Helferich. Après une thèse consacrée à la théorie de la valeur (1880), il écrivit une biographie de Proudhon (1881). Il avait épousé Elizabeth von Heyking[13] la petite fille de Bettina et Achim von Arnim dont il ne supporta pas le souhait de divorcer de sorte qu'il se suicida l'année de son compte rendu.

Son compte rendu présente les différentes parties de l'ouvrage en s'attardant plus particulièrement sur la dernière consacrée à la rente foncière qu'il confronte à la situation des pays agricoles à la fin du XIXe siècle. Il ajoute : « Cet exemple illustre parfaitement toute la méthode mathématique de Walras qui constitue la dernière conséquence de la méthode abstraite en économie qui estime pouvoir réduire tous les phénomènes économiques à quelques lois absolus valables pour tous les peuples et tous les temps et faire de l'étude de ces prétendues lois naturelles le seul objet de l'économie politique » (p. 188). Pour Putlitz, les classiques anglais sont une bonne introduction aux études économiques et il concède qu'il est légitime de développer cette approche et qu'elle est plus attirante intellectuellement que « la complexité déroutante, le changement permanent des phénomènes qui caractérisent les conditions économiques d'après l'école historique ». Il admet qu'elle simplifie considérablement l'étude de l'économie et qu'elle a apporté des contributions importantes Mais d'après lui, les simplifications qui éliminent toutes les caractéristiques nationales, politiques, éthiques sont injustifiées et conduisent à des conclusions erronées. Ainsi en ne tenant pas compte de la possibilité d'une concurrence extérieure, l'étude de Walras perd toute pertinence.

Putlitz se demande finalement si la méthode mathématique fournit des résultats qui n'auraient pu être obtenu par d'autres moyens. Il répond fermement par la négative : « tout ce que Walras et ses prédécesseurs en économie mathématique ont trouvé était soit sans valeur, soit déjà connu depuis longtemps par d'autres moyens ». Heureusement, il s'agit de jeux sans danger auxquels peuvent s'adonner ceux qui ont du goût pour le traitement mathématique des questions économiques, mais il est totalement erroné d'en attendre un progrès de la science économique.

Wilhelm Lazarus (1825-1890) publia deux comptes rendus, un premier très bref en 1881 et un second un peu plus détaillé en 1883. Lazarus était actuaire pour une compagnie d'assurance de Trieste qu'il représentait à Hambourg. Il s'intéressait particulièrement à l'assurance sur la vie pour laquelle il dressa les premières tables de mortalité pour

---

13 Elizabeth von Heyking a épousé en 1884 un diplomate avec qui elle se déplaça d'ambassade en ambassade. Écrivain, le livre qu'elle tira de son observation du personnel des ambassades fut un best seller traduit dans de nombreuses langues.

l'Allemagne mais il contribua également à la théorie de l'assurance vie (notion de dommages). Ses comptes rendus ne sont donc pas déplacés dans cet examen de la réception de Walras par les économistes allemands. Le premier est très lapidaire, mais dans une quinzaine de ligne, il réussit le tour de force de présenter le cœur du projet walrasien dans lequel il identifie le caractère « général » (équilibre de l'ensemble des marchés). Lazarus écrit qu'il s'agit « de la représentation de l'ensemble du domaine de l'économie pure selon des principes mathématiques, une tentative qui est conduite "avec succès" par Walras, selon notre avis » (in Bridel, p. 185).

Lazarus publia un seconde étude sur Walras précisément dans le *Jahrbuch,* dans laquelle sans procéder à une analyse sur le fond, il recommande vivement la lecture de Walras aux mathématiciens intéressés par des questions dont le traitement littéraire remplit des bibliothèques. Il estime de façon prémonitoire que « pour les économistes qui ne connaissent pas les mathématiques ces travaux restent inaccessibles » (*ibid.*, p. 234). À cette appréciation élogieuse d'un actuaire dans une revue de mathématique s'opposa une mise en garde publiée à la fin de l'année 1883 dans une revue de critique littéraire par un mathématicien Emil Lampe, éditeur du *Jahrbuch über die Fortschritte der Mathematik* à partir de 1883 (http://www.emis.de/MATH/JFM/vorwort45.pdf). Il indique dans son compte rendu : « La méthode mathématique apprend il est vrai à tirer des conclusions certaines de prémisses données, mais elle n'examine pas les prémisses elles-mêmes qui ne sont pas apportés par la déduction mais par l'induction » et il conclut en mettant en doute la légitimité de ses idées économiques (Bridel, 1996, p. 216).

Les comptes rendus de Lexis

Wilhelm Lexis (1837-1914) était le fils d'un médecin. Après avoir obtenu un diplôme de mathématiques à l'université de Bonn, il entreprit un doctorat de physique à Heidelberg obtenu en 1861. Il compléta alors sa formation par des études de sciences sociales à Paris et occupa différents emplois (professeur de lycée, bibliothécaire, journaliste). En 1872, il devient professeur à l'université de Strasbourg où il restera deux ans et développe ses travaux sur la population (publiés en 1875). En 1874, il obtint un poste à l'université de Dorpat (aujourd'hui, Tartu en Estonie). Deux ans plus tard à nouveau, il part à Freiburg où il restera jusqu'en 1884 avant d'occuper un poste à Breslau. Finalement, en 1887 il part à Göttingen pour sa dernière mobilité professionnelle. On peut relever un parcours professionnel comportant des points communs avec celui de Wagner. Lexis, rangé parmi les socialistes de la chaire (Drechsler, 2002), n'adopta pas les théories de la valeur marginalistes et resta attaché à la tradition ricardienne[14] comme en témoignent les présentations critiques des théories de la valeur de Rodbertus et de Marx à un an d'intervalle dans le Jahrbücher *für Nationalökonomie und Statistik* (*JNS*). Lexis fait sien le jugement de Wagner qui voit en Rodbertus le « Ricardo du socialisme économique » et ajoute même qu'il « dépasse son rival britannique en virtuosité pour découvrir les relations les plus profondes [...] et surtout dans le point de vue éthique qu'il adopte vis-à-vis de la vie économique qui ne peut être considérée comme un pur processus naturel, mais qui doit être évaluée également comme un processus culturel de l'humanité. » (Lexis, 1884, p. 462).

En fait, ses préoccupations méthodologiques apparaissent dès sa thèse consacrée au commerce extérieur de la France depuis la restauration et publiée en 1870. Le chapitre introductif et la conclusion sont l'occasion pour Lexis de se prononcer sur les relations entre les sciences sociales et les méthodes quantitatives qui retinrent l'attention du philosophe Friedrich Albert Lange (1828-1875), le fondateur du néokantisme. Lange écrit ainsi qu'il est possible diviser la grande masse de nos économistes allemands en deux grandes catégories d'après leur position vis-à-vis de la méthode scientifique, ceux qui en tiennent pour la déduction, sans savoir qu'elle repose sur l'abstraction et ceux qui évitent l'abstraction et qui veulent partir de la réalité, mais qui sont incapables de mettre en œuvre la méthode inductive. Selon Lange, Lexis est une exception qui fait ressortir par contraste des autres économistes qu'ils appartiennent à l'école de Manchester ou aux socialistes de la chaire. Lexis considère toute l'économie déductive comme une simple préliminaire pour se repérer dans les problèmes sur la base duquel la science proprement dite basée sur la statistique peut ensuite se déployer (Lange, 1915, 536, n° 2). Il affirme :

> Généralement la théorie économique scientifiquement conçue ne peut pas traiter de la complexité du concret que la météorologie moderne ne le peut dans le domaine extrêmement compliqué des phénomènes météorologiques. Dans cette discipline aussi, il est possible d'élaborer des théorèmes généraux à partir d'hypothèses restrictives, mais ces théorèmes ne sont pas la science elle-même, mais ils servent simplement d'auxiliaires provisoires pour examiner et élucider la réalité.

Il observe encore en conclusion de son étude :

> Le recours aux analogies tirées des sciences de la nature dans le domaine économique est souvent le contraire exact de la méthode des sciences de la nature. Cette dernière exige avant tout d'une science en développement

[14] Lexis fut une des sources d'inspiration du *Treatise on Probability* de Keynes et aussi le directeur de thèse de Ladislaus von Bortkiewicz.

qu'elle en revienne au concret, et en ce sens la météorologie moderne fournit un exemple méthodologique à la science économique.

Lexis continuait en dressant le programme de l'économétrie : « Il s'agit de représenter les variations des grandeurs économiques au cours du temps sous forme de séries statistiques ou de courbes et ensuite d'étudier si l'on peut identifier des dépendances entre les hauts et les bas de telles courbes », mais Lexis met en garde contre un trop grand optimisme : « il ne faut en aucun cas attendre des résultats numériques exacts, mais on aurait déjà beaucoup progressé si l'on pouvait trouver des régularités dans ces variations ».

Quatre ans plus tard, en août 1874, Lexis donnait son premier cours à l'université de Dorpat et il précisait encore sa position sur les méthodes des sciences de la nature et des sciences sociales. Il observe que toutes les sciences se réfèrent à l'expérience et comme les sciences de la nature sont les ainées, il est tentant de prescrire aux sciences sociales d'adopter les méthodes des sciences de la nature (p. 235). Celles-ci consistent « en leur mise en œuvre idéale » en l'élaboration d'un schéma quantitatif purement mathématique pour interpréter les relations entre les phénomènes (p. 240). Il se demande alors si cette méthode est applicable sur le terrain des sciences sociales et si c'est le cas, le schéma purement quantitatif représentant les relations superficielles suffit-il pour rendre compte de la totalité des expériences possibles dans son domaine ?

Lexis répondait affirmativement à la première question et négativement à la seconde car les sciences sociales peuvent être appréhendées de différents points de vue qui se superposent. Drechsler (2002, p. 50) s'efforce dans une longue digression de montrer que Lexis au fond était aussi négatif dans sa réponse à la première qu'à la seconde question. Nous aurions tendance à relativiser la seconde réponse qui peut être dictée par le souci de ménager ses collègues historistes.

Quoiqu'il en soit, Lexis n'est en rien hostile à la formalisation et à la « méthode abstraite » et l'accueil qu'il accorde aux travaux de Walras à l'occasion de la parution de la traduction allemande constitue sans doute la première analyse sérieuse de la théorie de l'équilibre général et peut être même, comme le dit P. Bridel, la toute première formulation de ce qu'Ingrao et Israel ont appelé le *noyau paradigmatique invariant* de la théorie de l'équilibre général (Bridel, 1991, p. 160). On ne peut mieux faire que citer ici l'enthousiasme de Bridel :

> Sur deux courtes pages, et d'une manière beaucoup plus claire et décisive que ne le fera jamais Walras, Lexis suggère le programme de recherche dont la démonstration occupe toujours les théoriciens de l'équilibre général :

> l'idée que dans un système de marché concurrentiel, un état de compatibilité entre les actions des divers agents est possible (théorème de l'existence de l'équilibre)
>
> l'idée qu'un seul de ces états est possible (théorème de l'unicité de l'équilibre)
>
> et finalement l'idée que les forces du marché vont inévitablement ramener le système économique à cet état de compatibilité (théorème de la stabilité de l'équilibre) (*ibid.*, p. 160-161)

Lexis rapporte l'insistance de Walras à contrôler l'égalité du nombre des équations et des inconnues, mais il signale que l'on peut :

> objecter [à la démarche de Walras] que les équations ne seront généralement pas du premier degré, que nous ne savons d'ailleurs rien de leur nature, qu'elles peuvent aussi bien n'avoir pas de racines positives réelles, mais tout aussi bien qu'elles peuvent avoir plusieurs systèmes de racines de ce type. Dans le premier cas, il n'existerait aucun système de prix d'équilibre, dans le second cas, on pourrait rencontrer plusieurs états d'équilibre avec des systèmes de prix différents. (*ibid.*, p. 178)

Lexis observe ensuite que l'introduction de la production dans l'équilibre général se fait sans prendre en compte explicitement la distinction entre les agents qui possèdent quelque chose et ceux qui ne possèdent rien. Pour celui qui n'a rien : « l'utilité d'un morceau de pain s'accroîtra de jour en jour à mesure qu'augmente la faim si personne ne veut acheter sa force de travail tandis que celle-ci est à ses yeux totalement sans valeur. Un maximum d'utilité atteint par le travailleur de cette manière par l'échange n'est certainement pas un idéal enviable. » (p. 179).

Mais « les situations d'un propriétaire foncier qui arbitre entre fermage et faire valoir direct, d'un capitaliste qui a le choix entre prêter ou entreprendre ou consommer son argent et d'un travailleur d'usine sans moyens et dépendant des machines qui ne lui appartiennent pas et qui ne saurait exploiter lui-même sa force de travail [...] sont fort différentes ».

Finalement Lexis estime que « les calculs de Walras sont exacts mais les conclusions optimistes tirés des résultats auxquels ils conduisent sont aussi peu justifiées que les éloges enthousiastes de l'harmonie de la création dans lesquels s'engage Gossen dans sa description des effets théoriques de la liberté absolue du commerce » (p. 179).

Lexis reconnaît que « la valeur incontestable qu'apportent les développements de Walras à la reconstruction rationnelle des mouvements fondamentaux des processus économiques » (p. 180), mais dans les limites qu'il a indiquées.

À la fin de sa recension, Lexis rapporte le projet de nationalisation du sol de Walras et le compare à celui de Gossen qu'il examine avec sympathie dès lors que les limites des terres disponibles seraient atteintes.

Les seules informations concernant les relations entre Lexis et Walras avant la parution de l'article de Lexis dans le *JNS* sont contenues dans la lettre 481 de Kortum (le neveu de Gossen) du 19 juin 1880 dans laquelle celui-ci signale que « Lexis sur le travail duquel vous [L.W.] avez attiré mon attention est une de mes vieilles connaissances. Je lui ferais gentiment reproche de ne pas m'avoir envoyé son essai ». Il est probable que Walras a eu connaissance très rapidement de l'article du *JNS* mais c'est seulement le 17 mars 1883 à la fin d'un voyage en Italie qu'il réagit dans une lettre à Lexis (lettre 548). Walras avait été enchanté de l'article et s'efforce d'effacer les réserves que Lexis avait pu formuler. En fait Walras veut surtout éviter d'être pris pour un partisan du libéralisme économique et il souligne toutes les limites qu'il voit aux effets de la concurrence et espérant nouer un dialogue scientifique, il adresse à Lexis son travail sur le bimétallisme.

En fait, la réaction de Lexis fut aussi tardive que celle de Walras et c'est seulement en 1886 qu'il rendit compte brièvement du mémoire sur le bimétallisme dans une recension d'écrits sur la monnaie émanant, en plus de Walras, de Viti di Marco et Launhardt (Lexis, 1886). Lexis une fois de plus rendait hommage à la rigueur des raisonnements de Walras mais estimait qu'ils négligeaient trop d'éléments concrets pour pouvoir être d'une grande utilité. Walras répondit par la lettre 737 (30 juillet 1886) avec une certaine vivacité tout en annonçant un travail dont il espérait qu'il modifierait le jugement de Lexis sur les applications pratiques tirées par Walras de la théorie quantitative.

La nationalisation des terres

Les questions de politique économique et en particulier les dispositions concernant la propriété du sol forment une grille de lecture importante dans la réception de Walras en Allemagne. Le développement de la social-démocratie, le mouvement coopératif, la revendication de l'intégralité du produit du travail[15] faisait de la propriété des moyens de production un élément important du débat public. Le renfort de Walras était le bienvenu pour conforter ceux qui, sans adhérer au socialisme marxiste, cherchaient à résoudre la question sociale en mettant en cause la propriété. C'est ainsi que Michael Flürscheim (1844-

15 Anton Menger, le frère de Carl, publiait en 1886 un livre sous ce titre : *Das Recht auf den vollen Arbeitsertrag in geschichtlicher Darstellung*, Cotta, Stuttgart, 1886.

1912)[16] fit connaître Walras dans le cadre du mouvement Frei Land (Terre libre). L'auteur de la revue tardive a été un utopiste de la fin du XIXe siècle et du début du XXe siècle largement oublié par la suite, mais dont la notoriété et l'influence était tout à fait considérable, car il était centre de trois courants de réforme : l'impôt unique, la nationalisation du sol et une monnaie améliorée. Il écrivit nombre d'utopies en allemand et en anglais, fit partie de deux communautés et fonda une banque d'échanges en Nouvelle Zélande dans laquelle il était possible d'échanger les biens et services directement ou à travers les billets que la banque émettait. Il avait commencé sa carrière aux États-Unis où sa famille l'avait envoyé pour apprendre les métiers de la banque, puis il travailla à Paris comme agent de change, et acquit ensuite une aciérie en 1873 qui employait 40 ouvriers. Il avait la double préoccupation de développer son entreprise et d'améliorer la vie de ses ouvriers. Il réussit plutôt bien le premier objectif, de sorte que quand il revendit l'aciérie elle était florissante et employait plus d'un millier d'ouvriers.

Quant au second, Flürscheim mit en place des logements sociaux pour ses employés, des coopératives de consommation et des assurances sociales ? À la fin des années 1870, il lut *Progress and Poverty* (1879) d'Henry George (1839-1897) et fut séduit par son message. Dès lors il s'engagea pour l'impôt unique et la réforme foncière. Mais il ne se contenta pas d'être un disciple de George car d'une part, il pensait contre George que les propriétaires fonciers devaient être indemnisés et d'autre part, il fut convaincu qu'une réforme de la monnaie était indispensable ; il passa tout le reste de sa vie à imaginer et mettre en œuvre des systèmes alternatifs. Flürscheim ne fut pas sans postérité et on peut y rattacher aussi bien l'anthroposophie de Steiner que les projets de monnaie fondante de Silvio Gesell. On peut aussi se demander dans s'il n'y pas une la chaîne d'influences qui va du Walras des coopératives à la théorie moderne du socialisme du marché dont les maillons sont Pfeiffer, Flürscheim, Franz Oppenheimer (1864-1943) Eduard Heimann (1889-1967) et Oskar Lange.

Launhardt et Walras

Carl Friedrich Wilhelm Launhardt (1832-1918) fut amené à s'intéresser à l'économie par ses préoccupations d'ingénieurs. Son domaine était précisément l'ingénierie des transports. Il passa pratiquement toute sa vie à Hanovre où il enseignait dans un institut polytechnique, la construction des routes, des voies de chemins de fer et des ponts. C'est

16 Outre la lecture des écrits de Flürscheim, nous nous appuyons sur Lyman Tower Sargent, (2010) dont l'auteur nous a communiqué une version avant publication.

apparemment par un article dans le *Centralblatt der Bauverwaltung*[17] publié en 1883 que l'attention de Walras avait été attirée sur Launhardt (lettre 633 de Perozzo, 11 février 1885). C'est encore Walras qui prit l'initiative de lui faire parvenir ses travaux (lettre de Launhardt du 20 février 1885). Dans sa lettre de remerciements, Launhardt se montre extrêmement louangeur : « Vos théories mathématiques de l'échange, de la production et de la capitalisation m'ont vivement intéressé, parce que depuis quelques années mes études m'ont conduit, aux mêmes questions, que vous avez résolues d'une manière si élégante et si ingénieuse. »

Certes Launhardt rejette les thèses monétaires de Walras mais il soutient totalement l'introduction des mathématiques comme on le voit dans sa lettre du 16 mai 1885

> Les économistes allemands continuent de se comporter de façon totalement négative contre quelque traitement mathématique de l'économie. Ils ne pourront pas défendre cette position indéfiniment. Il ne fait aucun doute pour moi que la conception mathématique de l'économie va inévitablement bientôt faire des percées victorieuses. L'hommage que je rends à vos travaux pionniers vous sera alors généralement rendu.

L'ouvrage de Launhardt, dont la préface est datée du 1er mars, contient en effet un hommage appuyé à Walras mais aussi une mise en garde sur les propriétés de l'équilibre. Launhardt parle de grave erreur, dans sa présentation de la situation d'équilibre, formulant le premier « l'accusation selon laquelle Walras aurait mal conçu la maximisation du bien être social » (Jaffé, p. 326)[18]. Mais avec ce débat, on entre dans la dynamique des théories de l'équilibre général et du bien-être. C'est pourquoi nous ne lisons pas la dernière phrase de la lettre de Walras à Launhardt comme un constat d'échec « ... il ne nous reste plus qu'à suivre chacun notre voie du mieux que nous pourrons. Heureux celui d'entre nous qui sera reconnu être économiste autant que mathématicien ». Simplement l'étape de la réception est terminée.

Walras et les économistes allemands

Finalement la première réception de Walras en Allemagne s'inscrit dans un contexte de recul de l'utilisation des mathématiques en économie. La méthode mathématique à travers les travaux de Rau, de v. Thünen et de Mangoldt était bien connue des cercles académiques

---

17 Le *Centralblatt der Bauverwaltung* était publié par le ministère allemand des Travaux publics.

18 Walras à son tour reprochera à Launhardt de lui faire dire que « par le jeu naturel de la libre concurrence, l'intérêt général est aussi complètement satisfait que possible » et donc d'en faire un partisan de la libre concurrence.(lettre 652 du 20 mai 1885).

allemands. Les manuels de Mangoldt et de Rau destinés aux étudiants comportaient un appareil mathématique ce qui était plutôt exceptionnel pour leur époque. Mais il faut observer que si la publication des deux manuels se poursuivit après la mort de leurs auteurs (en 1868 pour Mangoldt et 1870 pour Rau), dans ces éditions posthumes, l'appareil mathématique fut éliminé. Dans le cas de Mangoldt cette version expurgée fut saluée par Schmoller (1871) ce qui traduit bien l'hostilité vis-à-vis des mathématiques de la Jüngere historische Schule qui était beaucoup plus marquée que celle de Roscher, le fondateur de l'école historique. Il est intéressant de relever d'ailleurs que tant le livre de Mangoldt que celui de Menger étaient dédiés à Roscher.

Roscher n'était pas fondamentalement hostile aux mathématiques en économie, cela ressort des longs développements qu'il consacre à la méthodologie économique et qu'il affina dans les éditions successives. Lui-même à la suite de Rau introduisit des équations pour traiter de la théorie monétaire.

Mais on dispose d'un témoignage indirect sur la réception de Walras par Roscher puisqu'à la demande de Walras, son ancien étudiant, Franz Grunenwald s'entretint longuement avec Roscher de la méthode de Walras et en fit immédiatement un compte rendu à Walras (lettre 523, 14 décembre 1881). La conception de Roscher est très proche de celle de Menger deux ans plus tard[19]. Il refuse de faire de la méthode mathématique une véritable catégorie méthodologique mais les mathématiques peuvent être un auxiliaire utile pour améliorer les démonstrations.

Avec toutes les limites qu'introduit la courtoisie académique, il est intéressant de relever le caractère « français » qu'attribue Roscher à la méthode mathématique alors que le nombre des économistes mathématiciens allemands (pour ne rien dire des italiens) permet de douter que l'usage des mathématiques soit typiquement français. Streissler a attribué au contexte économique et politique la résistance des économistes allemands aux idées de Menger. Implicitement l'historicisme établirait un lien entre économique dominante et théorie économique dominante. Après la guerre de 1870, l'Allemagne ne pouvait pas plus « importer » des idées françaises qu'autrichiennes et ce n'est peut être pas un hasard si parmi les économistes allemands qui reprirent ou prolongèrent les apports de Walras, Wicksell, Cassel étaient suédois et Bortkiewitch russe d'origine polonaise.

---

19 Jaffé analyse la correspondance Menger Walras (Jaffé Walker, p. 321). Les termes qu'il relève dans la lettre de Menger sont exactement ceux utilisé par Roscher (tel que rapportés par Grunenwald). Sur ce thème voir Garrouste 1994.

Conclusion

Les efforts de Walras pour diffuser ses idées en Allemagne ne furent que médiocrement payés de retour. Pourtant les universités allemandes ont permis la transmission de ses travaux et de certaines de ses idées sur la réforme foncière ou les coopératives. En fait le paysage universitaire était trop éclaté et diversifié pour que des camps puissent être facilement délimités. De plus à une époque de remise en question méthodologique forte, il était peut être illusoire d'attendre une adhésion plus forte sans que les variétés méthodologiques aient été mieux perçues et assumées.

Bibliographie

Alcouffe, A., Diebolt, C., *La pensée économique allemande*, Paris, Economica, 2009.

Antonelli, E., « Léon Walras et Carl Menger à travers leur correspondence », in *Économie Appliquée*, 1953, n° 2-3 avril-septembre.

Backhaus, J.G., *The Elgar companion to law and economics*, Cheltenham, Edward Elgar, 1999.

Baloglou, C.P., *Die Vertreter der mathematischen Nationalökonomie in Deutschland zwischen 1838 und 1871*, Marburg, Metropolis, 1995.

Bridel, P., *Le chêne et l'architecte – un siècle de comptes rendus bibliographiques des* Éléments d'économie pure *de Léon Walras*, Genève, Droz, 1996.

Drechsler, W., *Realist economics and social policy: Kathedersozialismus in Dorpat*, Wagner, Laspeyres, Lexis, Bücher, 2002.

Ekelund, R., Hebert R.F., « The Origins of Neoclassical Microeconomics », in *Journal of Economic Perspectives*, 2002, vol. 16, issue 3, p. 197-215.

Garrouste, P., « Carl Menger et Léon Walras à propos de l'utilisation des mathématiques en économie politique », in *Économies et Sociétés série Oeconomia*, 1994, vol. 20-21, p. 11-27.

Hennings, K. H., « The transition from classical to neoclassical economic theory: Hans von Mangoldt », in *Kyklos*, 1980, vol. 33, n° 4, p. 658-681.

Jaffé, W. *Correspondence of Léon Walras and related papers*, Amsterdam, North-Holland, 1965.

Jaffé, W., Walker, D., *William Jaffé's Essays on Walras*, New York, Cambridge University Press, 1983.

Kurz, H. D., « Marginalism, Classicism and Socialism in German-Speaking Countries, 1871-1932 », in Ian Steedman, *Socialism and marginalism in economics: 1870-1930*, Londres, Routledge, 1995.

Lange. F. A., *Geschichte des Materialismus und Kritik seiner Bedeutung in der Gegenwart*, Leipzig, Reclam, 1873 (édition citée par Drechsler, 1915).

Launhardt, W., *Mathematische Begründung der Volkswirthschaftslehre*, Leipzig. viii, 216 p. 8vo. Bib.180. 1885.

Lexis, W., *Die fränzözischen Ausfuhrprämien im Zusammenhang mit der Tarifgeschichte und Handelsentwicklung Frankreichs seit der Restauration*, Bonn, Adolph Marcua, 1870.

Lexis, W., « Zur mathematisch-ökonomischen Literatur », in *Jahrbücher für Nationalökonomie und Statistik*, 1881, Neue Folge, Bd. 3, August, p. 427-433.

Lexis, W., « Neuere Schriften über Edelmetalle, Geld und Preise », in *Jahrbücher für Nationalökonomie und Statistik*, 1886, Neue Folge, Bd. 13, p. 96-121.

Lexis, W., *Das Unterrichtswesen im Deutschen Reich*, v.1. « Die Universitäten im deutschen Reich », Berlin, Asher & Co, 1904.

Mangoldt, H., *Grundriss der Volkswirthschaftslehre*, Stuttgart Engelhorn, 1863. (Gewidmet W. Roscher, mes maîtres pour leur aide zum Zeichen inniger Verehrung und aufrichtiger Dankbarkeit für vielfache Förderung durch Wort und That gewidmet - Seconde edition, 1871 (F. Kleinwächter).

Rau, K. H., *Lehrbuch der politischen Ökonomie*, 3 Bände, Heidelberg 1826-1837, Bd. 1: *Grundsätze der Volkswirthschaftslehre*, 1826 – 8. Aufl. 1869, Bd. 2: *Grundsätze der Volkswirthschaftspflege*, später *Grundsätze der Volkswirthschaftspolitik*, 1828 – 5. Aufl. 1862, Bd. 3: *Grundsätze der Finanzwissenschaft*, 1837 – 6. Aufl. 1871.

Roscher, W., *Grundriss zu Vorlesungen über die Staatswirtschaft nach geschichtlicher Methode*, 1843.

Roscher, W., *Die Grundlagen der National Ökonomie*, 1854. French translation by Wolowski and Horn, Paris. English trans. from the 13th edition, by J. Lalor, *Principles of Political Economy*, Chicago, 1878.

Roscher, W., *Geschichte der Nationalökonomie in Deutschland*, Munich, Oldenburg, 1874.

Sargent, L. T., « Michael Flürscheim: From the Single Tax to Currency Reform », in *Utopian Studies*, 2010, vol. 21, n° 1, p. 139-161.

Schmidt, K. H., « Des sciences économiques à l'économie sociale et à la sociologie fiscale – références d'Albert E. Schäffle (1831-1903) », in Alcouffe et Diebolt, 2009, p. 269-288.

Schmoller, G., « Revue de Mangoldt », 1871, in *Literarisches Centralblatt*, 1873, p. 1592-1593.

Schneider, E., « Hans von Mangoldt on price theory: a contribution to the history of mathematical economics », in *Econometrica*, 1960, vol. 28, n° 2, p. 380-392.

Schneider, E., *Einführung in die Wirtschaftstheorie IV.Teil.Ausgewählte Kapitel der Geschichte der Wirtschaftstheorie I.Band*, Tübingen, J.C.B.Mohr, 1962.

Streissler, E.W., « The influence of German economics on the work of Menger and Marshall », in B.J. Caldwell (ed.), *Carl Menger and his legacy in economics*, 1990, p. 31-68.

Streissler, E. W., « Wilhelm Roscher (1792-94) », in Jürgen G. Backhaus, 1999, p. 642-662.

Streissler, E. W., *Wilhelm Roscher als führender Wirtschaftshistoriker*, in Bertram Schefold (ed.), *Vademecum zu einem Klassiker der historischen Schule*, Düsseldorf. S., 1994, p. 37-121.

Trautwein, H. M., « G. F. Knapp: an economist with institutional complexion », in Warren Samuels, (ed.), *European Economists of the Early 20th Century*, 2003, vol. 2, p. 167-178.

Van der Linden, M., Gregory, Z., « August Sartorius von Waltershausen, German Political Economy, and American Labor », p. 28-64, in August Sartorius von Waltershausen, *The Workers' Movement in the United States, 1879-1885* (edited by David Montgomery & Marcel van der Linden), Cambridge, CUP, 1998.

Waszek N., *Die Institutionalisierung der Nationalökonomie an Deutschen Universitäten – Zur Erinnerung an Klaus Heinrich Hennings (1937-1986)*, Sankt-Katharinen, Scripta Mercaturae Verlag, 1988.

Tableaux Économiques et modèles intersectoriels des business cycles de Marschak/Frisch/Leontief*

Amanar AKHABBAR

> The complete macrodynamic problem, as I conceive of it, consists in describing as realistically as possible the kind of relations that exist between the various magnitudes in the *Tableau Économique*..., and from the nature of these relations to explain the movements, cyclical or otherwise, of the system. (Ragnar Frisch, 1933, p. 174)

Prologue : L'Econometric Society et Léon Walras, 1931-1934

Malgré son mépris notoire pour les statistiques et la vérification empirique, Léon Walras se trouve être, dans les années 1930, le héros de la Société d'Économétrie. Ainsi, en 1931, en hommage à Walras, la première conférence européenne de l'Econometric Society se tient à l'Université de Lausanne où Walras avait occupé la chaire d'économie politique à la Faculté de Droit. S'y retrouvent notamment Ragnar Frisch (maître des cérémonies), Jacob Marschak, René Roy, Piero Sraffa et Jan Tinbergen – Joseph A. Schumpeter n'ayant pu faire le déplacement. Lors de cette conférence, le souhait est émis que ce soit le bureau de l'Econometric Society qui organise la célébration du centenaire de la naissance de Walras, en 1934. Sans doute est-ce là l'ironie de l'Histoire que ceux dont l'épistémologie, loin de relever les « utopies positives » de Walras, y voit le premier des économètres, c'est-à-dire le père d'une économie mathématique néopositiviste. Et, de fait, le souhait de l'université de Lausanne est exaucé. En 1934, l'Econometric Society ne manque pas de célébrer le centenaire de la naissance de Walras et publie

* Cet article est le fruit de travaux dans le cadre de l'ACI CNRS « Histoire des savoirs : la théorie de l'équilibre général comme savoir, de Walras à nos jours », dirigée par Jean-Sébastien Lenfant. Je remercie Roberto Baranzini, Pascal Bridel, Nicolas Brisset, Annie L. Cot, Jérôme Lallement et Olav Bjerkholt pour leurs précieux commentaires.

dans sa revue, *Econometrica*, un vibrant hommage à l'Université de Lausanne, offert par Irving Fisher, et 317 autres signataires :

> À l'occasion du centenaire de la naissance de Léon Walras, les membres soussignés de la Société Internationale d'Econométrie tiennent à exprimer leur reconnaissance à l'Université de Lausanne, pour le service rendu à la Science, en dotant d'une chaire l'enseignement de la théorie de l'équilibre économique, et en lui imprimant un éclat qui a largement contribué à son rayonnement dans le monde. (*Econometric Society*, 1934, p. 337)

En dépit de ce vibrant hommage, les préoccupations épistémologiques et pratiques des économètres sont très éloignées de celles de Walras. De plus, dans ces années de Grande Dépression, la recherche de modèles mathématiques et empiriques capables de prévisions fiables et de guider la politique économique et la planification tente de donner tort aux nombreux détracteurs de l'hermétisme de l'économie mathématique et de la théorie de l'équilibre général en particulier. John Hicks souligne d'ailleurs, à l'occasion de ce « premier » centenaire, le caractère éthéré de l'économie politique walrassienne au regard des préoccupations pratiques proches des hommes d'affaires affichées par Alfred Marshall. Toutefois, en 1934, l'heure n'est plus à l'opposition mais à la réconciliation entre l'économie walrassienne et le monde pratique car « the followers of Walras cannot always afford to be pure philosophers, and Marshallians have their moments of reflection » (1934, p. 338). C'est pourquoi, dans les années 1930, quoique la théorie walrassienne de l'équilibre général constitue une norme analytique centrale, économètres et modélisateurs expérimentent de nouveaux cadres, tentent des hybridations, développent des installations suffisamment élaborées pour y articuler des dispositifs théoriques, mathématiques et statistiques. Aussi, lors de cette conférence lausannoise, Frisch exprime en ces termes la démarche économétrique :

> Il faut construire de nouveaux cadres pour interpréter de nouvelles données. Ensuite, c'est la technique des procédés statistiques qu'il faut développer en vue de l'emploi spécial que nous nous proposons. Finalement – avouons le franchement et sans tremblement de cœur – la relation voulue entre la théorie économique et les réalités statistiques, nous ne pourrons l'établir sans le secours des mathématiques. (Frisch in *Econometric Society*, 1933, p. 76)

Or justement, l'une des principales préoccupations des économètres du début des années 1930 est la compréhension et la résolution du problème de la Grande Dépression. Cela suppose de modifier le cadre (statique) de la théorie de l'équilibre général. L'un des points clés de ces travaux est l'analyse de la dynamique économique afin d'expliquer le phénomène des *business cycles* et des crises. Or Walras – comme Marx – lorsqu'il a voulu introduire une analyse dynamique dans ses *Éléments d'économie politique pure* (Walras [1874] 1988), il a effectué un détour par le *Tableau Économique*. En effet, Walras a utilisé, pour parler de dynamique, ou du « marché continu », le *Tableau Économique* de Quesnay. Il s'agissait pour Walras de dépasser l'équilibre statique et d'être en mesure de représenter une économie en mouvement et dont les mécanismes de reproduction d'une période à l'autre peuvent connaître des changements, des fluctuations et des crises. L'introduction d'éléments de dynamique économique relevait aussi d'un souci de réalisme, au sens où il s'agissait d'être en mesure d'expliquer des phénomènes positifs tels que les fluctuations et les crises. Or, comme le souligne Bridel (1997, p. 36-37), à ce moment de la rédaction des *Éléments*, ce souci de réalisme amène Walras vers un schéma analytique simplifié et qui prend appui sur le *Tableau Économique*. En entremêlant son analyse du système économique avec le *Tableau Économique* Walras en vient notamment à identifier dans le changement technique l'une des principales sources du changement. Le *Tableau Économique* est alors une manière de penser et de représenter l'économie dans son entier, en tant que processus de reproduction et en mouvement perpétuel. Or justement, plusieurs des expérimentations de l'entre-deux guerres s'appuient à la fois sur le principe d'interdépendance générale entre les parties du système économique du point de vue de l'équilibre général et du *Tableau Économique*.

Expérimentations dans les années 1930 : tableaux économiques et interdépendance générale

Au début des années 1930, nous trouvons chez plusieurs auteurs la même référence, explicite, au *Tableau Économique*. Ces tableaux économiques sont des tableaux intersectoriels qui peuvent être statistiques et, parfois, compris et exprimés sous la forme d'une matrice. Autrement dit, avant même l'invention de l'analyse input-output dans les années 1940, lors de la collaboration entre Wassily Leontief (Harvard) et du Bureau of Labor Statistics, des tableaux économiques intersectoriels sont développés par différents auteurs. Au début des années 1930, le *Tableau Économique* intersectoriel s'articule d'une part à des problématiques héritées des années 1910-1920, comme la question du développement économique et le problème des *business cycles*, et, d'autre part, à des problématiques devenues urgentes en occident comme la Grande Dépression et la planification économique. Nous nous intéressons ici uniquement aux auteurs qui proposent à la fois un *Tableau Économique* intersectoriel et un modèle mathématique d'explication des relations entre les différents éléments de l'économie. C'est le cas en particulier de Jacob Marschak (1933, 1934), de Ragnar Frisch (1934) et de Wassily Leontief (1925, 1935, 1936, 1937).

La question que nous pouvons est la suivante : pourquoi retrouve-t-on simultanément chez ces trois auteurs des tableaux économiques intersectoriels plutôt que des modèles d'équilibre général axés sur la loi de l'offre et de la demande ? De plus, selon quelles modalités théoriques et pratiques ces tableaux sont-ils pensés et exploités ? Autrement dit, si le principe de l'offre et de la demande n'est plus le schéma explicatif central, quels sont les appareils analytiques développés par Marschak, Frisch et Leontief ?

Au terme de notre enquête, nous montrons que ces trois économistes développent des installations analytiques complexes caractérisées par :

1- Une approche macroéconomique non keynésienne fondée sur l'analyse du circuit économique réel et/ou monétaire, ainsi que des différents secteurs de l'économie ;

2- Cette approche a pour objet l'étude, ou le contrôle, des grands phénomènes du développement économique, à commencer par les cycles et les crises ;

3- Comme chez Walras et Marx, mais de manière beaucoup plus élaborée, cette approche a recours à des tableaux économiques intersectoriels ;

4- Ces tableaux sont interprétés via des modèles mathématiques intersectoriels, statiques ou dynamiques, qui utilisent parfois le calcul matriciel, comme pour Frisch et Leontief ;

5- Enfin, ces tableaux sont fondés sur un appareil statistique qui utilise les techniques de la comptabilité privée afin de constituer une comptabilité nationale sectorielle.

Les dispositifs qu'ils mettent en place constitueront à partir des années 1940 et 1950 la base d'une macroéconomie néoclassique dont l'un des aboutissements sera, dans les années 1970, les modèles de *monetary-business-cycles* et de *real-business-cycles* des nouveaux classiques. Ainsi, modélisation macroéconomique, *Tableau Économique* statistique et analyse des cycles sont-ils momentanément intimement liés. C'est cette relation, conceptualisée par Marschak, Frisch et Leontief, à la même époque (1932-1937) qui est le sujet de cet article. Nous présentons notamment, pour la première fois, l'article méconnu de Marschak (1933) en relation avec le tableau intersectoriel et aussi la relation étroite qui lie les trois auteurs, Marschak, Frisch et Leontief autour des notions de *Tableau Économique* et d'interdépendance générale. Il s'agit de comprendre comment trois économistes économètres, font référence et utilisent au même moment le *Tableau Économique* dans une version intersectorielle. De plus, notre étude permet d'ouvrir de nouvelles pistes ou d'explorer des pistes délaissées pour comprendre et modéliser les relations interindustrielles et le

Tableau Économique, comme avec les travaux de Marschak et de Frisch notamment.

La première partie de l'article expose comment la référence au *Tableau Économique* chez Marschak, Frisch et Leontief, fait écho à une critique de la théorie économique de l'équilibre partiel et constitue un déplacement de la problématique de recherche vers les questions macroéconomiques sur les cycles. La seconde partie montre comment le *Tableau Économique* s'arrime à un premier dispositif qu'est le modèle mathématique. La troisième partie explore la manière dont Frisch et Leontief conçoivent le tableau comme à la fois une matrice de données et une matrice mathématique. Enfin, la quatrième partie explore le dispositif comptable développé par ces auteurs, à savoir un *Tableau Économique* fondé sur les principes de la comptabilité. Ainsi, la référence au tableau est comprise à travers trois dispositifs spécifiques : le tableau-modèle, le tableau-matrice et enfin le tableau-compte.

L'explication des cycles et le choix d'un modèle : de l'équilibre partiel au circuit et à l'interdépendance générale

Si Marschak, Frisch et Leontief ont recours au *Tableau Économique* c'est qu'ils cherchent un cadre macroéconomique capable de traiter d'un point de vue théorique et statistique la question de l'explication économétrique des cycles et des crises.

L'offre et la demande en équilibre partiel et les business cycles

Une question en particulier devient lancinante après la crise de 1929 : le cadre théorique marshallien est-il pertinent pour expliquer les cycles, les crises et finalement la Grande Dépression ? Le traitement de cette problématique aboutit au rejet du cadre marshallien marshallien de l'équilibre partiel, pour un cadre plus général, celui d'une théorie de l'interdépendance général entre les différents éléments de l'économie.

Il s'ensuit des difficultés épistémologiques car l'analyse statistique et économétrique des business cycles soulève des problèmes et des difficultés considérables auxquelles Frisch, Marschak et Leontief se confrontent, avec des avis divergents souvent. Cette divergence éclate notamment lors de la controverse économétrique et épistémologique qui oppose Frisch à Leontief en 1934, sur la manière d'estimer les fonctions de demande en équilibre partiel. Marschak, et ce n'est pas un hasard tant ces auteurs sont proches, joue le rôle de modérateur dans cette controverse. Malgré leurs désaccords théoriques et épistémologiques, les trois économètres tentent de ramener le monde des chiffres et de la statistique dans le domaine de la *théorie* économique afin d'analyser les cycles et le développement économique. C'est ainsi qu'en 1933, Marschak résume le travail statistique des années 1920 en trois grandes directions de recherche :

> Parmi les travaux statistiques ayant un intérêt économétrique immédiat, trois groupes de grande importance doivent être distingués : (1) les tentatives visant à la construction de courbes de demande et d'offre de certaines marchandises (incluant des facteurs productifs) ; (2) les analyses des *business cycles* et (3) l'investigation numérique des branches des dépenses nationales (*the branches of national spending*), incluant l'épargne et l'investissement, et la production (qui peut être liée aux recherches sur les stocks et encaisses (*cash*) nationaux), et des changements de leurs proportions au fur et à mesure du temps. De manière évidente, ces trois sujets sont étroitement liés les uns aux autres. (Marschak, 1933, p. 373)

Les deux premières directions de recherche ayant conduit à des difficultés voire à des impasses[1], c'est justement le dernier groupe de recherches qui concentre l'attention de nos trois économètres dans cette période de Grande Dépression : l'investigation numérique des branches des dépenses nationales. Or, au moment même où la controverse entre Frisch et Leontief a lieu, ils font tous les trois référence, indépendamment l'un de l'autre, à un dispositif particulier : le *Tableau Économique* intersectoriel (ou inter-agent, ou encore inter-groupes), manifestant par là un rejet de l'analyse marshallienne en équilibre partiel et leur intérêt pour l'analyse de l'interdépendance générale dans le circuit économique. Alors que la controverse avec Frisch bat son plein (1934), Leontief développe à Harvard ses études des relations interindustrielles, qu'il présente au Harvard University Committee for Economic Research (HUCER) comme une application de la théorie de l'équilibre général, mais où il abandonnerait l'analyse des offres et des demandes pour chaque marché. Qu'en est-il de Frisch et de Marschak quant à cette question des offres et des demandes en équilibre partiel comme explication des phénomènes macroéconomiques ? Pour ce qui est de Frisch, il ne considère pas pertinente les offres et les demandes pour l'explication de la Grande Dépression… Marschak, lui, reste fidèle à l'analyse marginaliste et développe des modèles macroéconomiques néoclassiques mais sans recourir à la « loi de l'offre et de la demande ». Le problème n'est plus l'étude empirique de marchés en équilibre partiel : l'enjeu de ces années de « haute théorie » est de construire des modèles macroéconométriques.

---

[1] Pour l'économétrie des offres et des demandes voir la controverse entre Frisch et Leontief (1934), puis le traitement du problème de l'identification autour de Marschak, à la Cowles Commission dans les années 1940. Pour l'analyse des indicateurs des business cycles voir le problème des indices soulevé par Fisher, Leontief et Frisch notamment.

Trois explications des business cycles dans le circuit économique

Commençons par l'explication de la crise avancée par Frisch (1934). Frisch construit en 1934 un modèle de l'économie en vue de représenter le mécanisme des cycles et de présenter une méthode de planification. Frisch considère les cycles comme un phénomène monétaire et bancaire dont l'origine se situe dans le système de crédit, de plus il accorde aux anticipations des agents un rôle crucial. Nous n'exposons que très brièvement la théorie des cycles de Frisch.

Le modèle dynamique que construit Frisch est un modèle à plusieurs agents. Le cas le plus simple étant celui d'une économie à deux agents. Soit un fermier et un cordonnier (exemple donné par Frisch). La production du bien *a* par le producteur *a* à la période *t*, a_t, dépend de la quantité de son bien qu'il a vendu à l'autre agent à la période précédente (b_{t-1}), et d'un certain coefficient d'optimisme, α : $a_t = \alpha\ b_{t-1}$. Les coefficients d'optimisme sont des données et les montants de biens échangés sont les inconnues. Les quantités initiales font parties des données. Dès lors il est possible de montrer qu'une humeur dépensière (*spending mood*) conduit à un chemin d'expansion alors qu'une humeur économe (*saving mood*) génère un processus de décroissance où « *the whole system will gradually dwindle down to nothing* » (1934, 263). La seconde étape consiste à introduire le crédit. Frisch introduit dans chacune des équations le montant que l'agent doit à l'autre agent qui est la différence entre les ventes de *a* (à *b*) et de *b* (à *a*), noté G_t. Sous-jacent au modèle de Frisch, existe un système d'interdépendance générale entre les agents puisque les commandes des uns constituent les recettes des autres et inversement : c'est une chaîne sans fin de relations input-output entre les agents-producteurs de l'économie.

À partir de ces deux éléments, le moral des agents économiques et le système d'endettement, Frisch fait apparaître à la fois des fluctuations et des *trends* dans le circuit économique (la circulation des marchandises échangées). De plus, en soumettant le système à des chocs exogènes aléatoires, il fait apparaître des oscillations irrégulières. Frisch utilise les chiffres de la loterie publique norvégienne pour soumettre son système à des chocs aléatoires. Les cycles générés par les chocs aléatoires n'étant fondés ni sur les conditions réelles de production ni sur celles des investissements, Frisch les appelle *pure circulations-cycles*. Ainsi, Frisch porte l'essentiel de l'attention vers le moral des agents économiques et le système d'endettement : c'est, selon lui, de là que provient une grande partie de la dépression. La planification économique serait en mesure d'y remédier.

Nous en venons au modèle de Leontief[2]. Il est parfois oublié que Leontief est d'abord un théoricien et un économètre. Sa thèse de doctorat sur « l'économie comme flux circulaire » (1928) est purement théorique et ses travaux à l'Institut pour l'Étude de l'économie mondiale de Kiel (1927-1928,1930) portent sur l'économétrie et la théorie de l'offre et de la demande en équilibre partiel. Pour ce qui est de la théorie économique, Leontief note que la représentation de l'économie la plus pertinente n'est certainement pas celle de Böhm-Bawerk ni celle de Böhm-Bawerk, ni celle de Clark avec les facteurs de production générant le revenu national mais celle de Marx à laquelle son modèle input-output est intimement lié. D'une part, Leontief rejette l'idée de réduire les facteurs de production à la « trinité » du travail, du capital et de la terre, et il considère que tous les biens sont potentiellement des facteurs de production et que, par conséquent, le terme de facteur de la production n'a plus de sens particulier. D'autre part, Leontief s'attaque à la représentation linéaire de la production allant de facteurs de production originaux vers les biens de consommation finale. De plus, le modèle de Leontief (1937) n'intègre pas la monnaie et ne reprend pas l'équation de la théorie quantitative de la monnaie pourtant cruciale pour la théorie macroéconomique de la plupart de ses contemporains, à commencer par Ernst Wagemann et Marschak : le modèle de Leontief représente une économie sans monnaie où les phénomènes économiques, qu'il s'agisse du développement ou des fluctuations économiques, ont des causes et des effets réels. Ce qui compte est une analyse réelle des prix et des quantités d'équilibre, qui soit fondée sur une représentation circulaire de l'économie[3].

Dans son modèle à coefficients constants, Leontief (1928) offre une explication des phénomènes cycliques et de développement économique à partir de chocs structurels exogènes, et notamment, des chocs technologiques sur les coefficients techniques de l'économie. Oscillations, fluctuations, mouvements pendulaires, et autres *trends* de croissance ou de décroissance sont au cœur de la thèse de Leontief (1928).

Marschak, enfin, cherche à construire un modèle macroéconomique néoclassique autrichien fondé sur le concept autrichien de période de

---

[2] Pour une présentation plus détaillée, voir Akhabbar, 2010.

[3] Chez les Autrichiens, comme Böhm-Bawerk, Schumpeter ou encore, par extension, Wicksell et Marschak, le circuit est un flux linéaire allant des facteurs primaires (originels) aux biens de consommation finale. Aussi circuit économique n'est pas synonyme de flux circulaire. Par ailleurs un circuit économique peut être à l'état de reproduction simple sans être un flux circulaire. Par ailleurs, Leontief n'est pas le seul, à cette époque, à formaliser le processus de production comme un flux circulaire avec des coefficients techniques constants, John von Neumann se réfère explicitement au flux circulaire dans son modèle dynamique. Voir aussi les travaux, à Kiel, d'Alfred Kähler.

production et la théorie quantitative de la monnaie[4]. Comme Leontief, Marschak représente une économie fermée et à l'état stationnaire. À partir de stocks initiaux de capital et de travail, des entrepreneurs fabriquent des biens intermédiaires qui permettent de produire *in fine* des biens de consommation finale. L'ensemble de ces biens produits – produits intermédiaires et biens de consommation finale – constituent le stock total des biens de l'économie sur une période. L'état stationnaire se définit notamment par la condition que la valeur réelle totale des stocks de biens est constante[5].

Les deux facteurs originels sont le capital et le travail[6] et il existe une certaine quantité de monnaie en circulation. L'équation d'échange, qui est une reformulation de la théorie quantitative de la monnaie, constitue le point de départ de l'analyse du « flux régulier du circuit d'une économie stationnaire » (Marschak 1934, 91). Le processus économique est d'abord un processus productif de transformation des biens, étape par étape, jusqu'à la consommation finale. Comme chez Böhm-Bawerk, Wicksell ou encore Hayek, il est fondamental, selon Marschak, de tenir compte non seulement du capital disponible mais aussi des biens en cours de transformation, le capital circulant, pour des raisons « logiques ». Le processus productif peut être plus ou moins différencié : plus il y a d'intermédiaires et d'étapes entre le processus initial de production et l'acte final de consommation plus le degré de différenciation est élevé. Marschak note δ la mesure de ce degré de différenciation, et x l'indice de distance d'un bien vis-à-vis de la consommation : plus x est élevé plus le bien est éloigné de la consommation finale. L'indice x se mesure en unités temporelles. À minima, en cas de concentration verticale, les producteurs vendent directement aux consommateurs et $\delta = 1$. Partant de là, Marschak note F la fréquence de circulation des biens et il indique que son inverse, $1/F$,

4 Alternativement à ce modèle autrichien, dynamique, Marschak esquisse un modèle statique basé sur une fonction de production Cobb-Douglas.

5 Le modèle de Marschak (1934) a ceci de particulier qu'il étudie les fluctuations d'une économie stationnaire. En d'autres termes, en postulant que l'économie est à l'état stationnaire, Marschak isole les fluctuations du phénomène de croissance et du trend de l'économie, ce qui peut être compris comme une manière de détandencialiser les fluctuations économiques. Son modèle est à rapprocher des travaux de Knut Wicksell et surtout de Friedrich Hayek et les débats macroéconomiques contemporains à partir des modèles autrichiens d'analyse des cycles. Par la suite, Marschak développera largement l'analyse de la demande de liquidité dans son modèle en prolongeant, notamment, les travaux de Walras et Pareto sur la demande de monnaie.

6 Dans le cas du modèle de Marschak, le terme « originel » ne suppose pas que l'on puisse identifier pour chaque bien sa source historique en travail et capital.

est « probablement identique à la notion böhm-bawerkienne de "période moyenne de production" » (Marschak, 1934, p. 93).

L'ensemble des biens fabriqués au cours du processus de production permet de mesurer la valeur ajoutée annuelle qui constitue le revenu national. En effet, par soustraction à la valeur réelle d'un produit la valeur des biens intermédiaires nécessaires à sa fabrication, il devient possible de mesurer la valeur ajoutée d'une branche à un moment donné. Dans le cas d'une économie stationnaire, Marschak note r_0 la valeur ajoutée totale (constante). Notons que le modèle ne vise pas à expliquer r_0 mais à faire apparaître des fluctuations dans la sphère monétaire au cours de la période.

En introduisant des fluctuations régulières et irrégulières dans la sphère réelle et monétaire (mais pas sur le stock total sur l'ensemble de la période), Marschak parvient à générer des fluctuations aussi bien dans la sphère réelle que dans la sphère monétaire (via la demande de monnaie pour transaction). De telles fluctuations peuvent trouver leur cause dans un changement du degré de différenciation des biens intermédiaires ou bien elles peuvent être purement exogènes : les causes peuvent être techniques ou conventionnelles (comme pour certaines fluctuations saisonnières). Par exemple, si une entreprise absorbe une autre entreprise, alors le degré de différenciation change, ce qui conduit à une variation du montant des transactions dans l'économie. Toujours est-il que des fluctuations dans le tissu économique, i.e. une différenciation ou une concentration dans le processus productif, génèrent des cycles. Ces fluctuations, si elles ont des causes réelles, se manifestent essentiellement comme des phénomènes monétaires en agissant sur le stock monétaire, la demande de monnaie et les prix.

En résumé, pour nos trois auteurs il n'est plus question d'expliquer les *business cycles* à partir des habituelles offres et demandes marshalliennes, ni walrassiennes d'ailleurs. Les uns et les autres se dirigent vers une maquette macroéconomique de l'économie fondée sur la notion de circuit économique réel et/ou monétaire. Par ailleurs, ils développent une analyse macroéconomique désagrégée. À cela s'ajoute un réflexe commun consistant à employer le principe du *Tableau Économique*[7]. Les tableaux de Marschak, Frisch et Leontief participent d'une transformation épistémologique majeure qui voit émerger l'économétrie, la macroéconomie, la comptabilité nationale et la macroéconométrie. Le fondement de ces travaux repose sur trois piliers :

1- Une approche macroéconomique (non keynésienne) fondée sur l'analyse du circuit économique réel et/ou monétaire, ainsi que des différents secteurs de l'économie ;

---

7 Dans une version passablement différente de celle de Quesnay.

2- Cette approche vise à étudier, et/ou contrôler, les grands phénomènes du développement économique, à commencer par les cycles et les crises ;

3- Cette approche a recours à des Tableaux économiques intersectoriels ;

Nous pouvons mettre en avant quelques facteurs important de cette transformation : 1/ Le développement de l'économétrie et la mise à l'épreuve économétrique de la théorie de l'offre et de la demande, avec les déceptions auxquelles elle a abouti ; 2/ Le développement de problématiques macroéconomiques et de statistiques macroéconomiques pour étudier les cycles et le développement économique ; 3/ La demande croissante de technologies de contrôle économique ; 4/ La conceptualisation des politiques économiques et des moyens de planification dans le débat sur la possibilité d'un calcul socialiste[8] ; 5/ L'émergence des techniques de modélisation mathématique ainsi que des méthodes et des moyens de calcul grâce aux nouvelles machines à calculer.

Premier dispositif : le Tableau-modèle

Le *Tableau Économique* est une installation épistémologique complexe qui utilise plusieurs dispositifs afin de réaliser ce pour quoi elle est conçue, c'est-à-dire une performance. Cette performance peut être un effet de savoir, un ensemble de connaissances, ou un effet de pouvoir, ou les deux[9]. Nous analysons les trois dispositifs mis en place par les auteurs : tout d'abord le tableau est présenté comme un modèle mathématique lié à un appareil théorique ; ensuite, le tableau se conçoit chez Frisch et Leontief comme une structure matricielle au sens mathématique du terme ; enfin, le *Tableau Économique* trouve des fondements dans la comptabilité de manière à établir un pont entre le niveau microéconomique (comptabilité privée des agents économiques) et le niveau macroéconomique (comptabilité nationale). Examinons tout d'abord comment Marschak, Frisch et Leontief, respectivement, interprètent et analysent leurs tableaux économiques interindustriels grâce à un modèle théorique.

[8] On ne pourrait trop insister sur l'importance du débat sur la possibilité d'un calcul socialiste. Néanmoins, par soucis de concision, nous n'abordons pas directement ce point ici. Des débats sur la planification dans les années 1920 et 1930 ont également lieu aux États-Unis où, par exemple, Morris Copeland n'hésite pas établir un lien direct entre la comptabilité nationale et la planification (Copeland, 1935).

[9] La planification économique ou encore une prévision économique peuvent constituer la performance réalisée grâce à ce dispositif.

Le Tableau-Modèle de Marschak (1933)

Le *Tableau Économique* est d'abord pour Marschak un instrument permettant d'organiser différentes théories économiques, depuis Marx jusqu'à Böhm-Bawerk. L'article que publie Marschak en 1933 mériterait une longue étude tant il est riche de commentaires méthodologiques et analytiques.

Dans une partie intitulée « l'essence des tableaux économiques », Marschak présente ce que l'on appellerait aujourd'hui la structure générale d'un tableau entrée-sortie :

> Nous pouvons représenter tous les échanges ayant lieu durant une période donnée entre des individus *a*, *b*, *c*, … au sein d'une société fermée, grâce au tableau suivant :

Tableau 1 : Le *Tableau Économique* selon Marschak (1933)

Vendu par Acheté par	*a*	*b*	*c*	—
a	*aa*	*ab*	*ac*	—
b	*ba*	*bb*	*bc*	—
c	*ca*	*cb*	*cc*	—
—	—	—	—	—

> *ab* est le montant vendu à *b* par *a*, exprimé en unités de valeur, etc. Les éléments de la diagonale *aa*, *bb*, *cc*, peuvent être considérés comme les montants consommés, par un individu, des marchandises qu'il a produites lui-même. Toute ligne et colonne ayant un élément diagonal en commun, i.e. tous les achats et toutes les ventes d'un même individu, doivent donner lieu à des sommes égales en ligne et en colonne, si nous excluons la possibilité d'épargne sans investissement ou d'investissement sans épargne. Ces flux (*turnovers*) dépendent de toute évidence, non seulement des revenus des individus concernés, mais aussi du degré de concentration verticale des industries particulières. L'influence de ce dernier – le « double compte » des matériaux achetés par un producteur à un autre producteur – peut être éliminé si nous ne prenons pas en considération toutes les ventes et achats mais seulement celles provenant des « services productifs originaux » (travail, capital, services entrepreneuriaux) d'un côté, et les biens de consommation et les nouveaux biens d'investissement (par distinction avec les investissements venant en remplacement d'anciens biens d'investissement) de l'autre. Les colonnes représenteraient alors les revenus, et les lignes les dépenses finales. Ainsi, on retrouve la familière double méthode de calcul du revenu national à la fois comme la somme de tous les revenus et comme la somme de toutes les dépenses finales. Si, de plus, *(1)* les lignes, ou *(2)* une colonne correspondante, ou *(3)* les deux, étaient exprimées en unités physiques au lieu d'unités monétaires, l'égalité des sommes en ligne

et en colonne disparaîtrait et la variation du ratio de ces sommes révélerait *(1)* la variation des prix monétaires des marchandises finales, ou *(2)* la variation des prix monétaires des facteurs productifs offerts par les individus, ou *(3)* la variation de la relation d'échange réel entre les marchandises finales et les facteurs productifs considérés. (Marschak, 1933, p. 374)

Dans ce passage, Marschak expose clairement le principe général d'un tableau entrées-sorties. Pour Marschak, les relations entre des « groupes » au sein de l'économie, et donc la répartition du revenu national entre ces groupes, est fondamentale pour la compréhension des *business cycles* : il ne faut pas s'intéresser uniquement aux variations du revenu total (la valeur ajoutée)[10]. Autrement dit, une analyse agrégée du revenu national ne suffit pas, il faut une analyse désagrégée et multisectorielle. La question se pose alors de savoir comment identifier les groupements pertinents c'est-à-dire les groupes a, b, c, etc. Marschak considère ici que plusieurs théories concurrentes pourraient lire et donner une intelligence au tableau. Autrement dit il ouvre le *Tableau Économique* à une pluralité analytique. Marschak propose quatre approches :

1/ Tout d'abord, si les groupes sélectionnés sont (1) les groupes qui ne sont pas en concurrence les uns avec les autres et (2) ceux capables de réactions infiniment rapides, alors les changements observés – causés par des circonstances exogènes – pourraient être attribués uniquement aux variations des fonctions d'offre et de demande, en suivant la théorie pure du commerce international. En introduisant des complications (sur la durée de réaction, le temps de production, etc.), il reste que celles-ci relèvent de l'économétrie et amène à étudier « les élasticités de la demande en fonction des prix, la réactivité de la demande à des changements de revenus [...] la durée de l'adaptation des prix à des changements monétaires, la durée de l'adaptation des outputs selon la technique » (Marschak, 1933, p. 376).

2/ Par ailleurs, en appelant *a* l'agriculture, *b* l'industrie et *c* l'État, nous retrouvons, selon Marschak, le *Tableau Économique* de Quesnay. Néanmoins, « du point de vue de la théorie économique moderne, la seule particularité des produits agricoles consiste [...] en leur grande instabilité d'offre ; la division de Quesnay a ainsi, perdu l'essentiel de sa pertinence » (Marschak, 1933, p. 375).

3/ Ensuite, en appelant *a* la production des biens de production (nouveaux et en replacement), *b* la production des biens de consommation des travailleurs et *c* la production des biens de consommation des capitalistes, nous retrouvons les schémas de reproduction de Marx.

[10] Marschak pense ici à D. H. Robertson.

Ainsi, le « lecteur reconnaîtra aisément dans notre tableau le *Tableau Économique* de Quesnay ou les tableaux de reproduction de Marx, si nous substituons les groupes aux individus » (*ibid.*, p. 375). Dans le dernier cas, nous obtenons, selon Marschak, deux principes de classification : une distinction entre les facteurs originaux de production et une distinction entre les biens selon leur proximité avec l'acte de consommation.

4/ Le principe de classification des biens selon leur proximité temporelle avec l'acte de consommation est reprise (et adaptée) de Böhm-Bawerk : « Ce dernier principe a été souligné de manière plus importante encore par Menger et Böhm-Bawerk qui ont divisé le processus de production non pas en deux (comme Marx le fit) mais en plusieurs "étapes" » (*ibid.*, p. 375). Selon Marschak c'est cette approche autrichienne qui est la plus pertinente : c'est pourquoi il interprète le tableau intersectoriel selon son modèle de 1934, exposé plus haut. Se faisant, un lien est établi entre le tableau des « flux » et le tableau des stocks selon Marschak.

C'est le principe de classification par la distance temporelle à l'acte de consommation, qui paraît le plus pertinent à Marschak et qui fonde sa théorie macroéconomique de l'équilibre général. S'il cite Marx et Quesnay, Marschak se situe clairement dans une lecture marginaliste de type autrichienne du *Tableau Économique*. Deux des principales inspirations de Marschak sont la théorie quantitative de la monnaie de Fisher et la théorie de la production de Böhm-Bawerk. L'analyse de Marschak peut être présentée en deux approches : l'une agrégée et l'autre désagrégée. Nous nous référons ici uniquement à l'approche désagrégée déjà exposée plus haut.

En effet, afin de prendre en compte l'ensemble des interactions, Marschak propose comme système de classement des biens une approche autrichienne. Sa lecture du *Tableau Économique* repose sur une représentation de la production comme une voie à sens unique. En effet, ici la production est un processus linéaire – par opposition à circulaire – qui va des facteurs de production originaux vers la consommation finale. Marschak considère que les biens intermédiaires pourraient être rapportés à la quantité de travail et de capital nécessaire à leur fabrication. Il parle en effet des « original productive services » en tant que « labor, capital and entrepreunarial services » ; ces derniers produisant les biens de consommation et les biens d'investissement (1933, p. 374). Sa distinction entre les facteurs de production ne fait d'évidence pas référence à Walras mais à Böhm-Bawerk.

Le *Tableau Économique* chez Marschak est conceptuellement très précis mais peu développé d'un point de vue numérique. Dans son modèle mathématique dynamique, la production est représentée comme une voie à sens unique et il y a substitution entre les facteurs de production. Marschak recourt dans certains modèles à une fonction de production Cobb-Douglas. Dans son principal modèle, de type autrichien, les biens sont caractérisés par leur distance à l'acte de consommation et Marschak prend une reformulation de la théorie quantitative de la monnaie comme base macroéconomique. Néanmoins, Marschak n'introduit pas formellement d'agents individuels maximisateurs, ni d'équilibre d'offre et de demande. Les mathématiques mises en œuvre sont celles des fonctions continues dérivables et intégrables.

Le Tableau-modèle de Frisch (1934)

Nous en venons à l'analyse du modèle de Frisch. Si l'article de Marschak (1933) est d'abord une analyse critique des travaux économétriques des années 1920 et une introduction à son modèle autrichien des fluctuations (1934), celui de Frisch est d'une immense ambition et restera programmatique : il s'agit d'expliquer et résoudre le problème de la Grande Dépression. Et le postulat de départ est clair : « The cause of great depressions such as the one we are actually in, is in some way or another connected with present form of organization of industry and trade. The depression is not a real poverty crisis, not due to an actual shortage of real values. This must be admitted by everybody, quite regardless of political color. » (1934, p. 259).

Les « lois économiques aveugles » imposent aux agents économiques une situation sous-optimale qui ressemble à ce que l'on appellerait aujourd'hui un dilemme du prisonnier. C'est le cas par exemple lorsque chaque pays choisit le protectionnisme, et qu'à l'intérieur du pays chacun décide de réduire voire de geler ses dépenses. La solution étant de passer d'un jeu non coopératif (comme dans les relations internationales) à un jeu coopératif. L'objectif du jeu coopératif est d'amener les agents à choisir la solution optimale du point de vue collectif : « one is confronted with an optimum problem of great complexity » (1934, p. 260). Concrètement, cela signifie pour Frisch de mettre en œuvre une planification : « the prime object of planning must be to utilize more fully the existing productive capacity » tout en respectant les préférences individuelles : la fonction de bien-être collectif n'est pas réduite à la quantité de biens consommée et produite mais tient compte de l'allocation des biens selon les préférences des agents. C'est là l'une des grandes originalités de l'approche de Frisch : proposer une explication (et une solution) de la crise fondée sur la rationalité individuelle des agents et sur leurs anticipations stratégiques, comme dans son modèle des cycles déjà exposé. Dans ce qui suit nous nous concentrons sur la manière dont Frisch introduit et utilise le

Tableau Économique intersectoriel comme base pour son modèle mathématique. Il apparaît en particulier que non seulement il donne des fondements individualistes au tableau (fondé sur la rationalité individuelle) mais offre un traitement mathématique très poussé à la fois algébrique et géométrique.

Un manque de confiance dans les commandes futures des autres agents amène à une baisse de la production, et fait apparaître des cycles dans l'économie. Le système de planification que propose alors Frisch consiste à établir « un tableau des requêtes ou encore une matrice des requêtes » : dans une économie à trois agents (fermier, cordonnier et tailleur), où chaque agent (ou groupe) demande aux autres agents combien de son bien ils comptent lui acheter (valeur en dollars, les prix sont constants), on peut établir la matrice des requêtes suivante :

Tableau 2: Les matrices des requêtes de Frisch (1934)

($)	Veut acheter à			Total
	Cordonnier	Tailleur	Fermier	
Cordonnier	0	50	100	150
Tailleur	40	0	180	220
Fermier	110	170	0	280
Total	150	220	280	650

Frisch construit ainsi un tableau statistique intersectoriel en dollars des flux inter-agents, qu'il nomme la matrice des requêtes. Ce tableau n'est pas *descriptif* mais *prescriptif.* La matrice des requêtes sert de base à l'analyse du problème de planification de l'économie. Le problème de planification se présente alors comme un problème d'optimisation, avec pour contrainte l'égalité des offres et des demandes de biens. Par exemple, si l'on demande au cordonnier combien de biens du tailleur et du fermier il va acheter s'il est assuré que ses propres ventes vont augmenter de 150$ et qu'il répond « 40$ au tailleur et 110$ au fermier », alors il suffira de lui avancer, en bons, les 150$ de sa future vente et il va dépenser ce montant. Par ailleurs, on voit dans la matrice des requêtes que les autres agents, le tailleur et le fermier, sont eux mêmes près à acheter 50$ et 100$ de biens du cordonnier respectivement. Par conséquent il y a un équilibre entre les offres et les demandes. Il suffira donc d'imprimer des bons de 150, 220 et 280 dollars – que l'on récupère à la fin du processus – pour faire augmenter la circulation dans le système, en termes réels.

L'équilibre entre les requêtes, dans la matrice des requêtes, n'est pas obtenu du premier coup. De fait, il n'y a aucune raison pour que les désirs des uns et des autres soient complémentaires, car ici il ne s'agit ni, comme dans un modèle *input-output*, de flux fondés sur des relations techniques où les facteurs sont complémentaires, ni d'un système de tâtonnement walrassien où un commissaire priseur crie des prix jusqu'à ce que les offres et les demandes s'ajustent. Sans donner plus d'explications, Frisch considère que le système organisé de marché ne peut résoudre le problème de l'échange et du développement économique. Dans son modèle de planification, Frisch considère les prix comme donnés et il ne tient pas compte de l'effet des transactions et des changements de demande sur les prix.

Il faut corriger la matrice des requêtes de manière à obtenir un équilibre global. En effet, la matrice initiale obtenue par un questionnaire auprès des agents économique ne présentera pas d'égalité entre les totaux en lignes et les totaux en colonne. Il revient au planificateur de déterminer une matrice qui soit équilibrée et qui corresponde le plus possible aux désirs des agents tels qu'ils sont exprimés dans la matrice initiale. Ainsi, du point de vue macroéconomique, il faut essayer de retrouver un équilibre global que Frisch compare, par analogie purement formelle, aux proportions entre les facteurs de production employés par une entreprise soumise à une technologie à coefficients de production constants, comme dans la théorie walrassienne de la production (Walras [1874] 1988) et comme dans la matrice des requêtes : « [To understand the global balance] we only have to think of an enterprise that requests certain factors of production. To the extent that the coefficients of production are constant for variations in output of the order of magnitudes here considered [the principle of correcting the matrix is right]. » (Frisch 1934, 275).

Chez Frisch, l'explication du mécanisme des cycles et des crises repose sur les anticipations stratégiques des agents. La crise économique est vue comme un blocage de la circulation économique en raison d'une défiance généralisée qui amène chacun à thésauriser. Frisch propose alors un modèle de planification économique qui s'appuie sur la notion de *Tableau Économique* et qui vise à établir un équilibre coopératif entre les agents. Le *Tableau Économique* contient les requêtes en marchandises des agents. Le processus de planification vise à faire correspondre, à prix fixes et en interdépendance générale, les demandes des uns avec celles des autres de manière à équilibrer les flux. Puisque le mécanisme de coordination par les prix est inopérant en raison de la défiance généralisée, c'est au planificateur de permettre un équilibrage des flux qui minimise l'écart avec les requêtes initialement formulées par les agents. Ce problème d'optimisation est, d'un point de vue formel, similaire à celui du choix des techniques dans un modèle d'équilibre général avec coefficients de production constants.

Le Tableau-modèle de Leontief (1928-1937)

Contrairement aux deux autres approches, celle de Leontief est plus proche de l'analyse classique et marxienne que de l'analyse marginaliste. Leontief présente un tableau statistique complet de l'économie américaine pour 1919, et un modèle de cette économie présenté sous forme de systèmes d'équations linéaires et sous forme matricielle. Contrairement aux deux auteurs précédents, Leontief ne parle ni de planification, ni de contrôle économique, ni de Marx ou de marginalisme et de principe de maximisation. Par ailleurs, le tableau et les modèles que Leontief construit sont d'ordre *descriptif* comme celui de Marschak.

Le *Tableau Économique* intersectoriel, qui circule au sein d'un certain collège invisible, est un dispositif très proche du cadre analytique dont Leontief est familier et qu'il a développé dans sa thèse doctorat. À la différence de Marschak pour qui le *Tableau Économique*, quoi que utile, n'est pas primordial, pour Leontief il correspond exactement à sa représentation du système économique.

Le rejet des théories marginalistes de la production constitue une autre rupture entre l'analyse de Leontief du *Tableau Économique* et celles de Frisch et de Marschak. Leontief ne reprend ni la notion de facteur de production, ni celle de substitution entre inputs, ni les principes d'optimisation sous-jacents, ni enfin, la théorie quantitative de la monnaie[11] ou l'analyse temporelle à la Böhm-Bawerk. Symétriquement, Leontief abandonne beaucoup de la théorie classique à commencer par l'idée d'avances des capitalistes et de taux de profit ainsi que le problème de la détermination de la valeur, des salaires et des profits. Que reste t-il donc ? Il reste avant toute chose le principe simple du flux circulaire où les marchandises sont produites par des marchandises ainsi qu'une analyse de la production à partir de coefficients techniques constants.

En somme, alors que Frisch estime que le système productif n'est pas en cause dans la Grande dépression et que, par conséquent, le modèle d'explication n'a pas besoin de s'étendre à l'analyse de la production, Leontief, au contraire, centre l'explication sur la production, la technique et les habitudes des ménages. Ainsi Leontief et Marschak considèrent que les fluctuations économiques peuvent être comprises à partir d'un modèle dynamique axé sur les relations techniques de production. Leontief a intégré dans sa représentation marxienne du circuit économique les coefficients techniques de Walras, comme

[11] Leontief a recourt à la théorie quantitative de la monnaie dans son modèle de l'économie comme flux circulaire de 1928, mais, par la suite, il n'intégrera plus de considération sur la monnaie dans ses modèles input-output.

Schumpeter l'avait fait pour son analyse autrichienne du développement économique (1911). Le modèle de Leontief prend comme données les coefficients techniques qui correspondent à l'information sur les techniques de production, des coefficients de productivité et, enfin, les coefficients de consommation des ménages. À partir de ces données, le modèle permet d'expliquer les prix relatifs, les proportions entre les différents secteurs, l'investissement et l'épargne[12]. Enfin, ce modèle sert à Leontief pour analyser l'effet de changement marginaux des coefficients sur les prix, les proportions entre les secteurs ou encore l'investissement et l'épargne : utilisant l'analyse différentielle il analyse la sensibilité des différentes variables à un changement marginal des coefficients structurels. Ce modèle (1937) est statique à la différence de celui de 1928 et constitue une étape intermédiaire entre le modèle dynamique à deux secteurs de 1928 et celui dynamique et généralisé que Leontief mettra au point à la fin des années 1940. L'analyse par Leontief du changement économique repose sur le principe selon lequel le système économique est d'abord un système productif. Le développement économique ainsi que les cycles sont le résultat de chocs techniques. Pour finir, que la répartition du revenu est une donnée historique et non technique comme dans les théories de la productivité marginale.

Pour résumer, s'il existe des différences importantes dans l'analyse théorique du *Tableau Économique* entre Leontief d'une part, et Marschak et Frisch d'autre part, il n'en reste pas moins que les trois appartiennent au même moule. Il est frappant notamment de voir comment l'idée d'interdépendance prend de l'importance et que la question de savoir comment représenter et mesurer cette interdépendance donne lieu à de nombreux essais qui sont à chaque fois une tentative d'employer des éléments de théories existantes avec des représentations statistiques récentes et de nouveaux outils mathématiques. Chez Leontief on retrouve le principe déjà avancé par Frisch d'une interprétation du *Tableau Économique* comme matrice de coefficients constants. Le modèle de Leontief, simplification du modèle walrassien et adaptation du flux circulaire marxien, permet une analyse directe de la « matrice » économique. Fondamentalement, les mathématiques utilisées par Leontief sont les mêmes que celles de Frisch. En 1935, la programmation linéaire n'existe pas et l'idée de formuler un programme de maximisation en définissant une fonction d'objectif non plus.

---

12 Rappelons seulement que le modèle de Leontief comprend une matrice des coefficients techniques nets, A, le vecteur des outputs X (y compris le travail comme output des ménages), et un vecteur de prix P. Le modèle s'écrit alors $\mathrm{A}X = 0$ et $\mathrm{A}^{\mathrm{T}}P = 0$.

Second dispositif : le Tableau-Matrice

Les matrices de Leontief étant largement connues et étudiées, nous nous concentrons ici sur les matrices que Frisch construit pour équilibrer son tableau des requêtes. Le principe choisi par Frisch est de ne modifier que le montant total désiré par agent, en laissant inchangées les proportions désirées entre les biens. Ainsi, on considère que les coefficients qui reflètent ces proportions sont constants comme des coefficients de production dans un modèle de production à facteurs complémentaires. Seuls les montants désirés peuvent être corrigés. Le choix de la matrice finale se résume au problème suivant : existe-t-il un vecteur (z) de pourcentages applicables aux montants totaux initialement désirés par les agents, qui indiquerait de quel pourcentage doit baisser chaque montant de manière à ce que la matrice finale soit équilibrée ? Frisch construit un système d'équations simultanées et, à partir de la théorie des équations linéaires, il en déduit l'existence d'un vecteur unique à un scalaire près. Il est intéressant de voir que Frisch utilise non seulement l'analyse des systèmes d'équations linéaires et le calcul matriciel pour modéliser le problème économique de l'échange, mais aussi la géométrie des systèmes linéaires. Dans la Figure 1 (ci-dessous), la situation d'une économie à trois agents est représentée pour un montant total désiré a. Soit c_i la montant total de l'agent i et a_{i0} le montant initialement désiré.

Figure 1: Frisch 1934 (Figure 2, p. 279)

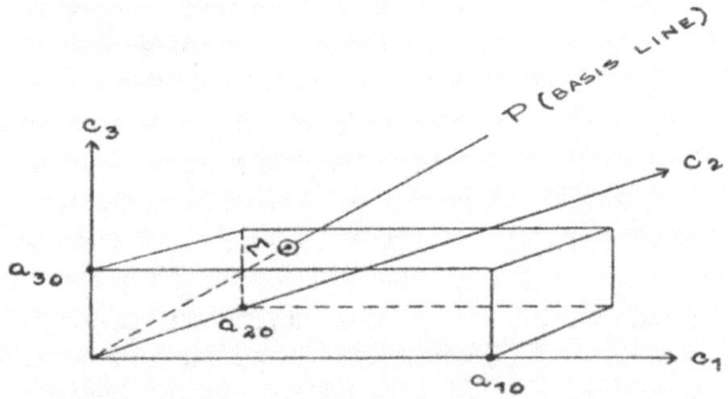

FIGURE 2

Alors, le montant final effectivement reçu et dépensé par l'agent doit appartenir à l'ensemble défini par les trois montants initiaux puisqu'on ne peut que recevoir autant ou moins qu'initialement. Dans le cas du graphique proposé par Frisch, le planificateur choisit comme règle de satisfaire entièrement le désir de l'agent 3 : on en déduit alors le point M qui assure l'équilibre global des demandes désirées. Frisch propose alors un exemple, dans le cas de trois agents (cordonnier, tailleur, fermier). Soit la matrice initiale :

Tableau 3: Matrice des requêtes initiale déséquilibrée

(4.15)	Wants to buy from			Total
	Shoemaker	Tailor	Farmer	
Shoemaker	0	75	150	225
Tailor	80	0	360	440
Farmer	330	510	0	840
Total	410	585	510	1505

The matrix $(\alpha_{k_i} - e_{k_i})$ is in this case

(4.16)	$i = 1$	2	3	Sum check
$k = 1$	−1.00000	0.33333	0.66667	0
2	0.18182	−1.00000	0.81818	0
3	0.39286	0.60714	−1.00000	0

Comme on le voit, les désirs des uns et des autres ne sont pas compatibles et ne permettent pas d'obtenir une matrice équilibrée : les déséquilibres des totaux en lignes et en colonnes apparaissent nettement. Après utilisation du processus de correction décrit précédemment, en satisfaisant entièrement le cordonnier, on obtient la matrice corrigée suivante, qui est équilibrée cette fois-ci :

Tableau 4: Matrice Corrigée I (Figure 4.23, 282)

(4.23)	Is allowed to buy from			Total
	Shoemaker	Tailor	Farmer	
Shoemaker	0	75	150	225
Tailor	60	0	270	330
Farmer	165	255	0	420
Total	225	330	420	975

Observons que le total des échanges dans cette situation est de 975 au lieu des 1505 dans la matrice initiale des requêtes. De fait, la correction de la matrice amène à réduire le volume global des échanges mais permet d'obtenir un équilibre des requêtes et donc des offres et des demandes mais sans avoir recourt au système de prix comme mode de coordination. Par conséquent, l'équilibre des requêtes, interprété comme un équilibre des offres et des demandes, ne doit pas être confondu avec la loi de l'offre et de la demande où le prix assure l'équilibre : ici les prix sont donnés et fixes, seules les volumes changent. À ce stade, un enjeu évident est de parvenir à corriger la matrice sans trop bousculer les désirs des agents et en obtenant le plus grand volume possible des échanges. Pour cela il faut modifier la méthode de correction de la matrice. Frisch propose alors des raffinements possibles pour le système de correction de la matrice des requêtes :

1- Le choix des pourcentages relève en partie d'un jugement et d'une comparaison de l'importance des différentes demandes. On peut ainsi considérer qu'il faut satisfaire entièrement tel agent plutôt que tel autre selon le critère d'équilibrage choisi (règles de choix ad hoc)[13].

2- Frisch propose un autre système de correction : au lieu de limiter les personnes, on limiterait les biens : on impose une limite de production à chaque bien de manière à assurer un équilibre. Ce processus de rationnement est en fait une variante du précédent (processus dit des partageurs).

3- Combinaison des deux premiers principes.

4- Processus de prise en compte des comportements non coopératifs comme l'augmentation du prix de son bien.

Le *circular planning* et l'optimisation : de Ragnar Frisch (1934) à Dantzig (1949)

La formulation mathématique du problème de planification de Frisch se représentera, sous une autre forme, 15 ans plus tard, aux États-Unis. En effet, Georges Dantzig sera chargé par les services de recherche de l'Armée de l'Air Américaine, à la fin de la Seconde Guerre mondiale, de développer un modèle de planification des activités militaires. Dantzig formulera ce problème sous forme d'un problème d'optimisation d'une fonction d'objectif (il invente ce terme) sous des contraintes inégalitaires. La résolution théorique et pratique de ce problème l'amène à des innovations mathématiques à partir des travaux de John von Neumann sur la théorie des jeux notamment, ainsi que ses propres travaux sur la géométrie matricielle. L'emploi du lemme de Farkas, recommandé à Dantzig par von Neumann, sera essentiel à l'analyse du problème tandis que l'invention par Dantzig de l'algorithme du simplex permettra une résolution pratique du problème (i.e. trouver la solution optimale). Par coïncidence, c'est à partir des modèles input-output de Leontief que Dantzig développe son modèle de planification, appelé bientôt programmation linéaire ou encore « modèle généralisé de Leontief ».

13 Ici le problème peut être vu comme le choix de pondération pour les demandes de chaque agent. Le choix de ces pondérations relève de l'économie du bien-être et suppose de définir une fonction de bien-être social. Frisch rejoint ici les travaux en économie du bien-être et sur le calcul socialiste de Lerner, Bergson et Samuelson notamment.

In fine, Frisch propose la procédure générale suivante : trouver le montant total désiré C qui soit le plus grand possible mais qui ne dépasse pas le montant initial désiré par chacun des agents (les a_{i0}). Pour cela on introduit les paramètres (vecteurs) x, y et ρ, associés aux critères des participants (pourcentages per capita), de modération des écarts entre les désirs initiaux et finaux au regard des coûts impliqués (pourcentages per capita : un bien « trop » demandé peut en fait couter si peu en capacités de production qu'il vaut la peine d'en produire une grande quantité) et les paramètres de services (qui évitent les comportements non coopératifs sur les prix et les coûts). Les coefficients de rationnement (pourcentages par bien) sont également pris en compte, les (*z*). On introduit enfin une variable qui permet de tenir compte des inconvénients dus aux déformations apportées à la matrice initiale ; ce paramètre représente les « "coûts" [C] constitués par les inconvénients générés par le non-respect » des désirs exprimés dans la matrice initiale. Il s'agit alors de déterminer le vecteur C qui minimise le coût des déformations de la matrice initiale. Ce dernier élément est représenté par une courbe où l'on montre comment le « coût » global varie en fonction de chacun des paramètres de contrainte (rationnement, partage etc.). Dès lors il devient possible de choisir avec plus de subtilité les paramètres (z, x, y, ρ) en évaluant et en compensant les effets des uns sur les autres.

Tableau 5. Matrice entièrement corrigée (1934, 320)

THE COMPLETELY CORRECTED MATRIX

$(1+z_i)a_{ij}+a_{ij}x_j$	Is allowed to buy from			
	Shoemaker	Tailor	Farmer	Total
(9.27) Shoemaker	0.00	75.83	149.17	225.00
Tailor	65.93	0.00	347.07	440.00
Farmer	159.16	364.11	0.00	523.26
Total	225.08	439.94	523.24	1188.26

Le processus d'optimisation par itérations successives, basé sur un certain nombre de contraintes et de choix ad hoc aboutit à la matrice corrigée exposée tableau 5 qui permet de rendre compatibles les désirs des uns et des autres sans dépasser la demande de chacun ni « trop » forcer les différences entre désirs initiaux et livraisons finales. De plus, cette méthode permet de rendre le volume total des transactions le plus grand possible[14]. En l'occurrence, au lieu des 975 de la première matrice

[14] Dans leur analyse détaillée du modèle de planification circulaire de Frisch, Bjerkholt et Knell (2006, 402) notent que la matrice corrigée permet de passer d'un total de 650$ à 1188,26$. Cette affirmation est fausse puisque la matrice initiale à prendre en

corrigée, nous obtenons cette fois-ci le montant 1188,26 (qui reste inférieur à celui de la matrice initiale).

Le « circular planning » et la théorie économique de la production

Frisch rappelle à plusieurs reprises que le problème qu'il traite et sa solution correspondent formellement point par point à la théorie de la production. Ainsi, la maximisation de C peut être rapportée à la maximisation de la production d'un bien dans le cas où il y a substitution entre les facteurs de production :

> Logically this problem is very much like the general problem we encounter in productivity theory: C may be considered as the "product" and the x, y and ρ, the "factors of production". As in productivity theory, it will also here be found expedient to separate the problem of adaptation in two parts: First, the "substitution" by which the minimum cost is obtained which correspond to a given volume, then the "volume adaptation", which involves a study of how total volume varies as a function of total cost along the optimum curve. This optimum curve [...] is defined as the locus of points in factor space where any given magnitude of the product the substitution is completely realized. Much of the technique of this productivity analysis can be applied to the present case. (Frisch, 1934, p. 286)

Il reste que c'est Leontief qui relie d'un point de vue formel et théorique *Tableau Économique*, modèle matriciel et théorie de la production avec son modèle à coefficients techniques constants. Chez Leontief, la technologie est interprétée directement à partir des données contenues dans le tableau.

En conclusion, si Leontief et Frisch recourent systématiquement à l'analyse matricielle pour interpréter leur *Tableau Économique* et formuler un modèle mathématique, il existe une différence de fond entre Marschak et Leontief d'une part, et Frisch d'autre part. En effet, les premiers considèrent que l'origine des cycles et des crises sont à chercher du côté du système productif et du flux économique (et monétaire pour Marschak) alors que pour Frisch, dans son modèle matriciel, la crise est d'abord un problème de confiance des agents et de coopération.

---

compte n'est pas celle du tableau 2, mais celle du tableau 3 qui contient un montant total de 1505$. Par conséquent nous passons d'un volume total de 1505$ à un volume total de 1188,26$, ce qui constitue une diminution et non une augmentation. Après vérification auprès des auteurs, il s'agit vraisemblablement d'une coquille dans Bjerkholt et Knell (2006). Par ailleurs, cette rectification atténue largement la remarque de ces derniers selon laquelle la maximisation du montant total des transactions a pour résultat un dépassement significatif des demandes désirées de certains agents (rappelons que l'une des contraintes est de ne pas dépasser la demande de chacun).

Troisième dispositif : le Tableau-Compte

À la suite des travaux en comptabilité macroéconomique de Popov (1926) et de Frisch notamment[15], c'est Leontief qui donne des fondements rigoureux en termes de comptabilité nationale au *Tableau Économique* interindustriel et qui met en œuvre de manière incomparablement poussée l'utilisation des données statistiques par le modèle mathématique d'interdépendance générale. Nous exposons brièvement les travaux sur le tableau comptable de Frisch et de Marschak et nous nous concentrons ensuite sur les fondements comptables du tableau interindustriel de Leontief.

Les Tableaux statistiques de Frisch et de Marschak

Dès la fin des années 1920, Frisch esquisse, sur le modèle de la comptabilité privée, les bases d'une comptabilité macroéconomique[16]. Le principe fondamental est celui des comptes en T, avec d'un côté les débits et de l'autre les crédits. Chaque secteur/branche de l'économie peut ainsi être analysé selon ce principe grâce à un « tableau économique » comptable. L'ensemble de ces tableaux économiques constituent une image comptable des activités économiques qui ont lieu au cours d'une année. Ainsi, « The national accounts will constitute the same kind of survey for the country as a whole as the ordinary balance and current accounts for a single enterprise » (Frisch, Keilhau, Wedervang, 1936 in Bjerve, 1996, p. 12). Notons que le tableau statistique que met en place Frisch n'est pas purement macroéconomique et agrégé mais d'abord fondé sur les différents secteurs de l'économie et, même si c'est de manière lacunaire, sur les relations que les secteurs entretiennent les uns avec les autres.

On trouve dans la construction des tableaux les grands principes modernes de ce qui est alors en train de devenir la comptabilité nationale, à savoir : le concept de valeur ajoutée, la notion de revenu national comme somme des valeurs ajoutée ($Y = \sum va$), la seconde méthode de mesure du revenu national comme somme des usages de la production ($Y = C + I + G$). On retrouve ces notions chez Marschak également.

Marschak (1933) évoque la distinction entre flux et stock et signale la possibilité de construire des tableaux interindustriels non seulement pour les flux mais aussi pour les stocks. De plus, l'auteur insiste sur

[15] Ainsi que, entre autres, les travaux d'Irving Fisher, de Morris Copeland, Robert Martin et Simon Kuznets, pour les États-Unis ; ceux de Erik Lindhal en Suède ; ceux d'Ernst Wagemann et son équipe à l'IFK à Berlin, pour l'Allemagne.

[16] Une partie importante de ces travaux de Frisch sont restés inédits et tous sont en norvégien.

l'importance des définitions et de l'harmonisation internationale des définitions statistiques afin de permettre des comparaisons internationales. Marschak fait un constat courant à l'époque : les États-Unis ont l'appareil statistique le plus développé, précis et sophistiqué. Quant aux pays Européens, l'Allemagne accuse un net retard dans le domaine de l'analyse du système productif où aucune statistique systématique n'est disponible. Néanmoins, même pour les États-Unis la construction d'un tableau interindustriel (*the commodities side* par opposition à l'approche par les revenus), paraît à Marschak particulièrement ardue, bien qu'il ne « considère pas la situation comme désespérée » (1933, p. 379). Il ajoute : « The statistics on "spending" thus being the least investigated, statistics on production and income give the main possible basis of research » (1933, p. 380). Toujours est-il que la construction de Tableaux économiques doit reposer, aux yeux de Marschak, sur un travaille théorique préalable permettant de sélectionner et d'organiser les variables et les données pertinentes.

Ces propositions de Marschak sont à la fois une synthèse des travaux statistiques et analytiques menés dans les années 1920 en Europe, en URSS et aux États-Unis, et constituent aussi une présentation programmatique où il montre comment le *Tableau Économique* peut amener à des études selon des cadres théoriques divers. Par ailleurs – et cela constitue un lien direct avec les travaux de l'IFK et de Wagemann – même s'il ne donne pas de mesure concrète de son tableau, Marschak indique les sources statistiques pour de tels travaux. Il cite, en particulier, les travaux de Willford King aux États-Unis, de Colin Clark en Grande-Bretagne et ceux de l'IFK à Berlin. Selon Marschak, seules les statistiques américaines permettent de calculer le revenu national de différentes manières, mais aussi permettent différents « groupements » (de type 1/, 2/ ou 3/ selon sa typologie). Il faut, en particulier, s'intéresser aux données sur les dépenses (peu étudiées en général), et celles sur la production (l'agriculture, les industries, les ressources minières, les transports, les activités publiques, etc., déjà plus couvertes).

Néanmoins Marschak ne va pas plus loin dans l'analyse comptable du *Tableau Économique*. Il esquisse avec une précision frappante ce qu'est le programme à venir de la comptabilité nationale mais il n'y contribue pas. Il en va autrement avec Leontief. En effet, le troisième dispositif et la troisième innovation importante est de donner des fondements comptables au Tableau-Matrice.

Les tableaux de Leontief et la comptabilité nationale

Dans ses textes, Leontief ne cite ni les travaux des soviétiques, ni les travaux statistiques en cours en Europe et aux États-Unis[17]. Son positionnement disciplinaire n'est pas la statistique publique mais la science économique : il parle d'application empirique de la théorie de l'équilibre général. Est-ce à dire que Leontief n'est pas familier avec les travaux de statistique du revenu national ? Nous penchons pour l'idée selon laquelle Leontief connaît très bien ces travaux mais qu'il crée volontairement une séparation entre son approche et ces autres travaux.

Le *Tableau Économique* de Leontief se décline en deux versions formellement similaires : la première croise les échanges entre des agents et la seconde les échanges entre des « industries » (au sens large). Ce Tableau peut donc donner lieu à une lecture de type « individualisme méthodologique » ou de type marxienne ou encore plus généralement macroéconomique. Cette remarque est importante dans la mesure où l'on a coutume d'opposer l'approche holiste de Leontief à d'autres approches basées sur des agents représentatifs ou des secteurs institutionnels ; or le tableau de Leontief est ouvert aux différentes interprétations. D'ailleurs, pour étudier les fondements comptables de son *Tableau Économique*, Leontief ne discute qu'à partir d'acteurs individuels (consommateurs, producteurs) de manière à établir un lien direct avec la comptabilité privée. C'est lorsqu'il passe au niveau agrégé, celui des comptes nationaux, que s'atténue la relation avec les agents individuels. Lorsqu'il expose les principes de base de son *Tableau Économique*, Leontief part du cas d'une économie simple à 5 agents : 4 producteurs et un ménage, notés A, B, C, D, E[18]. En ne considérant pas les autoconsommations (par norme comptable[19]), on obtient le tableau des échanges entre les agents[20].

17 Rappelons que, par exemple, Morris Copeland (1932) présentait déjà une représentation des comptes nationaux sous la forme d'un compte en T, débit/crédit.

18 Nous suivons ici l'exposé original de Leontief (1936).

19 Les agents ne comptabilisant pas leurs autoconsommations dans la comptabilité privée.

20 Un élément lu en ligne apparaît comme un revenu, et lu en colonne une dépense : le système de double comptage est mis en œuvre par ces doubles entrées.

Tableau 6. Tableau des échanges inter-agents de Leontief (1936)[21]

	A	B	C	D	E	Total
A	*	A_b	A_c	A_d	A_e	$\sum_a^e A_i$
B	B_a	*	B_c	B_d	B_e	$\sum_a^e B_i$
C	C_a	C_b	*	C_d	C_e	$\sum_a^e C_i$
D	D_a	D_b	D_c	*	D_e	$\sum_a^e D_i$
E	E_a	E_b	E_c	E_d	*	$\sum_a^e E_i$
Total	$\sum_a^e i_a$	$\sum_a^e i_b$	$\sum_a^e i_c$	$\sum_a^e i_d$	$\sum_a^e i_e$	S

On appelle A_b le montant de bien *a* consommé par l'agent B, A_c le montant de bien *a* consommé par l'agent C, etc. Les consommations totales du bien doivent être égales à l'*output* total de ce bien : cet équilibre emplois-ressources apparaît en ligne. Ce qui correspond, au niveau de l'économie, à l'équilibre emplois-ressources apparaît dans ce cas simplifié, pour un agent, comme la décomposition de son revenu (ses ventes) par poste de livraison. Aussi, ce tableau permet-il de faire apparaître les dépenses de chaque agent. Dans le cas de l'agent B, il apparaît en colonne qu'il consomme un montant A_b de bien *a*, C_b de bien *c*, D_b de bien *d* et E_b de bien *e*. La somme de ses dépenses, en colonne, permet de calculer les frais de chaque agent : ici pour l'agent *B*, $\sum i_b$. En ligne apparaissent les revenus de chaque agent (c'est-à-dire le montant des livraisons aux autres agents), et en colonne ses dépenses. La somme des dépenses est nécessairement égale à la somme des revenus notée S.

L'étape suivante vers la constitution d'un tableau des échanges interindustriels est de faire apparaître, non plus des agents individuels (entreprises et ménages), mais des *industries* (les ménages sont une industrie) : c'est l'étape de la consolidation des comptes qui permet de

[21] Ce tableau peut être trouvé dans Leontief (1936).

passer du niveau microéconomique, au niveau mésoéconomique et, enfin, au niveau macroéconomique. Les tableaux interindustriels se situent au niveau mésoéconomique. Le tableau peut être consolidé jusqu'à retrouver le cadre agrégé de la comptabilité nationale traditionnelle : le processus de consolidation dans le tableau des échanges interindustriel peut être poursuivi jusqu'à n'obtenir qu'un seul secteur macroéconomique. Dans tous les cas, les revenus des ménages (E) provenant des entreprises représentent la valeur ajoutée, et est égale au revenu national. L'investissement n'apparaît pas explicitement car les dépenses d'investissement sont comprises sans distinction dans les flux des *inputs*.

Pour résumer, des trois auteurs que nous étudions, Leontief est le seul à entreprendre jusqu'au bout l'analyse comptable du *Tableau Économique*. Ce faisant il renoue avec son premier article qui est un compte rendu des travaux de comptabilité économique nationale de Popov et de Litoshenko (Leontief 1925). Dans cet article il fait preuve de beaucoup de sévérité quant à l'usage que font les auteurs du *Tableau Économique* et discute en détail les techniques de comptabilité nationale mise en œuvre. Entre temps, il semblerait que Leontief se soit ravisé et ait jugé pertinent le projet de construire un grand *Tableau Économique* fondé sur des normes comptables rigoureuses. Par ailleurs, comme Popov et comme Marschak et Frisch, Leontief construit son tableau avec un modèle mathématique en tête. À la différence de nombreux macroéconomistes, Leontief exclu la recherche d'un modèle axé sur l'explication du revenu national et ne s'intéresse qu'aux interactions des industries et du secteur des ménages de l'économie.

Conclusion

L'objectif de cet article est de restituer le sens de l'emploi simultané par Marschak, Frisch et Leontief du principe du *Tableau Économique* et de modèles multisectoriels pour expliquer les phénomènes de cycles, crise et de développement économique.

Un premier élément de réponse a été trouvé dans l'inadéquation du cadre marshallien de l'offre et de la demande en équilibre partiel pour expliquer les fluctuations économiques. À cet égard, et malgré de profonds désaccords théoriques et épistémologiques, nos trois auteurs ont fini par admettre que ce cadre n'est pas pertinent et que l'analyse économétrique des offres et des demandes pose de graves problèmes. De là, et poussés par le contexte de la Grande dépression et des débats sur la planification comme, en particulier, la controverse sur la possibilité d'un calcul socialiste, ils se tournent vers des approches macroéconomiques et se réfèrent aux grands agrégats de la comptabilité nationale naissante.

On peut alors relier les travaux de Marschak, Frisch et Leontief à ceux des économistes et statisticiens russes, européens et américains.

Quoi que macroéconomiques, les modèles de Marschak, Frisch et Leontief ne sont pas axés sur l'explication du revenu national comme somme des valeurs ajoutées, mais sur les interactions et les interdépendances entre les différentes parties de l'économie, à commencer par les différents secteurs et les différents biens produits et échangés. Cette explication peut soit se baser sur une analyse de type marxien des schémas de reproduction, comme le soulignent Marschak et Leontief, soit sur une analyse des interdépendances entre les agents comme chez Frisch, ou encore selon un cadre autrichien de type Böhm-Bawerk comme le fait Marschak. Dans tous les cas, le *Tableau Économique* permet de retracer et de représenter les flux marchands échangés entre les agents, et le modèle économique permet d'expliquer la formation de ces flux.

Nous avons relevé des similitudes significatives entre les trois approches :

Les trois auteurs ont une analyse du *Tableau Économique* qui s'encastre dans un ensemble qui est à la fois théorique, mathématique et statistique. Tout d'abord, pour Marschak, Frisch et Leontief, le *Tableau Économique* est représenté comme un tableau intersectoriel ou, alternativement, un tableau des échanges entre les agents économiques.

Le *Tableau Économique* est une manière d'organiser et de représenter les relations entre les secteurs/agents de l'économie et qui a une signification du point de vue statistique, c'est-à-dire, ici, de la comptabilité nationale : il permet de mesurer des éléments tels que les consommations intermédiaires, les valeurs ajoutées et le revenu national.

Il a également une signification du point de vue de la théorie économique et s'interprète par la médiation d'un modèle mathématique. Aussi, à travers ces articles nous pouvons observer la formation d'un style nouveau : la macroéconométrie, la modélisation mathématique, la définition des usages de l'économétrie, le développement de la comptabilité nationale.

Il faut néanmoins souligner des différences importantes :

L'importance accordée au *Tableau Économique* et sa place dans le dispositif analytique global ne sont pas les mêmes d'un auteur à l'autre, laissant penser qu'il existe une pluralité d'interprétations analytiques du *Tableau Économique*. Alors que Marschak (1933) fait une analyse statistique et théorique brillante du *Tableau Économique* intersectoriel, il n'en fait qu'un usage limité dans son dispositif analytique et se concentre sur quelques indicateurs macroéconomiques. Chez Leontief, en revanche, il existe une synonymie extrêmement poussée entre le tableau-modèle et le tableau-compte grâce à la représentation du tableau comme matrice. Il en va de même avec Frisch mais, chez lui, le tableau intersectoriel n'est pas un tableau statistique positif mais une matrice des demandes désirées par les agents (requêtes).

La représentation du processus productif comme flux circulaire dans les modèles de Leontief (à la suite de Marx) s'oppose à celle d'un processus, certes dynamique, mais linéaire comme chez Marschak (à la manière de Böhm-Bawerk). Pourtant, malgré cette différence notable, les deux approches ont en commun de placer les biens intermédiaires au cœur de l'analyse, en particulier sous la forme de capital circulant. Dès lors, les modèles doivent être multisectoriels avec des biens intermédiaires, ce qui contraste avec la macroéconomie keynésienne axée sur l'explication des grands agrégats.

Chez Marschak les fluctuations se comprennent comme les conséquences de changements dans le processus de différenciation des biens lors de la transformation des facteurs de production en biens intermédiaires et finalement en biens de consommation finale. Pour Leontief les changements techniques et d'habitudes de consommation et d'épargne des agents sont la première cause du changement économique. Ces changements se manifestent par des variations des coefficients techniques, de consommation et d'épargne dans le modèle du flux circulaire. Par exemple, dans son modèle de 1928, Leontief fait apparaître ainsi des phénomènes d'oscillations pendulaires, de croissance ou de décroissance/contraction de l'économie globale. On retrouvera ce type d'analyse dans les modèles de *real-business-cycles* où des chocs technologiques exogènes viennent perturber le chemin de croissance de l'économie.

Pour Frisch, à la différence de Marschak et de Leontief, l'explication des crises et des fluctuations n'est pas à chercher dans le fonctionnement du système productif ou même dans le fonctionnement du marché, mais dans les anticipations et la confiance des agents les uns envers les autres. Pour Frisch, la Grande dépression doit se comprendre comme un système de défiance généralisée. Selon Frisch, le problème est avant tout technique : faire correspondre les demandes désirées des uns et des autres par un ajustement mécanique qui ressemble, d'un point de vue *purement formel*, au problème de la théorie de la production. Frisch souligne cette ressemblance formelle mais n'introduit à aucun moment la question de la théorie de la production dans son modèle de « *circular planning* ». Néanmoins, les rappels réguliers de Frisch aux outils qu'il développe pour la théorie de la production sont importants car ils montrent bien comment, à un moment donné, la boite à outil d'un économiste, sert à traiter de problèmes divers. Ainsi, la théorie des systèmes d'équations linéaires, le calcul matriciel, la géométrie des ensembles à *n* dimensions etc. deviennent progressivement le pain quotidien des économètres qui en généralisent l'usage pour la modélisation. Dans son « *circular planning* » Frisch pousse bien plus loin qu'il n'est alors d'usage les mathématiques économiques. Les matrices, la représentation des ensembles dans l'espace et les méthodes itératives de résolution d'un problème d'optimisation ne sont pas monnaie courante dans la littérature économique. C'est la programmation linéaire, dans l'après guerre, qui généralisera leur usage et simplifiera largement les problèmes d'optimisation via la méthode développée par Georges Dantzig et son algorithme du simplex pour résoudre les problèmes de prévision du Bureau of Labor Statistics et ceux de planification de l'armée de l'air américaine. C'est cette approche qui, avec la théorie des jeux, permettra à Tjalling Koopmans, Kenneth Arrow, Lionel McKenzie et, plus tard, Herbert Scarf, de formuler la version contemporaine de l'équilibre général.

Bibliographie

Akhabbar, A., « L'étrange victoire. Wassily Leontief et la transformation de la science économique », in *Revue Européenne des Sciences Sociales*, 2010, n° XLVII, p. 33-62.

Bjerkholt, O., Knell, M., « Did Ragnar Frisch discover input-output economics? », in *Economic Systems Research*, 2006, vol. 18, n° 4, p. 391-410.

Bjerve, P. J., « Contributions of Ragnar Frisch to national accounting », Statistics Norway Research Department, 1996, Document 96/21, Oslo, Septembre.

Bridel, P., *Money and general equilibrium theory, From Walras to Pareto (1870-1923)*, Cheltenham, Edward Elgar Publishing, 1997.

Copeland, M., « National wealth and income: an interpretation", in *Journal of the American Statistical Association*, 1935, vol. 30, n° 190, p. 377-386.

Copeland, M., « Problems in theory of national income », in *The Journal of Political Economy*, 1932, vol. 40, n° 1, p. 1-51.

Econometric Society, « Address of the econometric society to the university of Lausanne », in *Econometrica*, 1934, vol. 2, n° 4, p. 337.

Econometric Society, « La réunion de la Société d'Économétrie, Lausanne, Septembre 1931 », in *Econometrica*, vol. 1, n° 1, p. 73-86.

Frisch, R., *Theory of Production*, Dordrecht-Holland, Riedel Publishing Company, 1964.

Frisch, R., « Circulation planning: proposal for a national organization of a commodity and service exchange », in *Econometrica*, 1934, vol. 2, n° 3, p. 336-528, et, « Circulation planning: Part III. Mathematical Appendix », in *Econometrica*, 1934, vol. 2, n° 4, p. 422-435.

Frisch, R., « Propagation problems and impulse problems in dynamic economics », in *Economic Essays in Honour of Gustav Cassel*, Londres, George Allen & Unwin Ltd, 1933, p. 171-205.

Frisch, R., Keilhau, W., Wedervang, I., *Plan til en Økonomisk strukturundersØkelse for Norge.* (Plan for a structural survey of Norway), Oslo, Fabritius & Sonners Boktrykkeri, 1936.

Hicks, J., « Léon Walras », in *Econometrica*, 1934, vol. 2, n° 4, p. 338-348.

Leontief, W., « Interrelations of prices, output, savings and investment », in *The Review of Economics and Statistics*, 1937, vol. 19, n° 3, p. 109-132.

Leontief, W., « Quantitative input and output relations in the economic systems of the United States », in *The Review of Economics and Statistics*, 1936, vol. 18, n° 3, p. 105-125.

Leontief, W., « Price-quantity variations in business cycles », in *The Review of Economics and Statistics*, 1935, vol. 17, n° 4, p. 21-27.

Leontief, W., « Die Wirtschaft als Kreislauf », in *Archiv für Sozialwissentschaft und Sozialpolitik*, 1928, vol. 60, p. 577-623. Traduction anglaise (partielle), The economy as a circular flow. *Structural change and economic dynamics*, 1991, vol. 2, n°, p. 177-212.

Leontief, W., « Die Bilanz der Russischen Volkswirtschaft. Eine methodologische Untersuchung », in *Weltwirtschaftliches Archiv*, 1925, vol. 22, n° 2, octobre, p. 338-344 et *in Weltwirtschaftlihes Archiv. Chronik und Archievalien*, vol. 22, n° 2, p. 265-269.

Marschak, J., « An empirical analysis of the laws of distribution », in *Economica*, 1936, vol. 3, n° 10, p. 221-226.

Marschak, J., « Econometric parameters in a stationary society with monetary circulation », in *Econometrica*, 1934, vol. 2, n° 1, p. 91-111.

Marschak J., « Annual survey of statistical information: the branches of national spending », in *Econometrica*, 1933, vol. 1, n° 4, p. 373-386.

Popov P.I., *Balans narodnogo khoziaistva Soiuza SSR 1923-24 goda* [Balance of the National Economy of the USSR 1923-24], Moscou, *Trudy Tsentral'nogo Statisticheskogo Upravleniya* [*Transactions of the Central Statistical Office*], 29, 1926.

Walras, L., *Éléments d'économie politique pure*, 1874, in Walras A. et L. Walras, 1987-2005. *Auguste et Léon Walras. Œuvres économiques complètes.* Éditées par Pierre Dockès, Pierre-Henri Goutte, Claude Hébert, Claude Mouchot, Jean-Pierre Potier et Jean-Michel Servet, Paris, Economica, vol. VIII, 1988.

Troisième partie

Économie appliquée et économie sociale

Walras et la propriété intellectuelle

Jérôme LALLEMENT

En 1859, dans le premier article d'économie qu'il publie, Léon Walras fait la recension d'un ouvrage de Frédéric Passy, Victor Modeste et Prosper Paillottet qui défendent la propriété intellectuelle, comme un droit de propriété illimité et perpétuel calqué sur le modèle de la propriété foncière. Walras critique l'argumentation des trois auteurs, mais approuve leurs conclusions : la propriété intellectuelle est un droit naturel des auteurs sur le produit de leur travail. En 1880, Walras publie un deuxième article consacré à la propriété intellectuelle, où il soutient que la propriété intellectuelle ne peut être qu'un monopole temporaire artificiellement crée par la loi au bénéfice des auteurs. Comment expliquer ce que Pierre-Henri Goutte (2001, p. 512) appelle un « revirement » de l'analyse de Walras[1] ?

En 1859 comme en 1880, il y a chez Walras la même volonté de démontrer ses résultats. Il s'agit pour Walras de rechercher ce qui fonde la propriété intellectuelle et d'examiner si celle-ci est conforme à la définition scientifique de la richesse sociale et à une théorie générale de la propriété à la fois juste et utile. À vingt ans d'écart, les résultats de la démonstration s'inversent : la propriété intellectuelle, d'abord droit naturel illimité dans le temps, devient un droit temporaire artificiellement créé par la loi pour des raisons d'utilité et de justice. L'objet de cet article est de comprendre comment Walras a pu soutenir deux positions aussi divergentes sur la base de points de départ aussi proches. L'intérêt de la question est de voir la réflexion de Walras à l'œuvre, d'analyser comment cette réflexion s'organise, et comment elle a évolué sur la question de la propriété intellectuelle. Walras est confronté à un problème concret : à qui doivent appartenir les droits de propriété intellectuelle. La réponse implique des critères de justice, mais aussi des considérations d'efficacité collective. Afin de trouver une solution, Walras mobilise la théorie économique pour démontrer scientifiquement ses conclusions ; la nouveauté viendra des éléments spécifiques qu'il

---

1 Signalons notre dette envers Pierre-Henri Goutte qui a édité le volume V des *Œuvres économiques complètes* de Walras (désormais *OEC*) et dont les notes éditoriales sont une mine inépuisable d'informations.

prend en compte pour définir les richesses intellectuelles, éléments qui justifient le changement des conclusions.

Pour comprendre le cheminement de Walras sur la propriété intellectuelle, il convient d'abord d'évoquer l'état des débats sur le droit d'auteur au milieu du XIXe siècle, en France (1 Le débat sur la propriété intellectuelle). On expose ensuite successivement les positions de Walras en 1859 et en 1880 (2 Walras et la propriété intellectuelle en 1859, (3 Walras et la propriété intellectuelle en 1880). Pour saisir l'origine du changement de position de Walras, on explicite d'abord les fondements de son argumentation (4 Les fondements de l'argumentation de 1859 et les modifications marginales de 1880). L'explication du changement de Walras reste toutefois assez délicate (5 Comment expliquer la volte-face de Walras ?). Devant l'incertitude des explications fournies par les arguments textuels, on suggère une autre possibilité : mettre en question le changement lui-même et admettre que Walras n'aurait pas réellement changé d'opinion, dans la mesure où, dès 1859, il était hostile au droit de propriété perpétuel. En 1880, il a trouvé les moyens de démontrer la position qui avait toujours été la sienne : la propriété intellectuelle ne peut être qu'un monopole artificiel temporaire créé par la loi au profit des auteurs. Ce qui lui permet de justifier *a posteriori* ce dont il était déjà convaincu dès 1859 (6 Une erreur de jeunesse ?).

Le débat sur la propriété intellectuelle

La question de la propriété intellectuelle a cristallisé les passions, particulièrement en France dans la seconde moitié du XIXe siècle. Des partisans d'un droit de propriété perpétuel, comme Jean-Baptiste Jobard (1844) ou Frédéric Bastiat, aux critiques de Proudhon, hostile à toute idée de propriété intellectuelle (*Les majorats littéraires*, 1862), le débat a mobilisé presque toute la classe intellectuelle. Des écrivains, des juristes et des historiens, bien sûr : Alphonse de Lamartine, Honoré de Balzac, Victor Hugo, Augustin-Charles Renouard, Louis Blanc, mais aussi des économistes : Frédéric Bastiat, Jules Dupuit, Gustave de Molinari, Michel Chevalier, Frédéric Passy, etc. Les occasions qui ont suscité un tel intérêt sont diverses. Il y a d'abord une montée des critiques du droit de propriété en général, venant de socialistes comme Louis Blanc ou Pierre-Joseph Proudhon. Il y a aussi une mobilisation des écrivains pour faire reconnaître à l'échelle non plus seulement d'un pays, mais de tous les pays leurs droits sur leurs œuvres. Un premier congrès international, qui se tient à Bruxelles en septembre 1858, mobilise des écrivains, des éditeurs, des libraires, et des économistes aussi divers que John Stuart Mill, William Gladstone, Charles Dickens, Louis Hachette, Gustave de Molinari, Gilbert-Urbain Guillaumin et

Charles de Montalembert[2]. Parmi les français présents à Bruxelles, Jules Simon et Joseph Garnier défendent un droit de propriété perpétuel, tandis que Louis Wolowski et Édouard Calmels sont hostiles à cette perpétuité du droit d'auteur. Le sujet suscite le plus vif intérêt chez les économistes, et la Société d'économie politique organise, avant et après le congrès de Bruxelles, plusieurs débats qui connaissent un succès exceptionnel et dont le *Journal des économistes* se fait l'écho en publiant de nombreuses contributions sur la propriété intellectuelle. S'ajoute à cela des discussions sur les brevets et plus généralement sur la propriété industrielle qui est analysée comme une forme de propriété intellectuelle, au même titre que la propriété littéraire et artistique[3]. Aux États-Unis, au même moment, Henry Charles Carey rédige ses *Letters on international copyright* (1853). Entre le Congrès de Bruxelles (1858) et celui de Berne (1886) où l'Association littéraire et artistique internationale obtint la ratification par une dizaine de pays de la première convention internationale sur le droit d'auteur, les arguments échangés furent nombreux[4].

Si l'on observe un accord assez général (exception faite des auteurs socialistes) pour admettre le principe d'un droit des auteurs sur leurs œuvres, il faut aussi reconnaître des divergences fortes sur le contenu de ce droit, en particulier sur sa durée, et des oppositions frontales sur le fondement de ce droit : un privilège octroyé par la société ou un droit naturel des individus.

Depuis la Révolution, la loi française reconnaît aux auteurs le droit de « jouir, durant leur vie entière, du droit exclusif de vendre, faire vendre, distribuer leurs ouvrages dans le territoire de la République et d'en céder la propriété en tout ou partie ». La loi des 19-24 juillet 1793 accorde ces mêmes droits à leurs héritiers pendant une durée limitée[5]. « Le principe retenu est donc que "le droit des auteurs sur leurs œuvres" est un privilège octroyé à titre gracieux par la société et non pas une véritable "propriété intellectuelle" qui serait, de droit, perpétuelle » (Goutte, 1990, p. 507). C'est précisément autour de cette question que vont se concentrer les débats. Tandis que certains défendent un droit de propriété intellectuelle sans limite de durée, d'autres s'élèvent contre

---

2 Le choix du lieu n'est pas innocent, Bruxelles étant alors la capitale européenne de la contrefaçon.

3 Cet article se limite aux droits d'auteur, même si les arguments développés évoquent aussi parfois les brevets et la propriété industrielle.

4 Sur les débats autour du Congrès de Bruxelles, voir la présentation par Pierre-Henri Goutte de l'article de 1859 de Walras dans Auguste et Léon Walras, *OEC*, vol. V (2001), p. 507-512, ainsi que Dominique Sagot-Duvauroux (2002).

5 Initialement de 10 ans (loi du 19 juillet 1793), la durée est portée à 20 ans (le décret impérial du 5 février 1810), puis à 30 ans (la loi du 8 avril 1854).

l'idée même d'un droit de propriété sur les idées. D'un côté, une position inspirée par Locke fait de la propriété un droit naturel de l'individu qui s'applique à tout résultat d'un travail et, donc, aux œuvres intellectuelles ; de l'autre, une position utilitariste, inspirée de Bentham, n'admet la propriété intellectuelle que si la société y trouve son intérêt.

Au XVIIIe siècle, le droit d'auteur est essentiellement le droit reconnu à l'auteur de vivre de sa plume, parce qu'il dispose sur ses écrits d'un droit patrimonial. À côté de cette logique patrimoniale, va se développer progressivement, tout au long du XIXe siècle, une conception plus large du droit d'auteur qui intègre un droit moral de l'auteur sur son œuvre, autrement dit un droit personnel qui s'ajoute au droit patrimonial.

Louis Blanc, dans l'organisation du travail, lance ses attaques contre toute forme de propriété, propriété intellectuelle comprise. Il suscite immédiatement un front de défense de la propriété intellectuelle qui va rassembler nombre de libéraux, comme Frédéric Bastiat ou Frédéric Passy[6]. Proudhon reprendra sur un mode mineur les arguments de Louis Blanc et c'est dans ce contexte que Walras écrit son article de 1859.

Walras et la propriété intellectuelle en 1859

Le premier article économique de Walras, publié en décembre 1859 dans le *Journal des économistes*, s'intitule « De la Propriété intellectuelle. Position de la question économique ». L'article est un long compte-rendu de l'ouvrage de Frédéric Passy, Victor Modeste et Prosper Paillottet, *De la Propriété intellectuelle* (1859), publié la même année. Ce livre a été rédigé à la suite du Congrès de Bruxelles. Le congrès a adopté le principe accordant aux auteurs la propriété intellectuelle de leurs œuvres pour une durée limitée à 50 ans après leur décès ou celui de leur conjoint[7]. Les trois auteurs, intellectuellement proches de Bastiat, veulent manifester leur désaccord avec les conclusions du Congrès de Bruxelles, et pour cela, ils vont expliciter leur position en faveur d'un droit de propriété intellectuelle perpétuel. Leur ouvrage suscitera des commentaires nombreux : une revue très louangeuse de Walras (1859), et des critiques radicales de Dupuit (1861) et de Proudhon (1862).

L'ouvrage est composé d'une préface de Jules Simon, qui a défendu au Congrès de Bruxelles le droit de propriété perpétuel, de l'adresse envoyée au Congrès par Passy, Modeste et Paillottet, contenant leur

---

6 Voir les textes publiés par Sagot-Duvauroux (2002).

7 En France, la loi du 14 juillet 1866 reprend cette durée : son article 27 accorde une protection des droits de l'auteur pendant 50 ans après le décès de l'auteur.

« Adhésion au principe de la Propriété intellectuelle », et de trois analyses écrites par chacun des signataires du livre. Passy réfute essentiellement les arguments de Louis Wolowski, hostile à la propriété intellectuelle[8]. Une deuxième partie, rédigée par Modeste, soutient que la propriété intellectuelle est de même nature que la propriété foncière. La troisième partie de l'ouvrage est constituée de trois lettres de Paillottet qui complètent les arguments de ses deux co-auteurs.

Les trois auteurs défendent un droit de propriété littéraire absolu, antérieur à la loi et perpétuel. Après de très longs considérants, ils concluent ainsi leur adresse au Congrès de Bruxelles :

> Par ces motifs, déclarent que la reconnaissance de la propriété littéraire est à leurs yeux réclamée par la justice, par l'intérêt et par la morale ; Applaudissent à la formation du Congrès, convoqué à Bruxelles le 27 de ce mois ; Et adhèrent à toute résolution qui y serait prise dans le but de restituer à la propriété littéraire et artistique le caractère d'une propriété véritable ; c'est-à-dire d'un droit absolu, existant par lui-même, antérieur à toute consécration légale, et que la loi, par conséquent, n'a pas à créer, mais à reconnaître et à protéger contre les violations qui pourraient l'atteindre. (Passy *et al.*, 1859, p. XXIV)

Dans le corps du texte, Passy précise que ce droit est éternel.

> Nous avons vu [...] que, [...] sauf la perpétuité qui est plutôt pour elle une question d'honneur qu'une question d'intérêt, et qui touche plus sérieusement, à vrai dire, à la solidité de la propriété foncière qu'à la sienne, la propriété intellectuelle est, aujourd'hui, presque partout, sera partout demain, une réalité. (*ibid.* p. 120)

L'article de Walras commence par une longue tirade, inattendue chez un jeune auteur qui publie son premier article, sur les méfaits de l'opinion publique lorsqu'elle est confrontée à des questions scientifiques. Pour Walras la discussion sur la propriété intellectuelle a été conduite, jusque là, par des essayistes qui ont toujours utilisé des arguments polémiques, sans les appuyer sur des réflexions théoriques. Dans ces conditions, Walras reconnaît que les trois auteurs sont les premiers à faire œuvre de science en traitant la propriété intellectuelle comme une question économique et il salue l'ambition théorique du livre de Passy, Modeste et Paillottet, *De la Propriété intellectuelle*, qui lui apparaît comme « un rayon de la science [qui va] percer avant de les dissiper les nuages de l'empirisme » (Walras, 1859, p. 514). Une fois cette approbation générale formulée, le commentaire de Walras est en réalité une reconstruction complète de l'argumentation de Passy, Modeste et

---

[8] Au Congrès de Bruxelles, Wolowski a présidé la session qui a rejeté le principe de la perpétuité du droit d'auteur et c'est lui qui a rendu compte du Congrès dans le *Journal des économistes*.

Paillottet, pour aboutir finalement aux mêmes conclusions que ces derniers. En effet, si Walras adhère à leurs conclusions, il pense que celles-ci pourraient être établies de manière plus rigoureuse, sur des bases plus solides. On reconnaît là une exigence que Walras n'abandonnera jamais : le souci de démontrer rigoureusement ses conclusions. On présentera ici une reconstruction de l'argumentation de Walras sur la propriété intellectuelle, en omettant nombre de remarques de Walras, essentiellement polémiques ou d'un intérêt secondaire.

Si la question de la propriété intellectuelle est aussi confuse, explique Walras, c'est qu'elle comprend en réalité deux problèmes distincts qui ressortissent à deux domaines, différents mais liés, l'économie politique et le droit. Les erreurs sur la propriété intellectuelle viennent de la confusion entre ces deux dimensions du problème. La question de la propriété intellectuelle, pour Walras, se pose de la même manière que la question de la propriété de n'importe quel objet. Il faut répondre à deux questions : premièrement, la richesse intellectuelle est-elle une richesse sociale ? et, deuxièmement, qui a un droit naturel sur cette richesse ?

La richesse intellectuelle est-elle une richesse sociale ?

Une première condition pour qu'il existe une possibilité de propriété portant sur la richesse intellectuelle est que la richesse intellectuelle soit une richesse sociale. Après quoi, si l'on a montré que les richesses intellectuelles sont des richesses sociales, on pourra aborder la question de la dévolution du droit de propriété sur les richesses intellectuelles.

Il faut d'abord définir la richesse sociale. La richesse sociale est définie par Walras comme l'ensemble des choses rares, c'est-à-dire des choses utiles et limitées en quantité. Les choses utiles, mais illimitées en quantité, comme l'air, l'eau des fleuves, sont des richesses naturelles, mais ne sont pas des richesses sociales. C'est la limitation en quantité qui transforme une richesse quelconque en richesse sociale. La rareté a comme conséquence nécessaire que les richesses sociales sont valables, échangeables et appropriables. « On peut dire que partout où il y a valeur d'échange, il faut qu'il y ait propriété, et que partout où il y a propriété, il doit y avoir valeur d'échange. Ce qui revient encore à énoncer en d'autres termes que la propriété ne porte que sur la richesse sociale et qu'elle porte sur toute la richesse sociale. » (*ibid.* p. 517)[9].

Il faut ensuite définir la richesse intellectuelle. Walras formule une définition supposée synthétiser la pensée de Passy : « c'est l'ensemble des œuvres des artistes, écrivains, musiciens, etc. » (*ibid.* p. 518). La

9 Cette argumentation empruntée à l'*Économie politique et la justice* (Pierre-Henri Goutte, 2001, p. 693) préfigure la définition de la richesse sociale que Walras donnera au début des *Éléments d'économie politique pure* (1874).

question est alors de savoir si ces richesses intellectuelles sont susceptibles d'être considérées comme des richesses sociales ; pour cela, il faut préciser si les richesses intellectuelles sont utiles et limitées en quantité. La question de l'utilité n'est pas soulevée explicitement par Walras, tant il lui semble évident que, par définition, les richesses intellectuelles sont utiles, sans quoi elles ne seraient pas considérées comme des richesses. En ce qui concerne la limitation en quantité de la richesse intellectuelle, Walras reste assez flou, car ici encore, l'évidence que les idées sont rares semble forte.

Walras fait d'abord une remarque sur la particularité des richesses intellectuelles en soulignant que l'œuvre intellectuelle : « est un capital qui produit un revenu » (*ibid.*, p. 524) et qu'il y a dans celle-ci : « un élément immatériel qui survit à la destruction de la matière » (*ibid.*, p. 522). Une fois émise, une idée survit à la disparition de sa matérialisation, elle demeure après l'usage que l'on a pu en faire.

Ensuite, Walras donne un argument indirect prouvant que les richesses intellectuelles sont rares. Walras observe que : « le fonds commun des idées n'est ni valable ni appropriable ; il n'est point échangeable ; il n'est point de la richesse sociale ; tout au plus est-il de la richesse naturelle » (*ibid.*, p. 526). Ce qui l'oppose à la richesse intellectuelle qui : « devient le théâtre des phénomènes de la valeur d'échange et de la propriété » (*ibid.*, p. 526). Cette remarque vient de l'observation que certains sont prêts à payer pour acquérir ce type de richesse, autrement dit qu'il y a un marché : il y a des auditeurs aux concerts, des spectateurs dans les théâtres et des clients dans les librairies. Walras établit une relation d'identité stricte entre la définition de la richesse sociale (utile et limitée en quantité) et les conséquences logiques de cette définition (être échangeable et appropriable). Sur la base de cette identité, il poursuit deux raisonnements enchevêtrés : tantôt, il part logiquement des principes théoriques (utilité et rareté des richesses intellectuelles) pour en conclure que les richesses intellectuelles sont des richesses sociales ; tantôt il part des conséquences observées (appropriation et échange des richesses intellectuelles) pour en conclure qu'il s'agit bien de richesses sociales.

En dépit de ces allers et retours, l'argumentation de Walras reste formellement cohérente, à défaut d'être totalement convaincante.

Qui a un droit naturel sur la richesse intellectuelle ?

Une fois admis que la richesse intellectuelle est une richesse sociale, on peut alors se demander comment cette richesse doit être appropriée, pour concilier tout à la fois la justice et l'intérêt de la société. Walras, malgré des louanges quelque peu hypocrites, ne reprend pas l'argumentation de Modeste qui, par analogie avec la propriété foncière, fonde la propriété intellectuelle sur le travail et sur le droit du premier occupant[10]. Il lui substitue sa propre analyse de la propriété de la richesse sociale. Il n'y a, dit Walras, que trois espèces de richesses sociales : la terre, les facultés personnelles et la richesse artificielle, fruit du travail et de l'épargne. Il est évident que « la richesse intellectuelle est de la richesse artificielle, fruit du travail de nos facultés personnelles » (*ibid.*, p. 522). Ce qui implique que les producteurs intellectuels sont les écrivains, les musiciens, les artistes, mais aussi les avocats, les médecins, les magistrats, les administrateurs, les employés, etc. Une distinction doit alors être faite entre les produits qui survivent au premier usage, et ceux qui disparaissent avec le premier service qu'ils rendent[11]. La plaidoirie d'un avocat, la consultation d'un médecin sont des services produits par des travailleurs intellectuels, services qui ne survivent pas au premier usage qui en est fait ; tandis que l'œuvre d'un artiste, l'opéra d'un musicien ou le livre d'un romancier sont des capitaux qui demeurent après chaque service (« revenu » dans la terminologie de Walras) qu'ils nous rendent.

Cette distinction permet à Walras de formuler la définition de la richesse intellectuelle que Passy, Modeste et Paillottet n'avaient pas réussi à formuler faute d'une conceptualisation suffisante. « J'appellerai *richesse intellectuelle* l'ensemble des capitaux intellectuels et de leurs revenus » (*ibid.*, p. 523). Une œuvre intellectuelle est un capital artificiel, fruit du travail intellectuel de son auteur. Comme toute richesse sociale, les capitaux intellectuels sont, valables, échangeables et appropriables. Comme tout capital, la richesse intellectuelle produit des services qui sont eux-mêmes valables, échangeables et appropriables. C'est même la caractéristique principale de la richesse intellectuelle que d'être susceptible d'un usage répété qui n'en amoindrit pas la valeur. « On ne conteste pas au producteur intellectuel la propriété du capital, fruit de son travail. Ce qu'on lui conteste, et ce que nous revendiquons pour lui, c'est la propriété du revenu de ce capital » (*ibid.*, p. 525). Cette question se règle par l'application de la théorie habituelle de la propriété : « Le prix de vente du revenu d'un capital appartient généralement au propriétaire du capital ; [...] le producteur intellectuel est naturellement propriétaire du capital fruit de son travail ; en

---

[10] La théorie de la propriété foncière de Modeste et celle de Walras sont trop différentes. Mais l'analogie souligne que certains biens sont susceptibles d'une utilisation multiple qui les différencie des biens à usage unique ; cela impose une théorie spécifique.

[11] Le terme de revenu est ambigu : il désigne le service rendu par un capital, mais lorsque ce service est unique, capital et revenu se confondent (la plaidoirie d'un avocat).

conséquence, le prix de vente des revenus intellectuels n'est dû qu'à lui » (*ibid.*, p. 525).

Cette conclusion, vraie pour Walras, est malheureusement mal démontrée par Modeste parce que ce dernier assimile, à tort, le capital intellectuel à la terre, alors qu'il s'agit d'un capital artificiel issu de la mise en œuvre de nos facultés personnelles (*ibid.*, p. 526). Walras termine en reprenant ses louanges à l'adresse de Modeste.

> Aussi doit-on bien comprendre que si, selon moi, le judicieux économiste n'est pas entré dans la question par la grande porte de la science, il a pourtant trouvé moyen de s'y introduire par une voie qui, pour être indirecte, n'en était pas moins ingénieuse et hardie. En résumé, si je crois qu'il n'a pas élaboré la théorie scientifique, économique et philosophique définitive, de la propriété intellectuelle, je suis convaincu qu'il l'a remarquablement étreinte ; je crois enfin pouvoir affirmer que tout lecteur qui le choisira pour guide, s'il n'arrive pas tout à fait au but, l'approchera de bien près. Possédant ainsi, autant par le sentiment peut-être que par la raison, la solution du problème de la propriété intellectuelle, M. V. Modeste, comme M. F. Passy, défend cette solution contre les adversaires qui la repoussent. De cette défense, je ne dirai rien sinon qu'elle est, chez M.V. Modeste, aussi brillante que chez son collaborateur. (*ibid.*, p. 526)

Curieusement, toutefois, Walras suggère aux trois auteurs dont il vient de présenter le livre, de réfléchir au point suivant. La propriété peut s'exercer de manière individuelle, mais elle peut aussi, parfois, s'exercer de manière collective, comme c'est le cas, par exemple, pour les grandes routes ou les monuments publics. Ne serait-il pas opportun que certaines richesses intellectuelles (comme les ouvrages des grands écrivains) soient appropriées collectivement. Pour cela, il suffirait que, à la mort de leur auteur, l'État procède par expropriation pour cause d'utilité publique et rachète leurs œuvres aux héritiers pour les faire tomber dans le domaine public. « Le droit naturel et primitif de propriété des auteurs étant établi, ne pourrait-on alors examiner si, à de certains moments, comme par exemple à leur mort, il ne conviendrait pas que l'État, procédant par voie d'expropriation pour cause d'utilité publique, rachetât leurs œuvres ? » (Walras, 1859, p. 527).

Pour finir sa recension, Walras fait remarquer, non sans forfanterie, qu'il aboutit aux mêmes conclusions que les auteurs de *De la Propriété intellectuelle*, mais que ses conclusions sont mieux établies que celle des trois auteurs parce qu'elles découlent d'un raisonnement cohérent que l'on peut résumer de la manière suivante.

Par définition, la richesse sociale est constituée de toutes les choses utiles et limitées en quantité. Seules les choses utiles et limitées en quantité, et toutes celles-ci, sont valables, échangeables et appropriables. Ces définitions sont posées *a priori* par Walras. La richesse intellectuelle est utile et limitée en quantité. Elle prend la forme de capitaux artificiels, produits par du travail intellectuel et susceptibles d'usages répétés. Ces prémisses étant supposées établies, Walras est en mesure de conclure que les règles habituelles de la propriété doivent s'appliquer à la richesse intellectuelle : le capital intellectuel et les services de ce capital doivent appartenir à l'auteur. De plus, comme le capital intellectuel est susceptible de fournir des services en quantité illimité et sans limitation de durée, Walras conclut à un droit de propriété en faveur des auteurs, reformulant ainsi les conclusions de Passy, Modeste et Paillottet. Mais c'est sur la base de ses propres arguments que Walras conclut à un droit de propriété illimité des auteurs (et de leurs héritiers) sur leurs œuvres qui sont des richesses intellectuelles ; ce droit de propriété est conforme au droit naturel qui détermine les règles justes d'attribution des richesses. En cela, il rejoint la position libérale en faveur d'un droit de propriété absolu et perpétuel des auteurs sur leurs œuvres.

La réception de cet article fut assez favorable de la part des auteurs de l'ouvrage dont Walras fait la recension[12]. Plus réservé, Auguste Walras reproche à son fils d'avoir été insuffisamment critique (lettre d'Auguste Walras à Léon du 18 décembre 1859, *OEC* vol. IV, p. 375-379).

Walras et la propriété intellectuelle en 1880

En 1880, Walras publie à nouveau un article sur la propriété intellectuelle, auquel il donne le même titre, « De la propriété intellectuelle ». L'article publié dans trois numéros successifs de la *Gazette de Lausanne*, (10, 11 et 12 juin 1880), est un travail effectué à la demande du Département fédéral du Commerce et de l'Agriculture qui souhaitait recueillir l'avis de Walras sur un *Avant-projet de loi sur la propriété littéraire et artistique*. Comme il l'avait fait vingt et un ans plus tôt, Walras va répondre à la question en formulant une théorie générale dont les conséquences permettront d'apporter une réponse précise à la question posée.

Walras commence par rappeler la définition de la richesse sociale comme l'ensemble des choses rares, c'est-à-dire utiles et limitées en quantité. Les conséquences nécessaires de cette définition sont que les richesses sociales sont, d'une part, valables et échangeables, et, d'autre part, appropriables. Walras redit alors, avec les mêmes mots qu'en 1859, l'identification parfaite qui existe entre la richesse sociale d'un côté et,

---

12 Voir la lettre de Modeste à Walras, datée du 14 janvier 1860, et celle de Passy, datée du 17 avril 1860, reproduites in Jaffé (1965) *Correspondence,* vol. 1, p. 23-24 et 57-58

de l'autre, la valeur d'échange et l'appropriation. « Partout où il y a valeur d'échange, il faut qu'il y ait propriété et partout où il y a propriété, il faut qu'il y ait valeur d'échange, ou, en d'autres termes encore, [...] la propriété ne porte que sur la richesse sociale et [...] elle porte sur toute la richesse sociale. » (Walras, 1880, p. 213).

Pour résoudre la question de la propriété intellectuelle, il faut opérer en deux temps : premièrement, déterminer si la richesse intellectuelle est un élément de la richesse sociale, et deuxièmement, en fonction de la réponse donnée à cette première question, expliquer comment organiser la propriété intellectuelle de la meilleure manière au regard de la justice et de l'intérêt.

La richesse intellectuelle recouvre un champ dans lequel Walras distingue trois catégories : les idées scientifiques, les idées artistiques et les idées industrielles. « La science s'attache à poursuivre des rapports nécessaires ou rationnels entre des faits physiques ou moraux. L'idée scientifique consiste dans la connaissance de quelqu'un de ces rapports ; elle s'exprime par une exposition orale ou écrite. » (*ibid.*, p. 214).

Deuxièmement, l'art :

> L'art a pour but de faire naître artificiellement chez l'homme la même émotion esthétique ou sympathique que produit naturellement en lui le spectacle de la nature ou de l'humanité. L'idée artistique consiste dans cette simulation, par des procédés de convention, des aspects divers du monde physique ou moral ; elle se réalise dans une œuvre plastique, pittoresque ou littéraire. [...] L'idée industrielle est également facile à définir. Dans tout produit industriel résultant du travail de l'homme associé à la rente du sol et au profit des capitaux, il y a un élément intellectuel particulier qu'on peut appeler l'idée de ce produit et qu'il est aisé d'isoler par abstraction : c'est cet élément qui se transmet, par description ou par démonstration, de l'inventeur à l'ouvrier, puis de l'ouvrier à l'ouvrier. (*ibid.*, p. 214-215)

La richesse intellectuelle est donc constituée d'idées scientifiques, littéraires et industrielles ; et la question est de savoir si ces idées sont des richesses sociales. Ce qui veut dire qu'il faut déterminer si ces idées sont utiles et limitées en quantité.

Les idées scientifiques, littéraires et industrielles ne sont pas toutes utiles ; toutefois celles qui répondent à des besoins sont susceptibles d'être des richesses sociales. Mais les idées scientifiques, littéraires et industrielles ne sont pas limitées en quantité, et c'est là toute la difficulté. Le propre des idées scientifiques, littéraires et industrielles est précisément de ne se réaliser qu'en se communiquant. Or dès qu'une idée est communiquée au public, il devient possible à n'importe qui de mettre sur le marché des exemplaires semblables de cette idée. Ce qui veut dire que les idées ne sont pas rares, mais que, au contraire, leur nature même en fait des objets illimités en quantité. « C'est le propre des choses immatérielles que de se partager sans s'amoindrir, de se répandre en se multipliant » (*ibid.*, p. 217). Dès qu'un nouveau roman a été publié par son auteur, nous pourrions lire ce roman « pour le prix du papier », sans rien payer à l'auteur, si la loi n'y mettait obstacle. La multiplication potentiellement infinie de toutes les idées utiles, qui constituent la richesse intellectuelle, empêche donc que l'on puisse parler de limitation en quantité des idées.

Dès lors que l'on peut reproduire sans limite toute idée dès qu'elle a été exprimée une fois publiquement, il s'ensuit, pour Walras, que les richesses intellectuelles, ne peuvent pas être considérées comme limitées en quantité, et qu'elles ne sont pas des richesses sociales. N'étant pas des richesses sociales, elles ne peuvent donc pas être appropriées. Cette impossibilité découle directement de leur absence de rareté : puisque les idées n'existent qu'en se communicant, le seul fait de communiquer une idée une fois suffit à rendre cette idée indéfiniment reproductible, en dehors de la volonté de son auteur, et à un coût généralement très faible : on peut avoir le livre « pour le prix du papier ». Pour que les richesses intellectuelles deviennent des richesses sociales, il faut que la loi crée une limitation artificielle de la quantité, par exemple en créant un monopole légal au profit des auteurs de ces idées. Si donc la propriété intellectuelle ne peut résulter que d'une création artificielle, opérée par la loi, au profit des auteurs, il faut alors se demander si cette propriété intellectuelle est une bonne chose. Les critères d'appréciation sont doubles : la justice et l'utilité pour la société, utilité que Walras appelle ici l'intérêt[13].

Du point de vue de la justice, il faut, d'abord s'assurer que les auteurs auxquels la loi accorde un droit de propriété, sont bien les auteurs des idées dont la société va les déclarer propriétaires. À ce propos, il convient, selon Walras, de faire une distinction entre les différentes sortes d'idées. Les découvertes scientifiques et industrielles sont fatales, au sens où, elles doivent être faites tôt ou tard[14]. Et souvent elles sont faites simultanément, comme, par exemple, le calcul intégral découvert en même temps par Leibniz et par Newton. Les idées littéraires ou artistiques sont plus personnelles : seul Mozart pouvait composer *Don Juan*. Mais dans ces deux exemples, les idées ne sont pas seulement dues à leurs inventeurs et auteurs. Leibniz et Newton n'auraient pas trouvé le calcul intégral sans les travaux de Descartes, Mozart n'aurait pas composé son *Don Juan* sans Haydn et Cimarosa.

13 Dans la trilogie walrassienne (art, science et morale), on sait que les critères de régulation sont respectivement l'utile, le vrai et le juste.

14 Walras admet que la vérité est absolue et universelle et que, donc, les découvertes scientifiques doivent avoir lieu fatalement, indépendamment des individus qui en sont les inventeurs.

Les idées nouvelles ont toujours bénéficié de tous les apports de leurs prédécesseurs et les auteurs de ces idées ne peuvent pas en être considérés comme les propriétaires uniques puisque ces idées « appartiennent pour une part seulement à leurs auteurs et pour une autre part à la société » (*ibid.*, p. 218-219).

Du point de vue de l'intérêt, le monopole artificiel des auteurs a des avantages et des inconvénients. L'avantage est qu'il stimule la création d'idées nouvelles. Mais en accordant un monopole exclusif aux auteurs, cette organisation peut inciter les auteurs à maximiser leurs bénéfices au détriment du public.

Finalement, le point de vue de la justice et le point de vue de l'efficacité sociale montrent que le système du monopole artificiel conféré par la loi à l'auteur d'une idée a autant d'avantages que d'inconvénients. Il faut en effet tenir compte d'un double constat : les inventeurs ne sauraient devenir des propriétaires exclusifs (donc le monopole perpétuel serait injuste), mais il convient aussi d'encourager par des stimulants matériels la production d'idées nouvelles (donc l'absence totale de rémunération des inventeurs est aussi dommageable que le monopole absolu). La solution ne peut être qu'un moyen terme entre deux extrêmes. « La justice et l'intérêt nous conseillent donc tous deux de ne point trancher la question de la propriété intellectuelle dans un sens exclusif, soit en faveur des auteurs ou inventeurs, soit contre eux » (*ibid.*, p. 219). La solution de principe proposée par Walras est un accord entre la société et l'auteur (ou l'inventeur) pour que la société reconnaisse à celui-ci le droit d'exploiter en monopole son idée, pendant une durée limitée, à l'issue de laquelle l'idée tombera dans le domaine public. Il est évident que si l'auteur préfère, il peut garder son idée pour lui, et l'exploiter en monopole exclusif jusqu'à ce qu'un autre la découvre et s'en empare.

Cette conclusion de principe s'applique avec des degrés variables selon le type d'idées concernées. La découverte des idées scientifiques est un service public qui incombe à l'État. À propos de ce que l'on appelle aujourd'hui la recherche fondamentale, Walras écrit :

> L'État seul peut assurer la culture de la science, et il le fait naturellement quand il en organise l'enseignement. Le professeur est le vrai savant, et il convient que son traitement comprenne à la fois le prix de ses leçons et celui de ses découvertes qui, une fois faites, tombent immédiatement dans le domaine public. Que s'il publie des ouvrages dans lesquels il expose ses propres théories ou celle des autres, ce sont des œuvres de littérature

> scientifique dont la propriété sera reconnue à titre de propriété littéraire. (*ibid.*, p. 220)[15]

De même il appartient à l'État de faire construire des monuments, de commander des œuvres d'art dont il paiera aussi « l'idée » pour que cette « idée » architecturale ou artistique puisse inspirer tout le monde. Pour les œuvres littéraires, ou les œuvres d'art, la propriété peut être reconnue à l'auteur comme propriété artistique. Quant aux idées industrielles, elles peuvent « elle[s] aussi, former l'objet d'une propriété industrielle, vu que ces idées peuvent rémunérer leur inventeur, et qu'en conséquence l'État peut se désintéresser de leur invention » (*ibid.*, p. 220). La législation française sur les brevets montre les difficultés de l'application de ces principes généraux. Pour les œuvres artistiques et littéraires, « le dépôt d'un exemplaire d'une œuvre ou une déclaration en vue de l'enregistrement de la date est la seule précaution à prendre » (*ibid.*, p. 221) pour permettre de protéger l'auteur contre les copies. Pour la propriété industrielle, et pour éviter les abus ou les défauts des législations actuelles sur les brevets, Walras propose qu'un comité d'experts examine les demandes de brevet et n'accorde le brevet que s'il y a réellement une découverte importante.

Après ces remarques générales, Walras examine l'avant-projet de loi qui lui est soumis par le Département fédéral du Commerce et de l'Agriculture et ne lui trouve que des qualités, puisque ses dispositions sont conformes à l'analyse théorique précédente. En particulier Walras applaudit à la perspicacité de l'auteur de l'avant-projet qui a très bien vu que :

> la richesse littéraire et artistique n'est pas par elle-même de la richesse sociale et ne peut en être que par une limitation artificielle en quantité. [...] Nous partageons entièrement, comme on l'a pu voir, cette opinion tout à fait opposée à celle des partisans de la propriété littéraire et artistique absolue et perpétuelle, gens fort prodigues de tirades sonores mais fort avares de raisonnements économiques ou moraux. (*ibid.*, p. 223)

En 1880, Walras abandonne donc la thèse des libéraux, un droit de propriété intellectuelle antérieur à la loi, absolu et perpétuel, pour suggérer un droit de propriété concédé par l'État à l'auteur, à titre temporaire, sous la forme d'un monopole légal à durée limitée. L'intervention de l'État apparaît comme nécessaire car, compte tenu de

---

15 Walras décrit ici l'Université idéale pour lui. Le professeur (« le vrai savant ») est fonctionnaire de l'État ; son traitement doit rémunérer son enseignement mais aussi la recherche fondamentale, que celle-ci débouche ou non sur des applications concrètes. La recherche doit être considérée comme un *service public*, seul à même de permettre la découverte de vérités pures. La contrepartie est que les découvertes faites dans ce cadre appartiennent immédiatement, et de droit, à l'État (voir Dockès, 1996, p. 217).

la spécificité de la richesse intellectuelle, il faut une loi pour protéger les auteurs des idées qui créent cette richesse particulière dont la multiplication, potentiellement illimitée, pourrait priver l'auteur de toute rémunération.

Les fondements de l'argumentation de 1859 et les modifications marginales de 1880

À deux reprises, Walras répond à la même question : quelles sont les règles justes concernant la dévolution de la propriété intellectuelle ? Il entend, dans les deux cas, appuyer ses conclusions sur un raisonnement. Pourtant, entre 1859 et 1880, Walras semble changer de position. En 1859, il conclut que, conformément à la justice, il est naturel que la richesse intellectuelle fasse l'objet d'un droit de propriété perpétuel. En 1880, il conclut que, conformément à la justice et à l'intérêt collectif, l'État doit créer un monopole artificiel temporaire au profit des auteurs et des créateurs (propriété littéraire et artistique) et des inventeurs de procédés industriels (en accordant des brevets). La trame de l'argumentation reste la même : premièrement, déterminer la nature de la richesse intellectuelle, deuxièmement, appliquer à la richesse intellectuelle des règles d'appropriation conforme à la justice. Dans ses deux articles, Walras raisonne logiquement et seul un changement des prémisses de l'argumentation justifie le revirement de sa pensée. Entre 1859 et 1880, Walras conserve la même définition de la richesse sociale et la même théorie générale de la propriété. Le seul élément de son raisonnement qu'il modifie est la conceptualisation de la richesse intellectuelle, ce qui suffit à changer les conclusions. Dans un premier temps, on cherchera à préciser la position de Walras en 1859, par rapport au contexte intellectuel, pour mettre au jour les fondements de son argumentation et montrer que, malgré des conclusions opposées, les modifications de 1880 sont assez marginales.

En 1859, Walras définit la richesse intellectuelle comme une richesse artificielle (au même titre que les machines), c'est-à-dire comme une richesse produite par le travail, ce qui la différencie radicalement de la terre et des facultés personnelles. La richesse intellectuelle est un capital qui fournit un « revenu » (un service en termes modernes). Comme une machine après une première utilisation, une théorie, des idées exprimées dans un livre, par exemple, continuent à être utilisables après la première lecture, à la différence des biens qui sont détruits par le premier usage (une pomme ou une consultation de médecin). Les richesses intellectuelles sont des richesses sociales artificielles qui appartiennent donc à ceux qui les ont produites, c'est-à-dire à leurs auteurs. L'auteur est évidemment libre de vendre les richesses intellectuelles qu'il a créées, mais Walras adopte implicitement la thèse qu'un auteur ne vend que l'usage de sa production (un exemplaire du livre, une exécution d'une pièce de musique), mais pas sa production elle-même. Les richesses intellectuelles qui survivent au premier usage sont des richesses sociales, assimilables à des capitaux dont les « revenus » (les services) appartiennent de droit au propriétaire du capital (l'auteur) qui peut en disposer librement : les conserver pour lui-même, les vendre ou les donner gratuitement. Walras fait ici l'application la plus stricte de sa théorie générale de la propriété, laquelle est conforme à la justice (inspirée par le droit naturel) ; cette application conduit logiquement à un droit perpétuel sur le capital (l'œuvre), dont le propriétaire (l'auteur ou ses héritiers) peut indéfiniment continuer à vendre des exemplaires (les services du capital). Une loi organisant la propriété intellectuelle conformément à la justice doit donc reconnaître ce droit perpétuel.

Toutefois, curieusement, sans le dire et sans le justifier, Walras exclut la possibilité pour l'auteur de vendre son capital (son œuvre, que ce soit un livre, une composition musicale, etc.) ; l'auteur ne peut vendre que les services de son œuvre[16]. Pourtant, dans la logique de Walras, rien n'interdirait logiquement que l'auteur vende le capital (l'œuvre et ses services), tout comme le propriétaire d'un immeuble peut non seulement louer l'usage de cet immeuble, mais aussi le vendre, transférant ainsi à l'acquéreur la propriété du capital et, par voie de conséquence, la propriété des services que ce capital peut rendre. Or Walras n'évoque jamais cette possibilité de vendre l'œuvre intellectuelle, c'est-à-dire le capital. Pourquoi l'auteur ne pourrait-il vendre que les services du capital ? Walras ne justifie nulle part cette position qui reste implicite, mais en n'envisageant ni cette possibilité ni ses conséquences, Walras, par son silence, exclut de fait l'éventualité que l'auteur vende son capital intellectuel. Et c'est un point essentiel de son argumentation. Sa correspondance est muette sur ce point et, comme Walras cite assez peu ses sources, on est réduit à des conjectures.

On suggère, dans les développements qui suivent, que, en excluant toute vente de capital intellectuel, Walras défend l'idée que l'auteur garde un droit (que l'on qualifie aujourd'hui de droit moral) perpétuel sur son œuvre, et que ce droit est inaliénable. Pour tenter de justifier cette explication, on reviendra sur l'émergence, au XIXe siècle, de la notion de droit d'auteur[17], et on essaiera de montrer que l'article de 1859 de Walras reprend à son compte, de manière implicite, confuse et

16 *A contrario*, dans le système anglo-saxon du *copyright*, l'auteur qui vend son livre perd tout droit sur celui-ci et l'éditeur devient propriétaire de l'œuvre qu'il a achetée à l'auteur.

17 Par droit d'auteur, on désigne ici non pas seulement la propriété réelle de l'auteur sur son œuvre et sur ses matérialisations, mais aussi un droit moral portant sur un bien immatériel, « l'idée » de l'auteur.

maladroite, certaines des idées nouvelles sur le droit d'auteur, qui étaient dans l'air du temps.

Pour ce qui concerne la propriété intellectuelle, le milieu du XIXe siècle voit s'affronter deux logiques : celle de la propriété et celle du droit d'auteur (Edelman, 1989). Dans la logique de la propriété, l'auteur est le marchand de son œuvre dont il apparaît comme le propriétaire. Tout comme le propriétaire d'un immeuble ou d'un portefeuille d'actions peut vendre son immeuble ou ses actions, un auteur peut vendre son livre. L'œuvre est un bien économique (ici un livre, mais on peut généraliser à une composition musicale, à un tableau, etc.) que son créateur peut vendre. Une fois vendue, l'œuvre appartient totalement à celui qui l'a achetée, et l'acheteur peut à son gré la reproduire, la diffuser, la modifier, effectuer des coupes, etc. et l'auteur ne peut rien dire puisqu'il n'est plus propriétaire de l'œuvre qu'il a vendue. C'est le système du *copyright* qui organise le droit de l'œuvre (ici un livre) et qui exclut radicalement l'auteur en tant que tel. Le *copyright* est un droit obéissant à une logique purement économique. La propriété d'une œuvre (un livre) est un droit réel qui, comme tout droit réel, exprime le rapport que l'on entretient avec une chose (*res*, ici un livre ou une œuvre).

À l'opposé du système du *copyright*, le droit d'auteur développe une double logique, patrimoniale et morale. Cette distinction vient de Kant qui identifie deux sortes de droits d'un auteur sur son œuvre intellectuelle. Les droits pécuniaires rassemblent le droit d'exploitation, de représentation, de reproduction, la protection de l'auteur contre la contrefaçon, etc. Ce sont les droits qui reconnaissent à l'auteur la possibilité de vivre de son œuvre. Les droits moraux sont le droit de divulgation et de paternité, le droit au respect de l'œuvre, le droit au retrait et au repentir ; ces droits sont perpétuels et inaliénables. Ces droits moraux reposent sur l'idée que l'œuvre intellectuelle n'est pas une chose extérieure à son auteur, chose dont il pourrait être propriétaire (comme d'un immeuble), mais que l'œuvre intellectuelle, dans son essence même, est l'expression de la pensée de l'auteur, et que le lien qui existe entre l'auteur et son œuvre est de même nature que le lien qui unit la « personne » à ses attributs tels que sa voix, sa vie privée, son image. C'est la personne de l'auteur qui s'incarne dans son œuvre. L'œuvre est un prolongement de la personne, et, à ce titre, a droit à la même protection que la personne elle-même. Comme Kant l'a souligné, le droit moral de l'auteur sur son œuvre est imprescriptible et inaliénable, et la protection des œuvres littéraires est un droit perpétuel pour l'auteur que même celui-ci ne saurait aliéner et auquel il ne peut renoncer.

Dans son article « De l'illégitimité de la reproduction des livres », Kant (1785) établit une distinction essentielle entre le discours au public (les idées) et le support matériel de la transmission de ces idées (l'exemplaire d'un livre). Le support matériel du discours de l'auteur (un exemplaire imprimé de sa pensée) peut être vendu, mais pas le contenu immatériel, c'est-à-dire la pensée de l'auteur.

> L'auteur et le propriétaire de l'exemplaire peuvent dire chacun, avec le même droit, du même livre : c'est mon livre ! mais en des sens différents. Le premier [l'auteur] prend le livre en tant qu'écrit ou discours ; le second [le lecteur] simplement en tant qu'instrument muet de la diffusion du discours jusqu'à lui ou jusqu'au public, c'est-à-dire en tant qu'exemplaire. Mais ce droit de l'auteur n'est pas un droit sur la chose, à savoir l'exemplaire (car le propriétaire peut le brûler devant les yeux de l'auteur), mais un droit sur sa propre personne, à savoir celui d'empêcher qu'un autre le fasse discourir sans son consentement à l'adresse du public, consentement qui ne peut assurément pas être présumé, car il l'a déjà accordé exclusivement à un autre [l'éditeur]. (Kant, 1785, p. 131)

Cette distinction entre la forme (un exemplaire imprimé) et le contenu (les idées exprimées) empêche de réduire l'œuvre intellectuelle à une chose susceptible d'être échangée, au même titre que n'importe quel autre bien. En tant que produit matériel, un exemplaire imprimé d'un livre peut faire l'objet d'une propriété réelle, alors que, en même temps, le discours, la pensée immatérielle, de l'auteur relève d'un droit personnel. C'est l'impossibilité de séparer l'auteur de sa pensée qui fonde le droit moral de l'auteur.

L'analyse de Kant a pour effet d'introduire une dimension nouvelle dans la pensée juridique du XIXe siècle. La propriété intellectuelle, c'est-à-dire la propriété d'un auteur sur son œuvre n'est pas seulement constituée de droits patrimoniaux (ou droits pécuniaires) mais aussi de droits moraux. Car la nature de l'œuvre intellectuelle est double. D'un côté, l'œuvre intellectuelle est un produit comme un autre (un exemplaire d'un livre et une montre sont deux produits), et, à ce titre, elle fait l'objet de droits pécuniaires. De l'autre, l'œuvre intellectuelle est un produit particulier, « spirituel », parce qu'elle manifeste la pensée de son auteur, parce qu'elle est le prolongement de la personne de l'auteur. Cette spécificité des productions intellectuelles explique l'existence de droits moraux de l'auteur sur son œuvre. La particularité du droit moral est qu'il est aussi un droit protecteur de l'œuvre, pas seulement de l'auteur. Ce qui implique que le droit moral survit à l'auteur et au monopole légal d'exploitation ; il est imprescriptible et inaliénable. Le respect dû aux productions littéraires et artistiques est un droit absolu et perpétuel.

Sur ces questions de droit moral, Walras ne pouvait pas avoir une vision aussi claire que celle que nous donnent aujourd'hui le recul du temps et une législation explicite. Mais on peut se demander si le droit perpétuel qu'il accorde à l'auteur (sur les services de son capital intellectuel) n'est pas une tentative, assez maladroite, pour prendre en compte le droit moral perpétuel de l'auteur. Justifions cette interprétation.

Lorsque Walras écrit son article de 1859, le droit français de la propriété intellectuelle reconnaît à l'auteur des droits pécuniaires temporaires, sa vie durant et 30 ans après sa mort. Mais Walras est aussi sensible à l'idée, de plus en plus répandue au XIXe siècle, qu'il existe entre l'auteur et son œuvre une relation spécifique qui ne se réduit pas à une relation de propriété. Cette relation sera progressivement introduite dans la législation française à la fin du XIXe siècle. Walras, dans son article de 1859, reprend la distinction que l'on trouve chez Kant entre le contenu intellectuel de l'œuvre et sa forme matérielle, pour rappeler que, par différence avec les biens matériels, l'élément immatériel survit à ses formes matérielles. De même, comme en écho à Kant parlant de l'œuvre en tant que prolongement de la personne de l'auteur, Walras (1859, p. 526) souligne la spécificité de l'œuvre intellectuelle qui « sort toute entière de la personne, de l'intelligence et des mains du producteur ».

Certes Walras ne dispose pas des catégories conceptuelles qui permettraient de souligner le caractère personnel du droit moral perpétuel de l'auteur sur son œuvre. Mais, comme on l'a déjà dit, il ne se satisfait pas non plus d'une analyse qui réduit la propriété intellectuelle au seul droit pécuniaire. La pensée de Walras sur le droit moral des auteurs a été influencée par Kant, indirectement, à travers les écrits d'Augustin-Charles Renouard. Avocat puis conseiller à la Cour de cassation, Renouard (1794-1878), fut aussi longtemps vice-président de la Société d'économie politique de Paris dont il était l'un des fondateurs. Il a écrit un *Traité des droits d'auteurs dans la littérature, les sciences, et les beaux-arts* (1838) et un *Traité des brevets d'invention*, ouvrages qui se trouvaient tous les deux dans la bibliothèque de Walras[18].

Renouard cite Kant à plusieurs reprises[19]. Il emprunte explicitement à Kant sa définition d'un livre : « Un livre est un écrit par lequel l'auteur adresse la parole au public ; un usage qu'il fait de ses facultés pour mettre en circulation les conceptions de son esprit ; c'est un service qu'il

---

18 Voir la note de Pierre Dockès, l'éditeur du *Cours d'économie sociale* de Walras (*OEC*, vol. XII, p. 826-827).

19 Renouard a d'abord publié en 1837 un article sur le droit des auteurs dans lequel il fait référence à Kant (p. 253-259). Il reprend de très larges extraits de cet article dans son *Traité des droits d'auteur* (1838) où il cite à nouveau Kant (p. 439-440 et p. 457).

rend à la société en lui communiquant ses pensées. Cette définition est de Kant [...] » (Renouard, 1838, p. 457). Renouard appuie ses conclusions sur la distinction kantienne entre la forme matérielle (un exemplaire) et le contenu intellectuel d'un livre. Le droit d'auteur, écrit Renouard, n'est pas un droit de propriété car il porte sur un élément inappropriable. Pour Renouard, le contenu de l'ouvrage, c'est-à-dire les idées qu'il exprime, n'est pas à vendre car « la pensée est, par son essence, inappropriable » *(ibid.*, p. 454). C'est l'argument kantien de l'impossibilité de séparer l'auteur de sa pensée. Ce sont ces idées que Walras essaie d'introduire dans ses analyses de l'ouvrage de Passy et consorts, sans percevoir clairement en quoi elles sont contradictoires les unes avec les autres.

On peut synthétiser la position de Walras en 1859 de la manière suivante : les richesses intellectuelles sont des richesses sociales qui obéissent aux mêmes règles de propriété que les autres richesses sociales, avec trois précisions :

- le capital intellectuel (l'œuvre) est inaliénable[20] ;

- seuls les services de ce capital sont susceptibles d'être échangés ;

- la durée de la propriété de l'auteur sur les services de son capital intellectuel est perpétuelle, comme tout droit de propriété.

On suggère ici que cette solution est le moyen imaginé par Walras pour essayer de tenir compte des idées alors en gestation concernant le droit moral des auteurs. Pour cela, reprenons les trois thèses avancées par Walras pour souligner en quoi elles manifestent l'influence de Kant et de la doctrine du droit moral de l'auteur.

- le capital intellectuel est inaliénable : c'est la traduction, dans le système de Walras, de l'affirmation kantienne de l'impossibilité de séparer la pensée et la personne de l'auteur et du caractère inappropriable de la pensée, selon Renouard ; pour Walras, on ne vend pas les personnes[21], ni leurs pensées, donc les capitaux intellectuels sont inaliénables ;

- les œuvres intellectuelles peuvent être diffusées, mais ce qui circule, ce qui s'échange, ce sont des exemplaires de l'œuvre, des supports matériels de la pensée, c'est-à-dire des biens qui peuvent

20 Walras ne formule pas explicitement cet interdit, mais il n'évoque jamais la possibilité pour l'auteur de vendre son capital, pas plus qu'il n'envisage les conséquences cette vente, ce qui revient, de fait, à exclure cette possibilité.

21 Sur ce point, la position de Walras est très claire et restera immuable : « En général, l'homme qui peut seul être sujet du droit de propriété, n'en peut jamais être l'objet. L'homme s'appartient à lui-même. L'esclavage et le servage sont iniques » (1860a, p. 226).

s'acheter et se vendre. Sur ce point, aux différences de vocabulaire près, Kant et Walras sont sur la même position ;

- le droit moral de l'auteur sur son œuvre est perpétuel (c'est la position de Kant et de la doctrine des droits d'auteur) et Walras transforme ce droit moral perpétuel en droit pécuniaire perpétuel attaché aux services d'un capital incessible.

Cette solution est maladroite. Si Walras est économiste, il n'est ni juriste, ni philosophe. Il peine à intégrer la spécificité du lien étroit entre l'auteur et sa pensée exprimée dans une œuvre, lien mis au jour par Kant à la fin du XVIIIe siècle, qui ne sera progressivement introduit dans le droit positif français qu'un siècle plus tard. Faute de disposer du concept de droit moral, Walras utilise ses catégories économiques pour bricoler une solution qui vise à concilier la catégorie habituelle de propriété portant sur des richesses sociales (droit réel) et la spécificité du droit moral (droit personnel). Arrivé à ce point, Walras ne pouvait pas aller plus loin ; il ne pouvait pas incorporer dans son système les arguments kantiens car ceux-ci renvoient à une philosophie de la propriété qui est, sur ce point, étrangère à Walras.

Sur la propriété, Walras soutient une position inspirée de l'individualisme possessif de Locke ; il pose que l'individu est propriétaire de lui-même, de sa personne, de son travail. « Le premier objet de la propriété pour l'homme, c'est lui-même. Mon corps et mon âme, adhérents et identiques à mon moi libre, personnel et moral, m'appartiennent. [...] L'homme s'appartient à lui-même. » (Walras, 1860a, p. 226).

Donc, l'homme peut être propriétaire de l'œuvre intellectuelle qu'il a créée. À l'opposé, pour Kant, l'auteur ne peut pas être propriétaire de son œuvre car sa pensée est constitutive de sa personne, et la personne ne peut pas être propriétaire d'elle même ; mais une personne a le droit d'empêcher que d'autres personnes s'approprient ses pensées sans son consentement. Les pensées, les idées, constituent des œuvres intellectuelles qui sont un droit personnel absolu, et ce droit personnel, en tant que tel, est inaliénable. Sur cette question précise de la propriété des capitaux intellectuels, l'hétérogénéité des systèmes conceptuels kantien et walrassien explique les bizarreries de la position de Walras qui, en 1859, tente une synthèse impossible entre le droit moral (perpétuel) des auteurs, inspiré de Kant, et les idées des économistes libéraux sur la propriété intellectuelle. Kant met dans les droits d'auteurs un élément moral qui prend en compte le caractère double de l'œuvre, objet de droits matériels (pécuniaires) et de droits immatériels (moraux). Léon Walras, en 1859, reprend la position de son père, Auguste, qui ne connaît de propriété que réelle (par exemple Auguste Walras (2005), *OEC*, vol. IV, p. 376). Léon Walras est sensible aux implications du droit moral et c'est sans doute pour cela qu'il exclut l'aliénation du capital intellectuel. Mais il est incapable de justifier explicitement cette exclusion car, pour cela, il lui faudrait admettre un droit moral de l'auteur sur l'œuvre. Or, dans sa logique conceptuelle, Léon Walras ne peut considérer une œuvre intellectuelle autrement que comme une chose, chose qui, une fois produite, est parfaitement détachable de son auteur pour les services qu'elle peut rendre, mais inaliénable en tant que capital. Et cette impossibilité d'aliéner le capital intellectuel (l'œuvre) justifie la propriété perpétuelle sur les services de l'œuvre.

La seule chose qui change dans la position de Walras en 1880, c'est la définition qu'il donne de la richesse intellectuelle. Tout d'abord, Walras introduit une distinction utile entre différentes sortes de richesses intellectuelles : les idées scientifiques, les idées artistiques et les idées industrielles ; mais surtout il ajoute une caractéristique spécifique, propre aux seules richesses intellectuelles : les choses immatérielles (idées, inventions) « se répandent en se multipliant, se partagent sans s'amoindrir » (Walras, 1880, p. 284). Les idées, une fois formulées publiquement, peuvent être reproduites indéfiniment : chacun peut en profiter car les services rendus par ces idées ne sont pas limités en quantité. Dès lors qu'elles ne sont plus rares, les richesses intellectuelles ne sont plus des richesses sociales. Et, sans intervention de la loi, elles ne peuvent pas faire l'objet d'une appropriation. C'est donc la loi qui, dans l'intérêt de la société, va constituer la richesse intellectuelle comme richesse sociale, en faisant d'une richesse intellectuelle (une idée) la propriété de l'auteur de cette idée, grâce à la création d'un monopole artificiel temporaire au profit de son auteur. La création artificielle d'un droit de propriété, au nom de l'intérêt collectif, apparaît effectivement comme le contraire exact du droit de propriété perpétuel qui résulte de l'analyse de Walras en 1859. En 1880, au nom de l'utilité sociale, Walras conclut à un droit de propriété concédé temporairement à l'auteur, qui revient à l'État après un délai légal. La solution est plus solide, en tout cas plus cohérente, que le bricolage de 1859. Ce qui ne veut pas dire que Walras a complètement intégré les principes kantiens : c'est seulement l'idée d'un droit pécuniaire perpétuel qui s'efface de son horizon intellectuel.

Comment expliquer la volte-face de 1880 ?

Pourquoi Walras a-t-il changé d'idée entre 1859 et 1880 ? L'explication qui fournirait les « vraies » raisons ayant poussé Walras à abandonner ses positions de 1859 restera très hypothétique car, d'une manière générale, Walras cite peu ses sources. En 1859, les seules références, en dehors de l'ouvrage dont il fait la recension, renvoient à Louis Blanc pour le critiquer, à Joseph Garnier et à son père Auguste Walras. Dans l'article de 1880, Léon Walras ne cite personne, et cela rend l'explication de son revirement d'autant plus hasardeuse que sa correspondance reste muette sur ce point. Pourtant, Walras n'a pas tout inventé. On dispose d'indications sur ses sources grâce à quatre notules, de la main de Walras, insérées dans la 29e leçon du *Cours d'économie sociale*, entre les pages 169 et 170 du manuscrit. Trois de ces notules contiennent des citations ainsi que des références bibliographiques concernant la propriété en général[22]. La quatrième notule contient des références concernant exclusivement la propriété intellectuelle. Outre plusieurs ouvrages classiques (dont celui de Renouard), cette quatrième notule cite, parmi d'autres, l'*Organisation du travail* de Louis Blanc, et « divers articles du *Journal des économistes* » (*ibid*., p. 827), sans autres précisions.

Il est difficile de déterminer parmi ces sources d'inspiration celles qui ont pu être déterminantes pour l'évolution de la pensée de Walras. Outre les travaux de Renouard, dont on a déjà parlé, une source nous semble particulièrement importante pour l'article de 1880 : l'article de Dupuit sur le droit de propriété intellectuel « Du principe de propriété. Le juste - l'utile » (1861).

Il est possible de conjecturer que Walras a lu l'article de Dupuit publié dans le *Journal des économistes* dont il était l'un des rédacteurs depuis avril 1860. Sur la propriété intellectuelle, Walras, en 1880, aboutit à une position très proche de celle de Dupuit qui fonde cette propriété sur l'utilité collective, et qui trouve l'origine de la propriété intellectuelle dans la loi et non dans le droit naturel. Il utilise aussi le même argument que Dupuit sur les découvertes simultanées qui prouvent que les idées scientifiques ne sont pas dues seulement au travail d'un seul mais à un fonds commun d'idées. Dupuit en tirait la conséquence que la propriété exclusive des savants sur leurs découvertes était illégitime ; Walras suggère de faire immédiatement tomber les découvertes scientifiques dans le domaine public. Mais, comme on le sait, Walras est, en général, très critique des thèses de Dupuit, et il n'est pas étonnant que celui-ci ne soit pas cité. Le fait que les idées (la base de la richesse intellectuelle) ne se détruisent pas par l'utilisation, détermine le basculement des critères d'appropriation de ces richesses intellectuelles : ici le droit naturel ne peut pas s'appliquer ; la propriété intellectuelle est une création artificielle de la société. À coté des critères de justice, il faut aussi prendre en compte l'intérêt collectif de la société. Cette argumentation figure explicitement dans l'article de Dupuit et donne une clé possible d'explication de la position de Walras en 1880.

---

22 Voir le volume XII des *OEC,* 1996, p. 826-827.

Une erreur de jeunesse ?

La position de Walras en 1859 détonne par rapport à l'architecture générale du système intellectuel qu'il élabore dans les années 1860 et 1870. En 1880, Walras a mis au point une vision complète de l'économie. La théorie de l'équilibre général a été formulée en 1874. Par ailleurs, ses travaux d'économie appliquée ont montré le rôle des considérations d'intérêt (« l'utile ») dans la résolution des problèmes d'économie appliquée, et il n'est pas surprenant de voir l'intérêt général justifier le monopole artificiel créé au profit des auteurs. Les idées de Walras sur la propriété sont fixées depuis longtemps. Or la conclusion très libérale de l'article de 1859 est assez éloignée des positions générales de Walras sur la propriété et peu cohérente avec celles-ci.

On peut alors se demander si, en 1859, Walras était réellement convaincu de la justesse (et de la justice) du droit de propriété intellectuelle perpétuel ? Autrement dit, on peut s'interroger sur le degré d'adhésion de Walras aux idées qu'il développe dans son article de 1859. Un argument dans ce sens est fourni par Walras lui-même. Tout à la fin de cet article, comme on l'a déjà souligné (cf. section I *supra*), Walras fait une remarque inexplicable, contredisant tout ce qui précède : il suggère aux trois auteurs, dont il vient de présenter le livre et d'approuver les conclusions, de réfléchir à la possibilité de faire tomber dans le domaine public les ouvrages des grands auteurs.

> Enfin, dans une dernière partie du travail, M. V. Modeste [...] montre la propriété littéraire en parfait accord avec les intérêts de la société et des individus comme avec les principes de la justice. À ce propos, je me permettrai de signaler aux auteurs du livre *De la Propriété intellectuelle* un point d'étude. Il y a deux modes principaux d'exercice du droit de propriété individuelle et la propriété commune. Certains objets paraissent plutôt destinés à la propriété individuelle : les meubles, habits, instruments de travail, etc., etc. ; certains autres à la communauté : les grandes routes, places publiques, monuments, etc., etc. N'y aurait-il pas lieu, par exemple, à se demander si certaines espèces de la richesse intellectuelle, les ouvrages des grands écrivains, par exemple, ne seraient pas plutôt aptes à subir le second mode que le premier ? Le droit naturel et primitif de propriété des auteurs sur leurs œuvres étant établi, ne pourrait-on alors examiner si, à de certains moments, comme par exemple à leur mort, il ne conviendrait pas que l'État, procédant par voie d'expropriation pour cause d'utilité publique, rachetât leurs œuvres ? (Walras, 1859, p. 527)

Pour cela, il suffirait que, à la mort de l'auteur, l'État rachète les œuvres aux héritiers pour les faire tomber dans le domaine public. Là est la conviction fondamentale de Walras : la propriété intellectuelle des auteurs sur leurs œuvres est un droit temporaire, valable jusqu'à leur mort, voire un peu plus longtemps, mais le droit de propriété intellectuelle n'est pas un droit patrimonial perpétuel, contrairement à ce que soutiennent Passy, Modeste et Paillottet.

Cette remarque de Walras, à la fin d'un article où il vient de soutenir le contraire, nous apparaît comme l'expression d'une intime conviction que Walras ne peut s'empêcher de formuler, parce que c'est pour lui la seule position juste, même si cela n'a rien à voir avec les développements précédents de l'article. Cette conviction de Léon Walras paraît correspondre beaucoup plus à ses idées, et aux idées qu'il exposera dans ses travaux encore à venir. En défendant une propriété intellectuelle limitée dans le temps, Walras ne fait qu'exprimer une idée courante, partagée par de nombreux auteurs, même si ces auteurs divergent sur les justifications de cette conclusion On peut alors soutenir que Walras n'a pas changé d'opinion, et que l'article de 1859 n'est qu'une erreur de jeunesse. En réalité, il aurait toujours été convaincu que le droit d'auteur doit être reconnu par la loi et limité dans le temps, conviction intime en 1859, conclusion fondée et démontrée en 1880.

L'ironie de l'histoire est que Walras fait la leçon à Passy, Modeste et Paillottet sur la nécessité de démontrer, et qu'il termine logiquement sa démonstration par une approbation des conclusions des auteurs qui défendent un droit perpétuel. Pourtant, dès 1859, il est convaincu du contraire, mais ne dispose pas des moyens de le prouver. Alors il dit acquiescer aux conclusions de Passy et consorts, sur la reconnaissance d'un droit de propriété intellectuelle, mais il n'explicite jamais ces conclusions : un droit de propriété intellectuelle, considéré comme un droit naturel, antérieur à la loi, fondé sur le travail. Ce droit de propriété est nécessairement perpétuel, comme le souligne l'analogie de Modeste avec la propriété foncière. Il semble que cette réticence de Walras à formuler ces conclusions soit le signe d'une désapprobation muette. D'autant plus qu'en même temps, Walras suggère, en passant, la possibilité que les « ouvrages des grands écrivains » tombent dans le domaine public à la mort de leur auteur. Histoire de soulager sa conscience, de sauver la face, de rester cohérent avec lui-même. Après ce premier article, Walras réfléchit, travaille sur différents sujets, élabore les principes d'une théorie générale de la propriété et, en 1880, quand il est sollicité pour donner un avis sur un projet de loi organisant la propriété intellectuelle, il dispose alors d'une théorie cohérente qui aboutit à des conclusions qui correspondent à son intime conviction.

Reste à expliquer pourquoi Walras a publié un article en faveur de la position libérale du droit de propriété intellectuelle perpétuelle si, comme on le soutient ici, il pensait le contraire. Si les preuves de nos hypothèses ne figurent pas noir sur blanc dans les écrits de Léon Walras, les lettres d'Auguste Walras à son fils sont, elles, très explicites. Il faut d'abord rappeler que, en 1859, à 25 ans, Léon Walras est un raté qui a manqué ses études, écrit un mauvais roman publié à compte d'auteur, et tenté une carrière de critique d'art, tout en vivant au crochet de ses parents auxquels il n'a pas révélé qu'il s'est mis en ménage avec ce que l'on appelait alors une fille mère, Célestine Ferbach[23]. En 1858, Léon a solennellement promis à son père de se consacrer à l'économie et l'article de 1859 dans le *Journal des économistes* est son premier article économique. Pouvait-il contredire, dans leur propre revue, des libéraux aussi bien en cour que les auteurs du livre dont on lui a demandé une recension ? Pouvait-il pousser plus loin l'outrecuidance du néophyte qui explique à des auteurs reconnus que leur argumentation est inconsistante et qui entreprend d'écrire, à leur place, les justifications rigoureuses de leur point de vue ? Pouvait-il renverser non seulement leur raisonnement, mais aussi leurs conclusions ?

Les circonstances expliquent peut-être cette dérobade. À ce moment là, vivement encouragé par son père, Walras poursuit un double objectif. D'une part, il veut se démarquer du socialisme de Proudhon, d'où son ouvrage *L'économie politique et la justice* (1859)[24]. D'autre part, il tente de se faire reconnaître dans le milieu des économistes influents, c'est-à-dire des libéraux, en devenant le collaborateur régulier du puissant *Journal des économistes* qui promeut une conception libérale de l'économie. Pour cela, il entre en contact avec Henri Baudrillart, alors directeur du *Journal des économistes*, qui le teste en lui demandant une recension de l'ouvrage de Passy, Modeste et Paillottet, recension qui se transforme en un long article de 16 pages publié en décembre 1859 (Dockès et Potier, 2001). Cette ambition est encouragée par Auguste Walras qui distille ses conseils de prudence et incite Léon à jouer un double jeu[25]. La stratégie, au moins au début, est payante. En mars 1861,

---

[23] Toutes les lettres d'Auguste Walras à son fils, datant de cette époque, commencent par de pathétiques questions d'argent et de mandats que Léon a dû ou devrait recevoir, et se poursuivent par des considérations sur la meilleure manière d'utiliser ces modestes fonds.

[24] Les conseils de son père sont très explicites : « Tant que tu frapperas sur les socialistes inintelligents et que tu le feras avec prudence et circonspection, sans découvrir le fond de ton propre sac, ce qui me paraît toujours facile à faire, je ne pense pas que tu puisses te faire de mauvaises querelles avec le pouvoir qui nous régit. » (Auguste Walras, lettre à son fils, 23 nov. 1859, in Auguste Walras, 2005, p. 373).

[25] « Tout ce que je puis te conseiller, d'une manière générale, c'est de ne pas trop t'engager. » (Auguste Walras, lettre du 29 oct. 1859, in Auguste Walras, 2005, p. 363) Auguste Walras déclare à propos du livre de Passy, Modeste et Paillottet, « l'ouvrage me paraît faible, et pour ce qui touche aux matières économiques, il prête le flanc aux critiques les mieux fondées. », mais il continue à conseiller la prudence et même une certaine duplicité à son fils. Il le félicite pour avoir « montré une fort aimable courtoisie envers [ses] trois Curiaces [Passy, Modeste et Paillottet]. J'aime à croire que te voilà inscrit au nombre des rédacteurs du *Journal des économistes.* »

parrainé par Baudrillart et Guillaumin, Walras est admis à la Société d'économie politique de Paris, prestigieuse association des économistes libéraux. Un an avant, en avril 1860, Walras avait été nommé rédacteur du *Journal des économistes*, ce qui, comme le fait remarquer Auguste, devrait lui valoir « une juste rémunération » (Auguste Walras, 1859, p. 381). Léon Walras fait adopter par le *Journal* son projet de publier une série de « Paradoxes économiques ». Mais cette réussite est éphémère : seul le premier paradoxe est publié en décembre1860 (1860b, p. 42-62). Les autres projets (« Paradoxes II ») sont refusés par le *Journal des économistes* (Walras, 1861), et Walras quitte le *Journal des économistes* en février 1862 : le double jeu est impossible.

Déjà, à la fin de son article de 1859, après avoir semblé applaudir aux conclusions de l'ouvrage dont il a fait la critique, il ne peut s'empêcher de suggérer, sans aucune raison logique, contrairement à tous les arguments qu'il a développés auparavant et au mépris de l'exigence affichée de démonstration des conclusions, que le droit d'auteur devrait être limité dans le temps. Walras a vraiment trop de mal à cacher ses convictions.

Une chose est sûre, c'est que l'article de 1880 traduit la position finale de Walras sur la propriété intellectuelle. L'ambiguïté du contenu de l'article de 1859 conduit finalement Walras à l'écarter du projet de publication d'un volume de *Mélanges d'économie politique et sociale*[26] ; car, si sa pensée est clairement exprimée dans l'article de 1880, elle ne l'est pas dans celui de 1859, et il ne souhaite pas suggérer qu'il pourrait y avoir eu des ruptures ou des

Bibliographie

Benoist, J., « Qu'est-ce qu'un livre ? Création et histoire », Introduction, in Kant, *Qu'est-ce qu'un livre ? Textes de Kant et de Fichte*, Paris, PUF, 1995.

Blanc, L., *Organisation du travail*, 1839, 9e édition, Paris, Bureau du Nouveau Monde, 1850.

Carey, H. C., *Letters on international copyright*, 1853, 2e éd., New York, Hurd and Houghton, 1868.

Dockès, P., *La société n'est pas un pique-nique. Léon Walras et l'économie sociale*, Paris, Economica, 1996.

Dockès, P., Potier, J.P., *Léon Walras ; vie et œuvre économique*, Paris, Economica, 2001.

(Auguste Walras, lettre du 18 décembre 1859, *ibid.*, p. 379). L'hypocrisie sera effectivement récompensée.

26 Voir la présentation et l'histoire des projets successifs de Walras dans l'Introduction de Claude Hébert et Jean-Pierre Potier au volume des *Mélanges*, vol. VII des *OEC* (1987).

Dupuit, J., « Du principe de propriété. Le juste – l'utile », in *Journal des Économistes*, 1861, vol. 30, n° 1 et 2, in Jules Dupuit, 2009, *Œuvres économiques complètes*, Paris, Economica, vol. II, p. 583-640.

Goutte, P. H., « Présentation et notes du vol. V des *Œuvres économiques complètes* d'Auguste et Léon Walras », in *L'économie politique et la justice*, Paris, Economica, 2001.

Jaffé, W., *Correspondence of Léon Walras and related papers*, Amsterdam, North Holland Publishing Company, 3 vol, 1965.

Kant, E., « De l'illégitimité de la reproduction des livres », 1785, reproduit in Kant (1995), *Qu'est-ce qu'un livre ?*, Paris, PUF, 1995.

Kant, E., « Qu'est-ce qu'un livre ? », extrait de *Doctrine du droit*, §31, II, 1796, reproduit in Kant, *Qu'est-ce qu'un livre ?*, Paris, PUF, 1995.

Kant, E., *Qu'est-ce qu'un livre ? Textes de Kant et de Fichte*, Paris, PUF, 1995.

Passy, F., Modeste V., Paillottet P., *De la Propriété intellectuelle*, Paris, E. Dentu, 1859.

Proudhon, P. J., *Les majorats littéraires. Examen d'un projet de loi ayant pour but de créer, au profit des auteurs, inventeurs et artistes, un monopole perpétuel*, Bruxelles, Lebègue, 1862. Reproduit in Sagot-Duvauroux, 2002, p. 129-248.

Renouard, A. C., « Théorie du droit des auteurs sur les productions de leur intelligence », in *Revue de Législation et de Jurisprudence*, (tome Auguste Walras, lettre du 27 déc. 1859, in Auguste Walras, *Correspondance*, *ŌEC* vol. IV, p. 381), p. 381), 1837, p. 241-274.

Renouard, A. C., *Traité des droits d'auteurs, dans la littérature, les sciences et les beaux-arts*, vol. 1, Paris, Lib. Jules Renouard et Cie, 1838.

Sagot-Duvauroux, D., *Pierre-Joseph Proudhon, les majorats littéraires (et un choix de contributions au débat sur le droit d'auteur au XIXe siècle, présenté par Dominique Sagot-Duvauroux)*, Dijon, Les Presses du reel, 2002.

Walras, A., *Lettres 140 à 154*, 1859-1860, reproduites dans Auguste et Léon Walras, *Œuvres économiques complètes*, vol. IV, *Correspondance*, Paris, Economica, 2005, p. 361-391.

Walras, L. « De la propriété intellectuelle. Position de la question économique », in *Journal des Économistes*, 1859, vol. 24, n° 12, p. 392-407, reproduit dans Auguste et Léon Walras, *Œuvres économiques complètes*, vol. V, *L'économie politique et la justice*, Paris, Economica, 2001, p. 513-529.

Walras, L., *L'économie politique et la justice*, 1861a, reproduit dans Auguste et Léon Walras, *Œuvres économiques complètes*, vol. V, *L'économie politique et la justice*, Paris, Economica, 2001.

Walras, L., « Paradoxe économique I », 1860b, reproduit dans Auguste et Léon Walras, *Œuvres économiques complètes*, vol. VII, *Mélanges d'économie politique et sociale*, Paris, Economica, 1987, p. 42-62.

Walras, L., « Paradoxe économique II », 1861, reproduit dans Auguste et Léon Walras, *Œuvres économiques complètes*, vol. XIII, *Œuvres diverses*, Paris, Economica, 2010, p. 46-54.

Walras, L., *Éléments d'économie politique pure*, 1874, in Auguste et Léon Walras, *Œuvres économiques complètes*, vol. VIII, *Éléments d'économie politique pure*, Paris, Economica, 1988.

Walras, L., « De la propriété intellectuelle », in *Gazette de Lausanne*, 1880, 10, 11 et 12 juin, reproduit dans Auguste et Léon Walras, *Œuvres économiques complètes*, vol. IX, *Études d'économie sociales*, Paris, Economica, 1990, p. 213-226.

Walras, L., *Théorie de la propriété*, 1896, in Auguste et Léon Walras, *Œuvres économiques complètes*, vol. IX, *Études d'économie sociales*, Paris, Economica, 1990.

Walras, L., *Mélanges d'économie politique et sociale*, in Auguste et Léon Walras, *Œuvres économiques complètes*, vol. VII, *Mélanges d'économie politique et sociale*, Paris, Economica, 1987.

Walras, L., *Cours d'économie sociale*, reproduit dans Auguste et Léon Walras, *Œuvres économiques complètes*, vol. XII, *Cours*, Paris, Economica, 1996.

Réformes sociales chez Jevons et Walras : la question du chemin de fer

Pelin SEKERLER RICHIARDI[1]

Il est bien connu que Jevons et Walras ont élaboré une notion d'« utilité marginale » techniquement très similaire à quelques années d'intervalle, le premier dans sa *Theory of political economy*, publiée en 1871 et le second dans ses *Éléments d'économie politique pure*, parus en 1874. En se basant sur cette découverte simultanée, la littérature secondaire les a souvent qualifiés de protagonistes de la « révolution marginaliste », de sorte qu'il est devenu coutumier de rapprocher leurs pensées. Cependant, les analyses de Jevons et Walras diffèrent profondément, tant au niveau de leurs analyses relevant de l'économie pure, que de leurs propositions de réformes sociales. Dans cet article, notre objectif est de mettre en avant ces divergences, en se focalisant sur le second aspect : nous nous efforçons ainsi de faire ressortir les éléments qui ont conduit ces auteurs à formuler des positions divergentes dans le domaine social. Ce constat d'une différence entre la pensée de Walras et celle de son homologue anglais, s'inscrit dans la logique de la démarche de « dé-homogénéisation » entreprise par Jaffé (1976), lequel s'était efforcé, contrairement à la majorité des commentateurs postérieurs, de mettre en avant les divergences entre les auteurs « marginalistes » dans le domaine de l'économie pure. Notre travail, en se concentrant sur le traitement par Walras de l'économie appliquée (Walras, 1898) et sur celui, par Jevons des réformes sociales (Jevons, 1883) rejoint alors, bien que dans une perspective différente, celui de Jaffé.

Afin de souligner les divergences dans les analyses de ces auteurs dans le domaine social nous allons nous intéresser à leur traitement d'une activité particulière : les chemins de fer. Le choix de cette activité s'explique par deux raisons. D'une part, la question de chemins de fer n'a, à notre connaissance, jamais été abordée par la littérature secondaire pour illustrer les divergences entre ces deux auteurs. D'autre part, puisque les opinions de ces auteurs s'opposent sur de nombreux points

[1] L'Organisation Internationale du Travail n'entend donner aucune approbation ni improbation aux opinions émises dans cet article, celles ci doivent être considérées comme propres à leur auteur.

concernant cette activité, nous considérons qu'elle constitue un bon exemple pour comparer leurs analyses. Jevons traite de cette question dans le cadre de ce qu'il appelle l'intervention de l'État dans « les branches de l'industrie » tandis que Walras étudie ce sujet dans son économie appliquée quand il traite des monopoles à la fois naturels et moraux (Section I). Dû à ces divergences dans leurs analyses leurs recommandations politiques diffèrent : Jevons s'oppose sans équivoque à ce que cette activité soit prise en charge par l'État alors que Walras se prononce en faveur de la nationalisation des chemins de fer (Section II).

Une question, deux réponses : quand l'État doit-il intervenir ?

En partant de cadres analytiques différents Jevons et Walras arrivent à des conclusions divergentes sur les domaines où l'État doit intervenir. Dans cette première section, notre objectif sera d'étudier les différentes approches qu'ils ont adoptées afin de mieux cerner dans la section suivante leur position par rapport à la nationalisation de l'activité ferroviaire.

Jevons et l'intervention dans les « branches de l'industrie »

Connu principalement pour sa contribution à l'économie pure avec sa *Theory of Political Economy* (Jevons, 1871), Jevons a également rédigé plusieurs articles sur la réforme sociale qui ont été publiés d'une manière posthume dans *Methods of Social Reform* (Jevons, 1883, [1965]). Ces écrits ont cependant suscité peu d'intérêt dans la littérature secondaire. Certes, certains commentateurs se réfèrent aux travaux de Jevons dans le domaine social[2], mais peu d'entre eux les retiennent comme objet d'étude principal : les articles de Jevons sur la réforme sociale, sont souvent abordés de manière secondaire, sans se voir accordés une place équivalente à celle que l'on réserve généralement à ses analyses en économie pure[3]. En outre, les commentateurs qui se réfèrent à MSR trouvent rarement une cohérence entre les différentes propositions de politiques publiques de Jevons. Et parmi ceux, bien que peu nombreux, qui identifient des traits généraux communs dans ces articles, il n'y en a, à notre connaissance, aucun qui ait entrepris un travail qui consiste à systématiser ces similarités. En proposant une telle étude, nous nous efforçons de combler cette lacune.

---

2 Voir par exemple Hutchison (1969), Black (1981), Black (1987), Bowman (1989), White (1994), Peart (1996), Sigot (2002) et Mosselmans (2007).

3 L'ouvrage de Peart constitue une exception. Cet auteur consacre une partie importante de son livre de 1996 à l'étude des écrits de Jevons sur la question sociale.

Nous considérons, en effet, qu'il est possible d'identifier deux méthodes, plus précisément deux versions d'une même méthode, dans *Methods Of Social Reform*, qui se distinguent l'une de l'autre par la nature de la réforme concernée. La première renvoie aux réformes qui s'intéressent à la question de l'éducation et au rôle de l'État dans sa promotion : les articles tels que « Amusements of People », Jevons (1878, [1883]), « The Use and Abuse of Museums », Jevons (1881-1882) et « The Rationale of Free Public Libraries », Jevons (1881) traitent de ce sujet ; la seconde version correspond à l'intervention de l'État dans ce que Jevons appelle les « branches de l'industrie » (Jevons, 1874, p. 355) : elle est abordée dans les articles tels que « On the Analogy Between the Post Office, Telegraphs, and Other Systems of Conveyance of the United Kingdom, As Regards Government Control », (Jevons, 1867) ; « The Railways and The State », (Jevons, 1874) ; « The Post Office Telegraphs and their Financial Results » (Jevons, 1875). Si dans les deux cas l'objectif est l'amélioration de l'utilité collective, la seconde version se distingue de la première en ce qu'elle prend en compte une contrainte financière. Jevons considère en effet que les activités prises en charge par l'État dans les branches de l'industrie doivent couvrir leurs frais pour que leur nationalisation soit souhaitable. Les chemins de fer entrant dans le cadre d'une telle analyse, nous nous intéresserons dans ce travail à cette seconde version de la méthode de Jevons[4].

Conforme à la tradition utilitariste à laquelle il adhère, Jevons considère que la prise en charge par l'État de certaines productions doit permettre l'amélioration du niveau d'utilité collective. Pour défendre son point de vue, l'auteur propose d'une part un cadre théorique afin de déterminer quelles activités devraient être gérées par l'État, puis recourt, d'autre part, à des données empiriques qui doivent lui permettre de renforcer ses arguments. Il avance quatre conditions pour savoir si l'État doit prendre en charge les activités dans l'industrie. Celles-ci sont décrites ainsi dans « On the Analogy Between the Post Office, Telegraphs, and Other Systems of Conveyance of the United Kingdom, As Regards Government Control »:

> It seems to me that State management possesses advantages under the following conditions:
>
> Where numberless wide-spread operations can only be efficiently connected, united, and co-ordinated, in a single, all extensive Government system.
>
> Where the operations possess an invariable routine-like character.

4 Pour la première version de cette méthode, voir nos travaux précédents : Sekerler Richiardi (2006), Sekerler Richiardi (2008), Sekerler Richiardi (2010).

> Where they are performed under the public eye or for the service of individuals, who will immediately detect and expose any failure or laxity.
>
> Where there is but little capital expenditure, so that each year's revenue and expense account shall represent, with sufficient accuracy, the real commercial conditions of the department. (Jevons, 1867, p. 279-280)

La même idée est reprise dans « The Railways and The State », mais dans un ordre différent :

> There appear to be four principal conditions under which State management of any branch of industry is successful:
>
> The work must be of an invariable and routine-like nature, so as to be performed according to fixed rules.
>
> It must be performed under the public eye, or for the service of individuals, who will immediately detect and expose any failure or laxity.
>
> There must be very little capital expenditure, so that each year's revenue and expense account shall represent, with approximate accuracy, the real commercial success of the undertaking.
>
> The operations must be of such a kind, that their union under one all-extensive Government monopoly will lead to great advantage and economy. (Jevons, 1874, p. 355)

Il est possible d'identifier deux types d'arguments dans ces conditions. Le premier concerne la nature de l'activité. Les trois premières « conditions » énoncées par Jevons dans la première citation donnée entrent dans cette catégorie : seules les activités qui nécessitent une gestion centralisée (1) qui ont un caractère répétitif (2) et sont ouvertes au contrôle du peuple (3) devraient être nationalisées.

Le deuxième type d'argument concerne la rentabilité économique des activités. En effet, Jevons considère que même si certaines activités paraissent adaptées à la gestion étatique du point de vue de leur nature, elles doivent être capables de couvrir les frais financiers engendrés pour que leur nationalisation soit envisageable. Ainsi, prenant l'exemple de la nationalisation du service de la télégraphie, une activité qui semblait adaptée à la gestion publique mais qui a enregistré des pertes importantes, Jevons écrit :

> I regret to observe a great tendency in the public and the newspaper press to treat the matter lightly, on the ground that a quarter of a million is nothing to the English Government, and that we get the value back in convenience. Assuming, for the present, that the loss is only a quarter of a million, which I much doubt, I may observe that the money might be spent better than in paying for needless telegrams. Spent, for instance, upon scientific investigation, and the higher education of the people, it would return results incomparably more important, and would place this country at the head of the civilisation and intelligence of the world. But whether or not money

should be spent in other ways, I hold that it is bad in principle to incur a loss upon work which can be so readily made to pay its own expenses. (Jevons, 1875, p. 300)

Cette quatrième condition donnée par Jevons renvoie à cet argument sur la couverture financière, mais ne l'explique que partiellement. Jevons précise, en effet, que le montant des capitaux fixes, composés principalement de bâtiments et d'installations, requis par une activité, devrait être relativement faible afin de pouvoir évaluer correctement « les vraies conditions commerciales » de l'activité entreprise par l'État. C'est-à-dire si les capitaux fixes sont faibles, il devient possible de connaître facilement les résultats financiers de l'exploitation ; en d'autres termes, l'on peut déterminer à chaque moment le montant du profit avec une précision satisfaisante. Cependant, nous nous apercevons à travers la lecture des articles de Jevons que ceci n'est pas la seule raison avancée en faveur de la limitation des capitaux fixes. L'auteur considère qu'une activité nécessitant beaucoup de capitaux fixes pose deux problèmes principaux : d'un côté, la gestion d'une somme importante à laquelle ils correspondent constitue une tâche financièrement difficile (les mauvaises décisions ont des conséquences financières à la hauteur de la grandeur du montant) ; de l'autre, les réparations, les rénovations des bâtiments et des installations qui composent les capitaux constituent des coûts importants (Jevons, 1874, p. 359). Ainsi, avec la quatrième condition, Jevons insiste sur un point fondamental : la nécessité de maintenir à un faible niveau les coûts engendrés par les activités prises en charge par l'État. Cependant, en excluant du domaine public les activités à coûts fixes importants, Jevons prend le contre-pied des analyses traditionnelles en économie publique : il évite finalement la question des monopoles naturels[5], puisque l'existence de coûts fixes élevés constitue habituellement l'un des arguments utilisés pour justifier l'intervention de l'État. Au contraire, pour Jevons, l'interférence gouvernementale n'est souhaitable que lorsque ces coûts sont limités ; son analyse s'oppose ici à celle de Walras, lequel étudie ce thème d'une manière approfondie.

Dans *Methods Of Social Reform*, Jevons applique ce cadre à plusieurs branches de l'industrie afin de déterminer si leur nationalisation est souhaitable : le transport du courrier, le service de la télégraphie, les chemins de fer, etc. (1867, 1874, 1875). Avant de nous concentrer dans la section suivante sur les chemins de fer, qui ne possèdent nullement, selon Jevons, les caractéristiques nécessaires pour être nationalisés, nous allons d'abord analyser la position de Walras sur l'intervention de l'État.

---

[5] Les monopoles naturels sont caractérisés par l'existence des coûts fixes importants.

Walras et l'intervention étatique dans la production

Les écrits de Walras sont orientés dans leur totalité – non seulement en économie appliquée et sociale et mais aussi en économie pure – vers un objectif social. Ce dernier consiste à résoudre la « question sociale ». Cependant, l'auteur ne donne pas une définition précise de cette notion : elle reste souvent sous-entendue et semble avoir plusieurs significations. On pourrait d'abord attribuer une définition générale à la question sociale. En ce sens, cette expression semble désigner les difficultés économiques et sociales auxquelles les classes défavorisées se trouvent confrontées. Cependant, la question sociale ne renvoie pas seulement à un concept général dans l'œuvre de Walras, mais possède aussi, et surtout, un sens plus restreint. D'une manière plus spécifique, l'emploi de ce terme par l'auteur concerne deux problèmes rencontrés dans deux domaines : la production et la répartition des richesses sociales[6]. Les réformes nécessaires pour les résoudre sont traitées dans deux sciences : l'économie appliquée, qui s'intéresse à la question de la production et a comme critère l'utile et l'économie sociale, qui s'occupe de la répartition et a comme critère le juste. La question des chemins de fer est traitée dans le cadre de la première par Walras, même si les frontières entre les critères de l'utile et le juste ne sont souvent pas bien claires dans son œuvre. De ce fait, nous nous concentrons dans cet article sur l'économie appliquée de Walras (*Études d'économie politique appliquée*, 1898), tout en renvoyant à l'économie sociale (*Études d'économie sociale*, 1896) lorsque c'est nécessaire.

L'économie appliquée de Walras vise à étudier les situations dans lesquelles existent, dans les faits, des entraves à la libre concurrence[7] et, en conséquence, à identifier les activités que l'État doit prendre en charge. Walras évoque trois cas où l'intervention de l'État est essen-

---

6 Walras écrit : « Pour résoudre la question sociale, nous avons à effectuer de grands progrès dans les conditions de la production et de la distribution de la richesse [...] » (Walras (1896), p. 212). Voir également Walras (1898), p. 425.

7 Chez Walras « la libre concurrence » correspond à une hypothèse comportementale sur le marché qui signifie que les acheteurs demandent à l'enchère, et les vendeurs offrent au rabais (Walras, 1874, p. 70). La définition de Walras implique un comportement des agents qui est lié à un mécanisme de marché : ce comportement spécifique ne peut s'exprimer que s'il existe un marché et il l'impose comme règle du jeu. L'auteur distingue en effet trois niveaux où s'observe la concurrence. Dans un texte publié en 1876 « Une branche nouvelle de la mathématique », il écrit : « ...nous distinguerons soigneusement ces trois choses : 1° le fait de la libre concurrence telle qu'elle existe dans des conditions plus ou moins imparfaites, 2° l'idée ou la conception de la libre concurrence absolue telle qu'elle pourrait exister, en dehors de toute intervention des notions de l'utilité ou de l'équité, et enfin 3° le principe de la libre concurrence telle qu'elle devrait exister pour satisfaire à ces notions » (Walras, 1987, p. 298).

tielle : ceux de « monopoles naturels et nécessaires », « monopoles moraux » et « monopoles à la fois naturels et moraux ». Walras traite de la question des chemins de fer, qui rentre dans le cadre des derniers.

1) Les premiers, les monopoles naturels et nécessaires, concernent la production de certains « services et produits d'intérêt privé » qui servent à satisfaire les besoins des individus. En effet, la nature de certaines activités telles que la distribution de l'eau ou du gaz au domicile rend inévitable l'instauration de monopoles artificiels[8]. L'autorité publique ne pouvant « autoriser un nombre indéfini d'entrepreneurs à enfouir des tuyaux dans les rues » (Walras, 1898, p. 190), un seul entrepreneur finit par assurer cette activité. Étant en situation de monopole, cette entreprise peut alors imposer des prix de vente supérieurs aux prix de revient. Si cette pratique va à l'encontre du principe de la justice[9], elle nuit également à ce que Walras appelle « l'intérêt social », défini comme une production abondante[10]. Car cette inégalité a deux conséquences : elle supprime, d'une part, la nécessité pour les monopoleurs de produire plus à moindre coût ; elle diminue d'autre part l'incitation des détenteurs des services producteurs à fournir des services, du fait du détournement d'une partie de la richesse par l'entrepreneur.

2) Le deuxième cas auquel Walras s'intéresse est celui des monopoles moraux. Il s'agit ici selon l'auteur de la production des biens et des services « d'intérêt public » qui concernent les besoins de l'État. Les

---

8 Les monopoles artificiels sont issus de privilège ou de coalition : « [...]les monopoles, en permettant aux entrepreneurs de certaines industries concentrées dans leurs mains, soit naturellement, soit artificiellement par des privilèges ou des coalitions, de fixer la quantité des produits en vue d'un écart, et de l'écart maximum, du prix de vente sur le prix de revient » (Walras, 1896, p. 205).

9 Pour Walras, il n'est pas juste d'attribuer des richesses aux individus sur un fondement autre que les capitaux qu'ils détiennent.

10 Ce que Walras entend par l'utilité ou l'intérêt n'est, en effet, pas toujours facile à cerner. Cette notion chez lui semble avoir deux significations qui sont certes liées mais différentes. D'abord, l'utilité semble renvoyer à une certaine efficacité économique car elle concerne l'augmentation de la richesse sociale (1). Puis, elle semble correspondre à la satisfaction des individus pris dans leur ensemble, à ce qu'il appelle le « maximum de satisfaction pour la société » (2). Les consommateurs devant débourser plus pour des produits qu'ils auraient pu obtenir à des prix moindres subissent une baisse de satisfaction, et ceci conduit à une baisse de l'intérêt social. Définie ainsi cette deuxième signification pourrait conduire à se demander si cette notion correspond à une fonction d'utilité collective. Cependant, la somme des besoins dont Walras cherche à maximiser la satisfaction représente en effet la somme des demandes et ne renvoie nullement à une somme des utilités (Walras, 1996, p. 484-485). Ainsi, l'utilité n'a de sens qu'en tant qu'elle explique la demande. Nous considérons alors que ce concept s'ajoute à ses travaux en tant qu'argument supplémentaire, mais reste accessoire, contrairement à Jevons pour qui cette notion reste primordiale. C'est alors la première signification de l'utilité qui prime, selon nous, dans l'œuvre de Walras.

monopoles ainsi constitués sont fondés sur le droit naturel[11], donc sur le juste, et sont qualifiés de « moraux » par l'auteur. Ils concernent les activités telles que la sécurité nationale, l'éducation publique et la justice sans que cette liste soit exclusive.

Walras avance plusieurs arguments pour convaincre ses lecteurs de la nécessité d'instaurer ces monopoles publics. Le premier concerne la mission de l'État qui consiste à « préparer le milieu d'accomplissement des destinées humaines » (Walras, 1896, p. 400). Pour remplir cette fonction, l'État doit mettre à disposition des individus, des biens et des services publics. Ceux-ci doivent être, de surcroit, gratuits car c'est ainsi que l'État peut rendre « à tous un service égal » (Walras, 1896, p. 401) et que « les conditions sociales générales » peuvent être établies[12]. Le deuxième argument concerne le statut de l'État : étant un type social à part entière, ses besoins ne peuvent pas être appréciés « dans toute son étendue » par les individus (Walras, 1896, p. 480). Les produits et services d'intérêt public concernent des besoins qui sont « ressenti[s] et mesuré[s] par les hommes [...] en tant que membres de la communauté ou de l'État » (Walras, 1896, p. 400). N'étant pas capable d'apprécier les besoins de la communauté correctement, l'initiative privée ne peut produire convenablement les biens ou les services correspondant à ses besoins. Laissés à l'initiative privée, ces biens et services risquent de ne pas être offerts. « À quoi sert » écrit Walras, « le Musée du Louvre à un paysan des Basses-Alpes qui n'y met jamais les pieds » (Walras, 1896, p. 399), en suggérant que l'initiative privée ne conduirait pas nécessairement à la création d'un tel établissement. De même, les individus ne peuvent pas apprécier l'étendue d'un jugement civil ou criminel qui ne profite pas seulement aux victimes mais à la société toute entière. De ce fait l'intervention de l'État pour empêcher une pénurie ou une surabondance des produits et des services d'intérêt public est nécessaire[13].

3) Le troisième type de monopoles sur lequel Walras insiste est les monopoles à la fois naturels et moraux. L'auteur utilise des arguments renvoyant à la fois à deux types de monopoles que nous avons vus précédemment pour justifier la nécessité de nationaliser certains secteurs. Comme nous allons voir dans la section suivante, pour Walras l'exemple par excellence pour ce type de monopoles est celui des chemins de fer.

---

11 Bien qu'ils soient traités dans le cadre de l'économie appliquée qui a comme critère l'utile.

12 « [...] il faut appeler *État* l'agent naturel et nécessaire de l'institution des conditions sociales générales » (Walras, 1896, p. 134).

13 Walras écrit : « L'État doit les produire lui-même pour être sûr de les avoir, et de les avoir en la quantité qui lui convient » (Walras, 1896, p. 400).

Faut-il nationaliser les chemins de fer?

Sur la base des analyses présentées ci-dessus, Jevons et Walras émettent des opinions différentes sur la nécessité de nationaliser les chemins de fer ; le premier s'y oppose fermement tandis que le second y est favorable.

Jevons : les chemins de fer, une activité inappropriée pour la nationalisation

Jevons a été confronté à la question des chemins de fer, d'abord quand l'entreprise familiale tenue par son père Thomas Jevons, marchand de fer, fît faillite après la crise frappant le secteur ferroviaire en 1847. Ce sujet a attiré de nouveau son attention lors de son séjour en Australie, où un débat public sur le financement des chemins de fer occupait l'actualité. C'est d'ailleurs son intérêt pour cette question qui l'a conduit à lire les principaux textes en économie de son époque et à choisir par la suite la vocation d'économiste.

Selon Jevons, à première vue, les chemins de fer peuvent sembler remplir les conditions qui les rendent éligibles à une gestion publique. L'efficacité de l'activité peut être contrôlée facilement par les usagers qui sont susceptibles d'immédiatement en détecter les dysfonctionnements. En outre, la taille de l'activité nécessite une gestion étatique afin de pouvoir offrir un service plus régulier et meilleur marché (Jevons, 1875, p. 359). Ces caractéristiques expliquent également pourquoi sous gestion étatique les chemins de fer peuvent améliorer l'utilité sociale. Si les services sont plus réguliers et font l'objet d'un affichage public, les dysfonctionnements dans les horaires sont repérés plus facilement et peuvent être corrigés plus rapidement. De plus, l'unification des chemins de fer permettant de faire des économies d'échelles peut conduire à diminuer les coûts supportés par les usagers. Malgré ces caractéristiques, Jevons considère que les chemins de fer ne constituent une activité adaptée à la nationalisation, ni du point de vue de sa nature, ni sur la base des conditions financières.

D'une part, la gestion du système ferroviaire n'est pas un travail de routine ; elle a, au contraire, un caractère incertain et variable en fonction de plusieurs facteurs tels que la saison, les accidents etc. (Jevons, 1867, p. 289). D'autre part, et ceci est essentiel pour Jevons, les chemins de fer ne remplissent pas les conditions financières nécessaires requises pour qu'une activité soit prise en charge par l'État, pour deux raisons, qui sont détaillées dans « The Railways and The State ». Le premier est que la gestion des chemins de fer nécessite des capitaux fixes considérables : des données statistiques montrent que leur valeur a atteint 552,682,000£ en 1871 (Jevons, 1874, p. 360), soit plus que la dette nationale (Jevons, 1874, [1883], p. 359) ; le second est que la nature de ces capitaux est compliquée, du fait tant de la multitude des infrastructures requises que de la grande quantité de matériel roulant nécessaire. Il écrit :

> There is not only the permanent way, with all its bridges, viaducts, tunnels, embankments, and other works, but thousands of station-buildings of all sizes, warehouses, sheds, repairing shops, factories, offices, wharves, docks, etc. etc. The locomotive department has the charge of about 10,500 engines, needing constant care and repairs; the rolling-stock department owns about 23,000 passenger carriages, at least 276,000 wagons of various kinds, and other vehicles, making a grand total of more than 312,000, exclusive of locomotives. (Jevons, 1874, p. 360)

De ce fait, pour Jevons : « The railways of the United Kingdom undoubtedly form the most elaborate and extensive system of industrial property existing… » (Jevons, 1874, p. 360).

L'auteur avance qu'une somme si importante aux mains de l'État provoquerait non seulement des difficultés au niveau de sa gestion[14], mais également qu'elle sèmerait des doutes sur la situation financière réelle du système ferroviaire. De plus, la possession des capitaux fixes d'un tel montant engendrerait des dépenses courantes pour son maintien à la hauteur de sa valeur. Une proposition qui consisterait à accorder la propriété d'une partie des capitaux fixes au privé ne pourrait pas non plus être appliquée. Jevons considère que les différentes infrastructures (telles que les ponts, viaducs, stations, entrepôts, locomotives etc.)[15] que les chemins de fer possèdent, constituent un ensemble ; et pour des raisons de sécurité et d'efficacité elles ne doivent pas être gérées par des entités différentes[16]. Il n'envisage donc pas, comme c'est le cas aujourd'hui, une séparation entre les activités d'exploitation et les activités de gestion de l'infrastructure des chemins de fer. Ceci signifie que la mise en place et la gestion du système ferroviaire requièrent des

---

14 « I tremble to think what might be the financial results if a property exceeding the national debt in nominal value… were in the hands of a Parliamentary Minister, who might find some day that he had been illegally and ignorantly signing away great sums of money at the bidding of his subordinates. » (Jevons, 1874, p. 359).

15 « There is not only the permanent way, with all its bridges, viaducts, tunnels, embankments, and other works, but thousands of station-buildings of all sizes, warehouses, sheds, repairingshops, factories, offices, wharves, docks,etc. The locomotive department has the charge of about 10,500 engines, needing constant care and repairs; the rolling-stockdepartment owns about 23,000 passenger carriages, at least 276,000 waggons of various kinds, and other vehicles, making agrand total of more than 312,000, exclusive of locomotives. » (Jevons, 1874, p. 360).

16 « It is especially to be remarked that the property of a railway company forms a connected whole, and in order to secure safety and efficiency every department and every man must work harmoniously with every other. » (Jevons, 1874, p. 360-361).

capitaux fixes considérables qui sont irréductibles ; cette activité ne peut donc pas remplir l'exigence introduite par la quatrième condition.

Il est vrai que les partisans de la nationalisation avancent que l'État peut pratiquer une politique de prix bas qui conduirait à l'amélioration de la satisfaction des individus sans engendrer de déficit : des tarifs bas permettraient d'augmenter le nombre des usagers, et ainsi de couvrir les coûts. Cependant, Jevons ne semble pas convaincu par un tel raisonnement et avance principalement deux arguments pour convaincre ses lecteurs qu'une telle option n'est pas souhaitable. Le premier concerne la nature des coûts et le deuxième le niveau de satisfaction des individus.

(1) Concernant le premier, dans le cas des chemins de fer, à la différence des services postaux, les coûts augmentent considérablement avec la hausse du nombre d'usagers et la longueur du voyage. Une augmentation du nombre d'utilisateurs, engendre des frais supplémentaires, puisqu'il devient alors nécessaire de mettre en service de nouvelles locomotives, d'embaucher de nouveaux conducteurs ou d'augmenter l'effectif dans les gares (Jevons, 1874, p. 375). Les coûts augmentent ainsi en même temps que le nombre d'usagers ; en d'autres termes, les coûts marginaux ne sont pas décroissants. Parfois, ils peuvent même être croissants : c'est le cas dans des grandes villes où l'espace disponible est limité et où, en conséquence, un travail très qualifié et très coûteux peut être requis afin d'obtenir de la place pour les nouvelles installations. En outre, une hausse du trafic nécessite l'adoption de mesures de plus en plus coûteuses pour maintenir le niveau de sécurité. Ainsi Jevons écrit : « [...] an increase in [...] traffic involves a constant increase both of capital and current expenditure. » (Jevons, 1874, p. 375-376).

Le même type d'argument, reposant sur les coûts, conduit également Jevons à s'opposer à la proposition d'une tarification unique, quelque soit la distance parcourue. À un de ses contemporains, qu'il ne nomme pas, et qui défend l'imposition d'un prix uniforme et bas pour toutes les distances, Jevons répond avec ironie : « Why not go a little further and carry passengers, like letters, for a penny stamp? » (Jevons, 1874, p. 369)[17].

L'auteur considère qu'à la différence de l'envoi de lettres ou de télégraphes qui engendrent des coûts presque identiques quel que soit la distance, les frais qu'occasionne le transport des voyageurs diffèrent sensiblement en fonction de la longueur du trajet. Car la consommation de carburant, l'usure du matériel roulant, les salaires de ceux dont le

[17] Jevons se réfère ici à l'établissement du prix uniforme d'un penny par lettre proposé par Sir Rowland Hill (1795-1879).

temps de travail est affecté, varient en fonction de la distance (Jevons 1874, p. 370).

(2) Le deuxième argument contre la baisse des tarifs concerne le niveau de satisfaction des voyageurs. Jevons avance qu'une telle diminution ne conduirait pas forcément à une amélioration de l'utilité, si les inconvénients qu'elle engendre sont également pris en compte : « If fares were much reduced, either the public must put up with very great inconvenience and discomfort in travelling, or else all net revenue must be sacrificed... » (Jevons, 1874, p. 374).

Dans le cas d'une augmentation du nombre d'usagers sans que l'équipement ou le nombre de personnel ne s'ajuste, ceci conduirait, selon Jevons, à une baisse de satisfaction des utilisateurs. Dans le cas où tous les trains seraient remplis complètement, non seulement les voyageurs qui paient pour des billets de catégorie particulière – comme fumeur, non fumeur – risqueraient de ne pas trouver des places à l'endroit désiré car il serait inévitable de mettre dans les mêmes wagons des individus ayant des goûts différents[18] ; mais aussi face à des circonstances particulières, comme par exemple en cas d'accident, de nombreux usagers seraient inévitablement laissés sur le quai (Jevons, 1874, p. 367-368). Compte tenu de la nature des coûts, afin de couvrir ses frais, l'État devrait imposer des prix élevés, sans quoi la gestion des chemins de fer deviendrait une activité générant des pertes, et qui, de surcroit, n'arriverait pas offrir un service convenable aux usagers. Par ailleurs, en se fondant sur des statistiques, Jevons constate que les taux appliqués par les compagnies de chemins de fer privées ne sont pas dans l'ensemble très élevés par rapport aux tarifs en vigueur dans les principaux pays européens, si les coûts de la vie sont pris en compte[19].

Ainsi, sur la base de ces arguments Jevons peut avancer que la nationalisation des chemins de fer n'est pas souhaitable. Cependant, il est conscient des abus commis par les compagnies privées afin de

---

[18] On voit ainsi que Jevons est pour le maintien de différentes classes de confort. Il écrit : « The difficulty is much increased by the necessity of consulting the comfort of passengers by providing three classes of carriages... A train ... contains, say, from five to twelve different kinds of passengers requiring distinct accommodation, and any passengers reasonably complain if they cannot find room in the kind of carriage for which they have paid, or if they have another class of fellow-passengers thrust upon them. » (Jevons, 1874, p. 387). L'existence des classes de niveau de confort différent dans les trains suggère également une tarification différente pour le même trajet, même si Jevons ne l'évoque pas explicitement.

[19] « My argument is to the effect that the present companies do on the whole render better services to the public than those of any other railway system which can be brought into comparison with ours, and at charges which are, when all circumstances are taken into account, as low or lower than those elsewhere existing, as proved by the great numbers who do travel by railway. » (Jevons, 1874, p. 382).

réaliser des profits excessifs. C'est pour cette raison qu'il préconise le contrôle strict de l'État sur ces compagnies, une solution qui sera fermement rejetée par Walras. Il écrit : « It is by applying ourselves to devise and create a judicious system of control and reform in details, and not by chimerical schemes of Government purchase, that we may really hope to improve and cheapen railway communication in the United Kingdom. » (Jevons, 1874, p. 383).

Cependant, dans « The Railways and The State », Jevons ne précise pas les conditions dans lesquelles une telle surveillance doit avoir lieu.

La question des chemins de fer impose également de s'attarder sur un type de propriété particulier : celle du sol. Ce thème se révèle constituer l'une des différences entre les pensées des deux auteurs, Walras et Jevons, que notre travail cherche à clarifier. Parmi les achats que l'État doit effectuer s'il veut nationaliser les chemins de fer, le premier porte sur les terres sur lesquelles les rails seront installés. Ces deux auteurs adoptent des positions contraires sur ce sujet. Jevons s'y oppose d'une manière sans équivoque et avance principalement deux arguments qu'il déclare être basés sur des expériences passées dans le domaine. D'une part, il affirme que les compagnies de chemins de fer ont dû payer des montants exorbitants pour l'achat des terres[20], de sorte que l'État devrait faire de même s'il nationalisait cette activité. D'autre part, il affirme toujours en se basant sur l'expérience, que l'État se révèle être un mauvais propriétaire terrien[21]. Jevons ne donne aucun argument pour justifier une telle affirmation, mais elle apparaît cohérente avec la quatrième condition qu'il a posée, qui est défavorable à l'acquisition des capitaux fixes importants.

Nous voyons ainsi que pour savoir si les chemins de fer doivent être nationalisés, Jevons évalue d'abord cette activité par rapport au cadre théorique qu'il établit (les quatre conditions), puis, sur la base des données empiriques, il s'efforce de renforcer son argumentation. La constatation des montants impliqués dans les chemins de fer est le résultat d'une telle démarche. Il arrive alors à la conclusion que, compte tenu des conditions qu'il a avancées, cette activité n'est pas adaptée à la nationalisation et, sur la base de l'expérience tente de montrer qu'une fois nationalisée, elle ne peut ni améliorer l'utilité sociale ni satisfaire aux exigences financières.

---

20 « Great indignation has been expressed at the prices which railway companies have to pay in the purchase of land [...] » (Jevons, 1874, p. 357).

21 « Perhaps the best-established empirical generalisation in political economy – Mr. Mill's opinions to the contrary notwithstanding– is, that the State is the worst of landlords [...] » (Jevons, 1874, p. 363).

Quant à Walras, sa position est aux antipodes de celle de Jevons : il ne préconise pas seulement la nationalisation des chemins de fer, mais également l'achat de toutes les terres par l'État.

Walras : les chemins de fer, un monopole à la fois naturel et moral

La question des chemins de fer intéresse particulièrement Walras qui a travaillé pendant trois ans, à partir de 1862 à la Compagnie du chemin de fer du Nord. S'il quitte ce poste en 1865, pour un autre à la Caisse d'escompte, son intérêt pour le sujet demeure intact et débouche sur un article intitulé « L'État et les chemins de fer » rédigé en 1875 (Walras, 1898, p. 193-232).

Les chemins de fer selon Walras constituent une activité particulière qui possède des caractéristiques à la fois des monopoles moraux et naturels. Le réseau ferré a d'abord un caractère moral parce qu'il offre des services d'intérêt public. Ceux-ci en effet sont nombreux. Pour commencer, la voie ferrée est indispensable à la sécurité, aussi bien à l'intérieur du pays qu'à l'extérieur. Ce sont les chemins de fer, avec d'autres voies de communications qui permettent de « réunir les armées et de les porter à la frontière » ou « de mettre les agents de la force publique à la suite des malfaiteurs » (Walras, 1898, p. 196). Les arguments sur la sécurité ne sont pourtant pas les seuls à justifier l'intervention de l'État dans ce secteur. Les chemins de fer transportent également ceux qui participent à des manifestations scientifiques ou artistiques, des individus qui voyagent somme toute pour l'intérêt de la société. La diffusion de la presse est également un argument sur lequel Walras s'appuie : « Les nouvelles des incidents journaliers de la politique » voyagent grâce à la voie ferrée. Enfin, en connectant les villes différentes, les chemins de fer mettent en relation les habitants d'un pays et ainsi « constitue[nt] [et] resserre[nt] l'unité nationale » (Walras, 1898, p. 198). Sur la base de ces observations, Walras considère que l'État doit intervenir dans l'établissement de cette voie de communication.

Mis à part le caractère moral du monopole que le réseau ferré constitue, Walras lui reconnaît également un caractère naturel et nécessaire. Comme dans le cas de la distribution de l'eau et du gaz ou d'autres voies de communication[22], il fournit un service d'intérêt privé

[22] Pour Walras, dans le domaine ferroviaire, et à la différence des autres voies de communication, non seulement l'infrastructure mais également l'exploitation constituent chacune un monopole naturel : « L'établissement et l'exploitation d'une voie ferrée, comme ceux d'une route ou d'un canal, échappent donc par nature à la concurrence. Mais il y a plus: si la route et le canal, considérés en eux-mêmes, constituent un monopole naturel, au moins la traction qui s'y opère rentre dans les

dont la nature ne permet pas à la libre concurrence de fonctionner, et par conséquent conduit nécessairement à la formation des monopoles artificiels. Deux arguments sont ici fournis par Walras. Le premier est que la construction de la voie ferrée nécessite l'expropriation des terrains, une tâche qui ne peut pas être laissée à plusieurs compagnies différentes : « ...de même qu'une commune ne peut autoriser un nombre indéfini d'entrepreneurs à enfouir des tuyaux dans les rues, de même l'État ne peut autoriser un nombre indéfini d'entrepreneurs à acquérir des terrains par expropriation entre une ville et une autre. » (Walras, 1898, p. 197).

Le deuxième argument concerne l'existence de barrières à l'entrée du secteur. D'une part, l'implantation des chemins de fer requière des capitaux considérables qu'il est difficile de se procurer. L'importance des fonds nécessaires ne permet qu'à un petit nombre d'entreprises d'accéder au marché. D'autre part, la deuxième entreprise qui s'implante dans le domaine est inévitablement désavantagée par rapport à la première car cette dernière aura choisi le meilleur tracé. D'ailleurs ce serait du gaspillage de construire un deuxième réseau alors qu'un seul serait suffisant pour la circulation de toute une population et des marchandises[23]. L'existence de ces entraves à la libre concurrence et à l'efficience de la gestion du réseau ferroviaire justifie la nationalisation des chemins de fer[24].

Quant à la tarification, contrairement à Jevons, Walras se prononce en faveur d'un prix unique afin d'empêcher la discrimination. L'État en tant que producteur doit alors pratiquer une politique de tarification unique, égale au prix de revient. Dans le cas des chemins de fer, l'auteur considère que l'égalité entre le prix de vente et le coût peut être recherchée, soit pour les lignes considérées séparément, soit pour l'ensemble du réseau. Dans le premier cas, les prix seraient moins élevés – parce qu'ils baisseraient dès qu'une ligne atteint l'équilibre financier – mais

conditions de la concurrence par la raison qu'un nombre indéfini de voitures et de bateliers peuvent rouler sur la route ou naviguer sur le canal... Dans les chemins de fer, au contraire, la voie constitue un monopole naturel et la traction en constitue un autre essentiellement lié au premier par la raison que, comme nous l'avons dit, un nombre indéfini de compagnies d'exploitation ne peuvent faire circuler sur les rails leurs convois de voyageurs et de marchandises » (Walras, 1898, p. 200).

23 « ...construire un second réseau de routes dans un pays où il y en a déjà un en état de suffire à lui seul à toutes les communications, ce serait une façon absurde de poursuivre le bon marché. » (Walras, 1898, p. 198).

24 Si dans les années 1870, la concession de l'État des chemins de fer à une entreprise privée par une procédure d'adjudication lui paraît être une option envisageable (Walras, 1996, p. 512), plus tard, dans les années 1896-1898, peut-être sous l'influence de sa lecture de Marx, Walras semble plus convaincu de la nécessité de leur nationalisation. Voir Potier (2006, p. 1821) sur le sujet.

l'achèvement du réseau prendrait plus de temps ; alors que dans le second cas, les prix resteraient plus longtemps élevés mais le réseau serait complété plus rapidement – parce que les bénéfices réalisés dans certaines lignes seraient utilisés pour financer les autres (Walras, 1898, p. 209)[25]. La décision est prise, selon Walras, en fonction du poids que l'on accorde au caractère public ou privé de cette activité, l'important étant, pour lui, la couverture des coûts de production : si l'on considère les chemins de fer comme étant principalement un service d'intérêt privé, il faut choisir le premier mode, alors que si l'on les considère principalement comme un service public, il convient d'adopter le second.

Cependant, il est possible d'avancer que le seul constat des services rendus par les chemins de fer est insuffisant pour justifier leur nationalisation. Par exemple, selon Béraud, si Walras accorde un caractère public à la voie ferrée parce qu'elle est essentielle à l'exécution de certains services publics, il n'explique pas « pourquoi l'initiative privée serait… incapable d'atteindre [les] [mêmes] résultat[s] » (Béraud, 2005, p. 44). En conséquence, Béraud estime que le seul argument en faveur de l'intervention de l'État dans ce domaine repose sur l'idée du monopole naturel. Certes, Walras semble faire un raccourci entre les services d'intérêt public fournis par les chemins de fer et leur propriété publique, mais ce serait lui faire tort que de dire qu'il n'explique pas pourquoi l'État doit entreprendre cette activité une fois son caractère public justifié. Comme nous l'avons vu, les services d'intérêt publics concernent les besoins de la communauté et ne peuvent être appréciés par les individus correctement. L'initiative privée risque alors de ne pas les produire en quantités convenables. Dans le cas des chemins de fer particulièrement, elle ne permettrait pas d'entreprendre la construction de réseaux non rentables. Le point faible de l'analyse de Walras ne se trouve pas, selon nous, au niveau du passage des services publics à leur propriété publique, mais ailleurs, dans l'identification même de ces

---

25 Il écrit : « il y aura pour l'État deux manières très distinctes de procéder à l'exploitation de son monopole. Il pourrait considérer les lignes diverses comme indépendantes les unes des autres, n'en entreprendre la construction et l'exploitation que quand elles se présenteraient comme susceptibles de faire leurs frais, et réduire toujours les tarifs quand elles commenceraient et continueraient à donner des bénéfices. Ou bien, il pourrait considérer toutes ces lignes comme formant un réseau d'ensemble, et, sans réduire tout de suite les tarifs sur les premières qui feraient plus que leurs frais, en construire et en exploiter d'autres qui ne feraient pas encore tout à fait les leurs, les bénéfices réalisés sur les unes servant à couvrir les pertes essuyées sur les autres. Il suffirait que les bénéfices et les pertes se compensassent… Dans le premier mode, les transports seraient à plus bas prix et l'achèvement du réseau des chemins de fer un peu moins rapide dans le pays. Dans le second, les transports seraient plus chers et l'achèvement du réseau plus rapide. » (Walras, 1898, p. 208-209).

services publics. Nous considérons que c'est la distinction entre les services d'intérêt privé – qui concernent les besoins des individus et se basent sur le critère de l'intérêt – et les services d'intérêt public – qui concernent les besoins de l'État, en d'autres termes, les besoins des individus en tant que membres de la société et se fondent sur le critère du juste – qui pose problème. Walras ne dispose pas de critères suffisamment élaborés pour trancher entre les deux[26]. Il est parfois même contradictoire dans ses affirmations. Si dans « L'État et les chemins de fer » (Walras, 1898, p. 183-218), Walras affirme que les monopoles moraux sont fondés sur le droit naturel, dans « L'Économique appliquée et la défense des salaires » (Walras, 1898, p. 245-261), il s'appuie sur l'intérêt social et non sur le droit naturel pour préconiser la nationalisation des monopoles moraux : « Dans l'intérêt social, l'ÉTAT doit entreprendre la production des SERVICES ou PRODUITS D'INTÉRÊT PUBLIC QUE L'INITIATIVE INDIVIDUELLE NE PRODUIT PAS. » (Walras, 1898, p. 247).

C'est sur ce point que l'on peut rejoindre l'affirmation de Béraud, selon laquelle « Walras a échoué dans sa tentative d'élaborer la notion de service public » (Béraud, 2005, p. 44).

Cependant, l'analyse par Walras des monopoles naturels mérite d'être soulignée. Il considère que si dans un secteur, les premiers frais d'établissement sont importants (Walras, 1996, p. 496), et qu'il existe des économies d'échelles (Walras, 1898, p. 197), la formation des monopoles naturels est inévitable. En décrivant cette notion ainsi, Walras se fait une place parmi les premiers auteurs à utiliser ce concept dans un sens moderne. Quant à la question de la nationalisation des terres, cette question est traitée par Walras dans le cadre de son économie sociale (Walras, 1896)[27]. Pour déterminer le propriétaire légitime du sol l'auteur se réfère au concept de droit naturel. Il identifie, en plus de l'individu, un type social – l'État – qui représente les individus en tant que membres de la société et qui a une existence propre dépassant la somme des existences des individus. Cet État, selon lui, a un droit naturel comme l'individu a le sien. Les réformes sociales traitées dans le cadre de l'économie sociale ont pour objectif le rétablissement de ces droits. En ce qui concerne l'État, Walras considère que les terres sont, de droit naturel, sa propriété[28]. Pour lui redonner ce qui lui appartient, c'est-à-dire pour rétablir la justice, Walras propose que le sol soit nationalisé

[26] Voir également Boson (1951, p. 248-256) sur cette question.

[27] C'est pour cette raison que nous n'aborderons pas ce sujet en détail dans le cadre de cet article.

[28] Ici s'applique selon l'auteur « le principe de l'égalité des conditions qui veut que nous puissions tous profiter également des ressources que la nature nous offre ».

par rachat des terres par l'État[29]. En le faisant il s'oppose totalement à l'analyse de Jevons sur cette question qui considère que la nationalisation du sol serait une erreur.

Conclusion

Nous voyons que les positions de Jevons et de Walras diffèrent fondamentalement au sujet des chemins de fer. Walras préconise leur nationalisation en s'appuyant sur le caractère à la fois moral et économique du monopole qu'ils constituent, alors que Jevons s'y oppose pour recommander une surveillance stricte de la part de l'État – option fermement rejetée par Walras, pour qui une telle surveillance serait inefficace[30]. Malgré une divergence dans les recommandations finales de chacun des deux auteurs, les arguments qu'ils avancent pour y parvenir semblent, à première vue, se ressembler, en ce sens où ils se focalisent sur la couverture des coûts par les bénéfices : Walras comme Jevons considèrent en effet que l'État ne doit pas gérer à perte les activités qu'il entreprend, sauf dans le cas des monopoles moraux pour le premier et dans celui des réformes qui améliorent le niveau d'éducation pour le second. Mais les deux auteurs divergent sur la question de la capacité des chemins de fer à engendrer des bénéfices. Jevons en s'appuyant sur la nature des capitaux qui sont impliqués considère que l'État ne peut pas gérer cette activité de manière à ce que les frais soient compensés par les gains. Alors que Walras estime que si l'initiative privée est capable d'engendrer des bénéfices, l'État peut faire de même. Il n'y a alors aucune raison de penser que l'État gèrera les services d'intérêt privé moins bien que des entrepreneurs individuels[31]. Les chemins de fer ayant un caractère de monopole économique, leur fourniture n'est pas gratuite. Une tarification qui permettrait d'égaliser les bénéfices et les coûts supprimerait le problème de non-couverture des frais au cas de la gestion étatique. Pour Walras, le vrai risque se trouve dans l'enrichissement illégitime de l'entrepreneur qui, étant en situation de monopole, peut imposer des prix de revient supérieurs aux coûts. C'est seulement en nationalisant les chemins de fer qu'une telle situation peut être évitée. Ce travail, en se concentrant sur la question de la nationalisation des chemins de fer nous permet de montrer que les

---

29 Une telle réforme fournit également à l'État les moyens financiers nécessaires pour accomplir sa mission, qui est la préparation des conditions sociales égales pour les individus, sans imposer leurs revenus. Walras se prononce, en effet, en faveur de la suppression des impôts prélevés sur les gains des individus, notamment de l'impôt sur les salaires.

30 Voir Potier (2006, p. 1820-1821) sur cette question.

31 Voir « l'Économique appliquée et la défense des salaires » (Walras, 1898, p. 245-261).

analyses de réforme sociale faites par Jevons et Walras diffèrent fondamentalement. Jaffé dans les années 1970, contrairement à ce qui était souvent avancé par la littérature secondaire à son époque, s'était proposé de montrer que les travaux des marginalistes se caractérisaient par d'importantes différences en économie pure. Notre insistance sur les divergences entre les pensées de Jevons et Walras dans le domaine social, rejoint, cette démarche de « dé-homogénéisation » entreprise par Jaffé.

Bibliographie

Béraud, A., « Le marché, les services publics et les monopoles », in *Les Cahiers du CERAS*, 2005, n° 4, p. 25-51.

Black, C., « Jevons, William Stanley », in John Eatwell, Murray Milgate, Peter Newman (ed.), *The New Palgrave*, Londres, Macmillan Press, 1987, p. 1008-1014.

Black, C., « W.S. Jevons, 1835-1882 », in D.P O'Brein, John Presley (ed.), *Pioneers of modern economics in Britain*, Londres, Macmillan, 1981, p. 1-35.

Boson, M., *Léon Walras, Fondateur de la politique économique scientifique*, Paris-Lausanne, R. Pichon-R. Durand-Auzias-F. Rouge Cie S.A, 1951.

Bowman, R., « Jevons' Economic Theory in Relation to Social Change and Public Policy », in *Journal of Economic Issues*, 1989, vol. 23, n° 4, p. 1123-1147.

Dockès, P., *La Société n'est pas un pique-nique : Léon Walras et l'économie sociale*, Paris, Economica, 1996.

Hutchison, T., « Economists and Economic Policy in Britain After 1870 », in *History of Political Economy*, 1969, vol. 1, n° 2, p. 231-255.

Jaffé, W., « Menger, Jevons and Walras De-Hemogenized », in *Economic Inquiry*, 1956, vol. 14, n° 4, p. 511-524.

Jevons, W. S., *The Theory of Political Economy*, R.D. Collison Black (ed.), Middlessex, Penguin Books, 1871, 1970.

Jevons, W. S., « On the Analogy between the Post Office, Telegraphs, and other Systems of Conveyance of the United Kingdom, As Regards Government Control », in *Methods of Social Reform and Other Papers*, 1867 (1883), New York, Augustus M. Kelley, p. 277-292.

Jevons, W. S., « The Railways and The State », in *Methods of Social Reform and Other Papers*, New York, Augustus M. Kelley, 1874 (1883), p. 353-383.

Jevons, W. S., « The Post Office Telegraphs and their Financial Results », in *Methods of Social Reform and Other Papers*, New York : Augustus M. Kelley, 1875 (1883), p. 293-306.

Jevons, W. S., « Amusements of the People », in *Methods of Social Reform and Other Papers*, New York, Augustus M. Kelley, 1878 (1883), p. 1-27.

Jevons, W. S., « The Use and Abuse of Museums », in *Methods of Social Reform and Other Papers*, New York, Augustus M. Kelley, 1881-1882 (1883), p. 53-81.

Jevons, W. S., « The Rationale of Free Public Libraries », in *Methods of Social Reform and Other Papers*, New York, Augustus M. Kelley, 1881 (1883), p. 28-52.

Jevons, W. S., *Methods of Social Reform and Other Papers*, New York, Augustus M. Kelley, 1883 (1965).

Mosselmans, B., *William Stanley Jevons and the Cutting Edge of Economics*, New York, Routledge, 2007.

Mosselmans, B., White, M., « Introduction », in *William Stanley Jevons, Writing on Economics*, Londres, Palgrave, Macmillan, 2000, p.v-xxv.

Peart, S., *The Economics of W.S Jevons*, Londres-New York, Routledge, 1996.

Potier, J. P., « Léon Walras et les exceptions au principe de la libre concurrence », in *Économies et Sociétés*, 2006, vol. 38, n° 12, p. 1813-1826.

Robbins, L., *The evolution of modern economic theory*, Londres, Macmillan, 1970.

Sekerler Richiardi, P., « What Rationale for Free Public Libraries: Jevons on Individual and Collective Utility », in *Conférence de l'History of Economics Society*, Grinnel, USA, juin, 2006.

Sekerler Richiardi, P., « Jevons et la méthode de la réforme sociale », in *XIe Université d'été d'Histoire de la Pensée et Méthodologie Économique*, Paris, septembre 2008.

Sekerler Richiardi, P., « Jevons et Walras : entre philosophie morale et économie sociale un jalon dans la compréhension de la décision publique », thèse de doctorat, Université de Paris 1 Panthéon-Sorbonne, Université de Lausanne, 2010.

Sigot, N., « Jevons debt to Bentham: mathematical economy, morals and psychology », in *The Manchester School*, 2002, vol. 70, n° 2, p. 262-278.

Walras, L., *Cours*, in *Œuvres économiques completes*, Pascal Bridel, Pierre Dockès, Jean-Pierre Potier (dir.), vol. 12, Paris, Economica, 1996.

Walras, L., *Études d'économie politique appliquée*, in *Œuvres économiques complètes* Jean-Pierre Potier (dir.), vol. 10, Paris, Economica, 1898 (1992).

Walras, L., *Études d'économie sociale*, in *Œuvres économiques complètes*, Pierre Dockès (dir.), vol. 9, Paris, Economica, 1896 (1990).

Walras, L., *Éléments d'économie politique pure*, in *Œuvres économiques complètes*, Claude Mouchot (dir.), vol. 8, Paris, Economica, 1874 (1988).

White, M., « Bridging the Natural and the Social: Science and Character in Jevons's Political Economy », in *Economic Inquiry*, 1994, vol. 32, n° 3, p. 429-444.

Léon Walras, Paul Voituron et Constant Leirens à la rédaction du journal *Le Travail* : les polémiques sur la coopération dans les années 1866-1867

Jean-Pierre POTIER

En 1864, Léon Walras a trente ans et il s'engage à Paris dans le mouvement coopératif parisien alors en plein essor et encouragé par l'Empereur Napoléon III. Dans un premier temps, il participe avec son ami Louis Lacour à une tentative de constitution d'une association de crédit, la Banque du Travail. Il adhère ensuite au projet animé par Léon Say de Caisse d'escompte des associations populaires de consommation, de production et de crédit. À partir d'avril 1865, il exerce les fonctions d'administrateur-délégué de cette Caisse. Par ailleurs, il a obtenu le 5 décembre 1864 de Victor Duruy, ministre de l'instruction publique et des cultes, l'autorisation de faire trois leçons publiques au « Cercle des sociétés savantes » sur la théorie et la pratique des associations populaires de crédit, de production et de consommation. Prononcées en janvier et février 1865, elles portent respectivement sur le principe économique des associations, l'organisation financière et légale et l'application du principe en France. L'ensemble des conférences est réuni en volume au cours du second semestre de l'année 1865[1].

Mais pour consolider son action et diffuser ses idées, Walras souhaite créer et diriger un journal. Dans le courant de l'année 1864, il élabore un programme de publication d'un journal bimensuel ayant pour titre : *L'Association populaire – Organe des intérêts du travail, moniteur international des sociétés de coopération de France, de Belgique, d'Angleterre et d'Allemagne.* Il envisage une structuration de ce périodique en dix rubriques[2], mais nous ignorons les appuis sur lesquels il comptait pour se lancer dans cette entreprise, qui resta sans lendemain.

En novembre 1864, le journal *L'Association*[3], imprimé en Belgique, naît à Paris sous la forme d'un mensuel. Cette publication, à laquelle

---

1 *Les Associations populaires de consommation, de production et de crédit*, in *Les Associations populaires coopératives, p.* 15-89.

2 Le sommaire type de *L'Association populaire* est publié dans J.-P. Potier (1990).

3 *L'Association – Bulletin des coopératives françaises et étrangères* (devenu, en 1865, *Bulletin international des sociétés coopératives*), paraît en deux séries. La première

collaborent des fouriéristes, des proudhoniens, des disciples ou des ex-disciples de Cabet (J.-P. Beluze) et de Buchez, exerce une grande influence sur les ouvriers de la capitale française. Au cours de l'année 1865, Léon Walras envisage de solliciter l'autorisation du gouvernement de publier un journal hebdomadaire ou bien de faire imprimer un journal en Belgique. Son père lui fait remarquer à ce sujet, le 15 avril 1865 :

> J'abonde complètement dans ton idée que ce n'est pas dans un grand journal politique et quotidien qu'il faut enterrer tes enseignements. Un journal spécial et hebdomadaire, comme tu le dis, voilà la tribune qui te convient, et si tu pouvais en trouver un tout établi et déjà autorisé, tu pourrais essayer d'y pénétrer, sauf à y prendre plus tard la haute main. *L'Association* porte un joli titre ; mais il est faible, et il est mensuel. L'autoriserait-on à se faire hebdomadaire ? Et les rédacteurs actuels t'admettraient-ils *in illo docto corpore* ? Comprendraient-ils tout le bien que tu pourrais leur faire ? Auront-ils seulement l'esprit de faire de tes conférences un compte rendu présentable ?[4]

En fait, Léon Walras n'écoute pas son père qui lui conseille d'entrer dans *L'Association*, puis de le transformer de l'intérieur, une fois sa position affirmée. Il préfère créer son propre journal, mais sans toutefois disposer de moyens financiers lui permettant de se lancer seul dans l'aventure. À la fin de l'année 1865, il ne voit pas de solution dans l'immédiat[5]. Son projet va finalement se concrétiser au printemps 1866[6], grâce à l'appui de deux coopérativistes belges. Or, les premiers numéros du journal donnent lieu à des épisodes encore aujourd'hui mal connus[7]. En effet, dès le premier numéro, des divergences à la fois théoriques et politiques apparaissent entre Walras et ses collaborateurs belges ; elles vont rapidement empirer au point d'aboutir à une rupture définitive au bout de trois numéros. Nous souhaitons revenir sur ces polémiques sur la coopération en nous fondant sur des lettres et des documents dont

---

série est mensuelle du 1er novembre 1864 au 7 janvier 1866. L'administrateur du journal est Edmond Potonié et le gérant Jean-Baptiste Béraud. Parmi ses collaborateurs, on peut citer Jean-Pierre Beluze, Paul Blanc, Abel Davaud, Ignace-Einhorn Horn, Elie Reclus. La seconde série est hebdomadaire à partir de janvier 1866 ; Elie Reclus devient gérand. En raison de quatre saisies successives, la direction du journal décide l'arrêt de la publication à la fin d'août 1866.

4 A. Walras, lettre à L. Walras, 15 avril 1865, in Auguste Walras, *Correspondance*, vol. IV des *Œuvres économiques complètes*, p. 699.

5 Voir la lettre d'Auguste Walras à son fils du 15 décembre 1865, dans laquelle il s'offre même de collaborer au futur journal ! (*Correspondance*, vol. IV, p. 738).

6 Auguste Walras meurt en avril 1866 et n'assistera pas à la naissance du *Travail*.

7 William Jaffé n'avait pas pu reconstituer l'histoire du journal *Le Travail*: « I have not been able to trace any record or correspondence relating to the founding of this journal » (*Correspondence of Léon Walras and Related Papers*, I, l. 108, note 2, p. 153).

certains ont été découverts après la parution de nos travaux antérieurs consacrés à cette question[8]. Ces correspondances et ces documents sont conservés au fonds Walras de la Bibliothèque cantonale et universitaire de Lausanne et au fonds Voituron de la Bibliothèque universitaire de Gand. Nous nous appuierons aussi sur les articles parus dans *Le Travail* et dans *Le Travailleur associé*[9].

Naissance du *Travail*

Le journal coopérativiste *Le Travail* naît en juillet 1866. Selon l'opinion qui prévaut aujourd'hui, cette création serait une initiative commune de Léon Say et de Léon Walras. Effectivement, ce dernier accrédite cette thèse à plusieurs reprises. Dans sa lettre officielle de candidature à la chaire de Lausanne, il déclare :

> J'ai fondé moi-même en 1866, avec le concours de M. Léon Say, administrateur du Chemin de fer du Nord et rédacteur du *Journal des débats*, petit-fils de J.-B. Say, une revue mensuelle d'économie politique spécialement consacrée aux questions d'association coopérative, *Le Travail*, et l'ai dirigée pendant deux ans.[10]

D'autres correspondances, à différentes époques, réaffirment ce point de vue[11]. Toutefois, dans sa « Notice autobiographique », Léon Walras semble faire preuve d'une certaine prudence à ce sujet : « [...] je contribuai à la publication et à la rédaction du journal *Le Travail, revue*

---

[8] Voir C. Hébert et J.-P. Potier, « Introduction », in *Les Associations populaires coopératives*, 1990 et J.-P. Potier, 1990. En 1993, nous avions retrouvé quelques autres lettres inédites dans le fonds Walras de Lausanne. En 1997, Guido Erreygers nous avait transmis le fruit de ses recherches dans les archives déposées à la Bibliothèque universitaire de Gand ; nous profitons de l'occasion pour le remercier chaleureusement.

[9] Le fonds Walras de Lausanne conserve un exemplaire de chacun des trois premiers numéros du journal *Le Travail* (du 31 juillet au 30 septembre 1866) aux cotes F.W., VI 30 et XII 131. La Bibliothèque universitaire de Gand conserve un recueil comportant les trois premiers numéros du journal du *Travail* et à la suite la collection complète du journal *Le Travailleur associé* et du *Bulletin belge du Travailleur associé* (du 15 novembre 1866 au 15 juillet 1867). Sur cet exemplaire, une main anonyme a indiqué les auteurs des articles non signés (Universiteit Gent, Centrale Bibliotheek, G. 005 941) ; il est numérisé sur Google Books.

[10] L. Walras, lettre à Louis Ruchonnet, 6 septembre 1870, *Correspondence*, 1965, tome I, l. 148, p. 205.

[11] Voir L. Walras, lettre à Alberto Errera, 13 avril 1874, *Correspondence*, I, l. 261, p. 378 ; lettre au ministre de l'Instruction publique [Jules Ferry], 3 juillet 1879, *op. cit.*, I, l. 444, p. 613 ; note à la lettre à Emile Bouvier, 3 janvier 1903, *op. cit.*, III, l. 1537, p. 218.

du mouvement coopératif, paru pendant deux ans en 1866-67 et 1867-68 [...] »[12].

Dans le *Journal des Débats* du 20 septembre 1866, le journaliste P. David nous donne une autre version des faits :

> Il vient d'être fondé à Gand un journal, ou plutôt une revue mensuelle, dans le but de donner satisfaction au nombre toujours croissant de personnes qui s'intéressent au mouvement coopératif. Les fondateurs de cette revue, MM. Voituron et Leirins (sic) [...] se sont adjoint deux français, M. Léon Say, notre collaborateur, et M. Léon Walras, directeur de la Caisse d'escompte des associations populaires, afin de donner au *Travail* [...] un caractère sérieux et réel d'organe international.[13]

Au cours du printemps 1866, Léon Walras et Léon Say sont à la recherche d'un partenaire belge pour l'édition d'un journal. La publication d'un journal en Belgique, puis son importation en France constitue une solution très avantageuse, compte tenu des lois en vigueur sur la presse[14]. Nous ignorons qui leur a suggéré le nom de Leirens. Constant Leirens (1813-1886), résident à Bruxelles, docteur en droit et publiciste, est un riche avocat aux opinions démocrates progressistes, qui milite en faveur de l'association ouvrière depuis la Révolution de 1848. Il dispose des moyens matériels pour imprimer un journal : il est, en effet, propriétaire de l'imprimerie P. Cagny à Gand. Avec l'aide de son ami Paul Voituron (voir *infra*), il désire créer et diffuser en France un journal mensuel destiné à soutenir le mouvement coopératif, mais qui

---

12 L. Walras, « Notice autobiographique », *Correspondence*, I, p. 4 ; vol. V, p. 14.

13 P. David, article sans titre, in *Journal des Débats*, 20 septembre 1866, p. 3.

14 Après le coup d'État du 2 décembre 1851, le futur Empereur Napoléon III s'attaque à la liberté de la presse, principalement au moyen du décret organique du 17 février 1852, qui restera en vigueur jusqu'en 1868. Ce décret contient les dispositions suivantes :

- aucun journal « traitant de matières politiques ou d'économie sociale » ne peut être fondé sans l'autorisation préalable du gouvernement ;
- le journal fait l'objet d'une déclaration concernant les noms des propriétaires, administrateurs et rédacteurs en chef, à renouveler à tout changement ;
- le propriétaire du journal verse au Trésor public un cautionnement en numéraire, à taux variable, en vue de garantir l'exécution d'éventuelles condamnations pécuniaires ;
- le propriétaire du journal acquitte sur chaque feuille imprimée un droit de timbre, quel que soit le tirage.

Le décret organique du 17 février 1852 et le décret du 1er mars 1854 soumettent les journaux étrangers « traitant de matières politiques ou d'économie sociale » à l'autorisation préalable gouvernementale et au versement d'un droit de timbre spécial. Enfin, les délits de presse sont du ressort des tribunaux correctionnels et le système répressif comporte plusieurs degrés : avertissement, suspension limitée à deux mois après deux avertissements, suppression du journal.

ne fasse pas du tort au journal *L'Association* dont il est actionnaire[15]. Nous ignorons s'il avait eu une connaissance précise des idées développées par Walras dans *Les Associations populaires de consommation, de production et de crédit* (1865).

Après en avoir longuement discuté les clauses, Léon Walras et Constant Leirens signent à Paris, le 16 mai 1866, une convention dans laquelle ils précisent les règles d'édition d'un « journal français d'économie politique et sociale » : *Le Travail – Organe international des intérêts économiques de la classe laborieuse.* Les archives du *Travail* nous révèlent leurs hésitations quant au choix du titre : *Les Idées – Nouvelles philosophiques, économiques et politiques* ; *La Démocratie libérale* ; *La Défense du travail* ; *Le Travail*[16]. En fait, la structure du journal s'inspire en grande partie du projet élaboré par Léon Walras, en 1864, pour *L'Association populaire.*

Selon la convention, Léon Walras se charge de la rédaction en chef du journal, tandis que Constant Leirens s'engage à mettre à sa disposition les moyens matériels qu'il possède. Léon Walras fera imprimer ce mensuel à Gand et il diffusera en France au moins quatre mille exemplaires. Constant Leirens en assurera la diffusion en Belgique et aux Pays-Bas. Si ce dernier prend en charge les coûts de fabrication, Léon Walras doit faire face aux frais de rédaction ; il conservera à cet effet le produit des annonces et des ventes en France, ou éventuellement dans des pays autres que ceux indiqués ci-dessus. La convention stipule « qu'un tiers environ du journal sera consacré à des articles, correspondances, nouvelles, variétés, etc., sur des sujets intéressant la Belgique, le ou les sujets indiqués, choisis ou traités d'un commun accord entre M. Walras et une personne désignée par M. Leirens » ; sur le manuscrit, on lit juste au dessus de cette ligne le nom de cette personne : « Mr Voituron de Gand ». Constant Leirens et Léon Walras ont la possibilité de résilier le contrat trois mois au minimum avant la fin de l'année d'abonnement (qui finit au 1er juillet) et chacune des parties demeure libre de poursuivre la publication du journal, en conservant le même titre. Toute contestation serait examinée par « un tribunal arbitral composé de deux personnes désignées l'une par M. Leirens, l'autre par M. Walras » et en cas de désaccord entre elles, ces deux personnes en solliciteraient une troisième. La convention inclut aussi un « article additionnel » relatif aux poursuites éventuelles : en cas de l'interdiction

15 Dans sa lettre du 20 août 1866 à L. Walras (quelques jours avant la disparition de *L'Association*), Constant Leirens déclarera : « Dans quels termes êtes-vous avec la rédaction de *L'Association* ? Je serai charmé d'apprendre que *Le Travail* ne porte pas ombrage à ces Messieurs » (F.W. II, carton 10).

16 Une feuille de la main de L. Walras, conservée au fonds de Lausanne (F.W. VI, carton 30).

d'un numéro à la frontière, le prix des numéros serait à la charge de Walras et en cas d'interdiction définitive, la convention est résiliée de plein droit[17].

La personne désignée pour présenter la situation belge est donc Paul-Eugène Voituron (1824-1891). Membre du conseil communal de Gand, cet avocat à la Cour d'appel de cette ville est un ami de Constant Leirens depuis la Révolution de 1848 et tous deux partagent les mêmes opinions démocrates progressistes[18]. Constant Leirens et Paul Voituron sont des anciens membres de la « Société Huet »[19], active à Gand entre 1846 et 1851, et ils ont collaboré à ses organes de presse[20].

Mais dans les jours qui suivent la signature de la convention, la partie française ne semble pas avoir eu de nouvelles de la part de Constant Leirens. Aussi Léon Say cherche-t-il à recueillir des informations sur son compte. Par une lettre du 9 juin 1866 (non retrouvée), il charge un certain Lambert[21] de joindre Leirens chez lui à Bruxelles. Ce dernier réussit à le rencontrer le 14 juin et il indique à Say : « ce Monsieur paraît très bien, parfaitement organisé et de plus il a un abord assez sympathique »[22]. Cependant, Constant Leirens qui avait été occupé notamment par la campagne électorale en Belgique, reprend contact par lettre dès le 14 juin avec Léon Walras[23].

Publication du premier numéro et début des désaccords avec la rédaction belge

Pour le premier numéro du *Travail*, Léon Walras propose l'article intitulé « Programme économique et politique », qui curieusement reprend largement l'étude inédite « Des réformes économiques »,

[17] Le brouillon de la convention de publication du *Travail* du 16 mai 1866, de la plume de L. Walras, est conservé au fonds de Lausanne (F.W. II, carton 13, deux feuilles).

[18] Paul Voituron est l'auteur des *Recherches philosophiques sur les principes d'une science du beau*, Bruxelles : Lacroix et Cie, 2 vol., 1861-1862.

[19] Sur la « Société Huet », voir J. Cunliffe et G. Erreygers, 1999, p. 584 et 601.

[20] Constant Leirens et Paul Voituron ont publiés des articles sur la coopération dans un journal flamand (voir lettre de C. Leirens à L. Walras, 5 octobre 1866, F.W. II, carton 13). Il s'agit sans doute du quotidien démocrate radical, *De Broedermin* [*La Fraternité*], qui paraît de 1848 à 1859.

[21] Nous n'avons pu identifier ce personnage.

[22] Voir Lambert, lettres à Léon Say des 12 et 14 juin 1866, conservées au fonds Walras de Lausanne (FW II 12) ; voir aussi sur cette rencontre la lettre de C. Leirens à L. Walras du 14 juin 1866, conservée dans le même fond (FW II, carton 10).

[23] La première lettre de C. Leirens à L. Walras, conservée au fonds Walras de Lausanne, est datée du 14 juin 1866 (F.W. II, carton 10).

préparée en 1861, mais refusée par la direction du journal *La Presse*[24]. Les deuxième et troisième parties du « Programme économique et politique » traitent longuement de l'impôt, qui résume « tout le côté économique et social du développement de la Révolution [de 1789] ». Dans ce texte, l'association coopérative est abordée d'une manière purement allusive. Selon l'auteur,

> [b]eaucoup d'écrivains, nous le savons, voient une question sociale dans la question d'association. Ces personnes et nous, probablement, ne nous entendons pas sur les mots. Parmi les causes du paupérisme, et en mettant à part celles qui ont leur origine dans la fatalité des lois naturelles, il en est qui proviennent de la défectuosité de certains arrangements particuliers, et il en est d'autres, qui découlent au contraire de l'imperfection des conventions sociales. Nous appelons, quant à nous, questions d'initiative individuelle les questions ayant trait aux causes du premier ordre, et parmi lesquelles nous rangeons sans hésiter la question d'association ; et nous réservons le nom de questions d'initiative collective ou commune ou de questions sociales aux questions qui tendent à la suppression des causes du second ordre et desquelles fait essentiellement partie la question de l'impôt.[25]

N'oublions pas qu'à l'époque, chez les opposants à l'Empire, le thème de la démocratie est important. Dans son livre sur *Les Associations populaires de consommation, de production et de crédit*, Walras expliquait que la démocratie doit gagner en France non seulement les institutions politiques, mais aussi les institutions économiques et « deux canaux l'y conduiront : la réforme de l'impôt et l'application du principe des associations populaires »[26]. Walras est convaincu que l'essor du mouvement coopératif ne peut provenir que de la seule initiative individuelle et qu'il ne faut attendre aucune aide de l'État, à l'exception d'une réforme de la législation. Il analyse la coopération en relation à la question de la formation de l'épargne et du capital. Selon lui, les prolétaires, surtout dans la mesure où ils paient l'impôt sur les salaires, ne peuvent guère épargner. La coopération permet d'associer leurs modestes épargnes; elle est donc un moyen à la disposition des individus pour réduire l'inégalité de leur position. En outre, elle exerce une action éducative sur les travailleurs dont elle permet d'élever le niveau matériel et moral et elle est aussi une école de démocratie, donc à ce titre une voie vers la réforme sociale. Dans une

---

[24] Voir L. Walras, *Œuvres diverses*, vol. XIII des *Œuvres économiques complètes*, Paris, Economica, 2000, Introduction, p. 14-15 et « Des réformes économiques », p. 55-65. Sur la couverture de ce manuscrit, Walras a d'ailleurs noté : « Utilisé pour le programme du *Travail* » (*op. cit.*, note 1, p. 654).

[25] L. Walras, « Programme économique et politique », in *Les Associations populaires coopératives*, p. 135.

[26] L. Walras, Les Associations populaires de consommation, de production et de crédit, in *Les Associations populaires coopératives*, p. 42.

société de production, l'ouvrier comme travailleur perçoit un salaire au taux du marché, et comme capitaliste, il participe aux bénéfices ou aux pertes éventuelles en fonction de sa quote-part de capital ; comme travailleur il est salarié, mais comme capitaliste, il est associé[27]. Seul le capital, aliénable en cas de pertes, se trouve associé et par conséquent les sociétés coopératives ne peuvent être que des sociétés de capitaux et non des sociétés de personnes.

À la fin de son ouvrage, Walras notait : « Je sais qu'on nous accuse, nous autres économistes, de vouloir bannir la fraternité de ce monde ». Et à cela, il répondait :

> Mais si je crois que rien de grand ne se conçoit et ne s'entreprend que sous l'inspiration et l'influence de la fraternité, je crois aussi que rien de solide ne s'établit et ne se fonde qu'avec l'idée et dans les conditions de la justice. C'est pourquoi, en faisant à la sympathie sa place, je lui demande seulement de ne point prétendre occuper celle du droit [...]. Le signe distinctif et imposant du droit, c'est qu'il commande un devoir corrélatif, obligatoire et exigible ; c'est donc qu'il peut ainsi figurer dans la loi et dans les contrats. Le caractère particulier et sacré de la sympathie fraternelle, c'est qu'elle est un devoir qui ne commande aucun droit ; c'est que si on la sollicite, on la diminue ; c'est que l'imposer c'est l'anéantir [...].[28]

Le contenu du « Programme économique et politique » proposé pour le premier numéro du *Travail* va faire l'objet d'un premier litige. Le 19 juillet 1866, avec le soutien de Voituron, Leirens exprime son désaccord complet avec « certaines idées économiques » du « Programme » de Walras. Il vise tout particulièrement le dernier alinéa de la première partie du manuscrit, dans lequel on peut lire :

> La France n'existe pas exclusivement pour elle-même comme l'Angleterre : elle est en Europe l'initiatrice de toutes les idées révolutionnaires ; là est depuis plus d'un demi-siècle sa grandeur [...]. Alors que l'Angleterre, libre chez elle, ne se fait guère scrupule de s'allier avec le despotisme en dehors, la France au contraire, pour aller combattre partout les excès despotiques, n'hésite pas à suspendre même l'exercice de ses propres libertés. Encore une fois, ces sortes de dictatures qu'elle impose ou qu'elle accepte ne sont que temporaires [...].[29]

---

27 L. Walras, *Les Associations populaires coopératives*, p. 68 ; voir aussi « Des doctrines en matière d'association coopérative », in *Le Travail*, 1re année, n° 6, 31 décembre 1866, *op. cit.*, p. 172-174.

28 L. Walras, *Les Associations populaires coopératives*, p. 88. Sur les idées de Walras sur la coopération, voir notamment C. Hébert, 1988, K. Nakakubo, 2000 et C. Ferraton, 2007.

29 Le texte complet de cet alinéa est publié dans *Les Associations populaires coopératives*, p. 506 note 3.

Bien qu'adversaire du Second Empire, Walras laisse ici aller sa plume dans une verve nationaliste. Mais selon le publiciste belge, ce passage « frise le panégyrique » et il produirait « un déplorable effet » dans son pays, car l'auteur ne craint pas d'« amnistier en quelque sorte le régime de fer qui pèse sur la France, présenter la situation, comme si ce régime déplorable témoignait de l'abnégation, du dévouement aux principes de 89 »[30]. Constant Leirens refuse absolument d'assumer la responsabilité d'un tel texte trop favorable à l'Empire. Cet incident laisse présager une collaboration difficile, aussi propose-t-il sur-le-champ à Léon Walras de faire imprimer deux éditions séparées, l'une française, l'autre belge, qui se suivraient à quinze jours d'intervalle. Chacune des rédactions choisirait librement ses articles et publierait son programme dans le premier numéro[31].

Léon Walras, quant à lui, cherche à minimiser l'incident et il ne voit pas l'urgence d'opter pour une double rédaction. Il ne tient pas à passer pour un admirateur de l'Empire et il admet que l'expression a pu trahir sa pensée dans l'article en litige ; pour régler l'affaire, il propose de remplacer le passage contesté par un autre alinéa[32]. Au cas où cette solution paraîtrait insuffisante aux yeux de la rédaction belge, il est prêt à renoncer à la publication de l'étude[33]. Une telle position atteste clairement de sa volonté de conciliation.

Constant Leirens et Paul Voituron acceptent le remplacement du passage litigieux, mais ils demeurent très réservés sur les conceptions développées le « Programme économique et politique » ; en particulier, Constant Leirens doute qu'il réponde « aux *vrais* principes de la Démocratie française » et il observe que l'auteur manifeste une évidente prédilection pour la question de l'impôt, en reléguant à l'arrière-plan celle de l'association coopérative : à ce propos, il suggère avec raison à l'auteur d'ajouter quelques lignes sur cette dernière question[34].

Le premier numéro du *Travail* – Organe international des intérêts de la classe laborieuse – Revue du mouvement coopératif, paraît le 31 juillet 1866[35].

---

30 Constant Leirens, lettre à L. Walras, 19 juillet 1866 (F.W. II, carton 10).

31 Constant Leirens s'offre même à supporter les frais supplémentaires engendrés par cette nouvelle combinaison (*ibid.*).

32 Voir L. Walras, « Programme économique et politique », in *Les Associations populaires coopératives*, p. 134 et la note 3.

33 Voir C. Leirens, lettre à L. Walras, 25 juillet 1866 (F.W. II, carton 10) ; voir aussi L. Walras, lettre à C. Leirens, 12 octobre 1866 (F.W., I, 327 bis).

34 Souligné par C. L., C. Leirens, lettres à L. Walras, 25 et 30 juillet 1866 (F.W. II, carton 10).

35 En septembre 1866, dans le *Journal des économistes*, Joseph Garnier rend compte de la nouvelle parution : « Nous annonçons avec plaisir la naissance d'un jeune confrère

Le numéro s'ouvre sur un avis éditorial, intitulé « Notre but » dans le sommaire, daté de « Gand, 30 juillet 1866 », expliquant les objectifs du journal et signé « Constant Leirens (pour la partie belge) et Léon Walras (pour la partie française) »[36]. Après avoir rappelé le ralliement de personnalités importantes, et notamment des économistes, aux idées de l'association coopérative, en Angleterre (J. S. Mill), en Belgique (Molinari), en France (A.-P. Batbie, L. Say, I-E. Horn, F. Passy, J. Duval, etc.), l'avis éditorial précise :

> Depuis longtemps nous avons partagé cet entraînement des cœurs et des esprits vers le système coopératif ; d'abord, parce que nous avons la conviction que ce système est strictement conforme à la *Justice* et que son application est de nature à contribuer dans de larges proportions, à l'amélioration *morale* et *matérielle* des classes ouvrières ; ensuite, parce que nous ne sommes pas moins convaincus que ses bases sont irréprochables au point de vue de la science la plus rigoureuse, pourvu bien entendu que l'on s'abstienne de faire du système une application irréfléchie.

Et l'avis indique aussi :

> Le *Travail* sera donc un *Journal international.* Il ne se bornera pas à discuter les principes d'association et l'application pratique que fait chaque nation de ces principes, selon les besoins de la situation économique spéciale ; mais il s'efforcera, autant que possible, de répondre au besoin de relations réciproques et de communications extérieures des sociétés existantes.[37]

Juste après ce texte, figure dans *Le Travail* le « Programme » de Léon Walras, avec le nouvel alinéa proposé par l'auteur, mais sans ajouts sur la question de la coopération. Ensuite, on trouve l'étude intitulée « De la situation des partis et des progrès de la démocratie en Belgique », rédigée par Paul Voituron. Ce texte, qui est présenté comme « le programme politique et économique des personnes qui ont contribué, en Belgique, à la fondation de ce recueil », critique âprement le parti libéral au pouvoir en Belgique. Il discerne deux fractions au sein de la « bourgeoisie libérale », l'une conservatrice, ennemie de l'égalité, qui

---

mensuel, le *Travail*, qui semble venir au monde dans les meilleures conditions, et qui se propose d'être l'organe international des intérêts de la classe laborieuse et revue spéciale du mouvement coopératif, à raison de 1 F 60 par an ! Il a été fondé et sera dirigé par deux économistes de très bon aloi, M. Constant Leirens, pour la partie belge, et M. Léon Walras, pour la partie française » (J. Garnier, 1866, p. 475).

36 Voir C. Leirens, lettre à L. Walras, 31 juillet 1866 (F.W. II, carton 10). On trouve au fonds Walras de Lausanne deux versions d'un brouillon, de la plume de L. Walras, qui présente la publication du *Travail* et porte la mention au bas : « Constant Leirens, Léon Walras » (F.W. VI, carton 30, deux feuilles).

37 Souligné dans le texte. L. Walras, *Les Associations populaires coopératives*, p. 507-509.

défend ses privilèges et « confond l'intérêt général avec son intérêt particulier », l'autre progressiste, fidèle aux principes de la révolution de 1848, qui « tend la main aux classes déshéritées ». Cette dernière, qui se coordonne sous le nom de « parti libéral progressiste », se préoccupe en particulier de « l'amélioration du sort des classes laborieuses par des facilités accordées aux associations ouvrières et aux études qui ouvrent aux enfants du pauvre l'accès de toutes les carrières »[38]. Le premier numéro du *Travail* inclut aussi un article de Léon Say intitulé « La crise financière et les sociétés coopératives »[39].

L'approfondissement des désaccords théoriques

La deuxième livraison du *Travail* paraît le 31 août 1866. Constant Leirens et Léon Walras ont décidé d'introduire un « bulletin politique », placé au début du journal, rédigé par le journaliste français adversaire de l'Empire, Clément Duvernois[40]. Le numéro contient un article de Léon Say, « La guerre et la paix en Allemagne »[41], une étude de Constant Leirens sur « Le mouvement coopératif belge », et la première partie d'un article de Léon Walras consacré à la « Société coopérative immobilière »[42].

Cependant, les divergences de vues entre les deux directeurs sont loin d'être apaisées. Ainsi, Constant Leirens fait-il remarquer à Léon Walras, le 3 septembre 1866 : « Je vois, Monsieur, qu'il nous faudra opter plus tard pour le système de l'édition double, vu que nous ne pourrons jamais nous rallier à votre manière de voir en matière d'impôt et quant à la mission de l'État » ; la question de la « fraternité » constitue aussi une source de divergences[43].

Le troisième numéro du *Travail* sort des presses le 30 septembre 1866. Après le bulletin politique, rédigé cette fois par Léon Say, ce numéro contient notamment un article de Paul Voituron, « Caractère du

---

38 « De la situation des partis et des progrès de la démocratie en Belgique », article non signé, in *Le Travail*, 1re année, n° 1, 31 juillet 1866, col. 8-12. L. Walras, quant à lui, ne manifestera aucune hostilité envers ce texte, puisque C. Leirens note : « Je suis charmé de la manière dont vous jugez le programme de la rédaction belge » (lettre à L. Walras, sans date, mais du début d'août 1866, F.W. II, carton 10).

39 *Les Associations populaires coopératives*, Annexe n° I, p. 299-304.

40 Voir C. Leirens, lettre à L. Walras, sans date, mais certainement du début d'août 1866 (F.W. II, carton 10). Les articles de Clément Duvernois parus dans *La Presse*, au début de 1866, ont entraîné deux avertissements au journal et ont fait craindre sa suspension prochaine.

41 Voir L. Walras, *Les Associations populaires coopératives*, Annexe I, p. 305-307.

42 Voir L. Walras, *Les Associations populaires coopératives*, p. 143-151.

43 Constant Leirens, lettre à L. Walras, 3 septembre 1866 (F.W. II, carton 10).

mouvement démocratique et social en Europe » et la seconde partie de l'étude de Léon Walras sur la « Société coopérative immobilière ».

Au moment de la sortie de ce numéro, les divergences théoriques entre Walras et les collaborateurs belges vont s'accentuer. En effet, durant la dernière semaine de septembre, Léon Walras conteste les thèses développées par Paul Voituron dans l'article « Caractère du mouvement démocratique et social en Europe », ainsi que dans un manuscrit, préparé pour le quatrième numéro du *Travail*, sur « Les conséquences morales et économiques du mouvement coopératif »[44].

Dans le texte paru dans la livraison de septembre, Paul Voituron indiquait :

> L'instruction populaire, c'est la révolution morale ; l'extension du droit de suffrage, la révolution politique, et l'association coopérative, la révolution sociale [...]. L'association, enfin, c'est la confiance mutuelle, c'est l'union volontaire et libre ; plus elle s'étend, plus il y a de solidarité, de paix et de *fraternité*, c'est-à-dire de véritable société, entre les hommes [...]. Enfin, l'association des travailleurs est le caractère essentiel du vrai *socialisme* qui ne demande que la liberté et l'égalité devant la loi pour détruire le paupérisme et le prolétariat. Le faux socialisme est celui qui a recours à la force, à la contrainte, au despotisme de l'État pour réaliser des théories factices, pour passer momentanément le niveau sur les fortunes et tarir dans leurs sources l'activité individuelle et la richesse sociale.[45]

Par ailleurs, dans le manuscrit sur « les conséquences morales et économiques du mouvement coopératif »[46], Paul Voituron rappelait qu'en matière d'association ouvrière, l'intervention de l'État doit se borner à stimuler les initiatives individuelles. Selon lui, dans ce domaine :

> [l]a confiance mutuelle, le dévouement, la solidarité et la fraternité doivent compléter, non exclure, le principe de l'intérêt individuel et celui de la justice [...]. Le principe de la propriété individuelle est, dans l'ordre économique, le fondement même de la justice, car celle-ci a pour formule : à chacun ce qui lui appartient. Les erreurs de 48 ont produit une nouvelle réaction, et aujourd'hui des écoles exclusives, notamment les économistes-individualistes, rejettent d'une manière absolue toute intervention de l'État ou des Communes, au risque de laisser pendant longtemps encore le peuple

---

44 Le titre du manuscrit apparaît dans la lettre de P. Voituron à L. Walras du 21 septembre1866 (F.W. II, carton 12 bis).

45 Souligné dans le texte, P. Voituron, « Caractère du mouvement démocratique et social en Europe », article non signé, in *Le Travail*, 1re année, n° 3, 30 septembre 1866, col. 68.

46 Ce manuscrit n'est pas retrouvé à ce jour, mais il sera publié ultérieurement dans le premier numéro du *Travailleur associé* (voir *infra*) sous le titre « Le mouvement coopératif ».

ou une grande partie du peuple dans la misère. Elles prétendent que l'intérêt individuel préside seul au mouvement coopératif, à l'exclusion du dévouement, de la fraternité et des autres ressorts de l'ordre purement moral.

Voituron incline donc à penser que Walras (qui, en opportuniste, cache encore une bonne partie de ses idées) fait partie de ces « économistes-individualistes ». En réalité, selon l'auteur, les associations coopératives de consommation, de crédit et de production permettent de concilier l'intérêt personnel et la fraternité, la mutualité, la solidarité et la moralité. L'association coopérative constitue une « association de personnes, par elle-même de beaucoup supérieure à l'association des capitaux et à l'association restreinte des capitaux et du travail », dont le mobile n'est que l'intérêt personnel. Bien que les « économistes de l'école individualiste » estiment impossible ce type d'association, on peut affirmer que « [l]'ouvrier associé est un progrès immense sur l'ouvrier salarié ». On notera ici qu'en caractérisant l'association coopérative comme une association de personnes et non de capitaux, Voituron rejoint beaucoup d'auteurs français qui se sont exprimés là-dessus au cours de l'année 1865, tels qu'Emile Jay, Auguste Vavasseur, Jules Simon, mais aussi Gustave Chaudey (exécuteur testamentaire de Proudhon) ou Elie Reclus qui écrivent dans *L'Association*[47]. Finalement, en s'appuyant sur le cas britannique, Paul Voituron offre une vision très optimiste de la situation économique :

> En Angleterre, dans les localités où les associations de consommation et de production ont pris un certain développement, la petite industrie et le petit commerce isolés n'ont pu soutenir la concurrence ; la grande industrie elle-même avec son immense ressource de l'association des capitaux, ne peut lutter que très difficilement contre les manufactures exploitées par des ouvriers associés. Dans ces localités l'issue de la lutte entre l'association coopérative et l'association capitaliste, entre le travail solidarisé et le travail isolé, entre la concurrence coordonnée et la concurrence anarchique, ne saurait plus être douteuse. C'est le mouvement coopératif qui l'emporte.[48]

Ces thèses sur la coopération divergent fortement de celles que Léon Walras s'efforce de faire prévaloir dans *Le Travail*. On comprend alors les vives réactions de ce dernier. Tout d'abord, dans une lettre à Voituron du 25 septembre 1866, il affirme notamment : « Comme j'ai eu tout le loisir de déclarer à mes lecteurs français que la question d'association ne me paraissait pas être une question sociale, il n'est que

47 Voir L. Walras, « La discussion du Corps législatif sur les sociétés à capital variable », in *Le Travail*, vol. 1, n° 12, 30 juin 1867, in *Les Associations populaires coopératives*, notamment p. 219-223.

48 P. Voituron, « Le mouvement coopératif », article non signé, in *Le Travailleur associé*, 1re année, n° 4, 15 novembre 1866, col. 99-104 (voir *infra* sur ce journal).

juste qu'à votre tour vous puissiez dire à vos abonnés belges que cette question est toute la question sociale. »[49].

Toutefois, Paul Voituron cherche à minimiser l'importance de l'incident. Selon lui, si des divergences se manifestent sur « quelques points de pure théorie », en revanche, il existe un accord sur les « conséquences pratiques ». En outre, il se déclare prêt à faire toutes les concessions possibles pour ne pas heurter les principes de Walras[50]. Mais dans une lettre du 27 septembre 1866, Walras ne l'entend pas ainsi. Il conteste la conception de Voituron au sujet des rapports entre le principe de liberté et le principe d'autorité. Il lui fait aussi remarquer :

> Si vous voulez bien prendre la peine de relire mon article sur l'organisation de la *Société immobilière*[51], vous y verrez très bien ce que c'est pour nous la coopération. C'est un acheminement facultatif pour tous, obligatoire pour personne, de la position de prolétaire salarié non capitaliste à la position de propriétaire-capitaliste. La propriété individuelle du capital reste pour nous un droit inattaquable, bien plus un fait persistant même au sein de l'association. Pour vous au contraire, comme du reste pour la plupart des écrivains français dont nous nous préparons à combattre les doctrines, l'association devenue *question sociale*, avènement du *véritable socialisme fraternitaire*, doit amener une véritable transformation du mode de *propriété du capital* [...].[52]

En outre, Léon Walras n'apprécie guère les tirades contre les « bourgeois capitalistes » et les « économistes individualistes », contenues dans le deuxième article et le texte lui paraît « peu conforme aux conclusions de l'économie politique touchant le rôle du capital »[53].

Paul Voituron réagit sur-le-champ aux nouvelles attaques de Walras. Dans sa lettre du 28 septembre 1866, il constate que les divergences portent « plus sur le sens des mots que sur les choses mêmes ». Par exemple, au sujet de la coopération, il fait observer :

---

49 Extrait recopié dans une lettre de C. Leirens à L. Walras du 15 octobre 1866 (F.W. II, carton 13).

50 P. Voituron, lettre à L. Walras, 26 septembre 1866 (F.W. II, carton 12 bis).

51 En réalité, Walras n'y a pas développé ses idées sur la coopération. Il se contente d'affirmer que la situation de membre d'une société coopérative immobilière est celle de « propriétaire collectif ou de propriétaire locataire, intermédiaire entre celle de locataire pur et simple et celle de propriétaire individuel, inférieure peut-être à la seconde, mais certainement très supérieure à la première, et qui constitue le plus excellent acheminement de l'une à l'autre » (« Société coopérative immobilière. Combinaison financière (2e partie), in *Le Travail*, 1re année, n° 3, 30 septembre 1866, in *Les Associations populaires coopératives*, p. 152-153).

52 L. Walras, lettre à Paul Voituron, 27 septembre 1866, extrait choisi et recopié par C. Leirens dans sa lettre à L. Walras du 15 octobre 1866 (F.W. II, carton 13).

53 Voir notamment la lettre de L. Walras à C. Leirens, 19 octobre 1866, rédigée en réalité par Léon Say (F.W. II, carton 13).

Vous avez dit dans votre programme que le mouvement coopératif n'est pas une question sociale, parce qu'il n'est pas le résultat d'une action collective, d'une action de l'État. Mais vous en reconnaissez l'importance ; vous croyez, comme moi, que les associations coopératives doivent changer la situation morale et matérielle de la classe ouvrière.

Sur la question de la fraternité, là encore, les divergences portent sur le sens des mots et non sur le fond :

Vous attachez à ce mot une signification qui n'est pas la mienne. Je n'y vois autre chose qu'accord de tous, confiance réciproque, bienveillance mutuelle, sentiment purement moral. Vous y voyez communisme, partage égal des salaires, communauté du capital, etc., *toutes choses que je repousse de la manière la plus formelle*. Je suis individualiste très déterminé sous ce rapport. Les associés, selon moi, doivent avoir la propriété individuelle du capital, être à la fois capitalistes et travailleurs.

En revanche, Voituron reconnaît sa divergence réelle avec Walras sur la question de la propriété foncière : « Si je me sépare de vous, c'est sur un point qui n'est pas abordé dans mon article : la communauté ou la propriété du sol. Je suis pour la propriété ». Enfin au sujet des « économistes – individualistes », Voituron tient à préciser maintenant qu'il visait non pas les économistes qui admettent la propriété privée, mais ceux qui sont hostiles à l'association coopérative, « ceux qui ont crié pendant longtemps avec MM. Thiers, Villermé, L. Reybaud, etc. que ces associations sont impossibles »[54].

Dans cette polémique, Paul Voituron souffrira « des accusations de communisme quant au capital » formulées à son endroit par Walras au sujet de son manuscrit sur « les conséquences morales et économiques du mouvement coopératif ». Il s'affirme clairement « partisan de la propriété individuelle des capitaux et du sol », et il repousse « les doctrines autoritaires et communistes quant au sol », défendues par Léon Walras[55]. Il se déclare donc très pessimiste quant à ses relations avec lui et il envisage de retirer sa collaboration au journal.

Vers la rupture

La dispute prend une nouvelle dimension, car entre-temps, Constant Leirens est intervenu dans la polémique. Celui-ci, dans une lettre très orageuse de neuf pages, en date du 5 octobre 1866, reproche à Léon Walras de défigurer gravement les doctrines professées par son ami, en

[54] Souligné dans le texte, P. Voituron, lettre à L. Walras, 28 septembre 1866 (F.W. II, carton 12 bis).

[55] P. Voituron, lettre à L. Walras, 16 octobre 1866 (F.W. II, carton 13). L. Walras, de son côté, affirmera n'avoir jamais « prononcé le mot de communisme » dans la lettre du 27 septembre (lettre à C. Leirens, 19 octobre 1866, même cote).

lui attribuant la position selon laquelle l'association coopérative représenterait « toute » la question sociale et surtout en l'accusant de propager des idées « communistes », hostiles à la propriété individuelle du capital. Il se porte garant des idées de Paul Voituron, avec lequel il a combattu jadis le communisme en Belgique. Il note aussi :

> [...] il est visible, malgré vos formules louangeuses, que vous avez la conviction que vous avez le malheur d'avoir en nous des collaborateurs qui ignorent l'a. b. de la science sociale en général et de l'association coopérative en particulier. Heureusement, vous êtes l'étoile destinée à guider ces novices ! Vous renvoyez charitablement M. V. à l'un de vos articles-oracle sous presse pour qu'il apprenne à connaître les *vrais* principes !

Dans ce litige, Constant Leirens souhaite l'arbitrage de Léon Say qui, selon lui, ne défend probablement pas le même point de vue que Léon Walras[56].

Walras transmet à Léon Say les principaux éléments de la querelle et le 12 octobre, il adresse à Constant Leirens une lettre sèche et ironique, dans laquelle il rappelle les accusations portées contre lui en juillet à propos du « Programme économique et politique » et la souplesse de son attitude. Aujourd'hui, la situation se trouve inversée et Paul Voituron serait certainement prêt à faire preuve d'une souplesse analogue, sans l'intervention intempestive de Constant Leirens[57]. Le même jour, de son côté, Léon Say, qui n'a pas encore eu connaissance de cette missive, écrit à Constant Leirens pour tenter d'apaiser la polémique :

> Je vous avouerai que je ne trouve pas *très pratique* de nous faire les uns aux autres de petites professions de foi. Nous savons que nous appartenons les uns et les autres au parti libéral, et cela devrait nous suffire pour faire en commun un journal de faits bien plus que de doctrine [...]. Pour moi il n'existe pas plus de *bons socialistes* que de *bons réactionnaires*, et quand j'entends se servir de l'expression de bon socialisme, j'ai toujours peur qu'on ne veuille de cette façon combler, non pas l'abîme qui existe entre les doctrines, cela est impossible, mais celui qui existe entre les hommes. Je n'espère pas les ramener, et je ne veux pas travailler avec eux. Les élèves de Proudhon et de Cabet ne seront jamais mes amis en politique [...].[58]

---

56 C. Leirens, lettre à L. Walras, 5 octobre 1866 (F.W. II, carton 13).

57 L. Walras, lettre à C. Leirens, 12 octobre 1866 (F.W., I, 327 bis).

58 Souligné dans le texte. Lettre de L. Say à C. Leirens du 12 octobre 1866, publiée sans mention du destinataire par G. Michel, 1899, p. 56-58. Une copie du post-scriptum est faite par Léon Say dans une lettre à L. Walras non datée, mais probablement du 12 octobre (F.W. II, carton 13). Dans sa réponse du 18 octobre, C. Leirens observe que la position de Say est plus souple que celle de Walras. Il indique : « il s'agit entre nous bien moins d'un antagonisme de principes que d'une *différence de dictionnaire* ». Selon lui, l'expression « bon socialisme » « n'est nullement la réhabilitation

Toutefois, même s'il regrette le ton acerbe adopté par Léon Walras dans sa correspondance avec la rédaction belge, Léon Say acceptera de le défendre dans ce conflit et rappellera à Leirens son engagement aux côtés de Walras depuis la naissance du journal.

Le 19 octobre, dans une lettre dictée par Say, Walras avertit qu'il n'acceptera jamais l'« insertion obligatoire » des articles de la rédaction belge, même ceux qui seraient signés « R.B. ». Dans l'immédiat, il n'admet en aucun cas la publication de l'article de Paul Voituron sur le mouvement coopératif, préparé pour le quatrième numéro[59].

Constant Leirens repousse complètement ces prétentions. Si Léon Walras n'est pas remplacé dans ses fonctions par « un homme assez tolérant et assez éclairé » pour respecter la « réciprocité des droits », il faut envisager une rupture, qui pourrait s'effectuer à partir du cinquième numéro du *Travail.* En effet, Constant Leirens accepte encore d'imprimer à ses frais la quatrième livraison, qui contiendrait « un avis pour annoncer la retraite de la Rédaction belge ». Si Léon Walras demeure libre de continuer la publication du *Travail* sous ce titre, il éditera, quant à lui, en Belgique, un nouveau journal[60].

Mais Léon Walras n'accepte pas ces propositions, qu'il juge en violation des clauses de la convention signée en mai, laquelle prévoit un arbitrage en cas de conflit et un certain délai en cas de rupture[61]. Il décide alors de cesser immédiatement toute relation avec Constant Leirens. Pour la continuation du journal *Le Travail*, Léon Say et Léon Walras vont trouver rapidement un autre imprimeur en Belgique, Vve H. Parent et fils à Bruxelles, qui compose des journaux coopérativistes. Sur la première page du quatrième numéro du *Travail*, figure un avis non signé, mais de la plume de Léon Walras :

> Depuis que notre dernier numéro a paru, M. C. Leirens et ceux de ses amis qui avaient contribué avec lui à la fondation du *Travail*, ont cessé d'avoir aucune part à la rédaction et à la publication de ce recueil. *Le Travail* n'en demeure pas moins un journal international, publié en Belgique, et dans

---

des doctrines de Proudhon, de Cabet, etc. ; au fond, elle signifie tout bonnement qu'on peut trouver dans les doctrines de tel ou tel écrivain socialiste *certaines* opinions *vraies* » (souligné dans le texte, F.W. II, carton 13).

59 Une copie de cette lettre de L. Walras à C. Leirens du 19 octobre 1866 est conservée au fonds de Lausanne (F.W. II, carton 13).

60 C. Leirens, lettre à L. Say, 21 octobre 1866 (F.W. II, carton 13) ; C. Leirens, lettre à L. Say, sans date (même cote).

61 L. Walras, lettre à C. Leirens, 24 octobre 1866, non envoyée (F.W., I, 327 bis et copie, F.W. II, carton 13), publiée in *Correspondence*, I, l. 108, p. 154 note 2, avec la date « 28 octobre » et sans mention du destinataire. Elle a été remplacée par une lettre de L. Say à C. Leirens, non datée (copie de L. Say, F.W. II, carton 13).

lequel les questions intéressant la Belgique seront étudiées avec un soin spécial et toujours résolues au double point de vue libéral et démocratique.[62]

Que va-t-il se passer du côté belge ? Le 3 novembre, François Huet offre à Paul Voituron le compte rendu d'une visite de Constant Leirens chez lui à Paris. Il indique notamment :

> Nous avons eu ici notre vieil ami Leirens. Il est débarrassé de son Walras et venait pour le remplacer. Il s'était fourvoyé. Indépendamment des rapports personnels, avec Say et Cie, il était en plein dans le doctrinarisme économique. On ne pouvait aller loin ensemble. Je lui ai conseillé de se mettre en rapport direct avec le journal La *Coopération*[63], successeur de l'*Association*, et de tâcher même de faire marcher les deux feuilles ensemble ; ce qui augmenterait les forces et l'effet utile. La chose paraît faite et bien faite. Vous voilà en rapport avec la partie démocratique de la coopération française. De plus vous serez les maîtres chez vous, il faut dans un recueil qu'il n'y ait qu'une direction. Vous pouvez faire beaucoup de bien, en faisant pénétrer les principes jusqu'aux dernières couches, grâce à l'extrême modicité du prix.[64]

En fait, Constant Leirens va engager la publication à ses frais d'un nouveau journal mensuel, *Le Travailleur associé – Propagateur international des doctrines coopératives.* Il en assure la rédaction avec l'aide de Paul Voituron ; le premier numéro voit le jour le 15 novembre 1866[65]. Le premier article, « Aux lecteurs du *Travail* » indique :

> La rédaction du journal mensuel *Le Travail* fondé à Gand, se dédouble. Le journal est continué, sous le titre primitif, parle Rédacteur français, et sous celui qui est inscrit en tête de cette livraison, par les Rédacteurs belges, lesquels sont assurés du concours de plusieurs écrivains étrangers (Français, Allemands, etc.) honorablement connus [...]. Le nouveau journal ne limite nullement son programme aux questions qui sont spécialement du domaine

---

62 Le manuscrit original de cet avis est conservé au fonds de Lausanne (F.W. V b, carton 26, une feuille).

63 *La Coopération – Journal du progrès social* est un bi-mensuel tous les 15 jours, du 9 septembre 1866 au 14 juin 1868. Son rédacteur en chef est Abel Davaud.

64 F. Huet, lettre à Paul Voituron, 3 novembre 1866, in Paul Voituron : « Correspondance philosophique (1845-1870) », Universiteit Gent, Centrale Bibliotheek, Hs G 11791. Virginie Loveling (1836-1923), qui avait traduit pour le *Travail* les « Lettres d'un ouvrier anglais » de M. Manley, relate un voyage à Paris de Constant Leirens, son épouse et elle-même, qui aurait eu lieu le 20 novembre 1866 dans le but de rencontrer François Huet (V. Loveling, « Milan van Servië », 1906, rééd. 1967, p. 144 et 148).

65 *Le Travailleur associé* est imprimé à Gand sur un format identique à celui du *Travail* ; il conserve la même structure d'ensemble. Le premier numéro est désigné comme « n° 4, 15 novembre 1866 ». Après la sortie des deux « quatrième numéro », le journal *La Coopération* publie un entrefilet sur la « division du travail » et apporte un soutien sans réserve à la nouvelle publication de Constant Leirens (*La Coopération*, 1re année, n° 7, 2 décembre 1866, p. 4).

de l'association ; il s'occupera, selon les besoins de la situation, de toutes celles qui intéressent la classe laborieuse.[66]

Pour sa diffusion en Belgique, le journal est complété par un supplément mensuel intitulé *Bulletin belge du Travailleur associé*, rédigé par Paul Voituron. Mais *Le Travailleur associé* aura une durée de vie inférieure à celle du *Travail* puisqu'il paraît jusqu'au 15 juillet 1867[67].

Épilogue

Y a-t-il eu des polémiques entre *Le Travail* et *Le Travailleur associé* ? En fait, les deux journaux se sont largement ignorés l'un l'autre au cours du premier semestre 1867. Toutefois, on peut noter que dans une étude sur « La définition des sociétés coopératives », qui sort le 15 juillet dans le dernier numéro du *Travailleur associé*, Paul Voituron critique l'article de Léon Walras, « La discussion du Corps législatif sur les sociétés à capital variable », paru le 30 juin dans *Le Travail*. Selon lui, la caractéristique principale des sociétés coopératives est le partage proportionnel des bénéfices, ce qui détruit le salariat. Mais sur le plan de la forme, la polémique est maintenant virulente, puisqu'il ajoute :

> C'est ce que la *Revue du mouvement coopératif* [*Le Travail*, JPP], que l'on considère en France comme l'organe du petit groupe des économistes doctrinaires, a parfaitement saisi [...]. Cette revue soutient, dans un article spécial sur les discussions qui ont lieu au Corps Législatif, que les associations coopératives sont, comme toutes les autres, des associations de capitaux et non des associations de personnes ; que le capital seul peut être associé, et que *le travail doit être salarié*. C'est la négation pure et simple de l'objet et du but de la coopération, et elle fera, croyons-nous, ouvrir les yeux sur les singuliers amis du mouvement coopératif qui rédigent cette revue. Mais ce qu'il y a peut-être de plus curieux, c'est le ton tranchant, plein de suffisance et de pédantisme, avec lequel sont débitées les plus incroyables niaiseries qu'on puisse imaginer pour défendre une thèse impossible. Tous ceux qui se sont occupés de la coopération savent que les sociétés coopératives sont des associations de personnes. MM. Garnier-Pagès, Jules Simon, Ernest Picard, Emile Ollivier au Corps Législatif, et MM. Reclus, Chaudey, Jay, etc., dans de nombreux articles de l'*Association* et de *la*

---

[66] « Aux lecteurs du *Travail* », in *Le Travailleur associé*, 1re année, n° 4, 15 novembre 1866, col. 97.

[67] Compte tenu de l'échec de la diffusion du journal, Leirens et Voituron souhaitent lancer un nouveau journal destiné à la classe ouvrière, mais qui ne se limiterait plus à la question coopérative, *L'instruction du peuple*. Or, nous n'avons pas trouvé de trace tangible au sujet de la création effective de ce journal en Belgique. Plus tard, Constant Leirens s'installera à Vevey en Suisse, où il finira ses jours.

Coopération l'ont reconnu. Il n'y a que les économistes doctrinaires qui ne parviennent pas à voir ce caractère évident des associations coopératives, aveuglés qu'ils sont par leur théorie du salariat.[68]

Une seconde attaque de l'article « La discussion du Corps législatif sur les sociétés à capital variable », parue cette fois dans *La Coopération*[69] donne l'occasion à Walras de réagir à ces deux journaux :

Il y a trois situations possibles en industrie : ne participer ni aux pertes ni aux bénéfices ; participer aux bénéfices sans participer aux pertes ; participer à la fois aux pertes et aux bénéfices. Quand on est dans la première situation, on est *salarié* ; quand on est dans la seconde, on est simplement *intéressé* ou *participant* ; quand on est dans la troisième, on est *associé* dans le vrai sens du mot. Le travail peut accepter les deux situations, soit de salarié, soit d'intéressé ou de participant ; le capital seul peut s'exposer à la situation d'associé, parce que seul il peut être aliéné en cas de pertes.[70]

Probablement vers février 1867[71], Léon Walras avait décidé, en accord avec Léon Say, de faire rééditer en Belgique les trois premiers numéros du *Travail*, en vue de la constitution d'un recueil de la première année. Toutefois, il décide de ne pas reproduire les numéros à l'identique. En effet, il fait recomposer le *Travail* selon ses vues ; il modifie non seulement l'ordre d'arrivée de quelques articles, mais il en fait disparaître certains, sans en avertir le lecteur[72]. On notera en particulier le retrait dans le numéro de juillet de l'avis éditorial signé par Léon Walras et Constant Leirens, avec le « programme » de la rédaction belge, rédigé par Paul Voituron. On relèvera aussi, dans le numéro de septembre, l'élimination de l'étude de Paul Voituron, « Caractère du mouvement démocratique et social en Europe », qui représentait l'une des pièces du conflit entre les deux parties.

---

68 Souligné par l'auteur. P. Voituron, « La définition des sociétés coopératives », in *Le Travailleur associé*, 2e année, n° 7, 15 juillet 1867, col. 152-153.

69 « La coopération négative », signé Capron, *La Coopération*, 2e année, n° 1, 8 septembre 1867, p. 6.

70 Souligné par l'auteur. Article sans titre, in *Le Travail*, 2e année, n° 3, septembre 1867, in *Les Associations populaires coopératives*, Annexe II, p. 383.

71 On peut établir cette date à partir de la lettre d'H. Parent à L. Walras du 3 mars 1867 (F.W. VI, carton 31).

72 On lit, par exemple, dans le n° 1, 31 juillet 1867 de la 2e série du *Travail*, en première colonne, après l'annonce de la mise en vente du recueil de la première année : « Les trois numéros de juillet, août et septembre 1866, qui étaient épuisés, ont été réimprimés dans le même caractère que les suivants. Ces numéros se vendent séparément [...] ».

Conclusion

La polémique engagée entre Walras d'une part et Leirens et Voituron d'autre part, est très révélatrice des différences d'approche qui se sont exprimées durant les années 1864-1868 en France et en Belgique au sujet de la fonction des associations coopératives, de leur rôle éventuel quant à la solution de la question sociale. D'ailleurs, le journal *Le Travail*, après sa reprise en main par Walras, entend combattre les représentants de positions très proches de celles de Leirens et Voituron. Evoquant la Caisse d'escompte des associations populaires et la publication du journal *Le Travail* dans une lettre à Jules Ferry, ministre de l'Instruction publique du 3 juillet 1879, Walras reconnaît : « [...] nous ne pûmes empêcher, malgré tout, nos clients d'incliner vers les idées du groupe opposé. Pour ma part, je demeure convaincu que le succès aurait été meilleur si on s'était borné à chercher dans l'association coopérative un moyen facile et rapide d'épargne et non pas "un principe d'organisation du travail" et "une révolution sociale". »[73].

Bibliographie

Cunliffe, J., Erreygers, G., « Moral philosophy and economics: the formation of François Huet's doctrine of property rights », in *European Journal of History of Economic Thought*, 1999, vol. 6, n° 4, Winter, p. 581-605.

Dockès, P., *La société n'est pas un pique-nique. Léon Walras et l'économie sociale. Le Vrai, le Juste, l'Utile*, Paris, Economica, 1996.

Ferraton, C., *Associations et coopératives. Une autre histoire économique*, Ramuville Saint-Ayne, Éditions Érès, 2007.

Garnier, J., « Chronique économique », in *Journal des économistes*, 1866, 3e série, 1re année, tome 3, n° 9, p. 466-476.

Gaumont, J., *Histoire générale de la coopération en France – Les idées et les faits, les hommes et les œuvres*, Paris, Fédération nationale des coopératives de consommation, deux tomes, 1924.

Hébert, C., « Léon Walras et les associations populaires coopératives », in *Revue d'économie politique*, 1988, vol. 98, n° 2, mars-avril, p. 252-272.

Hébert, C., Potier, J. P., « Introduction », in L. Walras, *Les Associations populaires coopératives*, vol. VI des *Œuvres économiques complètes*, Paris, Economica, p. IX-XLIII, 1990.

Jaffé, W., *Correspondence of Léon Walras and Related Papers*, Amsterdam, North Holland, 1965 (cité *Correspondence*), vol. I (1857-1883), vol. II (1884-1897), vol. III (1898-1909).

[73] L. Walras, lettre au ministre de l'Instruction publique [Jules Ferry], 3 juillet 1879, *Correspondence*, I, l. 444, p. 613.

Leveling, V., « Milan van Servië », in *Groot Nederland*, vol. IV, 1906, réédité in Leveling Virginie, *Herinneringen* [*Bijeengebracht en ingeleid door Antonin van Elslander*], Hasselt, Uitgeverij Heideland, 1967, p. 144-155.

Michel, G., *Léon Say – Sa vie, ses œuvres*, Paris, Calmann-Lévy, 1899.

Nakakubo, K., « Walras as co-operator », in Pierre Dockès, Ludovic Frobert, Gérard Klotz, Jean-Pierre Potier, André Tiran (dir.), *Les traditions économiques françaises, 1848-1939*, Paris, C.N.R.S., 2000, p. 485-502.

Potier, J. P., « Léon Walras et les débuts du journal *Le Travail* (1866-1867) », in *Storia del pensiero economico – Bollettino di informazione* (Florence), 1990, nouvelle série, n° 19, p. 41-59.

Voituron, P., « Caractère du mouvement démocratique et social en Europe », article non signé, in *Le Travail*, 1866a, 1re année, n° 3, 30 septembre 1866, col. 67-69.

Voituron, P., « Le mouvement coopératif », article non signé, in *Le Travailleur associé*, 1866b, 1re année, n° 4, 15 novembre, col. 99-104.

Voituron, P., « La définition des sociétés coopératives », article non signé, in *Le Travailleur associé*, 1867, 2e année, n° 7, 15 juillet, col. 152-153.

Walras, A., *Correspondance*, in *Œuvres économiques complètes*, vol. IV, Paris, Economica, 2005.

Walras, L., « Des réformes économiques », 1860, in *Œuvres économiques complètes*, vol. XIII, Paris, Economica, 2000, p. 55-65.

Walras, L., « Les Associations populaires de consommation, de production et de credit », 1865 in *Les Associations populaires coopératives*, *Œuvres économiques completes*, vol. VI, Paris, Economica, 1990, p. 15-89.

Walras, L., « Programme économique et politique », in *Le Travail*, 1866 a, 1re année, n° 1, 31 juillet, in *Les Associations populaires coopératives*, *Œuvres économiques complètes*, vol. VI, Paris, Economica, 1990, p. 131-141.

Walras, L., « Des doctrines en matière d'association coopérative », in *Le Travail*, 1866b, 1re année, n° 6, 31 décembre, p. 171-176.

Walras, L., « La discussion du Corps législatif sur les sociétés à capital variable », in *Le Travail*, 1867, vol. 1, n° 12, 30 juin, in *Les Associations populaires coopératives*, *Œuvres économiques complètes*, vol. VI, Paris, Economica, 1990, p. 217-229.

Walras, L., « Notice autobiographique », (1905-1909), in *Œuvres économiques complètes*, vol. V, Paris, Economica, p. 11-24.

Correspondances inédites

Constant, L., « Lettres à Léon Walras », in *Fonds Walras de Lausanne*, FW II, 10 et FW, II, 13.

Huet, F., « Lettre à Paul Voituron », 3 novembre 1866, in Paul Voituron, « Correspondance philosophique (1845-1870) », Universiteit Gent, Centrale Bibliotheek, Hs G 11791.

Lambert, « Lettres à Léon Say », 12 et 14 juin 1866, in *Fonds Walras de Lausanne*, FW II, 12.

Say, L., « Lettres à Léon Walras », sans date (12 octobre 1866), in *Fonds Walras de Lausanne*, FW II, 13; sans date (19 ou 20 octobre 1866), FW II, 10 ; sans date (octobre 1866), FW II, 13.

Voituron, P., « Correspondance philosophique (1845-1870) », Universiteit Gent, Centrale Bibliotheek, Hs G 11791.

Voituron, P., « Correspondance concernant le journal *Le Travail associé* », Universiteit Gent, Centrale Bibliotheek, Hs G 11793.

Voituron, P., « Lettres à Léon Walras », 21, 26 et 28 septembre 1866, in *Fonds Walras de Lausanne*, FW II, 12 bis ; 16 octobre 1866, FW II, 13.

Walras, L., « Lettres à Constant Leirens », 12 et 22 octobre 1866, in *Fonds Walras de Lausanne*, FW I, 327 bis; 24 octobre 1866, non envoyée, FW I, 327 bis et copie FW II 13.

Walras, L., « Lettre à Léon Say », 19 octobre 1866, in *Fonds Walras de Lausanne*, FW 10.

Walras et l'approche contemporaine de l'économie sociale

Roberto BARANZINI, Sophie SWATON

> La société ne doit pas plus reposer sur la fraternité que sur l'association, mais seulement sur la justice (Léon Walras).

L'économie sociale désigne d'abord un mouvement de pensée qui a pris forme et naissance dans un pays et une époque avant tout : la France au XIXe siècle[1]. Si l'on s'en tient à la reconstruction faite par les acteurs actuels de l'économie sociale, celle-ci serait, jusqu'à la fin du XIXe siècle, une conception alternative à l'économie dominante (Draperi 2007). Des penseurs ont voulu se démarquer de la prise en compte du seul critère d'efficacité et ont imaginé, dans leur propre champ de recherche, des formes d'organisations et d'associations différentes du capitalisme qui ne rend pas nécessairement la condition ouvrière aisée. Au XXe siècle, ces mouvements de pensées se concrétisent : associations, mutuelles, et coopératives voient le jour. Leur point commun concerne leur finalité dite non lucrative. Ainsi, les associations, mutuelles et coopératives ne visent pas prioritairement une maximisation du profit mais avant tout l'épanouissement de leurs membres.

Économie appliquée et économie sociale

L'économie sociale se réfère davantage ici à un secteur à part entière qui regroupe des organisations spécifiques. À la fois distinctes des sociétés publiques et des sociétés de capitaux, les organisations de l'économie sociale :

> émanent de personnes, physiques ou morales, et ont pour finalité de répondre aux besoins et aux attentes collectives de ces personnes. Ces membres établissent entre eux des formes de solidarité : mutualisation des risques, mise en commun des produits de l'activité, constitution d'une

1 Le terme d'économie sociale est employé par C. Dunoyer en 1830 dans son « Nouveau traité d'économie sociale ». Ott l'emploie également en 1851 dans son « Traité d'économie sociale » et F. Le Play en 1856 fonde une revue en lui donnant ce nom.

> épargne commune, échanges réciproques, etc. Groupement de personnes, les entreprises d'économie sociale fonctionnent selon les principes d'engagement volontaire, d'égalité des personnes, de solidarité entre membres et d'indépendance économiques. (Draperi, 2007, p. 8)

Les membres ont le droit de s'exprimer chacun selon le principe démocratique : un homme une voix.

Aujourd'hui, le visage de l'économie sociale a évolué (Castel, 1995), au même titre que les appellations : le terme de « solidaire » est venu s'ajouter à celui de social (Laville, 1994), obligeant les théoriciens à justifier cette appellation[2] non sans créer des frictions et des désaccords quant au contenu et aux formes d'actions que l'économie sociale doit revêtir (Gueslin, 1998). L'économie solidaire met davantage l'accent sur le niveau local avec les notions de services de proximité et de territoire mais « rejoint sur bien des points le concept d'économie sociale, même si elle porte davantage son attention sur la partie la moins marchande et la moins monétaire du secteur »[3]. Ces différentes approches seraient ainsi présentées comme des formes renouvelant les perspectives de l'économie sociale pour répondre non à un problème global mais de manière spécifique à des problèmes ciblés (Favreau, 1997). Pour percevoir la nuance entre ces deux formes d'action de l'économie sociale, des auteurs se réfèrent aussi à la distinction évoquée par Desroche (1983) entre les termes d'économie « instituée » (économie sociale) et « instituante » qui valorise les formes d'action et l'approche sociale plutôt que le versant strictement économique.

Le développement récent de l'entreprenariat social (Hansmann, 1996) vient encore ajouter aux interrogations des théoriciens (Laville et Glémain, 2009). Il est vrai que la démocratie, dans la forme de gouvernance qu'exigent les organisations de l'économie sociale, connaît des limites, à la fois internes et externes. Face aux pressions de l'économie de marché et aux exigences de rendement, d'efficacité et de performance qui leurs sont associées, les entreprises sociales tentent de s'adapter. Les ressources se sont hybridées (publiques et privés) ce qui rompt quelquefois avec leur volonté d'autonomie de départ et aussi, en interne, avec les exigences de performance des managers, davantage soucieux d'efficacité que de réalisation d'objectifs sociaux.

Néanmoins, au-delà des clivages, statuts et conflits théoriques, les théoriciens s'accordent sur le fait que les organisations de l'économie sociale se réfèrent à des valeurs communes et s'inscrivent dans un projet

---

2 Soulignons également celles de « tiers-secteur d'utilité sociale » (Lipietz, 1999), d'« économie plurielle » (Aznar *et al.*, 1997) et de « nouvelle économie sociale » (Favreau, 1997 ; Defourny *et al.*, 1998, 1999).

3 Bidet (2000, p. 592).

et des pratiques spécifiques (Noya et Clarence, 2009) qui font sens dans une époque soucieuse de rechercher des alternatives à un marché dominé par une spéculation financière débridée (Jeantet, 2008). Il y a bien un consensus sur les valeurs fondatrices de l'économie sociale, telles que la responsabilité, l'égalité, la solidarité et l'autonomie qui font office de « valeurs cardinales » de l'économie sociale (Draperi, 2007).

Dans cette recherche des valeurs fondatrices de l'économie sociale qui place l'homme au centre de ses préoccupations, les auteurs reviennent sur les origines historiques et sur les premiers projets qui permettent d'appréhender l'économie sociale moins comme un secteur nouveau[4] que comme un mouvement de pensée qui, en son temps, s'oppose au courant économique dominant. Néanmoins, cette recherche de filiation n'est pas non plus évidente : les désaccords sur les appellations et le contenu de l'économie sociale ne sont pas récents et sont inhérents à une discipline qui s'est d'abord érigée en science puis en pratique (Bidet, 2000), par le biais d'auteurs qui n'étaient d'ailleurs pas nécessairement en guerre contre le libéralisme à l'instar de Dunoyer dont l'ouvrage précédemment cité en note vise principalement à légitimer l'économie libérale.

Parmi ces références, celles à Léon Walras apparaissent assez régulièrement. Se pose donc la question de savoir comment l'auteur des *Études d'économie sociale* est mobilisé par les théoriciens de l'économie sociale. En effet, il nous semble intéressant de nous interroger sur la manière dont cette réappropriation est exploitée dans le cadre de la problématique de l'économie sociale actuelle : est-ce une référence réellement pertinente ?

Le fait même que Walras ait écrit un ouvrage d'économie sociale a profondément irrité certains de ses contemporains puis ses successeurs[5]. D'après Herland (1991, p. 767), « les convictions de Walras en matière sociale n'ont pas simplement retardé la publication de ses œuvres complètes. De son vivant, elles ont handicapé sa carrière », l'empêchant « d'obtenir la reconnaissance qu'il attendait de son pays natal sous la forme d'une chaire ». Aujourd'hui encore Walras est largement retenu comme étant principalement le théoricien de l'équilibre économique général pur. Qu'est-ce que Walras entend donc par économie sociale ?

La définition est explicite dès le sous-titre du titre de Walras : « Théorie de la répartition de la richesse ». Pour Walras, l'économie

---

4 Le lexique des sciences économiques et sociales (2004) définit l'économie sociale comme suit : « Désigne les coopératives, mutuelles et certaines associations. S'est historiquement constituée pour répondre à des besoins peu ou mal pris en compte par le marché ou par l'État ».

5 Cf. Schumpeter (1983, p. 11), Steiner (1994, p. 55).

sociale est la théorie de la répartition de la richesse sociale. L'État est propriétaire des terres et les individus de leurs capacités et donc du fruit de leur travail. Le critère approprié est celui de la justice, non de l'utile relatif à la production, car il résulte de la coordination des destinées humaines. Or, ce qui caractérise maintenant l'économie sociale et solidaire, c'est une volonté d'intégration sociale créative de richesse. Dès lors, il est évident que le contenu de l'économie sociale telle que l'entend Walras n'a pas grand chose à voir avec celui que lui octroient de nos jours les contemporains. En effet, le contexte dans lequel l'économie sociale walrassienne apparaît n'est pas non plus anodin : après l'échec de la Révolution de 1848, il s'agit pour la nébuleuse républicaine de dépasser la « question politique » en s'attaquant avec plus de détermination à la « question sociale ». De plus, si l'on s'en tient à la piste historique, le terme d'économie sociale au XIXe ne constitue pas un ensemble de pensées homogènes comme en témoigne, à titre d'illustration, l'ouvrage intitulé « *Quatre écoles d'économie sociale* » (1890) et, en dépit de l'hommage à Walras fait par Gide dans sa leçon, l'économie sociale walrassienne serait une cinquième école. Les références contemporaines sont donc basées sur un malentendu : une expression identique, certes, mais qui n'a rien à voir dans son contenu[6], ni au niveau de l'objet d'étude, ni de la méthode mobilisée.

Et pourtant, le rapprochement est fait. Nous pourrions nous en tenir à une critique dénonçant le non fondement de cette relation. Mais le véritable défi apparaît ailleurs. Si la référence entre Walras et l'économie sociale est si fréquemment posée, elle mérite peut-être que l'on s'y attarde et pas simplement au nom d'une critique plus ou moins érudite : pour ce, un simple recours à la définition de l'économie sociale walrassienne suffit. Selon nous, l'intérêt de l'entreprise réside davantage dans le questionnement de l'économie sociale et solidaire actuelle du point de vue de Walras et sur la base de ce que les théoriciens contemporains retiennent de cet auteur.

Car les références qui sont faites à Walras ne sont pas inventées. Il existe des liens possibles, des analogies entre Walras et l'économie sociale contemporaine, mais celles-ci ne sont pas nécessairement celles évoquées. En revanche, analyser ce qu'aurait pu être la position de Walras par rapport à la problématique de l'économie sociale et solidaire contemporaine nous semble intéressant. Comment Walras aurait-il problématisé certains éléments de l'économie sociale ? Cette dernière

---

6 Allons plus loin encore : l'économie sociale chez Walras est même une voie d'accès privilégiée pour préparer les conditions d'avènement du capitalisme. Or, précisément, c'est en alternative à ce même capitalisme que les origines idéologiques de l'économie sociale se sont construites !

représente-t-elle une béquille pour le capitalisme ou un élément qui contribuerait de façon organique, pour Walras, au bien-être général ?

En d'autres termes, compte tenu de ce que les théoriciens contemporains retiennent de Walras (Partie I), quelles sont les pistes que l'on peut analyser à l'aune de la réflexion walrasienne ? Nous en proposerons deux. La première concerne l'approche d'alternative au capitalisme de l'économie sociale contemporaine (II.a). La seconde piste se réfère à la place privilégiée de l'homme dans l'économie sociale et solidaire en tant que porteur de valeurs et épanoui dans le travail social (II.b).

Les références à l'économie sociale de Walras dans l'approche contemporaine de l'économie sociale : les faux amis des lectures rétrospectives

Les références

Pour expliciter les références faites à Walras, nous avons d'abord choisi de sérier les éléments de définitions. Ce faisant, nous nous sommes confrontés à des références qui, soit se prononcent sur Walras au même titre que d'autres auteurs comme Gide ou Proudhon; soit se cantonnent dans une approche strictement « sociale » de l'œuvre walrasienne. Or, si retenir de Walras la seule perspective de l'équilibre général est réducteur, celle de ne présenter que la stricte dimension sociale, coupée de ses origines théoriques qui font sens dans un projet d'ensemble l'est tout autant. Par ailleurs, dans les références aux fondateurs de l'économie sociale, Walras apparaît aux côtés de Proudhon et de Gide, alors que les trois auteurs ont des conceptions fort différentes de l'économie sociale et de la mutualité.

Refusant de nous limiter à une critique historique assez évidente, nous avons tenté de trouver une nouvelle porte d'entrée et, peut-être, un autre niveau de rapprochement et de filiation entre la théorie walrasienne et l'héritage moderne des théoriciens de l'économie sociale. Sur la base de ces différentes définitions, nous avons choisi de regarder quelles dimensions de la définition pouvaient être retenues pour Walras.

Pour ce, la première étape que nous devons franchir, avant même de nous pencher sur le contenu épars nous servant de base de données, est de nature méthodologique. Face à un texte du passé, Rorty (1984)[7] distingue quatre postures possibles : la « *Geistesgeschichte* », la reconstruction historique, la reconstruction rationnelle et l'approche doxographique. À quelle conception peut-on rattacher les références faites à Walras dans l'économie sociale contemporaine ?

7 Repris et explicité dans Blaug (1990, p. 27) et Dockès et Servet (1992, p. 351).

Précisément, un grand nombre d'entre elles aborde une dimension rétrospective, ce qui n'est guère étonnant au regard des arguments qui tendent à définir l'économie sociale[8]. Ces définitions ne sont donc pas contextualisantes et ne se réfèrent point à la question sociale telle qu'elle émerge au XIXe siècle par exemple. Au contraire, elles procèdent davantage d'un processus de reconstruction rationnelle, pour reprendre la terminologie de Blaug, visant à faire dialoguer les auteurs à travers le temps, indépendamment de la prise en compte de ce dernier. Ainsi, la question de la traduction même du terme d'économie sociale ne se pose pas bien que, de notre point de vue, elle recoupe une réalité très différente entre son émergence au XXe siècle et son actualité de nos jours. Pourtant, dans l'ensemble des références, on ne constate aucune discontinuité ni différenciation.

Notons également que, parfois, certaines références relèvent de la doxographie. Cela n'est pas vraiment surprenant. En effet, dans les domaines émergents, les références à un auteur illustre servent souvent à asseoir une filiation et, en tant que telles, relèvent de la doxographie. À l'instar de Rorty, nous écartons néanmoins ces références qui ne présentent pas d'intérêt pour notre recherche : celle-ci aspire au contraire à apporter un éclairage nouveau sur la relation entre Walras et sa récupération dans l'économie sociale contemporaine.

Dès lors, d'autres références sont apparues plus pertinentes car plus articulées. Ce sont celles qui cherchent à fonder la légitimité de l'économie sociale sur le fait que même le théoricien de l'équilibre économique général s'intéresse à un autre courant. Or, bien qu'influencées par une lecture fortement rétrospective, ce sont sur ces références que nous poursuivons notre exploration quant aux pistes de rapprochement – voire d'éclaircissement – entre Walras et l'économie sociale contemporaine.

Cette deuxième étape nous porte sur l'analyse du contenu même de ces références. Certaines insistent sur le fait que l'économie sociale est une alternative ; d'autres soulignent plutôt son caractère complémentaire, alors que certaines se concentrent sur l'étude du coopératisme et Walras. L'économie sociale est ainsi définie comme, premièrement, une alternative théorique à l'orthodoxie (Laville, 2009 ; Bidet, 2000)[9] ;

---

8 À titre d'exemple, Gueslin (1998) et plus généralement toutes les explicitations présenatnt l'économie sociale comme un mouvement d'entrepreneurs faisant passer le profit au second plan en faveur de l'épanouissement de l'individu. Or, comme nous l'avons auparavant mentionné, cela n'est pas du tout évident au XIXe siècle durant lequel certains libéraux écrivaient des ouvrages d'économie sociale.

9 Laville *et al.* (2009, p. 190) : « Cette exploration des références historiques à l'économie sociale révèle que le terme en question était utilisé pour distinguer une

deuxièmement, comme un complément au courant dominant (Borzaga et Tortia, 2009 ; Bürgenmeier, 1990)[10] ; enfin, troisièmement, l'économie sociale est associée au coopératisme (Lacan, 2006)[11].

Néanmoins, qu'elle soit présentée en tant qu'alternative ou complément, l'économie sociale est censée représenter le social, introduire des considérations morales, ou être plus pratique. Pour Bidet,

> L'économie sociale de L. Walras (Walras, 1896) serait donc, comme il le précise dans ses *Études d'économie sociale*, la partie de l'économie politique et sociale qui intègrerait la prise en compte des problèmes sociaux, occultés jusqu'alors et rendus prépondérants par la Révolution industrielle[12].

Ainsi, l'économie sociale permettrait d'« intégrer les problèmes sociaux dans l'économie politique (Walras, 1896) »[13]. Pour Bürgenmeier, c'est l'entreprise même de Walras qui témoigne de la volonté d'introduire des considérations morales dans l'économie : « his *Études d'Économie Sociale* should be understood as a normative counterpart to

---

nouvelle approche disciplinaire de l'économie (une alternative à l'économie politique et aux théories économiques dominantes) et pour unifier diverses organisations économiques basées sur une association de personnes ». Sur l'économie sociale comme alternative, cf. également (Bidet, 2000, p. 588) : « Le terme d'économie sociale a initialement été employé par des auteurs souhaitant marquer leur différence avec l'analyse économique dominante, qui s'intéressait essentiellement à la manière de produire le plus efficacement et à la meilleure répartition des richesses, mais délaissait les questions morales ou la résolution des problèmes sociaux provoqués par le "progrès économique" ».

10 Borzaga et Tortia (2009, p. 25) : « La combinaison des deux termes social et économie, témoigne de la tentative, amorcée par un courant mineur des sciences économiques non traditionnelles, de réintégrer l'économie dans la société, alors que les sciences économiques traditionnelles l'en avait écarté à partir du XVIIIe siècle. [...] Il était perçu comme un perfectionnement de l'économie politique par des libéraux comme Charles Dunoyer (1830), comme un substitut de l'économie politique (par des socialistes et des chrétiens), comme une approche de l'économie politique (la science sociale de Proudhon), ou en conclusion comme complément aux sciences économiques pures, s'identifiant avec la montée des sciences économiques publiques. » (Walras, 1896 ; Gide, 1905). Sur le croisement des différentes idéologies, voir Demoustier et Rousselière (2005) ; Defourny *et al.* (1999). Sur la thèse spécifique de l'économie sociale comme courant complémentaire, cf. également Bürgenmeier (1990) qui renverse l'optique de Walras par rapport à la perspective d'une approximation du réel.

11 C'est un point sur lequel nous reviendrons. Pour l'heure, nous nous attarderons sur les deux premières définitions qui possèdent des caractéristiques communes intéressantes à mettre en lumière.

12 Bidet (2000, p. 589).

13 Bidet (2000, p. 588).

his pure theory of the functioning of markets under perfect competition »[14].

Enfin, l'économie sociale est censée aborder une dimension pratique : elle serait plus « réaliste », plus proche de la pratique car appliquée (Bidet, 2000 ; Lacan, 2006).

À ce stade de l'analyse, il importe de revenir sur ce que représente l'économie sociale pour Walras.

L'économie sociale dans la division disciplinaire de Walras

Pour l'historien de la pensée économique, il est clair que nous sommes ici en présence d'un « faux ami » : la définition de l'économie sociale walrassienne ne partage pas grande chose avec les définitions contemporaines. Cependant, c'est en analysant plus précisément les différences que nous pourrons, à l'aune de la lumière walrassienne, prétendre questionner l'économie sociale actuelle.

La division disciplinaire de Walras reste un sujet assez ardu, notamment à cause de sa concrétisation imparfaite dans le triptyque. En effet, si le projet éditorial de Walras se compose de trois parties, l'économie politique pure, l'économie politique appliquée et l'économie sociale, sa division disciplinaire comporte aussi la science pure morale[15].

Pour une compréhension de la systématique walrassienne, il est nécessaire de suivre l'auteur lui-même lorsqu'il affirme que :

> 1° Pour procéder en bonne logique, il y aurait d'abord à rechercher [...], dans le domaine de la Métaphysique du XIXe siècle, une Théorie de la Réalité qui pût servir de base à une Théorie de la Science en général. [...]
>
> 2° De la *Philosophie de la Science* en général il serait urgent de conclure à la *Philosophie de l'Économie politique* qui n'est point faite.[16]

À partir d'un « socle ontologique » (sa théorie de la réalité), Walras construit sa philosophie de la science qu'il applique à l'économie

---

[14] Bürgenmeier (1994, p. 345). Notons qu'entre la sociologie économique, visant à inclure une référence éthique dans l'économie, et l'économie sociale de Walras et de Gide, Bidet (2000, p. 596-597) voit une « proximité évidente » malgré des nuances, « Gide visant à introduire de l'éthique dans l'économie politique pour concilier justice et équité » et « Walras cherchant à intégrer les problèmes sociaux dans l'économie politique et à concilier logique de l'intérêt et logique de la justice ».

[15] Le triptyque tel qu'il a été publié ajoute de la confusion dans la mesure où il est divisé en trois mais traite des quatre sciences : les deux premières parties des Études d'économie sociales relevant d'une science pure et les deux autres de l'économie sociale appliquée.

[16] Jaffé 1965, vol. I, p. 36, let. 16, mars-avril 1859 à Adolph Guéroult.

politique et sociale et obtient ainsi sa division disciplinaire[17]. Pour distinguer les sciences, il faut distinguer les faits et Walras part de l'analyse de la richesse sociale, « l'ensemble des choses [...] qui nous sont utiles et [...] n'existent à notre disposition qu'en quantité limitée »[18], pour en déduire trois conséquences : les choses qui composent la richesse sociale sont « 1° *appropriables*, 2° *valables* et *échangeables*, 3° *industriellement productibles* »[19]. Du socle ontologique, Walras tire les attributs des trois sciences ainsi définies. Le fait de la valeur d'échange est un fait indépendant de la volonté de l'homme, donc naturel et relevant d'une science naturelle : c'est l'économie politique pure. Au contraire, tant la production que l'appropriation de la richesse sociale dépendent de la volonté humaine et sont donc des faits humanitaires. Ils se distinguent par le fait que, si la production de la richesse sociale consiste dans l'exercice de la volonté humaine sur les objets, sa répartition comporte pour Walras la « coordination des destinées des personnes entre elles »[20]. L'économie politique appliquée étudie un fait humanitaire industriel, la production de la richesse sociale ; l'économie sociale a comme objet un fait humanitaire morale, la répartition de la richesse sociale. Cependant, cette division en trois omet d'évoquer une quatrième science, pourtant logiquement nécessaire : la science morale pure. En effet, ce qui distingue pour Walras l'appropriation pure et simple de la répartition est le caractère légitime de cette dernière. Deux questions de niveau différent se profilent ainsi : la première « c'est celle de l'origine et du fondement de la Propriété [...et la deuxième...] c'est celle de l'exercice en société du droit naturel de propriété »[21]. À ces deux questions correspondent deux sciences : la science pure morale, que l'on pourrait mieux nommer "économie sociale pure", et l'économie sociale qui est, comme Walras même le précisera, une science appliquée. »[22].

Il suffit donc de clarifier la définition de l'économie sociale de Walras ou encore d'ouvrir les *Études*, pour constater qu'en aucun cas elle découle ou encore moins « témoigne d'une tentative [...] de réintégrer l'économie dans la société » (Borzaga, Tortia, 2009, p. 25).

L'argument selon lequel l'économie sociale walrassienne s'apparente à l'économie sociale actuelle, car en tant que science appliquée

---

17 Techniquement, l'outil que Walras utilise est le recours aux « définitions réelles » qui formulent « l'essence d'une chose, sa nature véritable une fois dépouillée de toutes ses propriétés accidentelles » (Nadeau, 1999).

18 Walras, 1874, p. 21 ; 1988, p. 44.

19 Walras, 1874, p. 21 ; 1988, p. 44.

20 Walras, 1874, p. 40 ; 1988, p. 63.

21 Jaffé 1965, vol. I, p. 36, let. 16, mars-avril 1859 à Adolph Guéroult.

22 Walras, 1879, p. 246 ; 1987, p. 414.

elle est plus pratique, est difficilement soutenable. Tout d'abord, il existe une deuxième science appliquée : l'économie politique appliquée, que l'on ne soupçonnerait pas proche de l'économie sociale contemporaine. Deuxièmement, pour Walras, les sciences appliquées conservent leur caractère théorique et s'opposent à la pratique.

Dans la prochaine section (II.a), nous montrerons donc que si les écrits sur les associations populaires coopératives sont certes plus « pratiques », cela aurait suffit pour les exclure, comme c'est d'ailleurs le cas pour l'économie sociale walrassienne. Pourtant, et paradoxalement, ces écrits sont cruciaux pour l'économie sociale actuelle. Ensuite, Walras nous permet de passer du plan plutôt épistémologique de l'applicabilité de la théorie économique *mainstream*, à un niveau plus politique sur la réforme sociale.

Finalement, le seul lien entre l'économie sociale actuelle et l'économie sociale walrassienne qui semble pouvoir être défendu concerne la prise en compte de la dimension éthique. Cependant, nous verrons (II.b) que le contexte particulier dans lequel Walras place la question éthique, celui de la répartition, tranche avec certaines pratiques salariales de l'économie sociale et solidaire et la théorisation qui les accompagne. Cela reviendra à poser la question de la solidarité dans l'économie sociale.

L'économie sociale de Léon Walras et l'économie sociale contemporaine : l'histoire de la pensée comme questionnement

Économie sociale et réformes

Compte-tenu de la biographie de Walras, un lien a été fait entre l'économie sociale actuelle et ses écrits sur les associations populaires. En effet, Walras a été administrateur délégué à la direction de la Caisse d'escompte des associations populaires de consommation, de production et de crédit de 1865 à 1868, et également rédacteur du journal *Le Travail* de 1866 à 1868[23].

Mais ce qui intéresse certains théoriciens de l'économie sociale, c'est le rapprochement que l'on peut faire entre Walras et le mutualisme. Selon Lacan (2006), si pour « redonner un éclairage économique

---

[23] Argument que l'on retrouve par exemple chez Bidet (2000) et Lacan (2006) selon lequel il y aurait également un autre argument justifiant le rapprochement entre Walras et l'économie sociale contemporaine : le fait que Walras souhaite soustraire « l'économie politique et la science sociale à leur condition abjecte et misérable de servante à tout faire du conservatisme bourgeois de la féodalité financière » (Walras, 1990b, p. 424 cité par Lacan, 2006, p. 69).

théorique sur le phénomène mutualiste, il faut chercher plus en arrière dans le temps les penseurs de l'économie sociale en général, du coopératisme et de la mutualité en particulier » parmi lesquels « de nombreux noms se présentent confusément à l'esprit »[24], c'est pourtant Walras qui occupe une position privilégiée. En effet, « plus que la mutualité d'assurance, qui n'en est qu'un élément, c'est tout le mouvement coopérativiste que Walras encourage parce que la formation des coopératives participe d'une démarche individuelle et n'est pas de nature collective. » (Lacan, 2006, p. 77).

Et Lacan cite le passage suivant de Walras : « dans l'association coopérative le dernier mot, l'effort suprême et le succès définitif de l'initiative individuelle » (Walras, 1990b, p. 21)[25].

Il est vrai que le coopératisme (ou le mutualisme) est une composante qui a une importance particulière dans l'histoire de l'économie sociale et dans son présent. C'est une caractéristique revendiquée par l'ensemble des théoriciens de l'économie sociale même si certains d'entre eux reconnaissent que « Léon Walras accepte l'assurance et les mutuelles mais également comme mesure d'accompagnement dans le cadre du principe d'association réciproque et volontaire [...] L'assurance et la société de secours mutuel ne doivent pas être obligatoires et, ne sauraient donc se substituer comme principe à la justice » (Dockès, 1994, p. 292)[26].

Bien que non publié de son vivant, le volume que Walras a préparé sur les associations populaires coopératives témoigne néanmoins d'un engagement jamais renié[27]. Cependant, et paradoxalement, ces écrits n'appartiennent pas à l'économie sociale mais plutôt à l'économie politique appliquée. La coopération n'est pas une réforme sociale et elle relève de l'initiative individuelle comme toute autre entreprise (agricole,

---

24 Dont Gide, Fourier, Proudhon et Walras.

25 Notons que d'après Lacan « il y a une seconde raison qui pousse Léon Walras à s'intéresser aux associations populaires, c'est leur capacité à transformer le travailleur en capitaliste, en lui prélevant sous forme de cotisation une part de son salaire, qu'elles transforment en épargne forcée. Au lieu de supprimer le capitalisme, le mouvement coopérativiste en facilite l'accès. Or, même si la problématique semble légèrement différente, les sociétés d'assurance mutuelles illustrent cette volonté, puisque leurs sociétaires, en se regroupant de leur propre chef, accèdent à une forme d'autogestion de leurs risques. Par leurs cotisations, ils parviennent à posséder une part de la mutuelle et un droit de consultation dans sa gestion. Si, chez Walras, l'association permet théoriquement le statut de travailleur-entrepreneur, les sociétés d'assurance mutuelles offrent réellement celui d'assureur-assuré. » (Lacan, 2006, p. 77).

26 Également cité par Lacan (2006, p. 78).

27 Voir aussi l'introduction au volume VI de *Auguste et Léon Walras, œuvres économiques complètes*.

industrielle, etc.) qui n'appelle pas à l'entrepreneur unique, incarnation de l'initiative collective.

Dans l'optique de Walras, les seules réformes pertinentes, et pour cela même inévitables, sont scientifiques et conformes à la science pure. Les autres ne sont que des solutions empiriques sans valeur ni avenir. Léon Walras défend les associations coopératives sur un plan qui n'est pas celui de la réforme sociale et condamne les velléités et illusions révolutionnaires qui habitent certains.

Le projet walrassien, tel qu'il a été développé dès ses débuts, consiste dans la recherche de la solution scientifique à la question sociale, qu'il définit comme la répartition équitable et la production abondante de la richesse sociale. De ce point de vue, son économie sociale appliquée est tout naturellement l'aspect central de son économie politique et sociale ; et les autres composantes sont, d'une certaine façon, fonctionnelles à celle-ci.

Pour Walras, afin de répondre scientifiquement à la question de la juste distribution de la richesse sociale, il faut d'abord en définir la valeur (économie politique pure) et les conditions de la production abondante (économie politique appliquée). Le développement de ces sciences illumine le chemin des réformes, et c'est seulement dans la mesure où les réformes sont dictées par la science qu'elles sont pertinentes. Les autres propositions de réforme relèvent d'un bricolage empirique, pragmatique, qui ne résout pas, ou mal, les problèmes.

Nous pouvons esquisser une brève justification de la position de Walras en ayant recours à sa conception philosophique. Sur un plan ontologique, nous pouvons résumer la position de Walras sur le monde avec l'une des ses notes d'humeur :

> Le monde est une réalité qui s'engage empiriquement et qui, après coup, revient et s'exerce sur elle-même pour s'organiser conformément à un idéal dégagé rationnellement (Walras, 2000, p. 552).

À partir de là, sur un plan épistémologique, la tâche de sciences pures est d'élaborer cet idéal ; celle des sciences appliquées d'indiquer les réformes nécessaires pour l'atteindre. L'idéal est parfait et saisit l'essence des phénomènes ; le contingent est imparfait mais perfectible. L'homme est acteur de cet ajustement puisqu'il met en œuvre les réformes nécessaires que les sciences appliquées lui indiquent. La réalité se plie à l'idéal formulé par la science, dans la mesure où l'homme, être libre et clairvoyant, comprend les réformes comme la manière d'accomplir sa destinée. Deux remarques sont à souligner.

La première concerne le fait que si l'économie sociale de Walras peut apparaître plus concrète, pratique, « réalistique », ce n'est pas parce qu'elle constituerait une représentation plus adéquate des faits contingents, mais puisque, en nous indiquant le chemin vers la réalisation de la perfection, elle comporte un point de départ. Hors de la métaphore, en tant que théorie de la réforme, elle implique et, parfois, elle explicite, l'état contingent.

Deuxième remarque : du point de vue de Walras, l'économie sociale n'est ni une béquille du capitalisme, ni un secteur économique protégé ou avec des règles de fonctionnement particulières, mais une science de la réforme qui investit radicalement le fonctionnement du capitalisme. De la théorie pure de la propriété (de la répartition juste de la richesse sociale), Walras tire deux conséquences majeures (la propriété collective des terres et l'absence d'impôt sur le revenu) qui n'ont lieu d'être qu'au niveau de l'économie toute entière.

L'économie sociale entre fraternité et justice

Bien évidemment, de telles propositions de réformes impliquent des jugements de valeurs[28] et Walras élabore explicitement une théorie de la justice. Dans la *Théorie de la propriété*, il clarifie les principes qui régissent la juste distribution de la richesse sociale sous la forme de deux théorèmes :

> Théorème I. – *Les* facultés personnelles *sont, de droit naturel, la propriété de l'*individu. [...] Ici s'applique le principe de l'inégalité des positions qui veut que nous jouissions en proportion de nos efforts. [...]
>
> Théorème II. – *Les* terres *sont, de droit naturel, la propriété de l'*État. [...] Ici s'applique le principe de l'égalité des conditions qui veut que nous puissions tous profiter également des ressources que la nature nous offre pour exercer nos efforts. (Walras, 1990, p. 185-189)

Nous sommes ici au cœur de l'économie sociale walrassienne, et ce sont les implications du premier théorème qui nous concernent. Pour Walras, les inégalités de position sont légitimes, justes, si et seulement si elles découlent d'une qualité ou d'une quantité différente de travail. Notons que dans l'économie sociale et solidaire contemporaine, les salaires sont souvent moins importants, voir faibles[29]. Pour appuyer ce

---

[28] Si, à mal s'y prendre, on pourrait croire que le raisonnement de Walras est un enthymème, seule une lecture extrêmement partiale et partielle pourrait nous faire croire qu'il est tombé dans un paralogisme naturaliste.

[29] Cf. Ohana et Meyer (2007, p. 193) : « Il est couramment admis que les incitations financières ont un impact positif sur le travail des salariés. Pour les économistes, les primes monétaires sont indéniablement un moteur à la performance (Prendergast, 1999). Lazear (2000) observe, par exemple, une hausse de la productivité de 44 % dans une grande entreprise lors du passage d'un système de rémunération au taux horaire à un schéma de paiement à la pièce. Il en déduit une corrélation positive robuste entre les incitations financières et la productivité des travailleurs. Cette assertion se révèle exacte pour les tâches répétitives et ennuyeuses. Mais dans le

constat, différents arguments sont invoqués, en particulier celui que les salariés accepteraient en contrepartie des conditions de travail davantage en conformité avec leurs valeurs éthiques. Les individus qui travailleraient dans les entreprises sans but lucratif seraient altruistes selon Preston (1989), naturellement prêts à "faire don" de leur travail et à se montrer loyaux envers leur organisation (Almond et Kendall, 2000) avec laquelle ils ont conclu un « contrat psychologique » (Rousseau, 1995). Dans la perspective de Rose-Ackerman (1996), si les adhérents des entreprises sociales acceptent de recevoir des salaires plus faibles que ceux pratiqués dans les entreprises à but lucratif, c'est parce que le projet de l'organisation sert leur idéologie. Pour Borzaga et Depedri (2004), les entreprises à but non lucratif offrent, à défaut d'un salaire élevé qui pourrait conduire à un effet d'éviction (Deci *et al.*, 1999), des relations sociales de qualité.

Or, du point de vue de l'économie sociale walrassienne, cet « arrangement » ne va pas du tout de soi car le salaire doit être proportionnel à la quantité et à la qualité du travail fourni. Il s'agit d'une appréciation « objective », et c'est ainsi qu'il faut entendre le concept d'« effort ». Ce n'est pas parce que subjectivement un travail nous plaît, qu'il serait *juste* de nous payer moins! Une rétribution du travail accompli dans le secteur de l'économie sociale et solidaire inférieure à celle de l'économie conventionnelle ne serait donc justifiable, aux yeux de Walras, que si le travail était moins productif ou moins important. Dans les deux cas, il n'est pas tant question de la volonté des employés d'accepter un salaire plus bas que dans le secteur conventionnel, mais bien du fait qu'ils ne méritent pas plus. S'ils méritaient plus, il serait injuste de les payer moins : « Pour moi, quand je parle en son nom [du peuple], ma devise est toujours la même : "Tout notre dû ; rien de moins, rien de plus". Et d'ailleurs il y a, dans la richesse sociale, de quoi pourvoir à la jouissance jevonienne par la propriété et à la jouissance gossenienne par la communauté. » (Walras, 1936, p. 212 ; 1990b, p. 184).

La dernière phrase de la citation est un rajout pour la seconde édition des *Études d'économie sociale* et elle nous permet d'approfondir la position de Walras. L'échange jevonien et l'échange gossenien sont les deux formes parmi lesquelles choisir celle qui est conforme à la justice.

Le premier égalise le rapport des utilités marginales pondérées pour chaque troqueur, alors que le second égalise l'utilité marginale du bien pour les deux troqueurs. Le premier est donc un troc *individualiste* dans la mesure où il n'affecte pas l'inégalité des richesses des troqueurs : « Il

contexte des entreprises sociales où des travailleurs idéologues défendent leur vision de la société, cette conception de la motivation peut être remise en cause ».

s'opère sur le terrain de la *justice*, aucun des deux individus ne devant rien à l'autre une fois l'opération faite » (Walras, 1990b, p. 180). Au contraire, dans le second, on assiste à un troc *communiste*. « Il s'opère sur le terrain de la fraternité » (Walras, 1990b, p. 181) et les troqueurs ne seront « quittes l'un envers l'autre » (*ibid.*) que s'ils possèdent une même fonction d'utilité marginale. Dans cette optique, il s'agirait moins d'un échange que d'une mise en commun des biens. Et pour Walras, cette dernière « n'aura lieu en toute certitude que par l'*autorité* de l'État » (*ibid.*). Le salaire est la contrepartie monétaire de l'échange d'un service : le travail. Un salaire inférieur à son dû doit donc être interprété sous l'angle de la fraternité et non sous celui de la justice. Or, « des concessions acceptables comme une politesse, quand elles sont volontaires, devraient être repoussées comme une humiliation si elles étaient imposées par la loi » (Walras, 1990b, p. 184). Pourtant, de plus en plus d'individus se retrouvent dans l'économie sociale et solidaire par obligation. Et même, pour les autres,

La société ne doit pas plus reposer sur la fraternité que sur l'association, mais seulement sur la justice. La justice laisse les hommes sur le pied de l'égalité des droits et devoirs, la fraternité non, celle, du moins, qui se traduit par une aide pécuniaire. Il n'y a plus égalité entre l'homme qui fait la charité et celui qui la reçoit, entre le citoyen qui contribue à l'assistance et celui qui y participe (Walras, 1990b, p. 188). Paradoxalement, ce serait les travailleurs volontaires de l'économie sociale qui, dans la mesure où ils renoncent au salaire qu'il leur est dû, feraient la charité au reste de la société qui bénéficie de leurs services…[30]

Conclusion

En guise de conclusion, nous souhaiterions aborder deux pistes. La première concerne le terme même d'économie sociale dont on a souligné qu'il constituait un « faux ami ». Reste à en expliciter la cause. En effet, l'économie sociale au XIXe siècle est perçue de différentes

[30] Meyer et Ohana (2007) constatent : « De faibles récompenses diminuent l'efficience des incitations monétaires et, au-delà d'un certain seuil, les incitations explicites augmentent les performances. Pour motiver à l'effort les salariés des entreprises sociales, il faudrait donc instaurer un système de paiement à la performance qui, au minimum, compense la perte de motivation due à l'introduction de récompenses. La motivation intrinsèque des travailleurs des entreprises sociales étant particulièrement forte, les récompenses proposées doivent donc être extrêmement importantes. Cette compensation semble impossible à proposer car les entreprises sociales n'ont pas suffisamment de ressources monétaires pour offrir de fortes rémunérations à leurs travailleurs. Introduire des rémunérations à la performance risque donc de diminuer leur productivité ».

manières[31] et s'articule autour d'une problématique centrale : la « question sociale » qui concerne le problème de la pauvreté et de la classe sociale. En fonction de la conception de l'école qui prévaut, la réponse à la question sociale varie, principalement libérale ou socialiste. Dès lors, cela explique que Walras lui-même se préoccupe de cette question. Plus précisément, tout son raisonnement est construit de manière à répondre clairement au problème social qu'il cherche à solutionner. Au final, la question de la répartition constitue bien le but ultime de tout l'ensemble. En conséquence, force est de constater que nous utilisons une lecture nécessairement limitée de l'économie sociale puisque, pour répondre à la question sociale telle qu'elle se pose initialement, il faudrait prendre en compte l'ensemble de la théorie walrasienne économique et sociale.

Ce raisonnement nous conduit alors à une seconde piste de réflexion qu'il serait intéressant d'approfondir. Elle concerne l'étrange point de retournement auquel nous sommes parvenus. Partant de la réappropriation de Walras par les théoriciens contemporains de l'économie sociale dont nous avons exclusivement retenu les références pouvant s'interpréter en terme de reconstruction rationnelle, nous avons pu, revenant à la théorie même de Walras, apporter un éclairage sur les débats que doit affronter l'économie sociale. Ce faisant,plus qu'à un éclairage, c'est à une justification quant à l'emploi même du terme social que doit, à la lumière de la théoric walrasienne, répondre l'économie sociale contemporaine.

Bibliographie

Almond, S., Kendall, J., « Paid employment in the self-defined voluntary sector in the late 1990s: An initial description of patterns and trends », in *Civil Society working paper*, 2000, vol. 7, Centre for Civil Society.

Aznar, G., Caillé, A., Laville, J. L., Robin, J., Sue, R., *Travailé activité, revenus pour tous? Vers l'économie plurielle*, Paris, Syros, 1997.

Bidet, E., « Économie sociale, nouvelle économie sociale et sociologie économique », in *Sociologie du travail*, 2000, vol. 42, p. 587-599.

Blaug, M., « On historiography of economics », in *Journal of the History of Economic Thought*, 1990, vol. 12, n° 1, p. 27-37.

Borzaga, C., Depedri, S., « Interpersonal relations, job tenure and job satisfaction in organisations : some empirical results in social and community care services », in Gui, B. et Sugden, R., (eds.), *Economics and social interaction : accounting for interpersonal relations*, Cambridge, Cambridge University Press, 2004.

[31] Sur ce point, l'ouvrage *Quatre Écoles d'économie sociale* (Genève, Paris, Librairie Stapelmhr, Librairie Fishbacher, 1890) est particulièrement éclairant.

Borzaga, C., Tortia E.C., « Le rôle de l'économie sociale dans le developpement local », in Noya, A., Clarence, E. (dir.), *Pour une économie sociale, créer de la richesse par l'intégration sociale*, Paris, Economica, 2009.

Bürgenmeier, B., *Plaidoyer pour une économie sociale*, Paris, Economica, 1990.

Bürgenmeier, B., « The Misperception of Walras », in *The American Economic Review*, 1994, vol. 84, n° 1, p. 342-352.

Castel, R., *Les métamorphoses de la question sociale*, Paris, Fayard, 1995.

Deci, E., Koestner, R., Ryan, R., « A Meta-Analytic Review of Experiments Examining the Effects of Extrinsic Rewards on Intrinsic Motivation », in *Psychological Bulletin*, 1999, vol. 125, n° 3, p. 627-668.

Defourny, J., Develtere P., Fonteneau, B., *L'économie sociale au nord et au sud*, Bruxelles, De Boeck, 1999.

Demoustier, D., « Léon Walras, théoricien de la libre concurrence et défenseur des associations populaires et de l'intervention étatique », in *Revue de l'économie sociale*, 1987, mars.

Demoustier, D., Rousselière, D., « L'économie sociale et coopérative des associationnistes : de la critique des fondements de l'économie politique à la régulation sociale du marché », in *Annals of Public and Cooperative Economics*, 2005, vol. 76, n° 4, p. 517-541.

Desroche, H., *Pour un traité d'économie sociale*, Paris, Ciem, 1983.

Dockès, P., « La société n'est pas un pique-nique : le socialisme appliqué de Léon Walras », in *Économies et Sociétés*, 1994, vol. 10-11, p. 279-325.

Dockès, P., Servet, J.-M., « Les lecteurs de l'armée morte. Note sur les méthodes en histoire de la pensée économique », in *Revue européenne des sciences sociales*, 1992, vol. 30, n° 92, p. 341-364.

Draperi, J-F., *Comprendre l'économie sociale. Fondements et enjeux*, Paris, Dunod, 2007.

Evers, A., Laville, J.L., *The Third Sector in Europe*, Cheltenham, Edward Elgar, 2004.

Favreau, L., *L'économie sociale mise en perspective : renouvellement au nord et émergence au sud*, Hull, 1997.

Favreau, L., *L'économie sociale mise en perspective: renouvellement au Nord et emergence au Sud*, Chaire de recherche du Canada en développement des collectivités, Série Recherches, n° 7, 1997, Université du Québec en Outaouais.

Gide, C., *Économie sociale.*, Paris, Sirey, 1905.

Gislain, J.J., Steiner, P., *La sociologie économique: 1890-1920*, Paris, Presses Universitaires de France, 1995.

Gueslin, A., *L'invention de l'économie sociale*, Paris, Economica, 1998.

Hansmann, H., *The Ownership of the Enterprise*, Havard, Havard University Press, 1996.

Hébert, C., 1988. « Léon Walras et les associations populaires coopératives », in *Revue d'économie politique*, 1988, vol. 2, p. 252-272.

Herland, M., « Un monument de l'édition : les œuvres économiques de MM. Walras », in *Revue économique*, 1991, vol. 42, n° 4, p. 765-772.

Jaffé, W., *Correspondence of Léon Walras and Related Papers*, Amsterdam, North Holland, 1965.

Jeantet, T., *L'économie sociale une alternative au capitalisme*, Paris, Economica, 2008.

Lacan, A., « Léon Walras et les sociétés d'assurance mutuelles », in *Recma – Revue Internationale de l'Économie Sociale*, 2006, p. 68-82.

Laville, J.L., *L'économie solidaire, une perspective international*, Paris, Desclée de Brouwer, 1994.

Laville, J.L., Glémain, P., *L'économie sociale et solidaire aux prises avec la gestion*, Paris, Desclée de Brouwer, 2009.

Laville, J.L., Lévesque, B., Mendell, M., « L'économie sociale : approches et pratiques diverses en Europe et au Canada », in Noya, A., Clarence, E. (dir.), *Pour une économie sociale, créer de la richesse par l'intégration sociale*, Paris, Economica, 2009.

Lazear, E., « Performance Pay and Productivity », in *American Economic Review*, 2000, vol. 90, n° 5, p. 1346-1361.

Lipietz, A., *L'opportunité d'un nouveau type de société à vocation sociale, Rapport d'étape au ministre de l'Emploi et de la Solidarité*, Paris, 1999.

Meyer, M., Ohana, M., « Les entreprises sociales dans un monde marchand, À la recherche d'un management efficace des hommes », in *Management et Avenir*, 2007, vol. 11, n° 1, p. 187-202.

Nadeau, R., *Vocabulaire technique et analytique de l'épistémologie*, Paris, Presses Universitaires de France, 1999.

Noya, A., Clarence, E., *Pour une économie sociale, créer de la richesse par l'intégration sociale*, Paris, Economica, 2009.

Parodi, M., « Tiers secteur, économie sociale et crise », in *Revues des études coopératives, mutualistes et associatives*, 1984, vol. 12, p. 100-120.

Prendergast, C., « The Provision of Incentives in Firms », in *Journal of Economic Literature*, 1999, vol. 37, p. 7-63.

Preston, A., « The non-profit worker in a for-profit world », in *Journal of Labor Economics*, 1989, vol. 7, n° 4, p. 438-463.

Rorty, R., « The historiography of philosophy: four genres », in Rorty, R., Schneewind, J.B., Skinner, Q. (eds.), *Philosophy in History: Essays on historiography of philosophy*, Cambridge, Cambridge University Press, 1984.

Rose-Ackerman, S., « Altruism, nonprofits and economic theory », in *Journal of Economic Literature*, 1996, vol. 34, p. 701-728.

Rousseau, D., *Psychological Contracts in Organizations: Understanding written and unwrittent agreements.*, Londres, Thousand Oaks, Sage Publications, 1995.

Steiner, P., « Pareto contre Walras : le problème de l'économie sociale », in *Économies et Sociétés*, 1994, vol. 20-21, p. 53-73.

Walras, L., *Éléments d'économie politique pure (Théorie de la richesse sociale)*, Lausanne-Paris-Bâle, Corbaz-Guillaumin-Georg, 1874.

Walras, L., « De la culture et de l'enseignement des sciences morales et politiques », in *Bibliothèque Universelle et Revue Suisse*, 1879, vol. 84, n° 7 et 9, p. 5-32 ; 223-251.

Walras, L., « Théorie de la propriété », in *Revue socialiste*, 1896a, vol. 23, n° 138 et vol. 24, n° 139, p. 668-681 ; p. 23-35.

Walras, L., *Études d'économie sociale (Théorie de la répartition de la richesse sociale)*, Lausanne-Paris, Rouge-Pichon, 1896b.

Walras, L., *Études d'économie sociale (Théorie de la répartition de la richesse sociale)*, édité par G Leduc, Lausanne-Paris, Rouge-Pichon et Durand-Auzias, 1936.

Walras, L., *Mélanges d'économie politique et sociale*, in Auguste et Léon Walras, *Œuvres économiques complètes*, vol. VII, édité par Hébert, C., Potier, J.-P., Paris, Economica, 1987.

Walras, L., *Les associations cooperatives*, in Auguste et Léon Walras, *Œuvres économiques complètes*, vol. VI, édité par Hébert, C., Potier, J.-P., Paris, Economica, 1990a.

Walras, L., *Études d'économie sociale*, in Auguste et Léon Walras, *Œuvres économiques complètes*, vol. IX, édité par Dockès, P., Paris, Economica, 1990b.

Walras, L., *Études d'économie politique appliquée*, in Auguste et Léon Walras, *Œuvres économiques complètes*, vol. X, édité par Potier, J.-P., Paris, Economica, 1992.

Walras, L., *Œuvres diverses*, in Auguste et Léon Walras, *Œuvres économiques complètes*, vol. XIII, édité par Dockès, P., Mouchot, C. et Potier, J.-P., Paris, Economica, 2000.

Weiller, J., Carrier, B., *L'économie non conformiste en France au XXe siècle*, Paris, Presses Universitaires de France, 1993.

Notices biographiques

Amanar AKHABBAR est postdoc en économie à l'université de Lausanne et chargé de cours à l'École polytechnique fédérale de Lausanne. Historien de la pensée économique, il étudie l'histoire de l'économie quantitative et de la théorie de la production au XXe siècle. Ses sujets d'étude sont l'analyse input-output de Wassily Leontief, la programmation linéaire de George Dantzig, l'analyse d'activité de Tjalling Koopmans, ainsi que les matrices de comptabilité sociale de Richard Stone.

Alain ALCOUFFE est professeur de sciences économiques à l'université Toulouse 1-Capitole. La pensée économique a occupé une place croissante dans ses thèmes de recherche depuis une première édition française des Manuscrits mathématiques de Marx (1985) jusqu'à l'édition avec C. Diebolt de l'ouvrage collectif La pensée économique allemande (2009).

Roberto BARANZINI est professeur d'économie à l'Université de Lausanne où il dirige le Centre d'études interdisciplinaires Walras-Pareto. Il a été président de l'Association Internationale Walras de 2006 à 2008. Son domaine de recherche est l'histoire de la pensée et la philosophie économiques. Ses études sur l'œuvre de Léon Walras se concentrent sur l'ontologie et l'épistémologie sous-jacentes, ainsi que sur la monnaie dans l'équilibre économique général.

Michele BEE est premier assistant de philosophie économique à l'Université de Lausanne, membre du Centre d'études interdisciplinaires Walras-Pareto. Il est maître de conférences de philosophie économique à la Faculté d'économie de l'Università del Salento. Son domaine de recherche est la philosophie et la pensée économique et ses études sur l'œuvre de Walras se concentrent sur sa conception de la nature de l'homme et du progrès.

Raymond COURBIS, ingénieur civil des Mines, docteur ès-Sciences économiques et agrégé des Facultés de droit et sciences économiques, est professeur émérite de Sciences économiques à l'Université de Paris-Ouest où il a créé en 1972 le GAMA (Groupe d'analyse macroéconomique appliquée). Ses travaux portent sur la théorie macroéconomique, la comptabilité nationale et régionale, la modélisation et la prévision, ainsi que sur l'histoire économique.

Arnaud DIEMER est responsable l'*Observatoire des représentations du développement durable* (OR2D). Il est membre de TRIANGLE (ENS Lyon) et du CERDI (Clermont-Ferrand). Il enseigne les cours de *Microéconomie, Théorie du risque et de l'incertitude, Économie publique et développement durable*. Ses domaines de recherche sont l'histoire de la pensée économique, la diversité du capitalisme européen, l'économie agricole et le développement durable.

Pierre-Henri GOUTTE est maître de conférences à la Faculté de sciences économiques et de gestion de l'Université Lumière-Lyon 2 et membre du laboratoire « TRIANGLE-Action, discours et pensée politique et économique », UMR 5206 du CNRS. Ses recherches portent sur l'histoire de la pensée économique française des XVIIIe et XIXe siècles. Il a publié (en coll. avec J.-M. Servet) trois volumes des *Œuvres économiques complètes* d'Auguste Walras et *L'Économie politique et la justice* de Léon Walras. Il participe également à l'édition scientifique des *Œuvres complètes* de Jean-Baptiste Say.

Michel HERLAND est né en 1945. Il est professeur de sciences économiques à l'Université des Antilles et de la Guyane, en Martinique. Il est l'auteur de nombreux articles portant sur histoire de la pensée économique et de divers ouvrages parmi lesquels *Keynes* (UGE 10/18, 1981 ; nouvelle édition *Keynes et la macroéconomie*, Economica, 1991) et *Lettres sur la justice sociale à un ami de l'humanité* (Le Manuscrit, 2006).

Andrea IMPERIA est chercheur en économie politique à l'Université « La Sapienza » de Rome où il a obtenu son doctorat en économie politique en 2006. Il a enseigné l'Histoire de la pensée économique à l'Université de Salerne. Il a publié des articles sur des sujets relatifs à l'économie du travail, aux économies latino-américaines et à la crise économique et financière de 2007-2008. Ses thèmes de recherche scientifique incluent également l'économie politique classique, la théorie keynésienne et la critique de la théorie néoclassique du capital.

Jérôme LALLEMENT est professeur de sciences économiques à l'Université Paris Descartes et chercheur au Centre d'économie de la Sorbonne (Université Paris 1-CNRS). Spécialisé en épistémologie et philosophie de l'économie, et en histoire de la pensée économique, il est *Associate editor* de la revue *Œconomia : History, Methodology, Philosophy*. Outre de nombreux articles, il a publié avec Xavier Greffe et Michel De Vroey le *Dictionnaire des grandes œuvres économiques*.

André LEGRIS est maître de conférences et membre du GREDEG (Groupe de recherche en droit économie et gestion), unité mixte de recherche du CNRS et de l'Université de Nice Sophia-Antipolis. Il a engagé de nombreuses recherches en histoire de l'analyse économique et porté une attention particulière aux œuvres de Walras et de Pareto ainsi qu'à l'évolution de la pensée économique italienne pendant l'entre-deux guerres. Il a également publié plusieurs ouvrages sur Walras ou sur l'histoire économique de l'esclavage.

Vincenzo MAFFEO est chercheur en économie politique à l'Université « La Sapienza » de Rome. Il a étudié à l'Université de Manchester (R.U.) et obtenu un doctorat à l'Université de Rome « La Sapienza ». Il a publié des articles sur des revues nationales et internationales. Ses principaux thèmes de recherche sont la théorie de la distribution du revenu, la théorie du capital, l'histoire de la pensée économique, la croissance économique et comment celle-ci est liée à la balance des paiements.

Jean-Pierre POTIER est professeur à la Faculté de sciences économiques et de gestion de l'Université Lumière-Lyon 2 et membre du laboratoire « TRIANGLE-Action, discours et pensée politique et économique », UMR 5206 du CNRS. Auteur de nombreux travaux sur l'histoire de la pensée économique du XIXe et du XXe siècle en France et en Italie, il a préparé l'édition scientifique de plusieurs volumes des *Œuvres économiques complètes* de Léon Walras et des *Œuvres complètes* de Jean-Baptiste Say. Parmi ses publications récentes, on notera la coordination d'un numéro spécial de la revue *Œconomia* consacré à « Walras et l'intervention publique » (2011) et la direction de l'ouvrage (en coll. avec Jean-Louis Fournel et Jacques Guilhaumou), *Libertés et libéralismes. Formation et circulation des concepts*, Lyon, ENS-Éditions, 2012.

Ludovic RAGNI est maître de conférences et membre du GREDEG (Groupe de recherche en droit économie et Gestion) unité mixte de recherche du CNRS et de l'Université de Nice Sophia-Antipolis. Ses recherches portent principalement sur l'histoire de l'analyse et de la philosophie économique d'une part, et l'économie industrielle d'autre part. Il a notamment publié divers articles ou ouvrages sur le statut des mathématiques chez Cournot et Walras, sur l'histoire de la théorie marginaliste de la production ainsi que la rationalité des agents ou la conception de l'individu chez Pareto ou J.-B. Say. Il a également engagé divers travaux en économie de l'environnement, la nouvelle économie ou l'usage des TIC dans l'enseignement supérieur.

Fabio RAVAGNANI a obtenu son diplôme universitaire (Laurea) en Sciences Statistiques et son Doctorat en Économie Politique à « La Sapienza », Université de Rome, où il est actuellement professeur associé d'Économie. Son expérience dans l'enseignement comprend des cours avancés de micro-économie, de théorie classique de la valeur et d'histoire de l'analyse économique. Ses principales publications concernent la théorie de Sraffa (*Contributions to Political Economy,*

Review of Political Economy) et la théorie de l'équilibre économique général (*Political Economy, Metroeconomica*).

Pelin SEKERLER RICHIARDI est économiste à l'Organisation international du travail (OIT). Elle a soutenue en 2010 une thèse sur « Jevons et Walras : entre philosophie morale et économie sociale, un jalon dans la compréhension de la décision publique », préparée à l'Université de Paris 1 Panthéon Sorbonne et à l'Université de Lausanne. Son domaine de recherche porte sur l'histoire de la pensée économique – plus précisément l'utilitarisme, le marginalisme et la théorie du bien-être social –et l'économie du travail.

Sophie SWATON travaille depuis 2009 en tant que chercheure (première assistante) au Centre Walras-Pareto à l'Université de Lausanne, dans le cadre de l'axe de recherche philosophie économique. Ayant bénéficié d'une double formation en philosophie (master) et en économie (doctorat obtenu au GREQAM à l'Université d'Aix-marseille en 2005 portant sur la redistribution des aides sociales en France), elle s'intéresse, parallèlement à ses travaux en cours sur Nietzsche, Schumpeter et les cycles, à l'émergence de l'économie sociale et solidaire en Suisse Romande, thème dans lequel elle est spécialisée. Elle a récemment publié aux Éditions de l'Hèbe, un ouvrage sur le sujet : *Une entreprise peut-elle être sociale dans une économie de marché ?* (2011).

Business & Innovation

The creation of new activities, of news production and consumption modes, of new goods and services, of new markets and new jobs (etc.) depends as much on the heroic action of entrepreneurs as on the strategies of big corporations which develop their activities at a global scale. Innovation and business are interlinked. The main themes of the books published in this series are: Entrepreneurship, enterprise and innovation; Innovation strategies in a global context; Innovation policies and business climate; Innovation, business dynamics and socio-economic change. The synergies between innovative entrepreneurship, firms' strategies and innovation policies is of major importance in the explanation of technological paradigms change and of the transformations in economic and social structures of wealthy and less wealthy countries. In this series are published books in English or in French specialized in economics, management and sociology of innovation and also dealing with change and entrepreneurship in a local, national or international perspective.

This series is supported by the Research Network on Innovation.

La création de nouvelles activités, de nouveaux modes de production et de consommation, de nouveaux biens et services, de nouveaux marchés, de nouveaux emplois, etc. repose aussi bien sur l'action héroïque des entrepreneurs que sur la stratégie des grandes entreprises qui se déploient sur une échelle mondiale. L'innovation et les affaires sont intrinsèquement liées. Trois grandes thématiques seront particulièrement privilégiées : Entrepreneuriat, entreprise, innovation et développement durable ; Innovation et réseaux ; L'Innovation dans un contexte global. Les rapports synergiques entre entrepreneuriat innovant, stratégies des firmes et politiques d'innovation est un axe majeur dans le changement des paradigmes technologiques et la modification des structures économiques et sociales des pays riches et moins riches. Dans la collection sont publiés en français ou en anglais des ouvrages d'économie, de management et de sociologie de l'innovation, du changement et de l'entrepreneur dans une perspective locale, nationale et internationale.

La collection bénéficie de l'appui du Réseau de Recherche sur l'Innovation.

Printed by
CPI books GmbH, Leck

FSC
www.fsc.org
MIX
Papier | Fördert gute Waldnutzung
FSC® C083411

Kolibri 360 GmbH
Ferdinand-Jühlke-Straße 7
99095 Erfurt, Deutschland
produktsicherheit@kolibri360.de